滨州学院学术著作出版基金资助出版

游百川奏折整理与研究

姚吉成　左登华　著

天津出版传媒集团
天津古籍出版社

图书在版编目（CIP）数据

游百川奏折整理与研究 / 姚吉成，左登华著. -- 天津 : 天津古籍出版社，2018.3
ISBN 978-7-5528-0636-6

Ⅰ. ①游… Ⅱ. ①姚… ②左… Ⅲ. ①游百川（1822-1895）—奏议—研究 Ⅳ. ①K249.065

中国版本图书馆CIP数据核字(2017)第324867号

游百川奏折整理与研究

姚吉成，左登华/著

出版人/张玮

天津古籍出版社出版

（天津市西康路35号　邮编300051）

http://www.tjabc.net

三河市冠宏印刷装订有限公司印刷

全国新华书店发行

开本 787×1092 毫米 1/16　印张 32　字数 442 千字

2018 年 4 月 第 1 版　2018 年 4 月 第 1 次印刷

ISBN 978-7-5528-0636-6　　定价：96.00元

序

安作璋

清代为我国最后一个封建皇朝，统治中国达二百六十八年之久，距今未远。清代众多历史和社会问题均与今息息相关，欲知今日国情民风，必当追述清代历史，以为借鉴，因此，有必要对清代历史进行深入的研究。早在1986年，学界就召开了第一届清史学术研讨会，时至今年十月已成功举办17届。2002年国家全面启动清史纂修工作，中央编办于2003年批准成立清史纂修领导小组办公室，为文化部直属事业单位，2004年国务院批准清史纂修领导小组更名为国家清史纂修领导小组，办公室亦随之更名为国家清史纂修领导小组办公室，2015年国家清史纂修领导小组办公室更名为文化部清史纂修与研究中心。由于国家重视清史编纂，在清史编纂委员会主任戴逸教授直接领导下，学界积极参与开展学术研究，前期产出了不少鸿篇巨著，专题资料的整理和研究也在逐步深入开展。

近日，滨州学院黄河三角洲文化研究所姚吉成副教授将他的书稿《游百川奏折整理与研究》交给我，请我指导并作序。这是作者在前期《游百川研究》的基础上推出的又一部有学术价值的基础资料整理成果。游百川为清同治壬戌科进士，该科进士中出了不少朝廷所倚重的大臣，如同科状元徐郙官至协办大学士，昆冈、鹿传霖为大学士，许庚身、陈学棻为尚书，游百川、张家骧、龙湛霖、周德润、耀年五位官至侍郎，桂昂官至守陵总兵；出了五位巡抚：陈彝、刘瑞祺、黄槐森、谭钧培、马丕瑶；还有一位布政使孙凤翔等等。因种种原因，游百川的事迹并没有引起后人足够的重视，但此人有胆有识、刚正不阿、廉洁清正、一心为民，尤其是在促进黄河治理工程和赈灾抚恤方面的功绩应该得到后人的铭记。

任何研究都应该遵循历史资料并以事实为根据。作者以游百川仕宦经历为出发点，几次到中国第一历史档案馆查阅清同治、光绪朝的档案资料，查找游百川奏疏，爬梳史籍查缺补漏，历经四载几乎穷尽游百川的奏折，整理出难得的一手史料，为读者提供研究游百川最原始的资料。同时，作者解读了奏折文本要义，添加题解，点校注释，以助读者阅读和理解。古籍史料的整理贵在本真，贵在通过古籍文献钩稽历史事件，还原历史原貌。该著作的每一篇奏疏出处有据，并附原件以为证，确保史料本真。书稿对奏疏进行了较细致深入的研究，每一篇奏折背后都有一段历史。该书的出版为开展清末相关问题研究提供了借鉴和史料参考，也是古籍整理研究中又一新的成果。

是为序。

安作璋

2017.12.20.

序

姚和民

游百川是清末从滨州大地走出去的名宦乡贤，是一位刚正不阿、清正廉洁、忠君爱民、敢于犯言直谏、积极建言献策、行事正直的好官，官至户部仓场衙门总督仓场侍郎。中国社会主义建设新时代，开展名宦乡贤及新乡贤文化研究，是建设美丽新乡村文化，实现乡村振兴战略，全面建成小康社会的重要内容。

游百川自幼家境贫寒，少年失怙，赖萱兰茹苦。但他志存高远，学习勤奋刻苦，不负众望，30 岁考中举人，40 岁考中进士。他从翰林院编修一直做到户部仓场衙门总督仓场侍郎，从一个寒门学子，终成为一代良吏，成为滨州平民子弟学习的典范。滨州地处黄河三角洲腹地，人杰地灵，自古以来就是文化汇聚繁盛之地。按照清代的行政区划，据不完全统计，滨州各县共考取进士 192 名，足见这里具有深厚的乡贤文化传统和底蕴。近几年，滨州市政府和人民群众深入挖掘自己的地域文化之根，大力弘扬乡贤文化之脉。为了纪念乡贤游百川事迹，滨州经济技术开发区修建了游百川纪念馆，立项开展游百川事迹研究。

游百川为官近三十年，历任翰林院编修、御史、给事中、湖南衡永郴桂道道员、四川按察史、顺天府府尹、户部仓场衙门仓场侍郎等官职，成为清末朝廷所倚重的名臣。为官期间，游百川十分关注国家发展和长治久安，始终坚持以民为本，关注和改善百姓生活，为老百姓做了许多实实在在的好事。为了国计民生，他甚至不顾身家性命，于同治十二年(1873)冒死上书劝谏缓修圆明园，触怒同治帝，被革职。游百川为政清廉，两袖清风，他视察河患、赈灾济民，经手款项数额巨大，所任仓场侍郎，掌管天下粮仓，在某些人眼里这是肥差，但游百川“千金经手过，不沾一文钱”，一身正气坚守清白。作为乡贤，游百川还是同光时期理学派中的一员，他饱读经书，贤达睿智，晚年应邀先后主持济南泺源书院、东昌书院，讲学授徒、为书著文，留下了一篇篇启迪后人的墨迹诗文。

滨州学院黄河三角洲文化研究所姚吉成在前期《游百川研究》的基础上，进一步挖掘史料，搜集到游百川从同治六年到光绪十七年奏折76篇、附片13篇，诗文10篇。其中的54篇奏折和13篇附片查自中国第一历史档案馆馆藏资料，均为手写白文影印稿；从《再续行水金鉴·黄河卷》中查得奏疏15篇，为带标点现代文字版；从《钦定剿平捻匪方略》《洋务运动》等史料中辑录零散奏疏5篇。从民国《滨州志》《蒲台县志》等地方史料中搜集到游百川的诗文10篇。奏疏、诗文内容涉及吏治、反腐、科举、剿匪、禁烟、京畿社会治理、民生、农政、救灾、治河、赈抚、仓场、漕运、铁路洋务等，涵盖政治、经济、社会、文化等领域，具有较高的史料价值。

姚吉成等钩稽相关史料，对其进行系统梳理、校注和题解，为今后开展游百川事迹研究以及清末相关问题研究提供了第一手史料。

是为序。

2017年10月26日

前　言

名宦乡贤一直是地方社会优良传统文化的代表和教育典范。中国城镇化转型期及后城镇化时代，区域社会文化更应该加强文化引领和文化建设。历史文化名人所折射出的人文精神，应当也必须是地方社会标榜的对象，文化名人是当之无愧的文化楷模和文化资源，是开展新乡贤教育、开展新农村社会主义核心价值观教育的基石。

滨州自古文教昌盛。仅以乡贤而论，举世闻名的兵圣孙武，被誉为“兵家鼻祖”；口述《尚书》的伏生，被誉为“《尚书》再造”；汉孝子董永是汉唐以来中国孝文化的典范；著名学者倪宽，文学家东方朔，著名画家展子虔，诗文学家段成式，著名词人李之仪，政治家、文学家范仲淹，散曲作家康进之、杨朝英、刘效祖，历史学家马骕、成瓘，著名金石学家吴式芬等等，无不彪炳史册，流芳千古。明清时期滨州杜氏家族，“一门十二进士，父子五翰林”繁盛于明清两朝，影响闾里乡间，成为地方家风家训传统文化教育的楷模。杜受田曾任咸丰皇帝的师傅（老师），源于此，滨州市滨城区有家寄宿制小学被命名为“滨州市滨城区授田英才学园”，并建有分校。

由于历史原因，清末良吏游百川长期被人们所遗忘，“文革”时期，其墓穴被挖，其颅骨被村内无知的顽童当作足球踢来踢去。考察游百川的家世，世代务农，“家无过夜粮”，但他贫而不馁，励志苦学，于同治元年考中进士二甲第十一名。考察他的为官经历，历同治、光绪两朝，曾掌福建道监察御史，于同治八年十一月与掌湖广道监察御史国秀一同巡视东城，纠办棍徒孔正兴假充官役设局刑吓搜取财物的案件；于光绪元年十一月与吏科给事中臣景隆巡视西城，拿获多年纠伙肆窃计赃逾贯之贼犯和窝主宽和、宽亮（系宗室）。并历任湖南衡永郴桂道道员、四川按察使、顺天府尹、户部仓场侍郎等职。他位卑未敢忘忧国，经常为百姓代言；他刚正不阿，敢于惩治宗室宽和、宽亮；他犯颜直谏，敢于顶风力谏同治皇帝缓修圆明园；他为官清廉，钦差“督工赈”，洁己爱民，丝毫未贪，公平合理发放赈灾物资抚恤山东灾民；他总督天下粮仓，严于律己，未贪一粒公粮，连任三届。囿于清代人事任职制度管理之弊，游百川上疏“自请议处”，罢归乡里。回乡后，任泺源书院名誉山长，任东昌书院月课主讲，发挥余热。其事迹被教育界后人当成典范。历史不会忘记每一位有作为之士。2012 年，滨州市在滨州经济技术开发区黄河三角洲文化产业园内建立游百川纪念馆。游百川出生地中游村村边上的沙河小学，2015 年被更名为百川小学。为深入探究游百川的言行事迹，以资史学研究和地方社会优秀传统文化建设，现将游百川零散的奏折、考卷、诗文进行整理汇编并作初步的研究。

清代奏折作为一类重要的文书一直受到国家的重点保护。随着档案数字化建设和清史研究的深入，奏折作为新资料渐被开放并进入学术视野，很多重要历史人物的奏折文稿先后面世，如《李文襄公奏疏与文移》《曾文正公奏稿》《陈侍郎奏稿》等。游百川的部分奏折在国内一些典籍中曾有少量被分类辑录或引用，如《皇朝经世文续编》《同治中兴中外奏议约编》《同治朝上谕档》《中国水利要籍丛编》《洋务运动》等都有辑录，只是各类典籍仅从自身需要辑录其片段奏文。这些辑录仅停留在记载历史、佐证他文观点的层面，缺乏对奏折系统的整理和整体的把握分析。有些学者在自己的文章中也有所转引，如夏明方的《铜瓦厢改道后清政府对黄河的治理》、史革新的《程朱理学与晚清“同治中兴”》、熊月之的《略论晚清改造胥吏的思想》《略论同光之际铁路问题的复杂性》等，但引用者多局限于对其观点的引用和历史事件的佐证。目前尚未见游百川奏稿的系统整理。

游百川一生积极行政、建言献策、清正廉洁，被誉为“名御史”“清末良吏”。其奏稿内容涉及吏治、反腐、科举、京畿社会治理、农政、救灾、治河（黄河）、仓场治理等。在中国第一历史档案馆“数字图书馆”检索“游百川”词条，录副奏折库查到 144 条，朱批奏折库查到 3 条，灾赈档库查到 16 条，军机处随手登记档库查到 39 条，户科题本库查到 192 条。内容有交叉，资料零乱。按图索引，查找影印游百川奏折 54 件、附片 13 篇。在《再续行水金鉴 · 黄河卷 4》中可找到其所辑录游百川督治黄河的奏折 15 篇，从《洋务运动》等其他史料查到其奏折 7 篇，均不重复。截至目前共梳理游百川奏折 76 篇、附片 13 篇。另外在《咸丰壬子科山东乡试朱卷》、民国《蒲台县志》《滨州志》《武定府志》等地方史志资料中收集到游百川诗文文稿 12 篇。这些资料对研究清末政治、经济、文化及相关历史具有很高的史料价值。本成果以奏折提交的时间为序，对 76 篇奏折（含 13 篇附片）、12 篇文稿进行编年梳理、点校、注释和解读。

清代奏折是大臣奏呈皇帝的专用文书，奏折格式多为每折六行格，自右向左竖排书写的文书格式，行文不带标点，不分段落，每逢“圣鉴、圣谕”等关系到国君、国朝等至高无上的称谓时多出两格“顶天”写。

对奏折的点校和解读，涉及文献学、历史学、训诂学、社会学等领域，本研究主要采取以下研究方法：

（一）将搜集到的 54 件奏折原件（另附 13 篇附片）进行点校和解读，将毛笔字体的古文奏折变为现代文体。这是难点却也是最基础的工作，以期对作品作出清晰诠释。

（二）对从《洋务运动》《再续行水金鉴 · 黄河卷 4》等文献辑录的 22 篇现代文奏折、9 篇诗文文稿进行勘校、注释、解读。

（三）以时间为序对 76 篇奏折进行编年梳理。奏稿内容涉及面广，从游百川的仕宦经历，到清末政治社会背景，需要对每篇奏折外延的史料进行追踪梳理，撰写题解。

（四）已知的 76 篇奏折中，有素面奏折（奏折封面没有题目）5 篇。54 篇影印奏折中，用正楷体书写的奏折 31 篇，草书奏折 23 篇。素面奏折多为密折，说明有重要问题需秘密向皇帝汇报，即汇报的内容暂时不想让他人知晓。用行草书写的奏折，往往是在时间紧急，来不及润笔的情况下写成的，反映出当时事态的紧急。而用楷书誊写的奏折，多为就某一问题（事情）深思熟虑后，在时间较宽裕的情况下所书写的。这种奏折通常体现出对问题(事情)的深度剖析,鞭辟入理,行文较成体系。总之,奏折卷面从一个侧面能反映出书写者当时的写作背景、写作心理和目的愿望。

凡 例

一、奏折题目。在76篇奏折中，54篇有原件。原件中的49篇自有题目，5篇为没有题目的素面奏折，还有13篇附片不带标题。来自《再续行水金鉴·黄河卷4》《洋务运动》等的21篇奏文没见原文和原标题，本书中的题目为本书作者根据奏折文意提炼命名。

二、行文中的()。()内的内容为作者补充添加。如"(正折具)奏"意谓正楷书写的奏折。"(草折具)奏"意谓用行草书写的奏折。"(素面正折具)奏"意谓首页没有任何字迹，正文为正楷书写的奏折。

三、整理原则。最大限度地保留奏折原貌和信息。

四、点校、注释。在全面通读掌握文意的基础上进行点校、注释。草折中有个别字体书写潦草确实难以辨认的，就用□代替并标出。

五、题解。根据每篇奏折的主题思想，作者在正文点校、注释之前，都添加了题解，便于读者阅读理解。

六、奏折中的时间。一篇奏折中一般有三个地方有时间记录。一是首页的左下角，多为"×月×日"，是呈递奏折的时间；二是奏折末尾的落款时间，多为"同治(或光绪)×年×月×日"，是作者书写奏折完成时的时间；三是奏折末页的硃批(红色字体)时间，多为"同治(或光绪)×年×月×日军机大臣奉旨。知道了。钦此。"硃批时间往往要延后，有的延后一两个月。首页左下角的时间与奏折末页落款的时间，这两个时间一般情况下是一致的，但也有不一致的。

七、关于段落。奏折原文是不分段落的，点校奏折中的段落是作者根据奏折文意和现代文的行文规则划分的，有的划分可能有些牵强，好在作者将游百川奏折的影印件作为附件附于书后，以助读者研读。

目　录

上编·奏折整理

下编·奏折研究

上编・奏折整理

1.东省被水请筹办河堤由

【题解】

本篇为游百川"迁御史",有资格给皇帝上疏建言献策后,呈递的第一道奏折。

咸丰五年(1855)六月,黄河在河南铜瓦厢东坝头决口,黄河水改道北行,先是平地漫流,波及冀鲁豫。后是黄水穿运河分三股溢流,一股沿运河南行,一股沿运河北上,一股夺大清河河道从利津入海。黄水穿运,严重影响了清政府的粮食运输命脉——漕运。黄河"回归南流故道"经过十几年的争论已无可能。经过黄河下游地方官绅民众自救式治理,最终黄河夺大清河河道入海。

大清河为古济水流路,黄河改道之前为重要的具有航运功能的地下河,东出渤海,西达济源,被称为"运盐河"。大清河河宽二三里,当黄河水灌入时,河道远远不能容纳浩渺的黄河之水,造成大清河两岸黄水漫溢,后来终至决口泛滥,下游尤其是济南、武定府二郡灾情严重。民国《齐东县志》记载:"(咸丰)五年六月,河南铜瓦厢黄河溢,归大清河入海。五年至八年,连岁壩河水溢,知县苏名显创筑坝堤。八年至十二年,连岁黄河决。"《利津县黄河志》记载:"(咸丰五年)九月,河水(大清河)又涨,利津沿河村庄首次筑埝自卫。"同治六年六月伏汛,大清河上流河堤溃漫,溢平原、禹城凡百余里。八月秋汛,齐东等处同时决口,冲没四十余村庄,利津县城垣半陷于水。九月初旬又决北岸,济南、武定府所属州县数百里悉为泽国,游百川老家滨州隶属武定府,受灾深重。目睹父老乡民庐舍荡袭,稼穑尽没水中,游百川看在眼里急在心里,上疏"奏为东省迭被水患亟宜筹办河防以济民生"的长篇奏折。

奏折历陈黄河改道十余年以来，黄河下游灾害年甚一年之灾情。每逢黄水盛涨，沿河险工百出，两岸居民常常是“数万人畚锸从事，昼夜抢险”，然而尽管百姓全力堵御，而究不能免水患。地方官以“无治水专责”为由置身事外，民间自为堤防，不能如法。“一经溃决，则生灵性命以及屋庐田产尽付波臣”。灾区不但不能正常上缴国税，而且国家还要筹款赈灾抚恤。游百川深知当时国家“军务未竣，库款支绌，建议修河，诚知不易”，然而游百川还是向皇帝提出了“沿河民力已尽，频年被灾，筹办河防，实有不可稍缓者”的请求，并附折片《请复赐启用前任山东巡抚阎敬铭专办河防事》，推举阎敬铭专修河防。

【奏文】

御史游百川折　　东省被水请筹办河堤由　　(正折具)奏[1]

(同治六年)十月二十一日(呈)

福建道监察御史[2]臣游百川跪奏，为东省迭被水患，亟宜[3]筹办河防，以济民生，恭折仰祈圣鉴事。

臣闻防患者，警惕于履霜[4]；图治者，绸缪于未雨[5]。我皇上御极[6]以来，念切民依[7]，直省偶告偏灾，无不恩膏立沛[8]，盖欲薄海内外无一夫不得其所，无一物不遂其生也。近恭阅邸抄[9]，湖北、陕西疆臣，各报水灾，钦奉谕旨，妥为安抚，不准稍有含混。仰见轸恤灾黎恫瘝在抱之至意[10]。而东省黄水为患，济、武两郡被灾甚重[11]，尚未见诸奏牍，臣敢即访闻所及，覼缕陈之[12]。溯自咸丰初年，河决兰仪[13]，嗣是不循故道，折而东北，灌大清河，山东水患濒急矣。乙卯，清河决白龙窝，漂没无算[14]。从此连年被水。癸亥[15]，濮州、范县及济属之齐河而下，凡决十数处，洪流泛滥，勘验成灾。曾经前山东巡抚阎敬铭[16]奏请赈恤。甲子[17]，又大水。今岁[18]，清河上流堤溃，漫溢平原、禹城凡百余里。八月，齐东[19]等处同时决口，冲没四十余村落，利津县城垣半陷于水。九月初旬又决北岸，济、武所属州县数百里悉为泽国[20]。夫以黄河之水入大清河，万万不能容纳也。况去淤刷沙，惟混江龙之法[21]称便，今久未施用。现闻清河下流由利津入海之处，河身淤有横沙，水不畅行，激而横流，以致诸郡县多罹昏垫[22]。

臣闻水盛涨时，沿河险工百出，居民尝数万人畚锸[23]从事，昼夜抢险，然悉力堵御而究不能免水患者。查其冲决之由，率因地方官以无治水专责，置身事外，民间自为堤防，不能如法。又兼情势各歧，未免贻误。讵知[24]一经溃决，则生灵性命以及屋庐田产尽付波臣[25]，不但正供之赋无所从出，而查灾议赈所费，亦复不赀[26]。伏思[27]军务未竣，库款支绌，建议修河，诚知不易。然沿河民力已尽，频年被灾，筹办河防，实有不可稍缓者。

查济东、泰、武、临道，本有兼辖水利之责。为今之计，可否简派廉干大员[28]率同该道，周勘遍历，相度河形[29]，宜疏导者，务疏之以分水势；宜堤防者，务防之以遏水冲。并将历年被水流沙积压之地，确切验明详，请免其钱粮，以苏民困。其实在险要处，所督同本处绅耆[30]估计工程，绘图贴说[31]，奏请兴修。至所需经费，应否援照豫工筹饷例[32]，酌量减成劝捐，以期大工克举。一俟[33]捐有成数，一切购料鸠工[34]，应饬[35]各地方公举稳练之人，由总理河务处察看，择其才堪董事者，委之办理，以专责成，仍随时悉心稽查。盖以本地之民庀材[36]，自顾桑梓，不患有浮冒[37]之弊也。以本地之民趋役，自保身家，不患无坚实之工也。款项必涓滴[38]归公，报销必丝毫无隐。如此，则山东群黎庶免其鱼之叹，而河流顺轨可致安澜之庆矣。

臣籍隶海滨，访闻既悉，谨将被水情形及筹办事宜冒昧渎陈。是否有当，伏祈皇太后、皇上圣鉴。谨奏。

同治六年十月二十一日

【注释】

[1]清咸丰五年(1855)六月十七日，铜瓦厢决口时口门以下，仅左侧陶城

埠向上有一北金堤一段，其他河段无堤防。此时正值太平天国和捻军兴起，清政府经费支绌，无暇顾及堵口，任其泛滥。《清史稿·河渠志》记载：七月，文宗帝诏谕："现值军务未平，饷糈不继，若能因势利导，使黄河通畅入海，则兰阳决口即可暂时缓堵筑"。十二月，李钧、崇恩查勘河口后奏称："漫溢处所被灾甚广，水势浅缓之处，居民皆筑埝自卫，拟就漫水所及，劝民接筑"。文宗帝乃"令直隶、河南、山东督抚妥为劝办"。于是沿河各州县皆劝民筑埝自卫。

咸丰十一年(1861)侍郎沈兆霖奏报："张秋以东，自鱼山至利津海口皆筑民埝。""惟张秋之南，兰仪以北尚未修筑。"(《清史稿·河渠志》)。

《再续行水金鉴·黄河卷3》记载：同治三年(1864)，主溜顺金堤"自西南斜趋东北，濮州直当其中，由濮而范又东北过寿张境至张秋穿运"。河东河督谭廷襄奏请修筑堤埝："东、长之埝，开、濮之堤，须设法集资督民修筑，庶可以卫城池而保庐墓"，上从之。同治三年冬十月，修筑濮范等处金堤。(《山东通志·河防考》)

同治四年(1865)，长垣知县王兰广督修长垣大车集以下，经东了墙、石头庄，至三桑园等民埝一道，共计六十里。

这样，黄河下游的上段逐渐筑起民埝自御，无形中将黄河水逼入大清河，加重了黄河下游大清河两岸民众的灾害。黄河下游大清河两岸亟待修筑堤防，这是游百川上疏的背景。

游百川的奏折引起了朝廷的重视，谕令地方官筑埝自卫。据《山东黄河志·堤防沿革》记载，张秋以下沿大清河两岸的民埝，于同治六年十二月已修筑完竣。北岸自张秋至利津民埝长850余里，南岸自齐东至利津民埝长300余里，两岸全长1150余里。张秋以上南岸民埝于同治十一年五月修筑完竣。自上菏泽、巨野交界之龙凤集起到郓城王家垓止共113里。后补修龙凤集以上4里。同治十二年又将王家垓民埝接修至东平十里堡，新旧埝长148里。同治三年北岸补修北金堤以为屏障(《再续行水金鉴》)，这时的民埝因系民间近水分散修筑，标准不一，埝身卑薄矮小，有的互不连贯，难以御水，黄河仍经常决溢为害。

黄河两岸官堤自光绪元年(1875)开始修筑。光绪元年四月,山东巡抚丁宝桢奏准修筑南岸新堤(名曰障东堤),自东明谢寨至东平十里堡共长250里,其中山东境内长190里。(《新筑障东堤记》,《黄河史志资料》1984年第一期)同年并修补北金堤一百数十里。次年民间集夫于南岸又修起夹堤(即民埝)一道,自东明王盛屯接大堤起,至寿张赵家堌堆止,共长190余里(《潘方伯公遗稿》),此段民埝,逐渐发展成后来的临黄堤。光绪三年,山东巡抚李元华于北金堤以南,自濮州至东阿修筑近河北堤长170余里(《再续行水金鉴》)。至此,铜瓦厢口门以下至张秋间,两岸堤防形成,黄河逐渐被约束于这段河道内,结束了漫流的局面。

光绪五年(1879)十一月,山东巡抚周恒祺查看黄河下游各州县培修堤坝工程情况奏称:"黄河下游自洛口至海口计长四百余里,沿河堤埝向系民捐民办,高厚不等,断续不齐,未能一律完固……惠民县白龙湾下游堤埝残缺较多,仍将旧堤一律加高培厚。计培修自赵家坊起,至常家庄,连榆林后遥堤统修八百七十二丈,刘景新家庄起,至毛家口新堤止长一千一百七十二丈。又培修归仁镇、唐家、潘家口、王家集、河套邢家、张泉坟、二郎洼、河圈、张家庄探马哨等处共长一千四百七十余丈。"(《清宫档案》)

光绪七年(1881)闰七月,周恒祺奏报:"本年办堤工有:加高培厚濮州、范县堤长一万六千六百余丈,已于汛前办理完竣。又寿张白家楼上下游各添月坝一道,共七百丈,濮州范屯加筑套坝一道。济阳县自官道口起至城东南止,修筑土坝三座……并将沿河残堤埝修补整齐,于汛前修筑完竣。"(《清宫档案》)

光绪八年(1882)历城培修桃园上下游官堤。"上自西坝起,至齐河之郑庄迤西接民埝止,下自东坝起,至历城史家坞迤东接民埝止,共长五十一里,堤高一丈,顶宽一丈,底宽六丈。"(《再续行水金鉴》)

张秋以上两岸堤防形成后,黄河主流沿大清河而下,输向下游的泥沙增加,河道逐渐淤高,张秋以下民埝因卑薄矮小,已不能抵挡洪水,经常决溢。光绪八年十二月,慈禧采纳游百川《遵保人才由》的建议,调陈士杰从浙江巡抚任山东巡抚，并“着游百川督工赈”。游百川到山东后与陈士杰遍勘黄河上下游，提出疏通河道、修筑缕堤、开河分流“治河三策”。游百川、陈士杰自光绪九年开始修筑长堤，于光绪十年五月培修完竣。南岸上起长清下至利津三里庄止，共长330里；北岸上接金堤，自东阿至利津共498里，利津城以下改筑两岸民埝共长160余里，连同加筑格堤月堤总长1080里。同年接修两岸民埝1007里。(《再续行水金鉴》)这是铜瓦厢决口后三十年来首次大规模的修堤，耗银二百万两，完成了山东黄河两岸的堤防工程。

堤防培修标准，两岸官堤一般为底宽八至十丈，顶宽二至三丈，高八尺至一丈四尺，张秋以上堤身大于下游；民埝为底宽五丈，顶宽二丈，高八尺，(按公式换算，一尺等于32厘米，官堤宽约为28米，顶宽7—8米，高2.5—3.8米；民埝底宽16米，顶宽6米，高2.5米)。按上述标准估算截止光绪十年累计培修堤埝完成土方约2000万立方米。

新堤完成后，山东黄河两岸形成了“双重堤防”和“堤距上宽下窄”的筑堤形式。张秋以上北有金堤、南有障东堤，为官修官守，堤距为60—80里不等。其间两岸又均有近河民埝，为民修民守，堤距为10—20里不等。此间民埝后来逐渐演变为临黄大堤。张秋以下至利津，两岸亦筑有遥堤(即官堤)和民埝。官堤相距五六里至七八里不等，而民埝近河相距仅二三里，窄处不及一里。两岸官堤修成后，原拟作为缕堤防守，但因当时长清、历城以下，沿河城镇居民及人口稠密，为保护村舍田地及生产生活的安全，民间向守民埝不守官堤。官堤距河较远，又无常设修防机构，只能在汛期临时派人驻守，此后逐渐演变为弃堤守埝的局面，官堤逐渐失修。同时因民埝近河，埝本卑薄矮小，冲决漫溢频繁，官堤与民埝之间的村舍土地经常受灾。因此，“居民逐掘堤放水，而官不能禁，亦有因新堤土松而浸溃者，嗣是，只守埝而不守堤矣”。(《再续行水金鉴》陈士杰奏议)

光绪十年，黄河下游两岸新堤虽已筑成但尚未折实，新植草木尚未根固。另外，黄河下游长堤筑成后，张秋以上原筑民埝失去了先前的优势。随着河床的淤高，堤高相对矮小。除此之外，光绪十年雨水特大，导致黄河水异常暴涨，山东九州县发生决溢40处，受灾较重，此后年年决溢。十二年正月，广西巡抚张曜奉旨查勘山东河工后奏称："北岸齐河历城以下至利津，河面既窄，河身又高，现在南岸何王庄(章丘县)以下至齐东，蒲台民埝内外均有黄流，目前之计，南岸惟有力护遥堤，北岸则须增培民埝，以保安全之区"。十二年正月河决何王庄，大水沿民埝与大堤间顺流而下，其间村民受灾严重。光绪十五年，张曜因"南岸历城以下各州县夹河以内村庄，终年浸于黄流，民情困苦"，特上疏奏准迁出堤外建新村安置。十七年至十九年共迁出十三州县夹河村民59800户，建新村557处。于是南岸弃埝守堤，展拓河身；北岸则接修民埝增培作堤，始成定局。(《再续行水金鉴》)

山东黄河两岸堤埝建成后，分别于光绪十四、十六、十七、十九、二十五、二十六年进行过较大规模的培修，主要是加高帮宽。十四年山东巡抚张曜因黄河连年决溢，堤埝残缺卑薄，奏准进行培修，一般底顶帮宽一丈五尺，加高三至六尺。同时培修金堤140里，加高六尺。培修后底宽八丈，顶宽二丈。十六年培修堤埝，一般帮宽一丈五尺，加高二、三尺。十七、十九年及二十二年均为择要补修。二十五年大学士李鸿章奉旨会同巡抚张汝梅、河督任道镕查勘山东河工，拟定救急治标办法，经奏准分别于二十五、二十六年对南岸官堤及北岸民埝进行了培修。光绪二十六年以后，因"时局日艰，无暇议及河防"，对堤埝未再请款培修(《清史稿·河渠志》)。据《清官档案》历年专案报销培堤耗银统计，自光绪元年至二十六年共耗银九百余万两。

[2]御史是中国古代一种官名。先秦时期，天子、诸侯、大夫、邑宰皆置"史"，是负责记录的史官、秘书官。国君置御史。自秦朝开始，御史作为监察性质的官职，专门负责监察朝廷、诸侯官吏，该职位的设置一直延续到清朝。监察御史是御史的一种，于隋朝设置。监察御史分道负责，因而分别冠以某某道地名。监察御史不仅可对违法官吏进行弹劾，也可由皇帝赋予直接审判行政官员之权力，并对道府州县等衙门进行实质监督，也可在监察过程中对地方行政所存在的弊端上奏。防范官吏侵害人民权益，或者是成为贪赃枉法的贪官污吏。

[3]亟宜：亟待解决的事宜。

[4]履霜：踏在霜上预知寒冬的到来。比喻目前的迹象提醒对未来要有戒备。

[5]绸缪于未雨：未雨绸缪。绸缪：紧密缠缚。天还没有下雨，先把门窗绑牢。比喻事先做好准备工作。

[6]御极：登极，即位。

[7]念切民依：(皇上)用心关心百姓疾苦，百姓依顺皇上。

[8]直省偶告偏灾，无不恩膏立沛：各省偶尔上报很小的灾荒，(皇上您)都是给予充足的关怀和救济。

[9]邸抄(亦作"邸钞")：邸报，清代抄录皇帝谕旨、题本、奏折等供高级官员参阅的报纸。邸：高级官员的住所。

[10]仰见轸恤灾黎恫瘝在抱之至意：足见(皇上)体恤灾区百姓疾苦，时刻把百姓疾苦放在心上的爱民之心。轸(zhěn)：车底部四周的横木。恫瘝(dòng guān)：病痛，疾苦。在抱：内心深处。

[11]济、武两郡被灾甚重：济南、武定两府受灾十分严重。

[12]覼缕陈之：详细而有条理地陈述此事。覼(luó)：善意地看。缕(lǚ)：麻线，千丝万缕。

[13]兰仪：地名，在河南省境内。清代，兰阳、仪封二县合并，称兰仪。后因讳皇帝溥仪之"仪"字，改兰仪为兰封。1954年，兰封、考城二县合并，以二县首字为名，称兰考县。

[14]乙卯，清河决白龙窝，漂没无算：1855年(咸丰五年)，大清河在白龙窝处决口，冲没庐舍稼穑不计其数。白龙窝：又名白龙湾，在惠民县境内，为黄河下游一险工堤段。民谣："白龙湾，开了岸，冲了武定府，又淹阳信县。"

[15]癸亥：1863年(清同治二年)。

[16]阎敬铭(1817—1892)：字丹初，清代朝邑县(今属陕西省大荔县)人，道光二十五年(1845)中进士，历任户部主事，湖北按察使，署布政使，署山东盐运使，山东巡抚。光绪八年(1882)调任户部尚书。光绪九年(1883)充军机

大臣，总理各国事务衙门大臣，晋协办大学士，光绪十一年(1885)授东阁大学士。1892年卒后追赠太子少保，谥“文介”。

[17]甲子：1864年(清同治三年)。

[18]今岁：指同治六年(1867)。

[19]齐东：地名。金代天会年间(1123—1137年)在大清河南岸的赵岩口立齐东镇(即今山东邹平县台子镇旧城渡口处)，受辖于邹平县。元宪宗二年(1252)，以齐东镇设立齐东县，隶济南路。元、明、清均在此设立县城。至元二年(1265)，划归河间路(治所即今河北省献县东南)管辖。明洪武九年(1376)，齐东县隶济南府，清因之。1913年先隶岱北道，1914年隶济南道。1927年废道制，齐东县直属山东省。中华人民共和国建立后，齐东县属惠民专区。1956年3月，齐东县、高青县合并为齐东县(驻地高青县田镇)。1958年11月，撤销齐东县，地属惠民专区邹平县，现滨州市邹平县。

[20]悉为泽国：全部成为沼泽之国。

[21]混江龙之法：治理河道泥沙沉淀淤积的一种方法。在船的尾部用绳索绑定自制的铁制工具，船行驶河中，尾部拖拽的铁器将淤积的泥沙搅动扬起，泥沙顺水被冲到河的下游或大海。

[22]多罹昏垫：大多遭受水灾陷溺。昏垫：困于水灾。亦指水患及其他灾害。

[23]畚锸：畚(běn)，盛土器；锸(chā)，起土器。泛指挖运泥土的用具。亦借指土建之事。

[24]讵知：怎知道。讵(jù)：怎。

[25]波臣：水族，水下的生物。典出《庄子·外物》：“(鲋鱼)对曰：‘我，东海之波臣也。’”

[26]亦复不赀：也不可计量。赀(zī)：计量。

[27]伏思：又考虑到。

[28]简派廉干大员：选派廉洁干练有能力的大臣。

[29]周勘遍历，相度河形：全面勘察黄河上下游，观察估量黄河情形。

[30]绅耆:旧指地方上的绅士或有声望的人

[31]绘图贴说:绘图并附上说明。贴说:附在图上的说明书。

[32]应否援照豫工筹饷例:是否按照河南修筑黄河工程筹集粮饷事例。

[33]一俟(sì):等待。

[34]鸠工:聚集工匠。

[35]应饬(chì):应命令。

[36]庀(pǐ)材:备齐材料。多指建筑材料。

[37]浮冒:虚报冒领。

[38]涓滴:极少量的水,比喻极少量的钱或物。涓(juān):细小的流水。

附片　请复赐启用前任山东巡抚阎敬铭专办河防事

【题解】

本附片是正折的有益补充。正折述说了黄河下游山东段,尤其是济南和武定府所辖黄河两岸严重的黄河灾害和民间治黄情况,希望能引起朝廷的重视。治理黄河是一项巨大的系统工程,既需要国家的支持,更需要合适的治黄人才。因为举荐人才与人事调用应是吏部的职责,所以游百川把举荐"洁己爱民,实心任事""廉隅素著"的阎敬铭之事作为正折的附件上呈,既规避了官场职责程序上的不对等,又巧妙地表达了自己的心声,希望得到皇帝的准允。

游百川举荐阎敬铭督治黄河的理由有三:一是阎敬铭清正廉洁,政务清明,任劳任怨,深得民心。二是阎敬铭曾任山东巡抚,曾带领百姓修筑濮、范二县河堤,以工代赈,于河务尤称熟悉。三是阎敬铭前期曾因病乞退在家,当下病愈且年力正强。

【奏文】

游百川片(请复赐启用前任山东巡抚阎敬铭专办河防事)

再,臣闻从前河工,百弊丛集。每估一工,辄逾百万,部臣议驳,以期核实,然犹不下数十万两。及帑[1]已筹拨,真实归工者,不过数万两耳。朝廷子惠元元[2],不惜帑藏[3],原思康济民生,谁知内外蒙蔽,以府库之金钱,竟饱庶司[4]之私囊乎!今事事核实,不假吏胥[5],固无从前弊实。然建议修河,事关拯救灾黎,非洁己爱民,实心任事者,不足以胜艰巨。窃闻前山东抚臣阎敬铭,廉隅素著[6],前在巡抚任内,厘剔积弊[7],任怨任劳,东省士民,至今称道。且曾修濮范[8]一带河堤,以工代赈,于河务尤称熟悉,现在引疾乞退而年力正强,可否请旨复赐起用,以之专办河防,堪资得力。臣愚昧之见,谨附片奏闻,伏祈圣裁。谨奏。

【注释】

[1]帑(tǎng):古代指收藏钱财的府库或钱财。今指国库。

[2]子惠元元:关爱百姓。子惠:慈爱,施以仁惠。元元:平民,老百姓。

[3]帑藏(zàng):指国库、府库里的钱财。

[4]庶司:各官署,诸衙门。

[5]不假吏胥:不假借胥吏(之手)。吏,旧时代的大小官员。胥(xū),古代的小官。

[6]廉隅素著:平日以廉洁著称。

[7]厘剔积弊:清理剔除各种积弊。

[8]濮范:地名,濮阳和范县,在河南省境内。

2. 崇尚经术以端趋向由

【题解】

本篇为游百川针对几乎遍布全国的科举舞弊之风，提出的“劝学杜弊”之策。

清末，八股文科举考试衍生出很多弊端。国家开展教育，实施科举考试，本希望天下学子读书明理，成为国家栋梁之才。但是部分学校和考生求名心切，不崇尚经学，不认真学习国学经典文化知识，仅为应对科举考试而研读肤浅考卷，揣摩考卷内容和考试方法，甚至贿赂考官等，致使地方学校教育教学偏规。考试替考、夹带小抄等舞弊之风盛行，导致人心日浮，风俗愈敝。若长此以往，国家则无人才可求。针对此弊，游百川提出了“杜人侥幸之心，而引之专意读经”的策略，提出了在乡会两科正场科考之前，对考生另加考古一场。具体措施是：请皇帝颁发谕旨，饬令督学使臣，遍行晓谕。如果生童能默诵《五经》(《诗经》《尚书》《礼记》《周易》《春秋》)，通晓经义，则准其赴该学报名注册，即于考古场中按名面试，试以数条，其能否成诵、讲解无难立辨。可取录者，即正场文字未甚优长，亦拔之以示鼓励。未经报考，止就正场文字取录的考生，也要在发落时，令其认习某经，各注名下，等待下届按册考试。对学习勤奋的学生，应立即奖励；对旷废时日不用心学习的学生，应加之创惩。如此殷殷劝诱，将来届选拔举优，年份可期。得经明行修之儒，以仰副我皇上乐育人才之至意。研读国学经典与考试撰文并重，参以面试之法，则怀挟枪冒等弊，举无所施，各省士子庶勉勉焉。尽务实学，而士习之颓，可以挽救。整饬学校教风与正本清源考风相辅相成。

游百川的提案得到慈禧和同治皇帝的认可，并谕内阁“通谕知之”。《清实录·同治朝实录》载:"同治六年十一月二十八日内阁奉上谕,御史游百川奏请崇尚经术以端趋向各折片,国家吁俊抡才,原期士子通经致用,若学无根柢,徒恃怀挟倩代以图徼幸,所谓淹通经史者安在?何以振文风而端士习?学政岁科两试,生童正场之前列有考古一场。著直省学政于按考各属时遍谕生童,如有能默诵五经通晓经意者准其报名,即于考古场中按名面试拔之,以为研经者。劝其未经报考者亦令熟悉某经,于下届按册试之。该学政等务当崇尚实学,拔取真才,毋得视为其文以副朝廷乐育人材之意。将此通谕知之。钦此"。

【奏文】

御史游百川折　　崇尚经术以端趋向由　（正折具）奏

（同治六年）十一月二十八日（呈）

福建道监察御史臣游百川跪奏,为士习为人才所系,宜崇尚经术以端趋向,[1]恭折仰祈圣鉴事。

臣闻为政之本,在于得人;得人之原,视乎造士。国家吁俊抡才[2],原期天下士子,读书明理,本所学发为文章,而因以措诸实用也。乃自为学者,求名之心太急,往往《四书》《五经》未能成诵,而即读肤浅考卷,学为应试之文。既务应试,则束书不观,专取文艺数十篇,揣摩求售。扣以经义,茫然莫辨,且有并句读不知者。师如是以为教,弟子如是以为学。求所谓淹通[3]经史者,盖鲜也。求所谓砥砺行修者,益寡也。岂知学无根柢[4],安有佳文?寒畯之士,不读书而临场,蹈怀挟之弊[5]。素封之子,不读书而倩代,恃枪冒之人[6]。人心日浮,则风俗愈敝,虽有严刑峻罚,不能禁也。且此等弊风,始犹以为郡县偶然耳,及询之各直省,大率类然。何惑乎文风未振,真才不出乎?令改此痼习[7],莫若杜人侥幸之心,而引之专意读经。

窃维人才登进之路,赖有乡会两科;人才培植之基,尤在岁科两考[8]。按岁科考试，生童[9]正场之前，例有考古一场。应请旨饬下督学使臣，遍行晓谕。生童中如能默诵《五经》，通晓经义者，准其赴该学报名注册，即于考古场中按名面试，试以数条，其能否成诵、讲解无难立辨。可取录者，即正场文字未甚优长，亦拔之以示鼓励。其未经报考，止就正场文字取录者，亦于发落[10]时，令其认习某经，各注名下，俟下届按册试之。勤奋者，立予奖励；玩愒[11]者，加之创惩[12]。如此殷殷劝诱[13]，将来届选拔举优，年份可期。得经明行修[14]之儒，以仰副[15]我皇上乐育人才之至意。盖经与文并重，参以面试之法，则怀挟枪冒[16]等弊，举无所施，各省士子庶勉勉焉[17]。尽务实学，而士习之颓，可以挽救。此整饬学校，正本清源之一道也。

臣为劝学杜弊起见，是否有当，伏祈皇太后、皇上圣鉴。谨奏。

同治六年十一月二十八日

【注释】

[1]士习为人才所系，宜崇尚经术以端趋向：学风关系到国家人才的培养，应该推崇提倡《经学》的学习，借以端正学习的方向。士习：士大夫的风气；读书人的风气。崇尚：推崇提倡。端：端正。

[2]吁俊抡才：求贤选拔人才。吁俊(yù jùn)：求贤。抡才：选拔人才。

[3]淹通：精通，贯通。

[4]根柢：比喻事物的根基、基础。

[5]寒畯之士，不读书而临场，蹈怀挟之弊：家境不富裕的人，读书不精而进入考场，学别人怀揣小抄作弊。寒畯(jùn)之士：出身贫寒的人。蹈：蹈袭，走别人走过的老路，沿用前人旧例。怀挟：携带，特指应试中的挟带行为或挟带的文字等。

[6]素封之子，不读书而倩代，恃枪冒之人：家境优渥的人，不好好读书而是请人替考，依赖枪手冒名替考之人。素封：无官爵封邑而富比封君的人。

倩代：请人代替，替考。恃：依赖。枪：枪手。冒：冒名。

[7]痼习：长期养成不易改掉的习惯。

[8]岁科两考：科举考试制度之一。清制，各省学政一任三年，到任后第一年举行岁试，第二年举行科试。学政于驻地考试就近的府、州、县，其余各处则依次巡回，分期案临考试。至于僻远之府、州、县，交通往返不便，不能再行周历者，学政则于案临时先岁试后科试，两试接连举行，称为岁科并考。

[9]生童：泛指学童。

[10]发落：处理，处置。

[11]玩愒："玩岁愒日"的略语。谓贪图安逸，旷废时日。愒(kài)：荒废。

[12]创惩：惩戒，惩处。

[13]如此殷殷劝诱：这样深切地劝导诱说。

[14]经明行修：通晓经学，品德端正。经明：即明经，指通晓经学的要旨。修：完好，端正。

[15]仰副：古时奏折用词。凡对皇上所陈，必用"仰"字。如清朝奏折中开头多为：奏为某某事，恭折仰祈圣鉴事。副是相符、相称之意，如"仰副朝廷绥靖地方之至意"。

[16]怀挟枪冒：怀揣着小抄或找人替考。

[17]各省士子庶勉勉焉：各地学子都会勤奋努力地学习。庶(shù)：众多。勉勉焉：力行不倦的样子。

3. 请饬各路统兵大臣尽除私弊迅筹剿贼由

【题解】

同治六年，捻军分两支北进，一支由张宗禹领导的活动于陕西，他们企图由陕西进河北威胁北京，称西捻军。一支由任柱、赖文光等领导的活动于皖、楚、豫、鲁等地，他们希望沿运河北上，进入京畿腹地，称东捻军。同治七年年初，张宗禹由河北漳卫窜入定州，进逼北京。清政府得知后极为震惊，京城内外一片慌乱，朝廷一方面调集山东巡抚丁宝桢、河南巡抚李鹤年、陕甘总督左宗棠、湖广总督李鸿章、安徽巡抚英翰等围剿捻军，一方面准备派出守京城的劲旅阻拦捻军的北进。“以形势论之，贼以乌合之众，深入重地，临以大兵，当不难刻期殄灭”，然而，官军与捻匪相持数月仍不能灭。游百川查找时弊，一针见血指出：“军营之弊有二：一在纪律不严，一在将士不睦。”并举例说明治军不严、将帅不和、各路将领互相掣肘贻误战机的诸多事实。请求皇帝“饬(令)各路统兵大臣激发天良，和衷共济。申明军法，治兵勇以严；破除己私，驭诸将以睦。勿骄盈以偾事，勿刚愎而失机。并密赐谕旨，诘其有无方略，何时破贼，使之切实自陈，毋得饰报胜仗。庶诸将帅，努力同心，贼有可乘，即时连营进逼，使无所逃窜，则逆氛速荡，上纾宵旰之忧，下解倒悬之阨矣。”

此奏折得到慈禧和同治皇帝的重视，《清实录·同治朝实录》载：“同治七年二月壬辰，又据御史游百川奏，请饬各路统兵大臣，迅筹灭贼，并请诘其有无方略，何时破贼，切实自陈，毋得饰报胜仗等语。贼扰直境，已逾一月，各路官军，不下数万，若不迅图剿洗，糜饷劳师，伊于胡底。左宗棠等务各屏除意见，戮力同心，迅将此股贼匪，就地殄灭，共奏肤公。”

三月，西捻军由开州、滑县、清丰、朝城渡运河进入山东茌平、高唐，后挺进到沧州、静海。游百川奏请合力兜剿捻军。《清实录·同治朝实录》载：“本日御史游百川奏，此次捻逆回窜青莱，未得肆掠，饥疲已甚，其中被胁难民，皆思自拔，请饬乘此合力兜剿。李鸿章现在但防运河东北，防兵甚寥寥，黄河冰坚冻，贼如北窜，恐东省军务，贻患非轻等语。著李鸿章迅筹剿办，不可稍失戎机。黄河防务，并著妥为布置，以期有备无患。将此由六百里谕令知之。”四月，东捻军在山东巡抚丁宝桢、两江总督曾国藩、提督刘铭传等的围追堵截下，在胶莱河、潍河一带被消灭，西捻军失去了半壁。六月，恰逢黄河涨水灌入运河，西捻军被围困在徒骇河、马颊河、黄河与运河之间，被丁宝桢、李鹤年、李鸿章大军所消灭。

捻军是太平天国时期北方的农民起义军，源于捻子（一称捻党）。“捻”为淮北方言，意即一股一伙。捻子是民间的一个秘密组织，有说产生于清康熙年间，有说出现于明朝末年，成员主要为农民和手工业者，早期活动于皖北淝水和涡河流域。嘉庆末年，捻子集团日多，小捻子数人、数十人，大捻子一二百人不等。经常在安徽、江苏、河南、山东间护送私盐，并与清政府发生武装冲突，后甚而起义攻城。1853年（咸丰三年），捻子在太平天国影响下发动大规模起义。起义后的“捻”，史学界称捻军。

捻军起义从1853年至1868年，长达十六年，其历史分为两个阶段。自1853年春至1863年3月为前期捻军。1853年1月至3月，太平军连克武汉、安庆、南京，安徽、河南捻众纷纷起义响应。及至太平天国北伐军经过时，已开始从分散斗争趋向联合作战。1855年秋，各路捻军在安徽亳州雉河集（今安徽涡阳）会盟，力量最大的当地捻军首领张乐行（张洛行）被推为盟主。联合后的捻军建立五旗军制，用黄白红蓝黑五色旗区分军队。总黄旗主由张乐行自兼，总白旗主龚得（龚得树），总红旗主侯士维，总蓝旗主韩老万（万峰、狼子），总黑旗主苏天福。总旗下有大旗、小旗。每一旗主左右都有一个以宗族、亲戚、乡里关系结合起来的领导集团。由于各旗间互不统属，各种集团林立，不易离开本土，形成了它的分散性和落后性。

1857年春，张乐行率领捻军渡淮河南征，与太平天国陈玉成、李秀成军会师霍丘和正阳关。从此以“听分封不听调用”为条件，接受太平天国领导，配合太平军作战，但不接受改编。年底，内部出现分歧，以蓝旗将领刘饿狼（刘永敬）为首的部分捻军坚持要回淮北，被张乐行等杀死。捻军于是分裂，大部分旗主返回淮北，只有张乐行、龚得等少数留在淮南，与太平天国保持着较密切的关系。还有一部分如孙葵心、张宗禹等，转战南北，曾深入河南、山东，推动了当地人民以各种形式起义反清。在皖北、苏北，捻军或协同太平军或独立作战，屡破清军。1860年，张乐行被太平天国封为沃王。1861年9月和1862年（同治元年）5月，清军攻陷安徽太平天国重镇安庆和庐州（今安徽合肥)后,捻军因而失去太平军为依托,处境困难。张宗禹等部自淮北西入河南、陕西,与远征西北的太平天国陈得才等军会合。1862 年秋以僧格林沁为首的清军大举进攻皖北,次年 3 月攻陷捻军根据地雉河集,张乐行被叛徒俘送至清营遇害。

自 1863 年 4 月至 1868 年 8 月的捻军活动被称为后期捻军。前期捻军失败后,余部活动于河南、湖北、陕西边区。1863 年 5 月张宗禹等在安徽桐城境与李秀成相会后,仍回至皖北。太平天国封张宗禹为梁王、任柱(任化邦)为鲁王,张琢(张禹爵,张乐行侄)袭封幼沃王,捻军其他将领亦各有所封。1864 年 4 月,张宗禹、任柱等和陈得才、赖文光等部太平军在河南内乡会师,欲东下救援太平天国都城天京;被僧格林沁所率清军困阻于鄂皖边界。时天京已陷,陈得才于兵败后服毒自杀,所部纷纷投降。张宗禹、任柱与赖文光突围,将余部太平军和捻军合并为联军。赖文光被推为首领。

联军以太平军军制重新整编,易步为骑,采用流动战术,奔驰豫、鲁、苏之间,声势复振。1865 年 5 月,在山东曹州(今山东菏泽)高楼寨歼灭清精锐蒙古骑兵,击毙僧格林沁。清政府改派曾国藩督湘军、淮军镇压捻军。曾国藩更多使用洋枪洋炮,实行重点设防、坚壁清野,画黄、运、淮、颍四河圈围的战略,尾追、迎击联军。1866 年 9 月,联军突破颍河上游贾鲁河防线。曾国藩因围剿不力被清廷撤免钦差大臣,李鸿章继其任。1866 年 10 月起,联军分为东西两军。赖文光、任柱继续在中原地区活动,为东捻军;张宗禹、张琢进入陕西联络回民起义,为西捻军。1867 年东捻军转战湖北,曾败淮军主力刘铭传部,但企图入川、陕与西捻军会合未遂。是年 6 月经河南进入山东,后被李鸿章淮军围困于黄河南岸、运河东岸、胶莱河西岸和六塘河北岸的地区内,突围失败,任柱被奸细杀害,余部于次年 1 月在江苏扬州覆没,赖文光被俘就义。西捻军转战陕西后,经山西洪洞向南穿王屋山入河南济源,再向东北挺进直隶(约今河北),1867 年初至保定,威胁北京。旋退入河南,最后进入山东黄河以北、运河以东地区,被李鸿章、左宗棠军包围。1868 年 8 月在茌平溃败,全军覆没,张宗禹渡徒骇河不知所终。至此,捻军起义失败。

【奏文】

御史游百川折　　请饬各路统兵大臣尽除私弊迅筹剿贼由　（正折具）奏（同治七年）二月十四日（呈）

福建道监察御史臣游百川跪奏，为官军与贼相持日久，请旨饬各路统兵大臣，尽除私弊，迅筹剿贼，以伸天讨而解民困，恭折仰祈圣鉴事。

臣闻，师出以律，师克在和[1]。古训昭垂，可为明鉴[2]。逆匪窜扰直隶，官兵云集。以形势论之，贼以乌合之众，深入重地，临以大兵，当不难刻期殄灭[3]。然军营之弊有二：一在纪律不严，一在将士不睦。亟宜痛思惩诫，以振国威。至于临机决策，尤当迅图灭贼，断不可旷日持久，有防堵之名，无荡寇之实，以致老师糜饷[4]也。自来节制之兵，与民间秋毫无犯。臣闻上年山东平贼，带兵诸将，惟直隶提督刘铭传所部约束严明。其余或占住民房，或劫掠民物，闾阎[5]苦之。近阅邸抄，陕西邠州有兵勇抢夺民间骡马，杀毙六命之案，是带兵者漫无纪律，所在多有。夫兵以卫民，非以扰民也。失律之兵，未能破贼，而徒扰民，使民畏兵，甚于畏贼。岂朝廷除贼救民之意乎？此军营之弊一也。陕甘总督左宗棠统兵有年，劳绩卓著。然臣闻其入陕之后，刘松山、郭宝昌等均不乐为之用。且闻各督抚多存私意，未能畛域[6]不分，合力破贼。此营主战，彼营主守。甚或一营出队，而他营袖手旁观，不为应援。怠慢军心，要皆将帅不和所致。此军营之弊二也。现在钦奉谕旨，各路统兵大臣，均归亲王等节制[7]，统驭得宜，可期奏绩矣。然兵贵神速，势难遥度[8]。

臣犹虑：带兵诸将私意未除，既不肯协力攻贼，又以专候节制为名，借端推诿，不免贻误戎机[9]。且贼初窜直境，有谓不宜轻战者。夫不轻战，诚是也。然官军俱集，兵力数倍于贼，若以大营扼其冲，以游兵掩其旁，募敢战之士，更番迭进[10]，使贼不得休息，无所抢掠，不过旬日，贼必饥疲。官兵不劳，贼已立困，乘势合兵，进击无难，聚而歼旃[11]。若不图进战，能令贼自消自灭乎？夫兵与贼相持日久，不但需饷浩繁，时虞[12]难继。即勉强支应，以直隶上年荒旱之岁，收成歉薄，采买亦属万难。况春分节近，东作方殷[13]，贼一日未平，畿辅[14]百姓避难且不暇，安得尽力于畎亩[15]！现时诸物昂贵，全望麦熟有秋，若再歇业废时，何以济民食而苏民困乎？相应请旨，饬各路统兵大臣激发天良，和衷共济。申明军法，治兵勇以严；破除己私，驭诸将以睦。勿骄盈以偾事[16]，勿刚愎[17]而失机。并密赐谕旨，诘[18]其有无方略，何时破贼，使之切实自陈，毋得饰报胜仗。庶诸将帅，努力同心，贼有可乘，即时连营进逼，使无所逃窜，则逆氛速荡[19]，上纾宵旰[20]之忧，下解倒悬之阨[21]矣。

臣职司献言，不敢安于缄默，仅就见闻所及，冒昧渎陈，伏祈皇太后、皇上圣鉴。谨奏。

同治七年二月十四日

【注释】

[1]师出以律，师克在和："师出以律"语出《周易·师·初六》："师出以律，否臧凶。"执事顺成为臧，逆为否。"师克在和"语出《左传·鲁桓公十一年》郧蒲骚之战："郧人军于蒲骚，将与随、绞、州、蓼伐楚师。莫敖患之，乃问斗廉：'盍请济师于王?'对曰：'师克在和，不在众。'""师出以律"与"师克在和"辞异而意思相同。"在和，不在众"与"否臧凶"表达的也是一个意思。此语强调军队要纪律严明，官兵上下思想要一致，步调应一致，只有这样才能取得战争的胜利。

[2]古训昭垂，可为明鉴：古代流传下来的、可以作为准则的话时时昭示着后人，是我们的一面镜子。昭垂：昭示，垂示。

[3]殄(tiǎn)灭：消灭，灭绝。

[4]老师糜饷：徒劳兵力，空费军饷。老师：即劳师。

[5]闾阎。闾(lǘ)：古代二十五家为一闾。阎(yán)：闾巷的门，亦指里巷。

借指平民。

[6]畛域：界限；范围。畛(zhěn)：田地间的小路。域：在一定疆界内的地方。

[7]节制：指挥管辖。

[8]遥度：犹远渡。

[9]戎机：战机，用兵的时机。

[10]更番迭进：轮流替换，连续进击。

[11]旃(zhān)：古代一种赤色曲柄的旗。此处指捻军。

[12]虞(yú)：预料。

[13]方殷：正当剧盛之时。

[14]畿(jī)辅：国都(京城)附近的地方。

[15]畎亩：耕种田地。畎(quǎn)：田地中间的沟。

[16]偾(fèn)事：搞坏事情。

[17]刚愎：倔强固执，不接受别人的意见。

[18]诘：追问，谴责。

[19]逆氛速荡：逆贼的士气迅速荡平。

[20]宵旰(xiāo gàn)：宵衣旰食，即天不亮就穿衣起床，天晚了才吃饭歇息。

[21]阨(ài)：困厄，困窘。

4. 请饬办善后事宜

【题解】

捻军被剿灭以后国家面临两个非常敏感也是亟待解决的问题，一是捻军残余的清剿政策问题，二是官方死伤人员及被扰百姓的善后处理问题。游百川敏锐地提出了“蠲缓与赈济宜并行筹划”“靖乱与制治宜认真讲求”等妥善处理善后事宜的策略。

平捻之后，钦差大臣都兴阿、两江总督李鸿章、署理安徽巡抚英翰、御史吴鼎元等，分别从“严禁起义军余部与处理被收抚者”“挑选劲旅，驻扎要地”“修理宇寨，整顿乡团”“整顿士习，查禁伪书”的主张，各路官兵采取宁错杀一百，也不放过一个“捻匪”的政策，错杀了很多的无辜的村民，捻军所到之处的百姓成为最大的牺牲品。基于此，游百川上呈奏折。奏折中提出了“蠲缓与赈济宜并行筹划也”的主张。围绕民生问题，游百川又提出了“力行保甲，清查户口”“靖乱与制治宜认真讲求也”的思路，提出了“思患豫防，莫如妥行保甲之法”“盖保甲政行户口之多寡，习俗之美恶，皆得同知。一切教匪、会匪蘖芽，无自而起，逆捻余党，纵有窜伏草野者，亦莫能漏网，不致灰烬复燃。”因此，他建议清廷“饬下督抚责成各属牧令，实力奉行。如有贪庸不职、不以民事为心者，即据实纠参，力除泄沓故习”的具体措施。

这篇奏折得到慈禧和同治皇帝的高度重视，《清实录·同治朝实录》载：“御史游百川奏陈善后事宜各条，除赈恤贫民俟官文、丁宝桢等查明后再降谕旨外，其团练出力绅董及殉难民妇，着官文、丁宝桢转饬该地方官确切查明，分别奖恤，毋得冒滥遗漏；至保甲之法，尤当实力举行，以辑闾阎。倘地方官有贪庸不职，不以民事为心者，即着该督抚等据实严参，以副朝廷保卫民生、整顿吏治至意。”

【奏文】

御史游百川折　请饬办善后事宜　（正折具）奏

（同治七年）七月初九日（呈）

福建道监察御史臣游百川跪奏，为逆捻荡平，善后事宜亟应妥办，恭折仰祈圣鉴事。

逆捻荡平，善后事宜亟应妥办。谨即愚悃所及，胪列渎陈，伏祈采纳。蠲缓[1]与赈济宜并行筹划也。臣闻贼纵所至，闾阎耕种失时，田无所出。闻蠲缓恩旨固已食惠无穷。至失业之民，避贼逃难糊口无资。及闻贼灭，复还乡里，饥寒切胃，莫能存活，惟有辗转沟壑耳。请饬督抚查有失所贫民，令州县据实详报多少名口。先期筹款赈恤，或设立粥厂，或酌给米粮。庶贫富一体感恩，民生咸□矣。奖励与请恤，宜力求核实也。臣向闻被贼之区，往往有本处绅衿并无团练实绩，徒以平日与官吏相习。事平之后，滥得优奖。而义民实在出力者，或反不得，仰邀声叙。请饬下督抚，凡奖励团练，务令地方官确切查明，秉公详报，不得稍涉含混。至士女殉难捐躯，非地方官所能周知，宜责成公正绅者设局采访，分别请恤。靖乱与制治宜认真讲求也。粤逆倡乱，[2]其端起于至微而流毒遍天下，贻祸十余年。迄今捻逆荡平，急图救定。思患预防，莫如妥行保甲之法[3]。盖保甲政行户口之多寡，习俗之美恶，皆得同知。一切教匪、会匪孽芽无自而起，逆捻余党纵有窜伏草野者，亦莫能漏网，不致灰烬复燃。请饬下督抚责成各属牧令，实力奉行。如有贪庸不职、不以民事为心者，即据实纠参，力除泄沓[4]故习。庶消患无形，民登衽席[5]。

臣愚悃所及，胪列渎陈，伏祈皇太后、皇上圣鉴。谨奏。

同治七年七月初九日

【注释】

[1]蠲缓：免征或缓征赋税。蠲(juān)：除去，免除。

[2]粤逆倡乱：指太平天国起义。

[3]保甲之法：王安石变法举措之一。乡村住户，每十家(后改为五家)组一保，五保为一大保，十大保为一都保。以住户中最富有者担任保长、大保长、都保长。凡家有两丁以上的，出一人为保丁。农闲时集合保丁，进行军训；夜间轮差巡查，维持治安。保甲法既可以使各地壮丁接受军训，与正规军相参为用，以节省国家的大量军费；又可以建立严密的治安网，把各地人民按

照保甲编制起来，以便稳定封建秩序。

[4]泄沓：拖拖沓沓。

[5]衽席：卧席、寝具。此处借指太平安居的生活。

5.请除吏胥积弊由

【题解】

道光以来，中国国势逐渐衰退，官场胥吏积弊凸显并日益深重，庶司衙门之胥吏皆工于取利。本为父母之官，却“吏胥视民如鱼肉，民畏胥吏如虎狼”，阶级矛盾几近不可调和的地步。为维护大清江山的稳定与统治，游百川直抒胸怀，尽数官场胥吏积弊百样，阐发除弊之策。游百川敢于向官场宣战的做法，显示了他的刚正与清廉。

【奏文】

御史游百川折　请除吏胥积弊由　（正折具）奏

（同治七年）十一月十九日（呈）

掌福建道监察御史[1]臣游百川跪奏，为吏胥滋弊，为患最深，请饬内外臣工，随时惩治，以儆贪残，恭折仰祈圣鉴事。

臣窃维：患莫大于营私弊[2]，先去其太甚[3]。国家建官立政，额设府吏胥徒，藉资办公，不过取其执簿书、供奔走而已。乃自若辈盘踞把持，遂成积重难返之势。论者谓天下大权归于胥吏，此诚沉痼之疾[4]，不能遽除[5]，而实不可不除者也。夫自京畿[6]以及各直省，有不营私之官，而鲜有不营私之吏。大抵上司衙门之胥吏有病于官[7],庶私衙门之胥吏有害于民。其工于取利也,率多暧昧不明。其敢于逞奸[8]也,实觉悉数难尽。即如吏部职司铨选[9],仕路之所赖以清也。然闻外省每有缺出,书吏即悬以饵人,或多引例案以遂其招摇,或暗致信函以行其吓诈:保举之,或准或驳;处分之,可重可轻。既已轩轾[10]在心,无难上下其手。吏部如此,其他可以类推。盖成案既多,援引各异。书吏先深入其中以操纵之,司员始泛从其外而觉察之,已属不及之势,而况有纵之者乎?此在京各衙门胥吏舞弊之大概情形也。而外省胥吏之为害,更有不可胜言者。州县为亲民之官,所用吏胥,本有定额,乃或贴写[11],或挂名大邑,每至二三千人,次者六七百人,至少亦不下三四百人。夫此数千百人者,政之蠹[12],民之蟊贼[13]也。百姓含冤呈诉,其待长官申理,不啻[14]赤子之依父母,而吏胥乃从而陵侮[15]之、剥削之、逼勒[16]之,颠倒拨弄,率以财之有无多寡,为事之曲直是非。总之,吏胥视民如鱼肉,民畏吏胥如虎狼。然民且甘受搏噬[17],而不敢告发者,当前因投鼠而生忌,既恐其力有不敌,日后或假虎以逞威,又恐其心有不甘也。

臣每恭读朝廷恩诏,必曰:勿任吏胥舞弊,不得假手[18]吏胥。诰诫至严切矣。第恐有司奉行不力。以吏之给使令也,而恃为爪牙;以吏之工趋承也,而引为腹心。以失察吏胥,有关于己之考成[19]也,而且巧为弥缝[20],曲为袒护。不曰吏胥狡猾,而曰民俗刁顽。何其不仁之甚也!臣愚以为今日者,甫离兵燹[21]之祸,民幸有其身家。若再遭胥吏之伤,何以完其生聚?相应请旨,谕令中外大臣,严饬所属,振刷精神,破除弊窦。一应文案,悉心稽查:立限清厘吏之名数,过多者务加裁汰;吏之情弊既露者,即行痛惩。开人告发之端,勿蹈徇弊之习。盖害政者,吏也;而足以治吏者,官也。官诚得人,吏自敛迹。至于家丁之串通书役,绅衿[22]之包揽讼词,并饬地方官概行[23]屏除,勿或宽纵。庶妨政之弊渐去,而民困可稍纾矣。

臣愚悃[24]所及,为去弊起见。是否有当,伏祈皇太后、皇上圣鉴。谨奏。

同治七年十一月十九日

【注释】

[1]掌福建道监察御史：掌印御史，类似现在的主持工作。

[2]患莫大于营私弊：治理国家最大的忧患，没有大过吏胥营私舞弊的。患：忧患，指国家之忧患。营私弊：营私舞弊。因图谋私利而玩弄欺骗手段，做犯法的事。

[3]先去其太甚：抓住典型严惩，以儆效尤。

[4]此诚沉痼之疾：这的确是沉重的经久难治愈的弊端。痼(gù)：痼疾，经久难治愈的病。

[5]遽(jù)除：急速铲除。

[6]京畿(jī)：国都及其附近的地方。

[7]有病于官：对于官吏来说有害处。

[8]逞奸：施展阴险(阴谋)。

[9]铨选：选才授官。古代举士与选官相一致。士获选，即为官。至唐代，试士属礼部，试吏属吏部，以科目举士，以铨选举官。举官又分两途，吏部主文选，兵部主武选。唐以后，铨政代有更易，然大抵不外集吏考试量人授官之义。清中叶后，铨选又分为外补与部选两种途径。铨(quán)：衡量轻重，铨衡。代指量才授官，选拔官员。

[10]轩轾(xuānzhì)：古代大夫乘用车的顶前高后低称"轩"，前低后高称"轾"。比譬高低、轻重、优劣互有长短。

[11]贴写：抄录文书的人员。

[12]蠹(dù)：蠹虫，蛀蚀器物的虫子。

[13]蟊贼：吃禾苗的两种害虫，喻危害人民或国家的人。

[14]不啻(chì)：如同。

[15]陵侮：凌辱，欺压。

[16]逼勒：逼迫，强迫。

[17]搏噬(shì):搏击吞噬,喻打击陷害或侵略吞并。

[18]假手:利用别人做某种事来达到自己的目的。

[19]考成:在一定期限内考核官吏的政绩。

[20]弥缝:弥补掩饰。

[21]甫(fǔ)离兵燹(xiǎn):刚刚离开战火的焚毁破坏。指八国联军侵略中国的战争。

[22]绅衿:束大带,穿青衿。指地方上有权势的人或在学的生员。

[23]概行:一律施行。

[24]愚悃:指自己的诚意。愚:愚笨。悃(kǔn):诚实,诚心。

6.除弊务求实际续陈愚见

【题解】

本篇是《请除吏胥积弊由》的续篇。奏文进一步陈述了官场中存在的"人才不等,甘苦不均"之现象,这一现象造成的百官多致力于沽名钓誉巧取豪夺,致使百官懈怠颓废不作为,而专注于为一己之名利而敷衍趋势,以及制度层面的管理缺失问题。为除此弊,游百川提出了"欲除吏弊,宜先澄叙官方。欲肃官方,尤贵激扬士气"的政治主张。

【奏文】

御史游百川折　续陈愚见由　(正折具)奏

(同治七年)十一月二十四日(呈)

掌福建道监察御史臣游百川跪奏，为除弊务求实际，续陈愚见，仰祈圣鉴事。

窃臣为吏胥积弊，于本月十九日具折奏陈，仰蒙谕旨森严，通饬内外大臣一并严禁。具见圣心，洞察靡遗[1]，孜孜求治之至意。

臣窃伏思，欲除吏弊，宜先澄叙[2]官方。欲肃官方，尤贵激扬士气。现在京各部司员，实任候补以及学习行走[3]者，实不乏人。果能实力奉公，何难发奸摘伏[4]？而其间人才不等，甘苦不均，或立志报效，而辛苦莫得上闻。或纯盗虚声，而粉饰藉以自便。以致贤劳之叹，不免推诿之心渐生。应否由各堂官于每司中实力简拔，亲加遴选。先择贤隽数员，付以事权，专其责任。凡查有舞弊情事，即令无所徇隐[5]，据实禀办。各堂官再详加稽考[6]，勤奋精慎者，随时记功；怠慢疏忽者，随时记过。积功多则优加褒奖，积过多则严行纠参。其初到衙门，学习公事者，亦时加激励，勉其用心讲求，使得渐次上进。

盖为治之道，特患贤愚杂揉，泾渭不分耳。果使杜请託[7]，抑侥幸，不职者斥之，可用者升之。赏罚既明，人才自奋。稽察既密，弊窦[8]自清。如臣议可行，其如何明立章程，以专责成之处，应请旨饬下各部堂官，悉心妥议具奏，恭候圣裁。至外省各地方官，本有惩治吏胥之权，但能实心爱民，勤求吏治，则胥役[9]虽欲舞弊，当无所用其伎俩。而慎选贤员，实为致治大要。伏恳严饬各督抚破除情面，秉公考察，为缺择人，勿以人试缺。廉明服官者，务登荐牍[10]；阘茸不职者[11]，即列弹章[12]。再求简派廉正大臣，时行巡查，遇有贪官蠹吏，经民间告发者，列状奏闻，以杜各该管上司瞻徇[13]容隐之弊。如此，则庶司咸知警畏，将见弊端胥除，官清而民自安矣。

臣刍荛[14]之见，冒昧渎陈，伏乞皇太后、皇上圣鉴。谨奏。

同治七年十一月二十四日

【注释】

[1]洞察靡遗：观察得很清楚，没有遗漏。靡遗：即“靡有孑遗”的略语。

死亡殆尽,毫不遗漏。

[2]澄叙:清理整饬。澄:水静而清。

[3]行走:清制,凡不属于专设官职,调充某项职役的都用此称。

[4]发奸摘伏:揭发隐秘的坏人坏事。发、摘:揭发。奸:奸臣,坏人。伏:指隐瞒坏事。

[5]徇隐:徇私隐瞒。

[6]稽考:考查。

[7]杜请讬:杜绝这种作奸犯科之事。

[8]弊窦:指作奸犯科的事。

[9]胥役:胥和衙役。

[10]荐牍:推荐人才的文书。

[11]阘茸不职者:庸碌低劣不称职的人。阘(tà):小户。茸:小草。

[12]弹章:弹劾官吏的奏章。

[13]瞻徇:徇顾私情。

[14]刍荛(chú ráo):乡野间见闻不多、无知浅陋的人。向人提议时作谦辞。

7. 请严禁栽种罂粟由

【题解】

游百川迁御史后注重联系实际调查研究。他了解到山东、河南、江苏等地农民大面积种植罂粟以代替种植农作物,且种植面积有逐渐扩大之势后,于同治七年十二月十七日提交"栽种罂粟大妨民食,请旨重申严禁,以济民生而培国本"的奏折。

鸦片战争之后，吸食鸦片和种植鸦片的流毒屡禁不止。奏折中，游百川细数甘肃、陕西、江苏、河南、山东等地民间栽种罂粟现状及危害。他在折中分析民间栽种罂粟屡禁不止的原因，除小民趋利外，还包括地方官吏借机取利，督抚大员也因一私己利而默许之，并据此提出了整治方法。慈禧和同治皇帝阅览后非常震惊，考虑到栽种罂粟涉及国计民生和国家的长治久安，便谕令内阁“着各该管上司从严参办，毋稍徇隐”。《清实录·同治朝实录》载：“（同治）七年十二月（庚申），谕内阁御史游百川奏请饬严禁栽种罂粟以济民生一折。栽种罂粟之害，有妨民食，始于甘肃，延及陕西、山西，近复江苏、河南、山东等省亦有渐行栽种者。小民贪利忘害，仅顾目前，势必至膏腴之产尽种无用之物，于百姓生计大有关碍。前曾严行申禁，着各该督抚迅饬各地方官再行剀切晓谕，一体禁止。倘有不法匪徒，故意抗违，即治以应得之罪。各州县官如不能认真办理，任令吏胥饰词蒙蔽，并着各该管上司从严参办，毋稍徇隐。将此通谕知之。钦此。”

【奏文】

御史游百川折　请严禁栽种罂粟由　（正折具）奏

（同治七年）十二月十七日（呈）

掌福建道监察御史臣游百川跪奏，为栽种罂粟，大妨民食，请旨重申严禁，以济民生而培国本，恭折仰祈圣鉴事。

臣窃维，民为邦本，食为民天。而今有妨食病民者，莫甚于栽种罂粟之害。闻此弊始自甘凉[1]，延及陕西。今则晋省各属，每县种者多至万余亩。夫沃土三亩，计出谷可养一人。以一省计之，废田谷百余万亩，是坐[2]使数十万人失养也。又闻江苏之丰、沛、萧、砀等县，河南之彰、卫、怀，山东之兖、沂、曹等府种者渐多。几与五谷相埒[3]。童谣有云：遍地花开，睡去醒来。得过且过，不管将来。小民贪利忘害，流毒无穷。若不拔本塞源，尽绝根株，何以裕民食而重民命乎?

臣闻陕甘往年初种罂粟,民间暴称富庶。官其地者,亦借端取利,瘠缺变为美缺。迨其后废地既多,积粮渐少,猝遇事变,饥民无所得食,遂辗转沟壑,逃死流亡,以致军民两困。甚有携带银两,求食不得,自投于河者。东南之乱,未至如斯之惨也。论者谓吸食鸦片之害,甚于洪水猛兽。而栽种罂粟,其祸本也。地方一种此物,虽遇丰收之岁,亦成歉薄之年。盖罂粟收浆,正值农夫锄禾。民尽力于罂粟,遂不暇顾及于田苗。是已种之地,固有妨禾稼;未种之地,亦多就荒芜也。况既已种之,鲜不食之。始之种也,犹为取人之利;继而食也,必且身受其殃。食久则安于颓废,怠于耕耘,而无术以自解免。数年之后,地利既减,人力又亏,民穷事起,贻祸[4]何可胜言!夫罂粟布满田野,显然共见。禁之本属甚易,然易禁而卒莫[5]之禁者,特以地方官吏借端渔利,既不肯实力严究,而督抚大员亦复姑息为心。故例禁虽有明文,究不免阳奉而阴违也。

臣愚以为,与其异日酿无穷之患,何如先时申严禁之条。应请旨谕令各省督抚,严饬所属,剀切[6]晓谕,一体禁止。倘有不法匪徒故意抗违,即治以应得之罪。如各州县不肯认真办理,任令吏胥贪财,饰词蒙蔽,即由各该管上司立予参革,或更简派廉政大臣,亲历查勘,以防瞻徇[7]容隐之弊。惩一警百,使天下咸知朝廷贵农重粟之意。庶莠民[8]畏法,不敢妄为矣。盖自发捻[9]倡乱以来,民多失业,户少蓋藏[10],乘此军务渐平,培养元气,民食为先。万不可听民徇利,使为苟营。目前之计,以酿患于将来也。

臣愚悃所及,冒昧渎陈[11],是否有当,伏祈皇太后、皇上圣鉴。谨奏。

同治七年十二月十七日

【注释】

[1]甘凉:清代甘州、凉州二府地。

[2]是坐：这种罪过。坐：罪。

[3]相埒(liè)：相等，等同。

[4]贻祸：使受害，留下祸害。

[5]卒莫：最终没有。

[6]剀(kǎi)切：与事理完全吻合。

[7]瞻徇：徇顾私情

[8]莠民：坏人。

[9]发捻：对太平天国与北方农民起义军的称呼。

[10]户少盖藏。民户少有粮储。盖(gài)，同“盖”，遮掩，覆盖。

[11]冒昧渎陈：轻率莽撞地烦琐陈述。冒昧：轻率莽撞。渎陈：烦琐陈述。

8.请将棍徒孔正兴等送部严办等由

【题解】

同治八年十一月，游百川与掌湖广道监察御史国秀受命巡视东城，查办一案。棍徒孔正兴(蔡墩子)、蔡升、玉恒、祁唐氏、镶白旗满洲锡瑞佐领下马甲文大(文惠)等假称官役，将翟济堂张镇东羁押暴打，勒索财物，致张镇东病残。翟济堂告发，官府久拖不结。游百川与国秀受理案件后，传唤文大。文大未到案。游百川同国秀联合上书此折。奏折中申明，京城“乃辇毂重地，岂容棍徒潜踪扰害”，并提议“除将孔正兴即蔡墩子、蔡升、玉恒、祁唐氏先行解交刑部外，相应请旨，饬下刑部严讯定拟”，并饬镶白旗满洲锡瑞佐领“迅将文大即文惠送部，讯取同往各犯姓名，一并严传归案审办”。本案引起了慈禧和同治皇帝的高度重视，“赃证属实，蔡升等照例分别拟杖拟徒。文大在逃，应移咨步军统领等衙门一体严拿，务获究办同往各犯”，谕令刑部严传归案审办。

【奏文】

巡视东城御史国秀等折 请将棍徒孔正兴等送部严办等由 (正折具)奏

(同治八年)十一月二十九日(呈)

巡视东城掌湖广道监察御史臣国秀、巡视东城掌福建道监察御史臣游百川跪奏,为棍徒假充官役,设局刑吓[1],搜取财物,请旨交部严行惩办,恭折仰祈呈鉴事:

窃据臣城指挥[2]李源呈称,翟济堂控告文大等,将张镇东刑吓致病一案,当饬严传讯办。去后,旋据[3]该指挥将案内人犯孔正兴(即蔡墩子)、蔡升、玉恒、祁唐氏等,获案录供,详解到城,臣等公同讯问。据翟济堂供称,伊与捐职[4]卫千总[5]张镇东俱河南人,同伙贸易[6]来京,有素识之孔正兴(即蔡墩子),曾向张镇东借银未允,突于十月二十九日,有素不认识自称文大,带领孙姓、韩姓等多人,诡称孔正兴在步军统领衙门呈控张镇东翟济堂有案,渠等[7]系大班奉差拿人。当用车辆将张镇东等拉至驴市胡同文大下处,分押在空房及院邻祁唐氏屋内。文大喝令将张镇东揪去顶帽,剥去衣服,令跪钱板[8]上,怒骂掌责。并将张镇东身带银钱全行搜去。比时天已三鼓。因张镇东年迈,受其责冻,瘫痪不起。玉恒等哄令穿衣,架出讨保[9]。蔡墩子及蔡升尾跟,带至弓弦胡同,弃之而散,以致张镇东气忿成疾。复讯,据孔正兴即蔡墩子供,因向张镇东索讨欠银未遂,与其堂叔蔡升,勾串玉恒、祁唐氏、文大(即文惠),朋谋吓诈[10]。各等情质之,蔡升等均各供认不讳。惟屡次饬传文大,匿不到案。据该地面官厅查得,文大(即文惠),系厢白旗[11]满洲锡瑞佐领下马甲。当于本月十六日移文该旗,将文惠传唤送案,迄今未据送到。

臣等伏惟[12],辇毂[13]重地,岂容棍徒潜踪扰害。乃文大(即文惠)等,胆敢冒充官役,设局刑吓,实属肆无忌惮,诚恐该犯等尚有另案不法情事,亟应严究,按律惩治,以警奸宄[14]而安商民。除将孔正兴(即蔡墩子)、蔡升、玉恒、祁唐氏先行解交刑部外，相应请旨，饬下刑部严讯定拟，并饬该旗，迅将文大(即文惠)送部，讯取[15]同往各犯姓名，一并严传归案审办。为此，谨缮折[16]具奏请旨，伏祈皇太后、皇上圣鉴。谨奏。

同治八年十一月二十九日

【注释】

[1]刑吓：行刑恐吓。

[2]臣城指挥：我辖区(东城)城指挥。

[3]旋据：一会儿。

[4]捐职：捐纳得官。

[5]卫千总：清代官名。漕运总督所辖各卫所武官，掌率运丁，领运糟粮。顺治三年(1646)由千户改置，秩从六品。员缺时有裁减，光绪初共设五十一人(直隶四人、山东三十一人、江西十六人)。

[6]贸易：做生意。

[7]渠等：他们一伙人。渠：他，他们。

[8]钱板：旧时存放铜钱或现洋的板托，形如洗衣的搓板。板上有格，每格可放铜钱多少枚固定，可代替数钱。

[9]讨保：找人作保。

[10]吓诈：恐吓斥责。

[11]厢白旗：镶白旗，在今内蒙古锡林郭勒盟南部，清代八旗之一。建于明万历四十三年(1615)，因旗色为白色镶红而得名。镶白旗属于下五旗之一，不是由皇帝所亲统，而由诸王，贝勒和贝子分统。清末时规模是84个整佐领，兵丁2.6万丁，男女老少总人口约13万人。厢：同“镶”。

[12]伏惟：下对上的敬词。多用于奏疏或信函。

[13]辇毂(niǎn gǔ)：皇帝的车舆。代指京城。

[14]奸宄(guǐ):违法作乱的人。乱在外称“奸”,乱在内称“宄”。

[15]讯取:立刻取得。

[16]缮(shàn)折:整理抄写奏折。

9.请修圣德以召祥和由

【题解】

同治八年,全国南涝北旱以及其他自然灾害频发,“湖广等省多被水患,直隶、山东亢旱为灾”,冬季缺少雨雪,地球出现月食现象。民间多流言,人心惶恐,社会不安。十二月十八日,游百川针对这种现象,提交“雪泽愆期,月食递见,恳增修圣德,感召天和”的奏折。奏折回顾了道光以来,“国家席庶富之业,内而廷臣,外而督抚,率以粉饰太平为务。州县习于奢汰,以能逢迎者为良吏,以多机械者为干员。吏治既颓,乱机斯伏。嗣是粤逆首祸,捻匪纵横,外患内忧,踵兴递起。流毒遍天下,蔓延十数年,生民涂炭极矣”之况。游百川把这种水旱频发、灾异递见等怪异现象归咎于“人事未修”,上天“特示变异,以昭警戒”。要求皇上,注重“修省,惕厉忧勤,懋圣学益以新圣德。兢兢业业,以同治初元之心为心,以同治初元之治为治。于引对臣僚及一切用人行政,垂意慎查。务使在廷诸臣,随时随事得尽其匡弼之心。至于国计所关,民生所系,尤望推求至当,不厌审详”。并请求皇帝下令,严格要求“内外大臣,激发天良,勤思治术,用情务得其正,勿以偏私而妄为爱憎。议事务持其平,勿以瞻徇而谬为轩轻,无纵诡随开人奔竞之渐;勿滥保举,启人侥幸之心。至有言责诸臣,共竭忠诚,各进谠论。于政治之未当者,剀切直陈,无稍隐讳。上下知惧,思患预防,庶人事克修,天心可格,雨旸时若年谷顺成,民困得苏,天下蒙福矣。”

《清实录·同治朝实录》载:"(同治)八年十二月(乙卯),谕内阁御史游百川奏请修德以召祥和一折:今岁雪泽愆期,月食再见,直隶、山东、湖广等省水旱歉收,凡此沴祲之兴,皆系上苍示儆,寅畏殊深,允宜兢业为怀,倍加修省。内外大小臣工,亦当各矢公忠,恪尽厥职,力除瞻徇奔竞之习。其有言责诸臣,尤宜遇事指陈,毋泛毋隐,庶几君臣交儆,以承天眷而迓天庥。"

本文与《请除吏胥积弊由》《除弊务求实际续陈愚见》《请严禁栽种罂粟由》《崇尚经术以端趋向由》《请饬各路统兵大臣尽除私弊迅筹剿贼由》意指近同,都是通过现象透视官场积弊,请饬整顿吏胥,振刷官场士气。尤其是《请修圣德以召祥和由》篇,敢于直面皇帝,向皇帝提出"修圣德以召祥和"的疏奏,其刚正之态、忠诚之心、为民之意,实属难能可贵。

【奏文】

御史游百川折　请修圣德以召祥和由　(正折具)奏

(同治八年)十二月十八日(呈)

巡视东城掌福建道监察御史臣游百川跪奏,为雪泽愆期[1],月食递见[2],恳增修圣德,感召天和,恭折仰祈圣鉴事。

臣窃维洪范九畴[3],以皇极[4]为本,其言休征[5]咎征[6],天人感应之机,毫发不爽[7],是知天时之有未协,皆人事之有未修也。本年湖广等省多被水患,直隶山东亢旱为灾,收成歉薄,秋间二麦未能种齐。入冬以来,雪泽又少。皇上虔申祈祷[8],虽得微雪沾濡[9],而节届大寒,祥霙[10]尚未渥沛[11]。六月月食示警,本月十六日又复月食。臣虽未习占验,然以人事推之,即昔证今,窃觉患未虚生,灾有由起。查道光年间,国家席庶富之业,内而廷臣,外而督抚,率以粉饰太平为务。州县习于奢汰,以能逢迎者为良吏,以多机械[12]者为干员。吏治既颓,乱机斯伏。嗣是粤逆首祸[13],捻匪纵横,外患内忧,踵兴[14]递起。流毒遍天下,蔓延十数年,生民涂炭极矣。今幸发捻[15]殄灭,时势望有转机。

然而水旱频仍，灾异递见，意者天心厌乱，已有悔祸之机，而人事未修，不足以应之。故特示变异，以昭警戒乎！伏望皇上恐惧修省，惕厉[16]忧勤[17]，懋[18]圣学[19]益以新圣德。兢兢业业，以同治初元之心为心，以同治初元之治为治。于引对臣僚及一切用人行政，垂意[20]慎查。务使在廷诸臣，随时随事得尽其匡弼[21]之心。至于国计所关，民生所系，尤望推求至当，不厌审详。并严饬内外大臣，激发天良，勤思治术，用情务得其正，勿以偏私而妄为爱憎。议事务持其平，勿以瞻徇[22]而谬为轩轾[23]，无纵诡随[24]开人奔竞[25]之渐；勿滥保举，启人侥幸之心。至有言责诸臣，共竭忠诚，各进谠论[26]。于政治之未当者，剀切[27]直陈，无稍隐讳。上下知惧，思患预防，庶人事克修，天心可格[28]，雨旸[29]时若年谷顺成，民困得苏，天下蒙福矣。

臣管窥之见，冒昧直陈，伏祈皇太后、皇上圣鉴。谨奏。

同治八年十二月十八日

【注释】

[1]雪泽愆(qiān)期：雨雪误期，失期。

[2]递见：依次连续出现。

[3]洪范九畴：语出《尚书》。指传说中天帝赐给禹治理天下的九类大法，泛指治理天下的大法。洪：洪大。范：模子。畴：类。

[4]皇极：帝王统治天下的准则，即所谓大中至正之道。

[5]休征：吉祥的征兆。

[6]咎征：过失的报应，灾祸应验。

[7]毫发不爽：形容一点不差。毫：细毛。发：头发。爽：差错。

[8]虔(qián)申祈祷：恭敬、虔诚地祈祷。

[9]沾濡：浸湿。多指恩泽普及。

[10]祥霙：瑞雪。霙(yīng)：雪花。

[11]渥沛(wò pèi):丰厚隆盛。

[12]机械:比喻方式拘泥死板,没有变化;不是辩证的。

[13]粤逆首祸:南方逆贼首先挑起祸端。指洪秀全太平天国。

[14]踵兴:相继兴起。

[15]发捻:旧时对太平天国与北方农民起义军的称呼。

[16]惕厉:心有危险忧惧之感,日夜惕厉,心不能安。

[17]忧勤:多指帝王或朝廷为国事而忧虑勤劳。

[18]懋(mào):勤奋努力。

[19]圣学:指孔子之学。

[20]垂意:注意;留意。

[21]匡弼:匡正辅佐,纠正补救。

[22]瞻徇(zhān xùn):徇顾私情。

[23]轩轾(xuān zhì):古代大夫乘用车的顶前高后低称“轩”,前低后高称“轾”。比譬高低、轻重、优劣互有长短。

[24]无纵诡随:不放纵诡诈善变之人。纵:放纵。诡随:诡诈欺骗。《诗经·大雅》中有“无纵诡随,以谨缱绻”。

[25]奔竞:为名利而奔走争竞。

[26]谠(dǎng)论:正直之言,直言。

[27]剀切:切实,恳切。

[28]天心可格:皇上的言行也应有一定法式和标准。天心:天空中央。

[29]雨旸(yáng):雨过天晴。

10. 请饬整仓储由

【题解】

同治十年(1871)七月,游百川奉命稽察仓储,在稽查过程中发现了诸多问题:一是储米廒座七十八座,历年都有坍塌倒坏,能用来储米的廒座止剩二十余座,而岁修之费久裁,储米之廒亦多有渗漏;二是各廒旧存、新收米色参差不齐,最上面浮盖一层约厚尺许及数寸不等,为湿气所蒸结而成块,俱已微变朽腐,不堪食用。三是仓储管理不善,人心日浮。基于此,游百川提出了增加修廒之费;加强仓场管理人员队伍建设;对旧米、新米分类存放,先进者先出等管理手段方面的建议。

【奏文】

御史游百川折　请饬整仓储由　(正折具)奏

(同治十年)七月二十九日

稽察中仓掌福建道监察御史臣游百川跪奏,为仓储重务,宜加整饬,恭折仰祈圣鉴事。

窃臣奉命稽察中仓,于六月初八日到任视事。据该仓书吏呈验廒座[1]图样,并各廒收存漕白粮石数目清册。臣随即公同满汉监督亲赴廒中查验,看得各廒旧存、新收米色参差不齐,最上浮盖一层约厚尺许及数寸不等,为湿气所蒸结而成块,俱已微变朽腐,不堪食用。臣当向监督及甲斗[2]等详问,据称廒座存有七十八座,历年坍塌倒坏,现在堪以储米者止剩二十余座,而岁修之

费久裁[3],储米之廒亦多不免渗漏,每年派收漕……(后缺失)

【注释】

[1]廒座:收藏粮食的仓房。

[2]甲斗:清代通州粮仓收受漕粮时,临时雇用从事铺廒、打卷席片、抱筹、抬斛等杂活的工人。

[3]久裁:停止划拨很久了。裁:取消计划。

11.续访本籍殉难绅民妇女请旌恤由

【题解】

太平天军与捻军昌兴,相继窜入山东境内,山东百姓出于自卫纷纷组织武装力量抵御。在无数次的自卫战中,山东各地有很多的绅民妇女英勇殉难。游百川曾于同治八年九月间上疏,将本籍(山东)阵亡殉难绅民妇女开单上奏,奏请恩恤。该奏请得到慈禧的恩准。后来游百川又陆续访闻到泰安府泰安县举人贾公策等三千三百零九名殉难妇女,武定府沾化县绅士前任四川彭山县知县范象乾之妻王氏等一千六百二十五口,他们齐心杀敌慷慨就义的壮举堪当旌恤。为伸张正义,游百川上疏再次恳请皇帝"恩予旌恤,并准捐资建祠,以维风化而励忠节"。

【奏文】

御史游百川折　续访本籍殉难绅民妇女请旌恤由　(正折具)奏

同治十年十一月十六日

巡视东城掌福建道监察御史臣游百川跪奏，为续行访闻本籍各州县阵亡殉难绅民妇女，恳请恩予旌恤[1]并准捐资建祠，以维风化而励忠节，仰祈圣鉴事。

窃臣于同治八年九月间，曾将本籍阵亡殉难绅民妇女开单，奏请恩恤，仰蒙允准在案。兹复访得山东各属自军兴[2]以来历年阵亡殉难绅民：泰安府泰安县举人贾公策等三千三百九名。殉难妇女：武定府沾化县[3]绅士前任四川彭山县知县范象乾之妻王氏等一千六百二十五口，查其死节情形或齐心杀贼慷……(后缺失)

【注释】

[1]旌恤：表彰抚恤。

[2]军兴：朝廷兴兵剿灭太平天国及捻军。

[3]现滨州市沾化区。

12.河运并治极宜详筹妥办由

【题解】

咸丰五年(1855)六月，黄河在铜瓦厢决口后，河水向北继而向东北方向漫流，穿京杭大运河分三股，一股灌运河南流，一股入运河北流，一股穿运河向东夺大清河从利津入渤海。运河河道淤积堵塞，漕运受阻，严重影响着京城的粮食供给。大清河由地下河变为地上河，并因无法容纳黄河之水而经常决堤泛滥，洪水冲毁民舍，淹没庄稼，危害极为惨烈。如何治理黄河？朝中大臣针对这一问题分为两派，一派主张回归古道南流，一派主张顺水性就大清河两岸筑河堤北流。

河东河道总督乔松年奏疏："山东境内，黄水日益泛滥，运河日益淤塞，淮徐河身，半成平陆，旧提多已圮废。欲令河归故道，必先挑浚河身，补还堤工，所费极巨而为日甚长。莫若就东境筑堤束之，堵黄水旁泄之路，俾归张秋八里庙一口，下注入海。霍家桥一口最巨，必须堵合。张秋西南，沙河迤北，向有大堤，略加修补。再于张秋南门外曹家堤口，接筑至解家山五十余里，为黄水北堤。又自张家支门起，至沈家口迤东马山头止，筑长堤一百八十余里，为黄水南堤。中酌留金门，以为运口，借黄济运。张家支门之上游，大清河之下游，与运道无关，尚可略缓。拟新堤筑成，水势既定，分年接筑……"可见乔松年主张北流。

河道总督文彬、山东巡抚丁宝桢疏奏："张秋穿运之黄水，欲令其即由利津入海。就河而论，其不便约有数端。自铜瓦厢至牡蛎嘴计程一千三百余里，创建两堤，中间相去约须十里，始足为河槽滩面容水之地。弃地甚多，居民作何安插？沿河州县城池，皆须迁避，难于建置。泰山之阴，大小溪河，胥以大清河为尾闾。置堤束黄以后，有妨水利。河从利津入海，盐船重运艰险，滩场动遭冲没，东纲必至隳废。至于治运济漕，亦觉可虑。两岸置堤先自中间有关运道之处施工。范濮旧堤与张家支门，南北相去约七八十里，滩面太宽，仍属散漫停淤。比至沈家口张秋之间，陡然收小，水势抬高，运口必至吃重。南患倒灌，北虑夺溜。借黄济运，日久终归淤阻。引卫水于百数十里之遥，启放需时，机宜坐失。况元城集居漳卫既合之后，所引亦属浊流，同一受病。创筑之南堤，设有漫溢，仍必穿运。北堤一有疏失，畿辅受害。且筑堤工需，复非千万金所能毕事。若堵合铜瓦厢，使河复故道，前准部咨，江东豫三省旧河复故经费，共估计二千二百余万两。分四五年次第兴办，集事非难……"。可见河道总督文彬、山东巡抚丁宝桢等主张南流。

同治十一年十二月初九日，慈禧、同治帝谕旨内阁："前据乔松年奏，遵议黄运两河情形，并筹堵运河各折片。当经谕令文彬、丁宝桢会议具奏。兹据奏称，遵议黄河穿运情形，请仍挽复淮徐故道一折。着军机大臣会同六部九卿，与乔松年前奉各折片一并妥议具奏，钦此。”即慈禧令军机处会同六部九卿商定，拿出最佳方案。

黄河南流北流的问题引起了一场马拉松式的大辩论。同治六年(1867)，升任侍郎胡家玉上疏“请浚黄河故道以利漕运”。同治七年(1869 年)，两江总督曾国籓等奏“黄河故道遽难规复”。

同治十一年(1872)十二月十四日，军机大臣面奉谕旨：“升任侍郎胡家玉奏请浚黄河故道，以利漕运。已故大学士、两江总督曾国藩等奏，黄河故道，遽难规复，各一折。著汇入文彬等折，一并会议具奏。钦此。”

正当军机处会同六部九卿商讨黄河南流北流以及如何治理期间，游百川于同治十一年十二月二十八日上疏“河运并治极宜详筹妥办由”。南流、北流之争逾十余年尚无定论，游百川体察灾民疾苦心急如焚，大胆提出：“南行北行二说，利害互见，请派大臣前往，下自利津，上至清口，详细履勘，然后定策。所派之臣，宜由大臣荐举……”

同治十一年十二月二十八日，内阁奉上谕：“御史游百川奏河运并治，关系至重，宜详筹妥办一折。着军机大臣，会同六部九卿，与乔松年等前奏各折片，一并妥议具奏。钦此。”

同治十二年正月，军机大臣等奏：“臣等公同商酌，窃以治河本无善策。要不外审地势之高下，识水性之顺逆，酌工程之难易，权利害之轻重，而后可以施工。现在淮徐故道，既难规复，自不得不思变通办法。而乔松年筑堤束黄之议，究是否可行，有无窒碍，文彬等所虑各节，是否尚可设法补救。非目睹情形，殊难悬断。拟请旨简派大臣，驰赴山东，周历履勘，体察情形，将该河臣等所奏悉心参酌，从长计议，据实奏明办理。”军机处采纳了游百川的建议，并进一步提出：“此事关系重大，固不可日久因循，亦未便轻率从事。李鸿章曾在山东剿办‘捻匪’，于黄运两河情形阅历既久，自必熟悉。着该督将乔松年等所奏悉心体察，从长计议应如何妥筹办法，期于漕运民生两有裨益，及办理有无把握之处，据实详细具奏。”

同治十二年二月初一日，慈禧颁谕旨：“前因乔松年奏筹办黄运两河情形，文彬、丁宝桢奏请仍挽复淮徐故道，并御史游百川奏河运并治宜详筹妥办等情。当经降旨，交军机大臣，会同六部九卿，妥议具奏。兹据遵议会奏，请派大员前往山东查勘各处灾情等语。黄河自铜瓦厢决口，改道北行后，泛滥山东境内，久为漕运民生之害。现在淮徐故道，既难规复，岂可听其自然，不为修治？乔松年前奏，堵合霍桥决口，筑堤束水，使由张秋八里庙一口下注入海，旁流分注，藉以济运。所拟办法究竟是否可行，有无窒碍，必须筹划万全，方可兴办。此事关系重大，固不可日久因循，亦未便轻率从事。李鸿章曾在山东，剿办‘捻匪’，于黄运两河情形阅历既久，自必熟悉。着该督将乔松年等所奏悉心体察，从长计议应如何妥筹办法，期于漕运民生两有裨益，及办理有无把握之处，据实详细具奏。”（《清实录·同治朝实录》）

【奏文】

御史游百川折　河运并治极宜详筹妥办由[1]

同治十一年十二月二十八日

（游百川）原奏内称，欲复淮徐故道，必须先挑河身。难于施工。修筑堤工，设复厅汛，岁修抢修，糜帑无已。黄未北注以前，套塘之法，已不可恃，始用海运。非黄水南行，漕运遂可无虑。至于大清河面，宽不过半里许。今拟作黄河之渎。河面宽溜几里。民间田庐，侵占若干。如何移徙安插，应令通盘筹算。大清河兼受黄河之水，恐难容纳。开支河以分水势，必相度地形。黄水北行，其事为创。万一不善办理，人情骚动。南行北行二说，利害互见，请派大臣前往，下自利津，上至清口，详细履勘，然后定策。所派之臣，宜由大臣荐举等语。臣等详阅该御史所陈各节，亦因河务关系重大，未可遽行定议，正与臣等意见相同，惟淮徐故道之难以规复，臣等业于正折内，详悉陈明。仍拟请旨饬下派出大臣，径赴山东一带，亲历河干，详细查勘，妥筹定拟具奏。[2]

【注释】

[1]未查到游百川《河运并治极宜详筹妥办由》奏折原件，仅在《再续行水金鉴·黄河卷4》1398—1401页"军机大臣等奏，为遵旨会议，恭折具奏事"文中查得上文。此处全文摘录，供读者参考。

[2]《黄运两河修防章程》，转引自《再续行水金鉴·黄河卷4》湖北人民出版社，2004年版：1397—1401页。

13. 密陈管见—暂缓修圆明园

【题解】

同治十一年九月十五日(1872年10月16日)，同治皇帝举行大婚盛典。同治十二年正月二十六日(1873年2月23日)，同治皇帝举行亲政大典。同治皇帝亲政之后，两宫太后面临"归政"的问题。同治皇帝以"孝亲"为理由，下令重修圆明园。谕令："朕念两宫皇太后垂帘听政十一年来，朝乾夕惕，倍极勤劳，励精以综万机，虚怀以纳舆论，圣德聪明，光被四表，遂致海宇升平之盛世。自本年正月二十六日朕亲理朝政以来，无日不以感戴慈恩为念。朕尝观养心殿书籍之中，有世宗宪皇帝御制《圆明园四十景诗集》一部，因念及圆明园本为列祖列宗临事驻跸听政之地。自御极以来未奉两宫皇太后在园居住，于心实有未安，日以回复旧制为念。但现当库款支绌之时，若遽照旧修理，动用部储之款，诚恐不敷。朕再四思维，惟有将安佑宫供奉列圣圣容之所，及两宫皇太后所居之殿，并朕驻跸听政之处，择要兴修，其余游观之所，概不修复。即着王公以下京外大小官员量力报效捐修，着总管内务府于收捐后，随时请奖，并着该大臣等核实办理，庶可上娱两宫皇太后之圣心，下可尽朕心之微忱也。特谕。”

重修圆明园的谕令，引起朝野上下的关注。尚未开工，十月初一(11 月 20 日)，御史沈淮“抗疏力争，以为靡费”。同治皇帝震怒，立即召见沈淮，“谕以《大学》养老之义。沈素呐呐，青浦独对，摄于天威，但连称兴作非时，恐累盛德”，请求缓修圆明园。同治皇帝谕令督抚大臣、内外臣工勿再异议，并谕令内务府，仅修安佑宫为驻跸殿宇，其余免兴修。

十月初六日，游百川顶风秘密递交此奏折。奏折不循常规，没写标题。奏折从替皇帝着想的角度谨慎而较详细地陈述了时下圆明园的现状，以及不宜兴修的理由。提出了“伏望皇上善体圣慈，暂缓兴修。一俟天时、人事相度咸宜，然后徐图营建。斯《大雅》所咏：‘经始勿亟，庶民子来’之效，将复见于盛世矣。”的主张。

同治帝阅后震怒，于十月初七(11 月 26 日)召见恭亲王奕䜣、醇亲王奕𫍽及御史游百川等。同治皇帝厉声对游百川说：“汝亦有父母，岂有父母所欲而故为违抗者！”令游百川重写奏折。游百川就御座前执御笔写道：“臣伏愿皇上大孝，以天下治安为主者，臣实愿军务全完，帑项渐裕，年股告捻，物力滋丰之候，合万民之欢心以成斯役，而不愿藉资于捐修。‘捐’之一字，实万不得一之举，救灾捍患动捐犹可，至营建宫室而劝捐，我朝向无此例，且圆明园既值宜修之时，亦不过专务要工，存先朝之旧制，以明光复故物云尔。若以为游憩之所，则臣有不敢遽言，而又不敢不言者。庚申八月之变，先皇帝由园居命驾巡幸滦河，当时臣民震恐，风云变色，帐圣与之蒙尘，望回銮而未果，迄今追忆，实所痛心。皇太后旧怆怀当必有愀然不乐者，此臣所不敢言而又不得不言者。如万不得已，太液池南福华门内京都士庶称为南海，加以修理奉两宫太后游览其中，亦足以藉资颐养。臣愿皇上善体圣慈，如得皇太后懿旨暂缓园工，然后明降谕旨宣示中外，得我皇上善则归亲之义，此尤臣所虔诚默祷者也。”同治帝更恼，认为这是对自己皇权的挑战，谕令将游百川既行革职。《砆谕将奏请缓修圆明园之御史游百川革职》曰：

> 自古人君之发号施令，措行政事，不可自恃一己之识见。必当以群僚适中共议，可行则行，不可则止，此求事理合宜之意也。至于为人子者，欲尽娱志承欢之孝，非他务可比也。既非他务之可比，则必当竭力以效其忱，岂可托诸空言而止耶？夫朝廷设言官之意，本为达人君之耳目，不可不言也，至于尽孝思之事，非言官可阻谏也。且沈淮奏请暂缓修理圆明园之时，业有旨宣示中外，使咸知朕心欲承慈欢之意矣，何该御史又请缓修，且言俟天时人事相度咸宜之时，再行修理？朕观该御史所奏之意，亦不过欲使人知己尽言官之责，徒沽其名耳，安有体朕孝思之意哉？纵使朕纳其言，即行停止，亦不过咸称朕为纳谏之君而已！是朕欲尽孝思之意，岂不托诸空言耶！即如该御史所言，俟天时人事相度咸宜之时再行修理；果及天时人事相度咸宜之际再兴此工，又必谓不可。又言西山一带，时有外国人游骋其间，岂京师各城内外即无外国人往来乎？以朕观之，京师各城内外之外国人，较之圆明园犹为附近也。该御史既恐外国人生瞻就之心，今岁夏令当洋人求观之时，汝何不奏请止其观见乎？朕思该御史所陈之言，不过欺朕冲龄，实属妄奏。该御史既为言官，并未闻有关系国计民生之论，乃先阻朕尽孝之心，该御史天良安在？着将该御史游百川即行革职，为满汉各御史有所警戒，俟后如再有奏请暂缓者，朕自有惩办。特谕。（中国第一历史档案馆：《宫中朱谕》上编，第637页。）

《清史稿》记载："命葺治圆明园，奉皇太后驻跸。御史沈淮疏请暂缓修理，上特谕宣示孝养两宫之意，专修安佑宫供奉列圣御容，暨皇太后驻跸之所，治事之地，量从节俭，不事华靡，此外均不必兴修。百川继疏申谏，上召入诘责，百川侃侃正言无所挠，上为动容，一时敢谏之名动朝野。"（赵尔巽等：《清史稿》，北京：中华书局，1977年.）

【奏文】

(御史游百川折　密陈管见—暂缓修圆明园)　(素面具)奏

(同治十二年)十月初六日(呈)

掌福建道监察御史臣游百川跪奏,为密陈管见[1],仰祈圣鉴事。

窃臣阅邸抄,御史沈淮奏请暂缓修理圆明园一折,钦奉上谕,宣示中外。我皇上本大孝之至性,寓惜物之深仁,凡在臣民,理宜共喻。即总管内务府大臣等恪遵谕旨,谅必力求节省,不敢多所靡费[2],有负圣怀。惟臣葵藿[3]愚忱[4],有惓惓[5]不能自已者,敬为我皇上密陈之。

京师为首善之区,万民辐辏[6],纵有异域殊方僦屋[7]而居者,亦不过杂于市廛[8]之中,远隔九重,无敢往来喧肆。加之禁城,门禁森严,宿卫周密。皇上临朝听政,穆穆清清。此居中驭外之权,实长治久安之道也。圆明园经变[9]之后,岁久失修,山水景物,今昔悬殊。且并无城垣,虽有宿卫之森罗,而门禁不能如内城之严密。臣闻近年西山一带,时有外国人游骋其间。万一因我皇上驻跸[10]所在,亦生瞻就[11]之心,于圆明园附近处所,修盖庐舍,听之不可,阻之不能。体制既非所宜,防闲亦恐未备。以臣愚悃,不无过虑[12]。又臣闻明年南北方向,修造均非所宜,即乘今年诹吉[13]开工,亦殊非慎重之道。伏望皇上善体圣慈,暂缓兴修。一俟天时、人事相度咸宜[14],然后徐图营建。斯《大雅》所咏“经始勿亟[15],庶民子来”[16]之效,将复见于盛世矣。

臣区区愚见,冒昧渎陈,伏祈皇上圣鉴。谨奏。

同治十二年十月初六日

【注释】

[1]密陈管见:秘密陈述一点看法。

[2]靡费：浪费，耗费过度。

[3]葵藿(kuí huò)：两种向日性植物。古人多用以比喻下对上赤心趋向。

[4]愚忱：愚钝。

[5]惓惓(juàn)：深切思念，念念不忘。

[6]辐辏(còu)：形容人或物聚集像车辐集中于车毂一样。

[7]僦屋：租赁房屋。僦(jiù)：租赁。

[8]市廛：店铺集中之处。廛(chán)：古代城市平民的房地。

[9]经变：经历变故。指八国联军火烧圆明园。

[10]驻跸：皇帝后妃外出，途中暂停小住。驻：停留在一个地方。跸(bì)：帝王出行时清道，禁止行人来往。

[11]瞻(zhān)就：到近前观望。

[12]过虑：忧虑不必忧虑的事。

[13]诹吉：选择吉日。诹(zōu)：在一起商量事情，询问。

[14]相度咸宜：观察估量全部适合。

[15]经始勿亟：开始规划莫着急。

[16]庶民子来：百姓如子都会来。

14.道员丁寿昌夺情究非常经请令仍遵定制等由

【题解】

游百川于同治十二年十月被革职，何时起复至今未查到确切史料，但推算停职时间并不长。

同治十三年六月十四日，大学士文祥上折请停圆明园工程，也未奏效。七月十六日，恭亲王奕譞等亲贵重臣听说载淳将于二十日阅视园工，于是约集御前大臣和军机大臣十人，联名上疏，提出八大问题：停园工、戒微行、远宦寺、绝小人、警宴朝、开言路、惩夷患、去玩好，全面地向皇帝进谏。后来几位朝中重臣因重修圆明园所需经费估算过高出来反对，君臣矛盾爆发，八月初一日，同治帝拟召见群臣，宣布将十重臣尽皆革职，为“朋比谋为不轨”。两宫太后闻讯大骇，出面调解，撤消了同治帝前日宣布的上谕。[①] 游百川可能借此官复原职。

本篇为游百川官复原职，也是光绪称帝后的第一篇奏折。按照清朝祖制的规定，丁忧人员在丁忧期间，其职位应开缺，由他人替代，丁忧结束后复出补官。游百川“恭阅邸抄”，见两道谕旨，“御史李桂林奏请将丁忧道员破格留用一折，前任直隶天津道丁寿昌，现在丁忧开缺。着俟百日孝满后，准其留于直隶，交李鸿章差遣委用。钦此。”太常寺少卿周瑞清上疏提出质疑：“丁忧人员理应终制”。然而上谕：“丁寿昌现系留于直隶差遣委用，并非实缺。可比所奏，着毋庸议。钦此。”从官吏制度管理层面，从大局出发，游百川提出了自己的主张：除非战争或特殊需要，丁忧人员应按官吏管理制度处理，“尤宜令恪遵礼制”，以杜攀比。并“相应请旨，谕令直隶督臣，仍饬该道员回籍终丧，以符定制，庶于礼教无亏。如因天津系畿南重地，该员留津最为吃紧，则臣伏望明降谕旨，嗣后无论何省何官均不得援以为例。以为贪荣忘亲者戒。似亦预防流弊之至要者也”。游百川不惜得罪臣僚，敢于向皇帝叫板，其刚正之举，堪称典范。

【奏文】

御史游百川折　道员丁寿昌夺情究非常经请令仍遵定制等由　(正折具)奏

(光绪元年)正月初四(呈)

---

① 徐立亭.《清朝列传·咸丰帝同治帝传》.吉林文史出版社，2004年版：423页.

掌福建道监察御史臣游百川跪奏，为道员[1]夺情[2]，究非常经[3]，请旨饬令仍遵定制[4]，恭折仰祈圣鉴事。

窃臣恭阅邸抄，奉上谕："御史李桂林奏请将丁忧[5]道员破格留用一折，前任直隶天津道丁寿昌，现在丁忧开缺[6]。着俟百日孝满后，准其留于直隶，交李鸿章差遣委用。钦此。"嗣经太常寺少卿[7]周瑞清奏，丁忧人员理应终制[8]。奉上谕："丁寿昌现系留于直隶差遣委用，并非实缺。可比所奏[9]，着毋庸议。钦此。"跪读之下，仰见朝廷于郑重地方之中，寓爱惜人才之意。

惟臣愚窃维，持服[10]终制，礼之常经。臣下夺情，原属万不得已之举。军兴以来，援墨缞[11]从戎之义，间有特旨留用之员。现时军务已平，天津近在畿辅[12]，群疑有何急务，必不得已而请将该道员破格留用乎？即谓洁己爱民，舆情感戴[13]，各直省中，此等贤员当亦不少，若使本属官绅纷纷效尤，相率藉端渎请[14]，何以靖人心而杜攀援之弊？查定例：绅民[15]人等，赴该管上司衙门，具呈请留本地方官员者，概不准行。从前定例，岂不知舆情爱戴之员，有益地方而不便准行者？杜渐防微，意至深远。我圣朝孝治天下，凡陈情终养者，尚许解官，况丁忧人员，尤宜令恪遵礼制，遂其孝思。相应请旨，谕令直隶督臣，仍饬该道员回籍终丧，以符定制，庶于礼教无亏。如因天津系畿南重地，该员留津最为吃紧[16]，则臣伏望明降谕旨，嗣后无论何省何官均不得援以为例，以为贪荣忘亲者戒。似亦预防流弊之至要者也。

臣愚昧之见，是否有当，伏祈皇太后、皇上圣鉴，谨奏。

光绪元年正月初四日

【注释】

[1]道员：官名，始于明代。辅佐布政使分理省内各道钱谷的称分守道，协助按察使分理省内各道刑名的称分巡道。清时成为省以下，府、州以上的行政长官，并设督粮、盐法等道，各司专职。北洋军阀时曾分一省为数道，置

道尹。

[2]夺情:减少居丧期间的哀痛之情。此处指因父/母丧而弃官去职,是古代"丁忧"制度的延伸。

[3]常经:固定不变的法令规章,常规。

[4]定制:确定的制度、规则。

[5]丁忧:朝中官员父母去世,须回原籍守孝。

[6]开缺:旧时指官员因故去职或者死亡,职位一时空缺,准备另外选人充任。

[7]太常寺少卿:官名。北魏始置太常少卿,北齐称太常寺少卿,为太常寺副长官,历代沿置。唐制,太常寺少卿二人,正四品上,祭祀宗庙时由其率太祝、斋郎安排香烛,整理揩拂神座与幕帐,迎送神主。举行祭礼时,与良酝署令共同斟酒。

[8]终制:父母去世服满三年之丧。

[9]可比所奏:可参照李桂林之前所上奏文。

[10]持服:穿孝服。指守孝,服丧。

[11]援墨缞:持(穿着)黑色丧服。援:执,持。缞(cuī):古代用粗麻布制成的丧服。

[12]畿辅:国都(京城)附近的地方。畿:古代称靠近国都的地方,如畿辅、畿辇、京畿。

[13]舆(yú)情感戴:群情(民情)感激而拥护。

[14]相率藉端渎请:相继假托某一事由作为借口陈请(留任)。相率:相继,一个接一个。藉端:假托某一事由作为借口。

[15]绅民:绅士与民众。

[16]吃紧:重要,要紧。

15. 拿获贼犯请交刑部审办由

【题解】

光绪元年十月，游百川奉命与给事中景隆巡视西城。西城片区内有一伙隐匿多年，带有黑社会性质的盗窃惯犯，扰乱百姓生活，严重影响当地的社会治安。游百川与景隆制定方案，果断决策，通过多方激劝，严令司坊官率役带勇，并会同营汛协力访缉，于十月十一日缉拿到两次逃军周三锁儿（周三元儿），十七日缉拿到两次逃徒贼犯祝二（祝三）、刘二（肉刘）及贼妇张李氏等六人。讯录供词，交代了多次行窃三条胡同、事主童氏等十余家之事，所获赃物均被收缴认领。周三锁儿、祝二等供出，窝主系大黄（即宽和）和二黄（宽亮）。十月二十五日，全营掩捕宽和、宽亮，捕获后，二人称系宗室。宽和居西长营，宽亮居炮厂，俱属外城，召集包庇贼匪，肆扰民间。十一月初七日，游百川请旨将周三锁儿、祝二及刘二等人解交刑部，大黄、二黄由刑部会同宗人府查办。《清史稿》列传二百十《游百川传》载："宗室宽和、宽亮等所行多不法，奏劾惩治，一时贵近敛迹。"

【奏文】

巡视西城给事中景隆等折　拿获贼犯请交刑部审办由　(正折具)奏

(光绪元年)十一月初七日(呈)

巡视西城吏科[1]给事中[2]臣景隆、巡视西城掌福建道监察御史臣游百川跪奏，为拿获多年纠伙肆窃，计赃逾贯[3]之贼犯，并积惯[4]窝主[5]，请旨饬交刑部，严行审办，恭折仰祈圣鉴事。

窃臣等奉命巡视西城，当因捕务亟宜整顿，屡饬该管地面司坊官，凡有报窃之案，务即督役认真缉捕，严密查拿。以期有犯必获。半载以来，拿获刺肘[6]刺面[7]贼匪，呈解到城，均随时照例惩办。而著名巨盗，窝顿[8]老巢，踪迹诡秘，究未能刻即搜除。递经臣等多方激劝，严饬司坊官率役带勇，并会同营汛[9]，协力访缉[10]，兹于十月十一、十七等日先后拿到两次逃军之周三锁儿（即周三元儿），两次逃徒贼犯祝二（即祝三），刘二（即肉刘）及贼妇张李氏等六名，口讯录供词。据称，递次[11]窃得教场三条胡同事主童姓等十余家，起获多赃，均经认领。并指出窝主系大黄（即宽和）、二黄（即宽亮）。旋即会营掩捕，于二十五日拿获到案。讯据宽和及宽亮，供词闪烁，称系宗室。臣等按宽和住居西长营，宽亮住居炮厂，俱属外城地面。迹其招集贼匪，难保非假名冒充，使贼伙恃其包庇，以致腐聚不散，肆扰闾阎。除将周三锁儿（即周三元儿）、祝二（即祝三）、刘二（即肉刘）等解交刑部收禁外，其窝主大黄（即宽和）、二黄（即宽亮）既据供系宗室，应请旨饬下刑部传讯查明。如果属实，会同宗人府审办。至逃军周三锁儿（即周三元儿）等，均系积匪猾贼，久为地方之害，今胆敢递次纠伙行窃十余家之多。赃物甚钜[12]，非寻常窃盗可比。且据供出之大黄（即宽和）、二黄（即宽亮），历久窝贼，坐地分赃，尤属瞀[13]不畏法。

此次司坊官会同营汛弁兵[14]捕役[15]，雇觅眼线，不辞劳瘁，竟将该犯等陆续获案，实属异常出力。可否俟刑部审明定案后，由臣城酌保数员，奏请恩旨，以昭激劝[16]之处，出自逾格鸿慈[17]。

臣等为整饬捕务，绥靖地方起见，谨合词缮折具陈。伏祈皇太后、皇上圣鉴。谨奏。

光绪元年十一月初七日

【注释】

[1]吏科：官署名。明清设吏、户、礼、兵、刑、工六科。

[2]给事中：官名。秦汉为列侯、将军、谒者等的加官，侍从皇帝左右，备顾问应对，参议政事，因执事于殿中，故名。魏或为加官，或为正官。晋代始为正官。隋唐以后为门下省之要职，掌驳正政令之违失。元以后废门下省而设给事中。明制分设吏、户、礼、兵、刑、工六科给事中掌侍从规谏，稽察六部之弊误，有驳正制敕违失之权。清代隶属都察院，与御史同为谏官，故又称给谏。省称给事。

[3]逾贯：超过一千钱。古以千钱为一贯。

[4]积惯：积久惯熟。

[5]窝主：窝藏罪犯或赃物的人或人家。

[6]刺肘：刺青。

[7]刺面：即黥刑。

[8]窝顿：窝藏。顿：很短时间的停止。

[9]营汛：军队戍防地。

[10]访缉：访查缉捕。

[11]递次：依次，先后。

[12]钜：同“巨”。

[13]暋(mǐn)：强横，顽悍。

[14]弁兵：清代低级武官及兵丁的总称。弁(biàn)：古代的一种帽子。

[15]捕役：旧时州县官署中从事缉捕的差役。

[16]激劝：激发鼓励。

[17]逾格鸿慈：(皇帝)破格大恩。

16. 新授道员谢恩由

【题解】

光绪二年(1876)二月二十五日,游百川母亲去世,游百川回籍丁忧。光绪四年,“服除,补官工科给事中”,不久转授刑科给事中。光绪五年(1879)五月初二日,游百川受命补授湖南衡永郴桂道,官阶升为正四品。五月初三日,游百川上折“恭谢天恩”。

清代,湖南衡永郴桂道隶属湖广行省,道治驻衡州府城(今衡阳市区),领衡州府、永州府、郴州、桂阳州。当地鸦片盛行,衡州人染此者不计其数,游百川到任后,张贴告示恳切劝止,又聘请名医,为染毒者制戒烟丸、解毒膏,施舍救治,百姓到官府求药者每天达一百几十人。从光绪五年五月到光绪六年六月,游百川在湖南任职一年,期间整顿时弊,力主戒烟,为当地百姓做了许多有益的事情。

【奏文】

(游百川折　新授道员谢恩由)　(素面正折具)奏

(光绪五年)五月初三日(呈)

新授湖南衡永郴桂道臣游百川跪奏,为恭谢天恩,仰祈圣鉴事。

本月初二日,内阁奉上谕,“湖南衡永郴桂道员缺,着游百川补授,钦此。”窃臣山左[1]下士,知识庸愚,由翰林院编修荐升给事中,俸满截取[2],蒙恩记名,以繁缺[3]道员用。涓埃[4]未报,兢惕[5]方深[6],兹复渥荷温纶[7],补授今职，自天闻命，倍切悚惶[8]。伏念湖南为繁要之区，道员有监司之责。如臣梼昧[9]，惧弗克胜，惟有吁求宸训[10]，敬谨遵循，俾到任后于一切事宜，矢慎矢勤[11]，以期仰答高厚鸿慈于万一。所有微臣感激下忱[12]，谨缮折叩谢天恩。伏祈皇太后、皇上圣鉴。谨奏。

光绪五年五月初三日

【注释】

[1]山左：古易（太极图）定例，东为左，西为右，南为上，北为下。山东、河北（中原地区）地处太行山以东，被称为“山左”。

[2]截取：从中取（一段）。

[3]繁缺：指政务繁忙的官职。

[4]涓埃：细小的水流和尘埃，比喻微小。

[5]兢惕：戒惧。

[6]方深：正深入。

[7]兹复渥荷温纶：这次又蒙圣泽授职重用。渥（wò）：沾湿，沾润。温纶：对皇帝诏令的敬称。纶：古代官吏系印用的青丝带。

[8]悚惶（sǒng huáng）：惶恐。

[9]梼昧（táo mèi）：愚昧无知。

[10]宸训：皇帝的训导。宸（chén）：屋宇，北极星所在。借指帝王所居，又引申为王位、帝王的代称。

[11]矢慎矢勤：一定谨慎勤政。矢：誓。

[12]下忱：谦词。指本人的心思、想法。忱：真诚的情意。

17. 谢授川臬恩请觐由

【题解】

光绪六年(1880)六月庚戌,朝廷调四川按察使黎培敬为漕运总督,补湖南衡永道游百川为四川按察使,官阶升为正三品。九月初一日,游百川取道武昌迎折北上,上疏谢恩,恳请陛见。十月十九日游百川抵达北京,慈禧和光绪帝两次召见。去四川上任前皇帝准假一个月,游百川回原籍祭祖。游百川从十一月初四日离京,二十二日回到滨州原籍修墓。

【奏文】

游百川(折) 谢授川臬恩请觐由 (草折具)奏

(光绪六年)九月初一日(呈)

新授四川按察使臣游百川跪奏,为恭谢天恩,吁恳陛见[1],恭折仰祈圣鉴事。

窃臣于光绪六年七月十八日接奉湖南抚臣李明墀[2]所,知准吏部咨内阁,抄出六月十四上谕:"四川按察使著游百川补授,钦此。"臣当即恭设香案,望阙[3]叩头谢恩讫。伏念臣山左下士,知识庸愚。由编修荐升刑科给事中。上年五月,蒙恩简放湖南郴永衡桂道[4]。到任以来,涓埃未报,兢方深兹[5],复渥荷温纶,补授今职。自天闻命,倍切悚惶。窃思川省系边隘要区,臬司[6]为刑名总汇,如臣梼昧,惧弗克胜,惟有吁恳圣兹[7],俯准陛见,俾得跪聆宸训,知所遵循,以期仰答高厚生成于万一。臣此次缮折,系于交卸[8]后,借用湖南布政使[9]印由省城拜发。拟叩[10]取道武昌,迎折北上,恭候谕旨,遵行所有。微臣感激下忱,并吁恳陛见缘由,谨缮折具陈,伏祈皇太后、皇上圣鉴训示。谨奏。

(光绪六年)七月二十六日

(硃批)光绪六年九月初一日,军机大臣奉旨:"着来见,钦此。"

【注释】

[1]吁恳陛见:呼吁恳求谒见皇帝并得到皇帝的允许。吁恳:呼吁恳求。陛见:臣下谒见皇帝。

[2]李明墀(1823—1886),以荫官知县,改授户部员外郎,简放湖南辰州府知府,升督粮道兼署布政使加按察使等。墀(chí):台阶上的空地,亦指台阶。

[3]望阙(què):仰望宫阙。阙:宫阙,皇帝居处,借指朝廷。

[4]郴(chēn)永衡桂道:湖南郴州。清朝康熙三年(1664),清代省下设道。湖广行省置衡永郴道。道治驻衡州府城(今衡阳市区),衡阳再次成为湘南政治、军事中心,领衡州府、永州府、郴州。雍正十年(1732)增领桂阳州,更名衡永郴桂道。

[5]兢方深兹:正在兢兢业业地深入工作。

[6]臬司:元代肃政廉访使司、明清提刑按察使司的别称。主管一省司法。臬(niè):标准,法式。司:主管,操作。

[7]兹:慈。

[8]交卸:交接卸任(湖南衡永郴桂道员)。

[9]布政使:官名。明洪武九年(1376)改行中书省为承宣布政使司。宣德后,全国府、州、县等分统于两京和十三布政使司,每司设左、右布政使各一人,为一省最高行政长官。后因军事需要,增设总督、巡抚等官,权位高

于布政使。清代始正式定为督、抚属官，专管一省的财赋和人事。康熙六年(1667)后，每省设布政使一员，直隶亦设，江苏则设二员，分驻江宁、苏州。俗称藩司、藩台。参阅《续文献通考·职官·布政使司》《清会典事例·吏部·官制》。

[10]拟叩：计划扣关。扣：敲打，叩击。

18. 到任日期谢恩由

【题解】

光绪七年(1881)三月初八日，游百川行抵四川省城。四川总督丁宝桢迎接，三月二十日游百川授印及文卷，正式接任。上任后，游百川呈递此折，汇报工作。

【奏文】

游百川(折)　到任日期谢恩由　(草折具)奏

(光绪七年)四月二十八日(呈)

四川按察使臣游百川跪奏，为恭报微臣到任接印日期，叩谢天恩，仰祈圣鉴事。

窃臣于光绪六年六月奉旨补授四川按察使，当即恭折吁请陛见。九月奉旨“着来见”，遵于十月十九日到京，仰蒙召对二次[1]。圣训周详，莫铭钦感[2]。益蒙恩赏假一月，准臣回籍修墓。臣于十一月初四日陛辞[3]后。随即束装就道，二十二日到山东滨州本籍，赶将修墓事直办竣。假满后随即起程，七年三月初八日行抵四川省城。接奉署督臣丁宝桢行知[4]，饬令赴任。三月二十日，准署按察使，盐茶道崧蕃[5]将文卷印信移交前来。臣当即恭设香案，望阙叩头，只领任事。伏念臣山左庸才，毫无知识，由翰林院编修荐升给事中，俸满截取，蒙恩简放湖南衡永郴桂道，涓埃未报，兢惕方深，兹复仰荷恩纶，俾陈臬事[6]，抚衷循省，倍切悚惶。查川省系繁要地方，臬司为刑名总汇，举凡靖奸禁暴，察吏安民，主在均关紧要务，昧如臣深惧，弗克胜任，惟尽力，矢清白，殚竭忠诚。于一切应办事宜，随时举承署替[7]。臣实心实力，认真经理，以期仰答高厚鸿慈于万一所有。微臣到任接印日，欢喜感激下忱，理合恭折具陈，伏乞皇太后、皇上圣鉴。谨奏。

(光绪七年)三月二十日

(硃批)光绪七年四月二十八日，军机大臣奉旨："知道了，钦此。"

【注释】

[1]仰蒙召对二次：蒙恩被皇帝召见两次。

[2]莫铭钦感：深深地铭记并感受到皇帝的圣心。

[3]陛辞：辞别陛下(皇帝)。

[4]接奉署督臣丁宝桢行知：接到四川总督丁宝桢(给我)的就任通知书。督臣：总督。行知：公文术语，通知事项的文书。

[5]崧蕃(1837—1905)，字锡侯，瓜尔佳氏，满洲镶蓝旗人，崧骏弟，清朝大臣。咸丰五年举人，初入赀为吏部郎中。光绪五年，京察一等，简四川盐茶道，屡署按察使，保荐卓异。光绪十一年，授湖南按察使，迁四川布政使。十七年，擢贵州巡抚。广西寇陆亚潴煽乱西林，与贵州接壤，崧蕃遣将扼册亨要隘，边患遂平。调云南巡抚，擢云贵总督。检视防营缺额积弊，劾副将雷家春，并自请议处，革职留任。

[6]俾陈臬事：使主掌臬司事务。

[7]举承署替：向皇上汇报情况。

19. 谢授顺尹恩由

【题解】

光绪七年(1881)四月己亥，上谕"四川按察使游百川为顺天府府尹。未到任前，以内阁侍读学士张凯嵩署理。钦此。"①游百川此次升迁经左宗棠推荐。五月初二日，游百川从四川督臣丁宝祯处得到圣旨，即日交印，离川赴京，上奏《谢授顺尹恩由》以示谢恩。

在任顺天府府尹期间，游百川资助教育事业、治理永定河、恤民生谏垦田、设粥厂济灾民、建济养堂收养童幼妇女、维护京城治安等，显示出一定的执政才能。

【奏文】

游百川(折)·谢授顺尹恩由 (草折具)奏

(光绪七年)六月三十日(呈)

新授顺天府府尹[1]臣游百川跪奏，为恭谢天恩，仰祈圣鉴事。

窃臣于光绪七年六月初二日，接奉四川督臣丁宝桢行知，四月十三日奉上谕："顺天府尹着游百川补授，钦此。"臣当即恭设香案，望阙叩头谢恩。伏

---

① 《清实录·光绪朝实录》，北京：中华书局，1986年。

念臣山左下士，知识庸愚，陈臬日浅，未报涓埃[2]，兹复渥荷温纶，荐擢今职[3]，自天闻命，伏地悚惶。窃思顺天系首善之区，府尹膺[4]表率之责，如臣梼昧，惧弗克胜，一俟泥首[5]阙廷，跪聆宸训，俾得遵循。惟有殚竭心力，矢慎矢勤[6]，以期仰答高厚生成于万一。臣此次捧折，系借用四川总督关防[7]。即日交卸，遵折北上。所有微臣感激下忱，敬谨缮折，叩谢天恩。伏乞皇太后、皇上圣鉴。谨奏。

（光绪七年）五月初四日

（硃批）光绪七年六月三十日，军机大臣奉旨："知道了，钦此。"

【注释】

[1]顺天府府尹：顺天府是指明清朝两代北京地区。该官职相当于现在北京市的市长。

[2]未报涓埃：还什么都没有报答。

[3]荐擢今职：再提拔任现在的职位。

[4]膺：承当。

[5]泥首：以泥涂首，指顿首至地。

[6]矢慎矢勤：立誓谨慎和勤勉。

[7]关防：旧时政府机关或军队用的印信（信笺），多为长方形。

20. 撮举时政所宜敬陈管见三条由

【题解】

游百川在往返四川途中,看到秦楚晋豫各地农庄稀疏,人烟稀少,耕田荒芜,严重歉收。经过调查得知,河南卫辉、山西平蒲等县中,不耕之田有数千顷、万余顷不等。为此,游百川提交了《撮举时政所宜敬陈管见三条由》。

【奏文】

顺天府府尹游百川折　撮举时政所宜敬陈管见三条由　(正折具)奏

(光绪七年)闰七月二十日(呈)

顺天府府尹臣游百川跪奏,为撮举[1]时政所宜,敬陈管见,仰祈圣鉴事。

窃维求治,莫贵因时恤民,亟宜行政。臣上年恭膺恩命,由衡永郴桂道简授四川按察使,道经秦楚晋豫等省,目睹各处地方情形,并访闻确实,觉时政所宜举行者,大端有三,敬为我皇太后、皇上陈之。

举办垦田,以收地利也。国赋民食,资乎土田。晋、豫两省与直隶接壤,皆近畿之地,经往岁大祲[2]之后,荒田甚多。河南自卫辉以西,过孟津,历洛阳,直抵潼关,蓬蒿遍野,千里萧条。山西之平蒲、解绛,殆有甚焉。闻各该抚[3]前经奏请,蠲缓[4]钱粮,或三年或五年,朝廷已立沛恩施[5]矣。至议行招垦,亦尝筹给籽种,然客民至者绝少。现闻一县之中,不耕之田犹有数千顷、万余顷不等。盖他处百姓稍有家赀[6]者,既不肯轻去其乡;而贫困无业之民虽欲前往认垦,又苦于糊口,无资问之。土人佣工[7]一日,值需制钱[8]五六百文,人烟稀少则工价必昂,有田者无力雇工,忍弃其田而弗种,故荒田綦多[9]也。

臣愚再四筹思,招垦既未能行,旷土实堪深惜。可否仿照古昔屯田之法,令各直省应行裁撤之勇丁移往该处,分路驻扎,举办垦田。而以老成稳练之提镇[10]大员统帅之。每月有口粮,不患其或乏食也。平时有节制[11],无患其不安居也。令老农导之耕耨[12],不患其不习也。有营弁课其工作[13],不患其不勤也。锅帐[14]暂充庐舍,马匹可代耕牛,无锋镝[15]之忧,而有禾稼之利,似犹是古人寓兵于农之意。较胜于撤勇之后[16],一经遣散,仍不免游手好闲也。如蒙采纳,恳饬下廷臣集议,并命各该抚妥立章程,乘时举办。迨田[17]既垦熟,招种无难,升科[18]自易,足食之效即肇于兹[19]矣。

整饬营伍,以复旧章也。我朝绿营[20]兵制,立有定额。乃自发捻[21]倡乱以来,举办团练[22],招募勇丁。其时非兵力不足也,徒以承平日久,武备废弛,训练不精,征调远方,水土不习,故兵不如勇耳。然自此营勇日积,曰楚勇,曰淮勇,曰川勇,其数比兵额渐多,其饷比兵粮加重。督抚养勇,或曰亲兵,或曰练军,旗帜鲜明,铠仗[23]齐备。以其便于调遣,足壮声威也。遂专意用勇,而兵则投闲置散[24],一若无所用之。从此,营兵望勇夺气,亦安于阘冗[25]无能。就一省言之,养勇万数千人,岁饷百余万金,全省厘捐不敷支放[26],须藉别款补足之,是兵额之外又重设兵且加多也。饷焉得不竭?民焉得不穷?臣思均是人也,岂有名曰勇则勇,名曰兵则怯乎?但遽[27]议裁撤勇丁,各省督抚每曰地方不靖,急需藉勇[28]以资弹压。

夫以理势论之,州县营汛有窃盗积案,责在兵役之缉捕懈弛,非关无招募之勇也。至偶有他虞[29],养兵之谓,何非藉以卫民捍患乎?纵或真有险要地方,因兵力不敷,必须藉勇镇抚,然宜裁汰者亦多矣。相应请旨,饬下各省督抚,报明营勇名数,实在须酌留若干、宜裁撤若干,以免虚糜帑项[30],勿复养勇自卫,致贻后患,似为当今之急务矣。

严申“栽种罂粟之禁”,以除民患也。鸦片烟流毒中国,为害已深,至栽种罂粟,其祸尤不可胜言。天地生殖五谷,所以养亿兆[31]之命也。乃以干净之土,沃饶之田,栽种邪秽害人之物,显背天心,岂不上干[32]天怒?前此各省惟山西栽种最多，丁丑、戊寅旱荒之灾，亦惟山西最烈。前抚臣阎敬铭谓西省遍栽罂粟，饷源[33]已竭，一遇饥馑，无所得食。仰蒙圣慈，如天之仁，发帑[34]赈济，并举天下之全力捐助之。然犹流亡过半，是明明天降之罚矣[35]。现时山西地荒，种此物者已少，而各省效尤，又蹈此覆辙。臣见陕西、四川地种罂粟者，约有十分之二三，而汉中府属竟有十分之六七。朝廷屡饬查禁，而有司久弗遵行。夫愚民好利，不顾远害固也。乃至督抚大员，禁令不行，又从而曲为之说[36]。谓比年丰收，谷贱伤农，民间正藉此易钱[37]以完国课[38]。抑不思未种罂粟以前，岂少岁丰谷贱之日，彼时钱粮果何由完纳乎？

夫吸食鸦片，纵迹诡秘[39]，犹谓陷溺已深，非一时所能禁止。至罂粟显布田间，禁种岂曰甚难。只因各处抽收土厘[40]，或二三万，或十余万。地方贪得此利，遂不复关心民瘼[41]耳。相应请旨严申从前禁令，饬下各省一体懔遵[42]。如再奉行不力，应如何议罚之，处断自宸衷[43]，庶民去大害，民得足食。斯亦救时之一端也。

以上三条，督抚各存意见。或以为未便施行，牧令狃于偷安[44]。或以为又滋多事。然值此年谷顺成，民气安舒，不乘此时修明政令，而空言求治求安，臣未见其可也。

愚昧之见，谨缮折具陈，伏祈皇太后、皇上圣鉴。谨奏。

光绪七年闰七月二十日

【注释】

[1]撮举：撮要举出。撮(cuō)：聚起，多指用簸箕状的器具铲起东西，撮成一堆。

[2]大祲(qīn)：严重歉收，大饥荒。

[3]该抚：抚臣。指巡抚。

[4]蠲(juān)缓：免征或缓征赋税。

[5]立沛恩施：立即赈灾抚恤，施以恩泽。

[6]家赀：家财，家产。

[7]佣工：受雇为人做工。

[8]制钱：明清官局监制铸造的铜钱。

[9]綦(qí)多：极多，很多。

[10]提镇：清代提督与总兵的合称。提：指提督。镇：总兵的别称。

[11]节制：限制或控制。

[12]耕耨(nòu)：耕田除草，亦泛指耕种。

[13]营弁课其工作：地方武官督促其完成作业。营弁：中下级武官。课：督促完成。

[14]锅帐：锅碗瓢盆、帐篷等生活用具。

[15]锋镝(dí)：刀刃和箭头。泛指兵器，也比喻战争。

[16]较胜于撤勇之后：比撤销这些民兵之后要更好。

[17]迨(dài)田：等到田地。

[18]升科：明清定制谓开垦荒地，满规定年限(水田六年，旱田十年)后，就按照普通田地收税条例征收钱粮。科：科税。

[19]肇(zhào)于兹：从此开始(初始、肇始)。

[20]绿营：清代由汉人编成的分驻在地方的武装力量，用绿旗做标志。

[21]发捻：旧时对太平天国与北方农民起义军的称呼。

[22]团练：于正规军之外就地选取丁壮，加以训练的地主武装组织。

[23]铠仗：铠甲和兵器。

[24]投闲置散：指安排在不重要的职位或没有安排工作。投、置：安放；闲、散：没有事干。

[25]阘冗(tà rǒng)：拖沓松散。

[26]厘捐不敷支放：厘税不足发放。

[27]遽(jù)：立即，马上。

[28]藉勇：依靠民兵。

[29]至偶有他虞：至于偶遇其他不测。

[30]虚糜帑项：白白地耗费国库里的钱财(款项)。

[31]亿兆：指庶民百姓。犹言众庶万民。

[32]上干：上冲，上矗。

[33]饷(xiǎng)源：兵饷物资的来源。

[34]发帑：发放国库粮饷。

[35]是明明天降之罚矣：这明明是上天降下的惩罚。

[36]曲为之说：不直说；拐弯抹角自圆其说。

[37]正藉此易钱：正依靠这些钱。

[38]国课：国税。

[39]纵迹诡秘：踪迹、行动所留下的痕迹隐秘不易捉摸。

[40]土厘：地税。

[41]民瘼：人民大众的疾苦。瘼(mò)：病，疾苦。

[42]懔遵：谨遵。懔(lǐn)：畏惧。

[43]宸衷：帝王的心意。

[44]牧令狃于偷安：地方长官安于现状，只图目前的安逸。牧令：地方长官。狃于：因袭。偷安：只图目前的安逸。

附片1　普济堂、资善堂请拨粟米由

【奏文】

(附1)顺天府片　(普济堂、资善堂请拨粟米由[1])

再查，西城官绅捐资，在广安门内大街建立资善堂，内设煖厂，收养贫民。

前经西城御史奏明,自光绪三年起,每年冬间恳恩赏粥米三百石。由臣等于奏领普济堂米时附奏,请领等因奉旨允准,钦遵在案。现届具奏领米之期,自应照案办理。所有光绪八年分粟米三百石,应请饬部一并拨给。俟命下之日,臣等知照西城御史,派员会绅具领。所需各项经费,仍由该城官绅自行筹办,以济穷黎。

理合附片具陈。伏祈圣鉴。谨奏。

(硃批)八月二十五日

【注释】

[1]题目为作者添加。本奏折作为附件,随同"奏为京师新建广仁堂收养童幼援案恳赏米石"折一同呈递。

附片2　顺天府片(卢沟桥地方贫民仍请发米由[1])

再查,畿西卢沟桥地方,地瘠民贫。光绪二年,奏请添设粥厂,折内声明仿照普济堂及通州王恕园等处,于每年秋冬时体察情形办理,奉旨允准。

前据西路同知邹在人陆续倡劝捐,成本共银八百两,发给涿州、良乡、房山三州县,交当典生息,所得利银作为开厂经费。又据前通永道[2]英良[3]详明,按年由捐解地租内拨银一百两。臣衙门等发银五十两,以资添助。均经奏明,并自光绪三年起,按年蒙恩赏米石设厂放粥,以赡穷黎在案。

兹据西路同知[4]张济康禀称,察看本年情形,贫民生计维艰,仍请在卢沟桥地方设厂,拨米四百石,于十月初一日起,查照成案,每日煮粥散放,至来年三月底停止。请援案具奏等情前来,臣等复加查核无异,相应奏恳圣恩,赏给粟米四百石,敕部拨发。臣等饬令该同知,督率绅士,赴仓领运至厂,妥为煮放，核实经理，以惠贫民而广皇仁。

是否有当，理合附片具陈。伏乞圣鉴训示。谨奏。

（硃批）八月二十五日

【注释】

[1]题目为作者添加。本奏折作为附片，随同“奏为京师新建广仁堂收养童幼援案恳赏米石”折一同呈递。

[2]通永道：位于直隶（今河北）省中、东部。清康熙八年（1669），改明通蓟道名通永道，领顺天府（府治大兴，今北京市北部）通州（今北京市通州区）、三河（今河北省三河县）、宝坻（今天津市宝坻区）、蓟州（今天津市蓟县）、遵化（今河北省遵化市）、丰润（今河北省唐山市丰润区）、玉田（今河北省玉田县）八州县和永平府（府治卢龙、今河北省卢龙县）。

[3]英良：人名。

[4]同知：官名。称副职。宋代中央有同知阁门事、同知枢密院事，府州军亦有同知府事、同知州军事。元明因之。清代唯府州及盐运使置同知，府同知即以同知为官称，州同知称州同，盐同知称盐同。

21. 京师新建广仁堂收养童幼援案恳赏米石由

【题解】

光绪七年（1881）六月三十日游百川上任顺天府府尹后，发现京城内外流民、难民较多。七月，游百川在广安门内烂面胡同购屋八十四间，建立广仁堂一所，仿照天津成法办理。查有无依童幼，自五岁起至十五岁止，收入堂中栖宿，逐日养赡。仍分设义塾四斋，延师课读，逐月稽查，以期造就。其体质健壮，资呆态愚者，另教各项工艺，以备日久资生，不至终归游惰。所有衣履等事，均由堂中供给。卢沟桥地方还聚集了一些黄河下游灾区来此逃难的灾民，贫民生计维艰，八月二十四日，游百川与童华奏请设厂发米。由于地方财政财力不支，九月二十九日，游百川循案给慈禧和光绪皇帝提交奏折，请赏普济堂、功德林两处粥厂米石。展现了游百川忠君爱民、关心民瘼的民生思想。

【奏文】

顺天府折　京师新建广仁堂收养童幼援案恳赏米石由　(正折具)奏

(光绪七年)九月二十九日(呈)

臣童华、臣游百川跪奏，为城内新建广仁堂，收养童幼妇女，援案吁恳恩赏米石，以济穷黎，恭折仰祈圣鉴事。

窃据城内绅士翰林院编修袁善、朱百遂，刑部郎中冯光勋、兵部员外郎李邦桢等呈称，前于光绪三四年间晋豫灾馑[1]，近畿歉收。经直隶总督在天津设立广仁堂，收养抚恤，法甚周挚[2]。而京都地面较广，贫民流寓[3]更多。职等仿照其法，试行赁屋收养。并函商直隶总督，量筹饮助。除随时陆续资散外，其妇女童孺，孤寡无依，势实难于支遣者，酌量收养。行已数年，颇有成效。

现于本年七月，在广安门内烂面胡同[4]购屋八十四间，建立广仁堂一所，仿照天津成法办理。查有无依童幼，自五岁起至十五岁止，收入堂中栖宿，逐日养赡。仍分设义塾[5]四斋，延师课读，逐月稽查，以期造就。其体质健壮，资呆态愚者，另教各项工艺，以备日久资生，不至终归游惰。所有衣履等事，均由堂中供给。现已百有余名人。京师旧有敬节会，于妇女青年守节、籍贯清白、志行坚贞者，查明，按月给费。其翁姑[6]子女亦各照加分数，由堂量拨。现亦收有一百余户，大小三百余名口。二项共四百余名口。

近来经费不敷[7]，恐渐废弛。经大学士直隶总督李鸿章筹贴，购屋价本按年筹款拨助，余由绅士量捐，仍恐持久维艰。查普济堂粥厂、资善堂煖厂[8]，每年均邀恩赏米石，历经请领在案，恳为援案，奏请赏给等因。臣等查该绅等所建广仁堂收养各项贫民，办理洵[9]属妥善，且系经年养赡，较仅发冬季者尤为全备[10]。收养人数虽不及两厂之多，而皆系孤寡穷而无告之人，比别项穷黎[11]力能乞食者更堪悯恻[12]。但常年养给，为日甚长，兼有各项教学等事，所费尤巨。拟合援案，吁恳天恩，每年赏给小米三百石，以济贫困，而垂久远。如蒙俞允[13]，所有本年应领米石，应由臣等咨部照章办理。

理合将城内新建广仁堂收养童幼妇女，援案请发米石缘由，恭折具陈。伏乞皇太后、皇上圣鉴，训示遵行。谨奏。

光绪七年九月二十九日

【注释】

[1]灾馑：灾害饥荒。

[2]周挚：至为真诚，至为笃厚。

[3]流寓：流落他乡居住。

[4]烂面胡同：又名烂漫胡同，是北京古老的胡同之一，位于原宣武区菜市口，南北走向，北接菜市口，南连南横街。

[5]义塾：旧时不收学费的私塾。

[6]翁姑：公婆。

[7]不敷：不足，不够。

[8]煖(nuǎn)：同“暖”。

[9]洵(xún)：诚实，实在。

[10]较仅发冬季者尤为全备：与冬季仅发放粮食比较更加完备。

[11]穷黎：贫苦百姓。

[12]悯恻(mǐn cè):哀怜悲痛。

[13]俞允(yú yǔn):准许。俞:应诺之词。允:答应,允许。多用于君主。

22.代进前户部主事解经之书由

【题解】

已故户部主事郝懿行学问渊博,经术湛深,嘉庆年间,海内推崇。郝懿行所著《春秋比》《春秋说略》《尔雅义疏》及《山海经笺疏》精博邃密,足资考证。郝懿行系山东栖霞县人,髫龄励志,皓首穷经,其成书有裨实学。郝懿行是游百川非常崇拜的学术前辈。游百川任顺天府府尹,郝懿行的孙子郝联薇任顺天府东路同知,收存着郝懿行的书稿,原稿校缮成编,郝联薇拜托游百川将书稿进献给皇帝。游百川得到书稿后非常兴奋,于十二月十九日上疏《代进前户部主事解经之书由》,意欲引起皇帝的重视,并希望在全国掀起读经、析意、致用的热潮。

【奏文】

顺天府尹游百川折　代进前户部主事解经之书由　(正折具)奏

(光绪七年)十二月壬午(十九日)

窃维为学莫先于研经,而著书尤贵乎析义。臣籍隶山东,稔知[1]同乡前户部主事郝懿行所著《春秋说略》十二卷,《春秋比说略》二卷,《尔雅义疏》十九卷,《山海经笺疏》十八卷,并附《图赞》一卷,《订讹》一卷,积数十年之精力而成其书,颇为赅洽[2]。

伏念《春秋》有褒讥之义,《说经》之门户宜分,《尔雅》为训诂[3]之宗,名物之异同必辨。郝懿行穷源竟委[4],曲引旁征[5],会博极乎群书,求折衷[6]于一是。至如《山海经》一书,刘歆[7]骇其神奇,郭璞[8]称其灵化[9]。又欲事刊疏谬[10],辞取雅驯[11],既富搜罗,复精辨核,可谓殚心典籍,无愧通方[12]。

该主事系山东栖霞县廪膳生[13],乾隆丙午优贡[14],戊申举人,嘉庆己未[15]进士,户部江南司主事。髫龄励志,皓首穷经[16],其成书有稗实学[17]。今其孙现任顺天府东路同知郝联薇收存,原稿校缮成编,臣谨代进呈以备采纳。

伏察康熙年间胡渭[18]进《禹贡锥指》[19],乾隆年间顾栋高[20]进《春秋大事表》,均蒙圣祖仁皇帝、高祖纯皇帝赐以嘉予[21],掺入四库[22]。今郝懿行所著等编,倘蒙皇上典学之余,俯赐乙览[23],则儒生稽古之荣[24]与胡渭、顾栋高并传艺苑[25]矣。

谨将装成书三函,计十六本,恭折随同上进。伏乞皇太后、皇上圣鉴。谨奏。

光绪七年十二月十九日

【注释】

[1]稔知:素知。稔(rěn):庄稼成熟。引申为熟悉。

[2]赅洽:广博,渊博。赅(gāi):完备。洽(qià):跟人联系。

[3]训诂:指用通俗的话来解释古书中的词语。

[4]穷源竟委:比喻彻底搞清楚事情的始末。穷、竟:彻底推求;源:水流的源头;委:水的下流。

[5]曲引旁征:绕着弯地引出来。

[6]折衷:调和各方面的意见使之适中。

[7]刘歆(xīn)(约前50—23):西汉人,数学家,对历法和圆周率有研究。

曾为《山海经》作注后上书西汉哀帝刘欣。

[8]郭璞(274—324):晋代学者、文学家。长于卜筮、天文、训诂学,著有《尔雅注》《方言注》等。其文学作品以《江赋》和《游仙诗》最有名。明人辑有《郭弘农集》。

[9]灵化:神异的变化。

[10]疏谬:粗率谬误。

[11]雅驯:典雅纯正,文雅不俗。

[12]通方:共通的道理。指不限于一经一论的研究方法。

[13]廪膳生:即廪生。科举时代公家发给在学生员膳食津贴。享受膳食津贴的学生称廪生。

[14]优贡:清制,每三年各省学政于府、州、县在学生员中选拔文行俱优者,与督抚会考核定数名,贡入京师国子监,称为优贡生。经朝考合格后可任职。与岁贡、恩贡、拔贡、副贡合称"五贡"。

[15]嘉庆己未:嘉庆四年(1799)。

[16]髫龄励志,皓首穷经:幼年励志,钻研经典到老。髫(tiáo)龄:幼年。皓首:白头,指年老。

[17]其成书有裨实学:郝懿行著书有益于理学发展。实学:真实有用的学问。

[18]胡渭(1633—1714):初名渭生,字朏明,号东樵。浙江德清人。清代经学家、地理学家。清康熙二十九年(1690)撰《一统志》,聘为协修,广泛接触地方志乘。三十六年,撰《禹贡锥指》20卷。《四库全书总目提要》评价:"宋以来……注《禹贡》者数十家,精核典赡,此为冠矣。"梁启超说,《尚书》里头的单篇,最复杂的是《禹贡》,胡朏明著《禹贡锥指》,是为清代研究古地理之首。其中导河一章,博考精思,对后世研究黄河变迁颇有价值。此外还著有《易图明辩》《洪范正论》《大学翼真》等。

[19]锥指:语出《庄子·秋水》:管窥锥指"是指用管窥天,用锥指地,不亦小乎"。后用"锥指"比喻见知浅小。此处是自谦,谓"对《禹贡》的见解浅显"

之意。

[20]顾栋高(1679－1759):字复初,一字震沧,又自号左畬。江苏无锡人。康熙六十年(1721)进士,官内阁中书。雍正时罢职返籍。乾隆时被诏举,授国子监司业,因年老不任职,赐司业衔。高宗南巡,召见行在,加祭酒衔,赐御书"传经耆硕",以示龙恩。一生钻研精学,尤精于《春秋》,所著《春秋大事表》五十卷,将春秋列国诸事,排比成表,分时令、朔闰、长历、拾遗、疆域、列国地理、城邑、山川、险要、官制、姓氏、世系、刑罚、田赋等目,一一说明,条理明晰,考证精确,其辨论诸篇,多发前人所未发,颇具史料价值。还著有《毛诗订诂》《大儒粹语》《万卷楼文稿》等。

[21]嘉予:赞许。

[22]四库:指《四库全书》。

[23]乙览:语出唐苏鹗《杜阳杂编》卷中:"文宗皇帝……谓左右曰:'若不甲夜视事,乙夜观书,何以为人君耶?'"后称皇帝阅览文书为乙览。

[24]儒生稽古之荣:文人考核古籍的荣誉。

[25]艺苑:文学艺术荟萃之处。学界。

23.应诏荐疆臣吁恳简调冀救民灾并胪举所知以资采纳

【题解】

光绪八年(1882)春正月辛亥,顺天府府尹游百川擢升为户部仓场侍郎(仓场总督),顺天府府尹一职由署都察院左副都御史周家楣担任。光绪八年七月中旬,黄河伏汛陡涨丈余,历城、章丘等处民埝漫决。秋天,历城县泺口上游屈律店、刘七沟、骚沟和桃园等处黄河漫决。河水由济阳入徒骇河,徒骇河北岸到处漫溢。历城、章丘、济阳和沿河鲁西北、鲁北各州县多遭水淹,利津各坝也被冲决多处,"水患情形重者庐舍荡然",人畜死亡不可胜计。急需有人通筹全局,设法疏浚,以消弭后患。

山东告急,慈禧召见众大臣,要求大臣们保举治黄能臣,谕令:"为治之道,首在任用得人。内而部院大臣,外而督抚大员,各有以人事君之义。着各举所知,秉公保荐等因,钦此。"

为此,游百川上疏"应诏荐疆臣,吁恳简调,冀救民灾,并胪举所知以资采纳"一折。奏折中游百川首举时任浙江巡抚陈士杰,理由有三:一、陈士杰曾于同治十年出任山东臬司,对山东比较熟悉;二、光绪四年游百川丁忧在籍(滨州),黄河在惠民县白龙湾险工处决口,造成重灾。时任山东臬司的陈士杰关心民瘼,访查修防情形,曾与游百川函商筹度办法,颇有规划设计和模式,惟因事权不属,未见施行;三、陈士杰现升任浙江巡抚,办理海塘堤工,岁省十余万金,而工程弥益保固;四、可通过陈士杰调用浙江疏通河道的船只,以疏通黄河尾闾的泥沙,从而达到疏通河道之目的。游百川同时还遵旨保荐声名素好、材堪任用的其他人员人才,并附折进呈,文职有知州福昌、曹大任、邹振岳以及知县张鸿顺、孙儒乡、张春熙、张会一七人,武臣有贺搢绅、廖德茂、刘树元、樊国泰四人。

这是游百川围绕黄河治理的第三次提案,该提案终于得到了慈禧和光绪皇帝的高度重视。光绪八年十二月初九日,朝廷接连颁发两道圣旨:"山东黄河工程关系至为紧要,亟应统筹全局设法疏浚,以弭后患。着派游百川驰驿前赴山东查看情形,妥筹具奏。山东候补知府全士锜、直隶候补知府朱采着交游百川差遣委用。钦此。""陈士杰着调补山东巡抚,浙江巡抚着任道镕调补。钦此。"

【奏文】

仓场侍郎游百川折　遵保人才由　(正折具)奏

(光绪八年)十二月初八日(呈)

仓场侍郎臣游百川跪奏，为应诏特荐疆臣，吁恳简调[1]，冀救民灾，并胪举[2]所知，以资采纳，恭折密陈，仰祈圣鉴事。

前月二十八日，恭读上谕："为治之道，首在任用得人。内而部院大臣，外而督抚大员，各有以人事君之义。着各举所知，秉公保荐等因，钦此。"仰见圣主明目达聪[3]，延揽真才至意。

臣窃维任贤以恤民为本，恤民以救灾为先。本年安徽等省各报水灾，而山东黄水之患尤甚，前经给事中郑溥元等陈奏，仰蒙恩施立沛，发帑截漕[4]，筹工办赈，普救灾黎。嗣阅[5]抄报，桃园[6]堵筑，决口合龙[7]。窃冀藉纾宸廑[8]。乃近闻济阳、滨州又复开决两处。臣籍隶海滨，稔知[9]黄水势大，济渎[10]河身及入海尾闾[11]，淤垫日高，宣泄无路，非开引河道分溜[12]入海，统筹全局，大加修治。仅补堤筑堰，顾此失彼，无以出灾民于昏垫[13]之中。惟是工费浩繁，必赖熟悉济北徒骇、马颊、钩盘、鬲津诸河形势，应于何处导引、何处疏通，如何区处[14]民田、奏请免赋，如何建修闸坝，启闭应时，相度适宜，堪估明确。而且多方晓谕，使民不惊疑，方期办理妥善，不致骚扰闾阎。

溯查光绪四年河决白龙窝，前兵部侍郎夏同善奉命便道查验灾区，臣时守制在籍，曾经该侍郎约臣同往履勘[15]。伊时[16]山东臬司[17]臣陈士杰关心民瘼[18]，亦访查修防情形，与臣函商筹度办法，颇有规模[19]。惟因事权不属，未见施行。现闻升任浙抚[20]，办理海塘堤工，岁省十余万金，而工程弥益保固。若得该抚移任山东，于修治黄河情形，素悉除患弭灾[21]，庶克胜兹艰巨。伏念朝廷用人，岂臣下所敢拟议。然东省水患频仍，群黎待拯孔亟[22]。管见所及，不得不据实陈奏，伏祈圣裁。

至臣平时见闻，有声名素好、才堪任用者，文职如知州福昌、曹大任、邹振岳，知县张鸿顺、孙儒卿、张春熙、张会一等七员。武臣如贺搢绅、廖德茂、刘树元、樊国泰等四员。谨另缮清单注明各该员实绩附折进呈，伏候鉴纳。

所有遵旨保荐人才缘由，理合恭折具陈。伏祈皇太后、皇上圣鉴。谨奏。

光绪八年十二月初八日

【注释】

[1]吁恳简调:呼吁恳求,简选调用。

[2]胪举:列举。

[3]明目达聪:眼睛明亮,耳朵灵敏。形容力图透彻了解。

[4]发帑截漕:发放国库截留漕粮。

[5]嗣阅:嗣后阅读。

[6]桃园:地名,今河南省开封桃园口黄河大堤。

[7]合龙:修筑堤坝或桥梁等从两端施工,最后在中间接合,叫做合龙。

[8]宸廑(chén qín):帝王的殷切关注。

[9]稔(rěn)知:素知。稔:庄稼成熟,古代谷一熟为年。此处意为熟悉。

[10]济渎(dú):渎:水沟,河川。古代中国的长江、黄河、淮河、济水被称为“四渎”。这里指济水,即当时的大清河。

[11]尾闾:传说中河水所归之处。

[12]溜(liù):迅急的水流。

[13]昏垫:陷溺。指困于水灾。指水患,灾害。

[14]区处:处理,筹划安排。

[15]履勘:实地勘测。

[16]伊时:那时。

[17]臬(niè)司:按察使司的别称,主管一省司法。

[18]民瘼:人民大众的疾苦

[19]规模:规划和模式。

[20]浙抚:浙江巡抚。

[21]弭灾:消除灾害。

[22]孔亟:很紧急、很急迫。

24. 膺命查看山东黄河工程请酌带随员等由

【题解】

游百川接到"……着派游百川驰驿前赴山东查看情形，妥筹具奏。山东候补知府全士锜、直隶候补知府朱采着交游百川差遣委用。钦此"这道圣旨后，立即筹备各项事宜。为确保顺利完成此项工程，游百川提交了"谨拟酌带随员以期得力并沥陈下悃由"的奏折，并"跪聆圣训"，详细汇报了工作计划和行程安排。奏折中，游百川特别强调："臣既随带职员，夫马所需，纵不得不借资民力。若居处食物等项，仍由地方官供给，窃恐州县藉此摊派，用一销二，流弊滋多。拟请由东省抚臣，于杂款项下按人按日筹给薪水之费，以资办公，而免扰累。"以上内容展现了游百川的廉洁和自律，堪称典范。

【奏文】

仓场侍郎游百川折　膺命查看山东黄河工程请酌带随员等由　(正折具)奏

(光绪八年)十二月十七日(呈)

仓场侍郎臣游百川跪奏，为谨拟酌带随员，以期得力，并沥陈下悃[1]，恭折仰祈圣鉴事。

窃臣猥以疏庸[2]，恭膺简命[3]，察看山东黄河工程，并派山东候补知府全士锜、直隶候补知府朱采随臣同往，仰见轸念[4]民生，恩施帱载[5]，闻命惶悚，感激无任[6]。

伏念山东系臣父母之邦，济北现属灾祲[7]之地，以臣本属之人，筹本处之事,惟有详慎体察,勉竭驽骀[8]。以冀[9]上纾宸廑[10],下拯民患。第思[11]臣材力有限,深恐智虑难周,拟请酌备数员以资襄理[12]。谨就平素所知,拣得顺天顺义县知县张春熙、直隶补用知府候补同知谢伟勋、候补知县赵钦舜、山东前观城县教谕孙翰卿、候选教谕王庆祥等五员,均籍隶东省,朴实耐劳,于水患情形,见闻较近,堪以带往,随同察看。谨胪举[13]上陈,伏冀俞允[14]。俾臣藉收指臂之助[15],如蒙恩准,各该员可否随臣一并驰驿前往,恭候命下遵行。

臣现拟赶理行装,谨俟跪聆圣训,即驰赴德州。先就近至平原、乐陵等县境内,寻求钩盘、鬲津诸河,看其是否可以疏通,遥分水势。再至济南府,晤抚藩臬[16],臣悉心会商,或遂溯河而上至铜瓦厢昔年黄河开决处所,细审情形,究竟能否导引河流渐使南下。如淮徐故道,决不能复,则沿河而下,遍历济、武两属地面,详察徒骇、马颊等河道,可否开引一律输浚[17],俾得由海丰、沾化两县分溜入海;再下抵利津济河尾间,以至海门地方,审度有无可以施工之处,使水宣泄有路。一俟查勘,稍有头绪,再行专折奏闻。

至臣驰抵东省后,沿河上下,查看一切,凡河道所经,多非驿站处所。臣既随带职员,夫马所需,纵不得不借资民力。若居处食物等项,仍由地方官供给,窃恐州县藉此摊派,用一销二,流弊滋多。拟请由东省抚臣,于杂款项下按人按日筹给薪水之费,以资办公,而免扰累。

是否有当,谨缮折缕陈。伏祈皇太后、皇上圣鉴训示。谨奏。

光绪八年十二月十七日

【注释】

[1]沥陈下悃:竭诚陈述微臣的诚挚。

[2]猥(wěi)以疏庸:多粗疏平庸。

[3]简命:简任,选派任命。简:古代用来写字的竹板、竹筒。

[4]轸念:悲痛地思念。

[5]帱载(dào zǎi):指天地之德。《左传·襄公二十九年》:"如天之无不帱也,如地之无不载也。"

[6]无任:不能胜任。旧时多用于表状、章奏或笺启、书信中。

[7]灾祲:犹灾异。

[8]勉竭驽骀:竭尽全力克服不足,努力做好。驽(nú):走不快的马。骀(tái):劣马。

[9]以冀:希望。

[10]上纾宸廑:解除皇上的忧思。

[11]第思:考虑。

[12]襄(xiāng)理:协助办理。

[13]胪(lú)举:列举。

[14]俞允(yú yǔn)。指帝王允许臣下的请求。

[15]收指臂之助:左膀右臂的帮助。

[16]晤抚藩臬:会晤(山东)巡抚、藩司和臬司等地方官员。

[17]输浚:疏通。

25.察看黄河谨将大概情形酌拟办法事(治河三策)

【题解】

光绪八年(1882)十二月十九日,游百川跪聆圣训,"二十一日出京,驰抵山东德州。正月初二日,冒雪起程,过平原、禹城,循马颊、徒骇河道。初五日至桃园工次,见合龙处所,尚未完整。初六日抵山东省城济南。沿途居民诉被水情状,或逃山巅,或栖树杪,几于无路求生。"光绪九年正月,黄河凌汛,河水陡涨丈余,历城、齐河、长清、济阳和齐东等县境内民埝决口,各庄也都被淹，并冲塌济阳县城垣二十余丈。光绪九年正月十七日，游百川邀山东巡抚陈士杰一同循黄河南岸由长清、平阴、东阿至十里堡沿大堤而行，二十六日至河南兰仪县铜瓦厢东坝头。查勘后，游百川认为很难将黄河挽回故道，“无庸置议”。然后，游百川一行由河南铜瓦厢东坝头沿河下行，至利津入海口，遍勘黄河情形。经实地勘察调研，游百川与山东巡抚陈士杰及随从人员共同研究商讨，提出治河三策：一、疏通河道。具体办法为船尾带铁篦子拖刷河道。二、分减黄流。主张利用徒骇、马颊、小清河等河以分水势，并建议在惠民县白龙湾修建减水闸。三、亟筑缕堤。主张上至长清，下至利津，南北两岸先筑缕堤一道，已有之堤加高培厚，无堤处一律补齐，顶冲险要处再添筑重堤一道，长六百余里，两岸总计千余里。光绪九年三月初二日，游百川提交《察看黄河谨将大概情形酌拟办法事》。

【奏文】

游百川(折)　察看黄河谨将大概情形酌拟办法事(治河三策)[1]

光绪九年三月初二日

(光绪九年)三月初二日，游百川奏，为遵旨察看黄河，谨将大概情形，酌拟办法事。

窃臣上年十二月十九日，跪聆圣训。二十一日出京，驰抵山东德州。正月初二日，冒雪起程，过平原、禹城，循马颊、徒骇河道。初五日至桃园工次，见合龙处所，尚未完整。沿途居民诉被水情状。或逃山巅，或栖树杪[2]，几于无路求生。嗣蒙恩恤，并派臣查河，感戴皇仁，多叹息泣下。初六日抵济省[3]。因雨雪连绵，河冰未解。下游水陆不通，只得于十七日，循黄河南岸，由长清、平阴、东阿，至十里堡，缘大堤而行。二十六日，至河南兰仪县属铜瓦厢之东坝头。向闻该处决口，势若建瓴。又亲到查看。见河身一律坦平，与所闻迥异[4]。其原来水溜东趋故道，较现在河行水面，仅高三五尺许。而迤南旧河身，则沙积三十余道，俨成层峦叠嶂之形。伏思自来论河者，分持南行北行二说。

臣详察形势，河本迁徙无常。将来遇伏秋盛涨，水复折而东趋，自寻故道，亦未可知。若以人力挽之，则势有万难者。一则北堤决后，已冲刷净尽，只余东西坝头，相距计一千九百九十六丈有奇[5]。就其间筑堤，节节进占，工已甚巨。且全河正溜北行，中流堵御，以图合龙，势必震骇非常，办理殊无把握。一则故道两旁之沙岭，势难挑动。且徐海一带河身，涸出淤地千余里，民已尽行垦种。一旦驱而之他，民岂甘心失业？此南行之说，应请无庸置议者也。至山东之大清河，本系汶济[6]交会。自黄水灌入，初犹水行地中。今则河身淤淀，既患水不能容。海口壅阻，又患水不能泄。臣自二十七日，由兰阳渡黄，循河北岸，经开、濮、范、寿等州县，至张秋镇，察看运道。二月初九日，折回济省。旋于十一日，历勘下游，直至利津之铁门关[7]以下。会同东抚[8]臣陈士杰，看明海口地方。复由南岸驰回省垣[9]。臣经过之处，自齐河上下，北则济阳、惠民、滨州、利津，南则青城、齐东、历城，以至邹长[10]、高、博等属，凌汛[11]冲决漫溢，共十有一处，相继告急。臣与抚臣，急筹物料，商调熟习河工之将吏，并谆饬[12]地方官，率同绅董，纠集民夫，极力抢办。窃维黄水灌回济渎[13]，已逾二十八年。其始误于疆臣，以山东无办过黄河成案，诿[14]为民堤民埝，听其自行修筑。纵屡次开决为患，未肯形诸奏牍。所以贻害至斯。今则泛滥数百里，漂没千余村，遍历灾区，伤心惨目。以臣庸材寡识，实觉苦无长策。然自奉命以来，夙夜忧思，亟图补救。援昔证今，谨拟办法三条，敬为我圣主陈之。

一、疏通河道也。黄水性本湍悍[15]，自过龙门，群流汇注，遂挟泥沙而趋，全赖清水以刷之。济渎本自深通，两岸原高三四丈许。黄初入济，尚能容纳，无如淤淀日高，即当水势消落之时，已几高与岸平。况遇伏秋二汛乎！至海口尤日行淤塞，不能畅消。此泛滥之所由致也。然沙淤水底，人力难施，万无可浚之理。再四筹度[16]，计惟多用船只，每船尾各带铁篦子、混江龙等具，驾驶往来，上下拖刷，助水之力。使沙不能停蓄，日渐刮深。虽见效迟缓，而疏河之方，似无逾于此。至所需船只，查山东仅有舢板十六只。合抚臣陈士杰带来八只,共二十四只,未免过少。一时赶造不及,或暂雇民船试用。容俟[17]详加审量,再行奏请准行。

二、分减黄流也。凡物合则见多,分则见少。多则盈满难容,少则虚空能受,此事理之显然者。

济河一渎,受黄河之水,势必岌岌不可终日[18]。查大清河北,徒骇河最近,马颊较远,鬲[19]津尤在其北。徒骇由沾化九镇入海。马颊由海丰月河口入海。鬲津经庆云由海丰大沽口入海。皆古九河遗迹。虽河面宽窄,河身深浅不一,两岸亦多有残缺之处;然遍查形势,皆与济河相类。平时干涸,惟夏秋间,始有坡水数尺,犹可循迹挑挖。计大清河与徒骇河最近处,莫如惠民县东南白龙湾地方,相距不过十里许。若由此处开通,筑一减水坝,分入徒骇河,其势较便。再设法疏通其间之沙河支河宽河屯氏等河,引入马颊鬲津,分流入海。地道变盈而流谦[20],当不复虞[21]其涨满。此古圣"播为九河",汉臣王景"播而为八"之遗意也。然今人多误会"同为逆河"一语,坚执水可合,而不可分之说,谓分则易淤。夫黄水过处,诚难保其不淤。然而既播而为九,又复合而为一,此虽神禹不能,何其不思之甚也!况现今徒骇等河,明系分道入海乎。且黄流入济,向未尝分,何以日淤日甚乎?臣拟开通引河,作坝分水,实救急万不得已之计。而近河居民,犹或不免惊疑。惟有恳切晓谕[22],示以保全生民,免遭水患之意。统俟奉旨允准,再行斟酌举行。

三、亟筑缕堤[23]也。御灾捍水,无过修堤。缕堤近临河干,民间自行修筑,取土太近,多不合法。且大率单薄,又断续相间。即有堤之处,一筑再筑,亦复屡经塌陷。民力困竭,端由于此。今求济急之方,拟上自长清,下抵利津,南北两岸先筑缕堤一道。本有之堤,加高培厚;无堤之处,一律补齐。其顶冲险要处所,再添筑重堤[24]一道,约长六百余里。两岸牵算计千余里,为民捍患,民自乐从。拟仍藉资民力,加以津贴,尽可计日告成。

至谓治水者,不与水争地,其法不过普筑遥堤[25]。现今坚持此议者甚多。臣窃计遥堤筑成,未始非平稳长久之策。然济武两郡,地狭民稠,多占田亩,小民失业,甚非所愿。既难相强,且展宽五里或三里。其间村镇庐舍坟墓,不可数计。兼之齐河、济阳、齐东、蒲台、利津等县城，皆近临河干，使之实逼处此，民情未免震骇。况遥堤一律创修，价买[26]民田。再以底宽十丈，顶宽三丈，高一丈二尺计之，需款不下四五百万金。工艰费巨，又非旷日持久不办，深恐民间骚动。纵或将来万不容已，在目前量度情势只可作为缓图。臣所以请筑缕堤以济急，而不敢轻持遥堤之议者，此也。

以上三条，仅就大概情形筹之。与抚臣商度，意见均属相同。查疏浚河道，如造船百只，加修制器具，约需银二万余两。水手口粮，照东省旧章，临时酌定。其开挑引河，底宽十丈，面宽十五丈，高二丈。就白龙湾地方开至徒骇河，其间相距十里，并坚筑减水坝工料，计所费约十七八万两。将徒骇河一律挑深亦约需费二十余万两。筑缕堤一道，两岸千有余里。按前抚臣办过成案，每土一方，酌给津贴约需银四五十万两。至黄河水势浩瀚，引入徒骇河，不过减去十分之一。将来仍应设法缕分，引入马颊、鬲津等河，计所需又数十万金。此臣拟开挖徒骇、马颊等河，以分水势之大概情形也。窃以黄水之大，由众流汇聚而成。上游之水少一分会(汇)黄[27]，则下游黄水自减一分。查济省以东，有小清河一道，系济漯及山泉诸水会流。自历章、邹长、高博等县，由乐安入海。现因年久失修，半多湮塞[28]。以致济漯诸泉，及巨野、绣江等河之水，均并入黄河。中间浒山泊、白云湖支脉沟，众水所归，无从宣泄，近年屡次湮没田庐。现经历城县知县陶锡祺禀请挑挖。各县绅民，亦纷纷呈请。臣已饬委候补知府朱采，前往查看。如能开通，使诸水由小清河入海，则黄流又可少减。而内地山水，有所容纳消泄，亦免泛滥为灾。一俟详查确实，会商抚臣，再行另章入奏。统计疏堵分三事并举，约略用款总在二百三四十万两内外。惟臣赋性庸愚，才力疏拙。虽不惮劳苦，而以本处之人，筹本处之事，民间多各顾其私。稍不遂欲，窃恐动生怨谤，获咎滋深。且不谙勾稽[29]，于工程等项，从未历练。此不过大概情形，计算约需此数。至核实勘估，应否简派熟习工程之大臣前来，会同山东抚臣督办，出自圣裁。

【注释】

[1]转引自中国水利水电科学研究院水利史研究室:《再续行水金鉴·黄河卷4》,湖北:湖北人民出版社,2004年版:1689—1692页。

[2]树杪(miǎo):树梢。杪:树枝的细梢。

[3]济省:(山东)省会济南。

[4]迥异(jiǒng yì):大为不相同。

[5]有奇:有余。

[6]汶济:汶水、济水。

[7]铁门关:铁门关是明清两代繁华的水旱码头和盐运要地,曾驰名全国。1855年黄河夺大清河河道入海,此处被冲毁。铁门关遗址在现利津县城东北方向35公里处,汀罗镇前关村附近。

[8]东抚:山东巡抚。

[9]省垣(shěng yuán):省行政机关所在地。

[10]邹长:邹平、长山二县。

[11]凌汛:冰凌河道上水位猛涨的现象。多因上游冰雪先融,下游河道尚未解冻,冰凌壅塞形成冰坝壅水而引起。

[12]谆饬:再三整顿命令。

[13]济渎:指大清河。

[14]诿(wěi):推托。

[15]湍悍:水势急猛。

[16]筹度:谋划,想办法。

[17]容俟:容许片刻。

[18]岌岌不可终日:形容情况非常危险,一天都过不下去。岌岌:形容十分危险,快要倾覆或灭亡。

[19]鬲(gé):〔鬲津河〕古水名,即今漳卫新河,是中国河北、山东两省的界河。

[20]流谦：汉刘向《说苑·敬慎》："夫天道毁满而益谦，地道变满而流谦"。后以"流谦"谓极其谦抑。

[21]虞(yú)：预料。

[22]晓谕：告知，使知晓。

[23]缕(lǚ)堤：临河处所筑的小堤。因连绵不断，形如丝缕，故名"缕堤"。缕堤堤身低薄，仅可防御寻常洪水，在特大洪水时不免漫溢。

[24]重堤(chóng dī)：在险要的缕堤外围再修筑的堤坝。

[25]遥堤：筑在缕堤以外，距河岸较远处用以防范特大洪水的堤。

[26]价买：用钱买。

[27]会黄：汇入黄河。

[28]湮(yān)塞：堵塞。

[29]不谙勾稽：不熟悉核算。

26. 查明黄河下游情形现已将各灾区决口妥筹堵御事

【题解】

光绪九年(1883)二月十一日，游百川由陆路起程，陈士杰于十三日由水路先赴桃园工次，沿堤踏看，修筑尚为坚稳。随登舟至历城、章丘交界之滏沟庄，勘得前因凌汛被冲缺口三处，共百余丈。十四日抵济阳县，察看河水直啮城根，情形危险。饬令知县周连元，于城脚加培三合土数十丈。外筑挑水坝，拓溜开行，以资护御。旋抵齐东县坝河之赵奉站。该处东坝，计决口四十余丈。十五日经过齐东县，见县城北郭，坍卸入水，居民半已内徙。当天中午抵达惠民县之清河镇。该处倒塌民房颇多，当饬知县沈世铨清查户口，将前发运库银一万两妥为散放。十七日，经过蒲台、利津两处县城，亦如济阳、齐东，同临水畔，深虑冲塌。十八日，抵利津之南北岭。该处决口宽至百余丈。十八日，陈士杰与百川会晤，由铁门关同至二河盖，查看入海之路，命令用舢板，拖带铁篦子、混江龙等具，上下轮刷，以便畅消。复查滨州之南门河，青城之草庙，暨历城之北泺口。均已堵御断流。并同至惠民之白龙湾，查看附近徒骇河地势。旋即渡河，沿途履勘灾区。饬令印委各员，将赈银散放。以仰副圣主轸念灾黎至意。游百川、陈士杰等于二十四日，回济南省城。黄河下游各灾区决口处已妥筹堵御。

【奏文】

游百川（折） 查明黄河下游情形现已将各灾区决口妥筹堵御事[1]

光绪九年三月初二日

仓场侍郎臣游百川、山东巡抚臣陈士杰跪奏，为查明黄河下游情形，现已将各灾区决口，妥筹[2]堵御事，恭折仰祈圣鉴事。

窃臣士杰前将会同臣百川，出省查看河务日期，附片奏报在案。臣百川谨于二月十一日，由陆路起程。臣士杰谨于十三日，由水路先赴桃园工次。沿堤踏看[3]，修筑尚为坚稳。随登舟至历城、章丘交界之滏沟庄，勘得前因凌汛被冲缺口三处，共百余丈。幸系漫决，水不甚深。现值水落，已涸出五分之三，施工尚易。当准津贴银二千两，派副将景天榜，酌带部勇，督率民夫，合力堵筑，以防大汛。十四日抵济阳县。察看河水直啮[4]城根，情形危险。饬令知县周连元，于城脚加培三合土数十丈，外筑挑水坝，拓溜[5]开行，以资护御。旋抵齐东县坝河之赵奉站。该处东坝计决口四十余丈，溜急水深，抢堵不易。据知县秦浩然禀称，民力甚为拮据。除前已津贴银二千两外，再加给银四千两。饬令克期修堵，已于二十日合龙。其迤西之九龙口漫溢二十余丈，水已全退。百姓自行兴办，不日可成。当传父老，温语奖励。其被灾户口，随加抚恤。十五日经过齐东[6]，见县城北郭，坍卸入水，居民半已内徙。是午抵惠民县之清河镇。该处倒塌民房颇多，当饬知县沈世铨清查户口，将前发运库银一万两妥为散放。其缺口宽深，虽经拨发料物，尚不敷用。饬令就地购买。复由运库筹发银一万二千两，以资工作。事竣将用项造报。并派副将黄金得督率部勇，先筑磨盘埽[7]，抵御水势。一俟料物取齐，即行进占。计三月中旬，当可合龙。十七日，经过蒲台、利津两处县城，亦如济阳、齐东，同临水畔，深虑冲塌。十八日，抵利津之南北岭。该处决口宽至百余丈。且坐湾兜溜，当水顶冲故屡筑屡决，场灶[8]已漫淹大半。幸村庄无多，如能由此直开入海，较为便捷。然百姓仍竭力堵筑。前抚臣任道镕在任时，据报需银二万两。当发一万一千两。臣虽明知工巨地险，难保无虞，亦不能不俯顺舆情，如数发给。其上流之左家庄，迤下之韩家垣，两处漫口情形较轻。现亦均准津贴，催令赶筑合龙。十八日，与臣百川会晤，由铁门关同至二河盖，查看入海之路。新河口已经淤塞，均由旧河口入海。出路倍窄，河底倍浅，计非藉资人力，相助疏浚，不克奏效。拟用舢板，拖带铁篦子、混江龙等具，上下轮刷。以便畅消。臣等由陆路同行，复查滨州之南门河，青城之草庙，暨历城之北泺口。均已堵御断流。并同至惠民之白龙湾，查看附近徒骇河地势。旋即渡河，沿途履勘灾区。饬令印委各员将赈银散放，以仰副圣主轸念灾黎至意。臣等随于二十四日回济南省城。连日途中商办堵筑各口及赈恤事宜，意见均属相同。上游河道及统筹全局办理之方，由臣百川另行具奏。

【注释】

[1]转引自中国水利水电科学研究院水利史研究室:《再续行水金鉴·黄河卷4》，湖北:湖北人民出版社，2004年版:1692—1694页。

[2]妥筹:妥善筹划。

[3]踏看:实地查看。

[4]直啮:直接冲击。

[5]拓溜:一股水流。

[6]齐东：齐东县。

[7]磨盘埽(sào)：磨盘堤坝。

[8]场灶：盐场灶户。

27. 灾区普放春赈由

【题解】

光绪八年(1882)冬黄河凌汛，济南桃园决口，继而历城、章丘、齐东、齐河、济阳、惠民、滨州、商河等州县各有决口，被淹较重，灾区极广，百姓困苦不堪。光绪九年正月间，凌汛涨发，复有淹没之处，并波及于临邑、禹城、青城、长清等县。又齐东县坝河东岸，民埝决口数十丈，下游邹平等处遭漫溢，情形轻重不等。游百川、陈士杰遍历灾区普放春赈，重灾地区重点赈抚，帮其重建家园；受灾较轻者，饬令酌议缓征，以示体恤；有的地方实行以工代赈，堵复决口或修筑堤坝。饬令地方官将受灾地区、受灾人口、受灾程度及春赈发放情况一一登记造册，张榜公示。春赈籽种银两，以利春耕生产，确保生产自救。

【奏文】

游百川等(折) 灾区普放春赈由 (草折具)奏

(光绪九年)三月初九日(呈)

察看山东黄河仓场侍郎臣游百川、山东巡抚臣陈士杰跪奏，为被灾各属现均普放春赈，以广皇仁，而示体恤，恭折仰祈圣鉴事。

窃臣等额奉光绪九年二月初七日上谕："任道镕[1]奏：'□黄河凌汛盛涨，

至将各属民堤冲决，览奏殊深广系，亟应[2]赶筹堵筑，以卫民生。'着游百川查明决口情形，及应如何堵筑保护之处，会商陈士杰、任道镕妥筹办理。其被灾户口，并着陈士杰等查勘抚恤，毋任失所[3]。"又额奉二月十七日上谕："御史庄予桢奏：'□东省被水灾区骤难涸复，请饬续筹赈款'一折，着陈士杰体察情形，将赈抚事宜妥为筹办，毋任一员失所，用副轸念[4]灾黎至意各等因，钦此。"仰见圣恩浩荡有加等，臣跪诵之余，莫名铭感[5]。

除被水冲决各处分别筹办情形另折详陈外，伏查历城、章丘、齐东、齐河、济阳、惠民、滨州、商河等州县，因上年桃园决口，被淹较重，灾区极广，小民困苦不堪。本年正月间，凌汛涨发，复有淹没之处，并波及于临邑、禹城、青城、长清等县。又齐东县坝河东岸，民埝[6]决口数十丈，下游邹平等处上遭漫溢，情形轻重不等。臣士杰到任后，查明历城、济阳、惠民、滨州、商河五处，春赈籽种银两，已由前抚臣拨发，尚未开放，当饬印委各员赶紧办理。按照上年户口，亲身给领。其有开赈归表者，上准查实并给，务使实惠均沾。其有完善之区而为凌汛所淹者，一体勘明散放。沿河残缺堤埝，就令以工代赈，及时修缮。嗣因惠民县清河镇决口，于奏报委员堵办。折内声明，提运库银一万两，札饬[7]该属安抚灾黎，先其所急。此外各属复经饬查妥议，如章丘、齐东、临邑、青城等处，现已筹发赈款，委员分拨散放。较轻者饬令酌议缓征，以示体恤。统计本年已共发赈银十三万余两。臣等履勘各属河道，沿途所至，复谆饬[8]印委各员稳实办理。审看民情，均尚安帖[9]。高阜[10]地亩积水消涸，可期毋误春耕。惟低洼之区，仍不免积潦为患。春赈放过之后，如将来尚有拮据情形，自当续筹银两，妥为接济，以仰副圣主轸念民艰之至意。

除俟事竣，核明用款数目，再由臣士杰详细奏报外，所有被灾各属，现在普放春赈缘由，谨合初恭折具陈，伏乞皇太后、皇上圣鉴。

再，此折系臣士杰主稿，合并陈明，谨奏。

（光绪九年）三月初二日

(硃批)光绪九年三月初九日,军机大臣奉旨:"知道了,钦此。"

【注释】

[1]任道镕(1823—1906):字砺甫,别字筱沅,晚号寄鸥,江苏宜兴人。历任湖北、河南、江西、浙江、山东诸省知县、知府、道员、布政使、按察使、巡抚和河道总督。清光绪二十七年(1901)退居苏州。

[2]亟应:急切。

[3]毋任失所:不要让百姓失去家园。

[4]轸念:悲痛地思念。

[5]铭感:铭刻在心,感念不忘。如终身铭感不已。

[6]民埝:百姓筑起的堤坝。

[7]札饬:写信训斥。上级对下级发文训示。

[8]复谆饬:再一次耐心的整顿。

[9]安帖:妥贴。

[10]高阜:较高的土山。

28. 惠民县清河镇等处决口现已堵筑合龙事

【题解】

光绪九年(1883)正月间,惠民县清河镇凌汛冲决民堤,冲决口门宽四十余丈,水深一丈七八尺及四五尺不等,闾阎受灾严重。桃汛将至,游百川等饬令地方官设法经营,拨发银两四万两采办桩料、添募民夫,通力合作。三月二十一日,抢堵合龙。又复追压大土,填筑后戗土柜,力求坚稳。

【奏文】

游百川等(折) 清河镇等处决口现已堵筑合龙事[1]

光绪九年三月十二日

游百川、陈士杰奏,为清河镇等处决口,现已堵筑合龙事。

窃惠民县属之清河镇地方,于正月间,凌汛冲决民堤,闾阎[2]被灾甚重。臣等当即工抚兼施[3],将筹办情形先后奏报在案。查该处口门,计宽四十余丈,水深一丈七八尺及四五尺不等。时值桃汛[4],办理颇为棘手。臣等严饬印委各员。设法经营,工需甚紧。共由运库先后提银四万两,发交武定府知府奎瑞、惠民县知县沈世铨等采办桩料,并添募民夫,通力合作。以期早堵一日,民生即早安一日。兹据该员等禀报,先筑挑水坝,拓溜[5]开行。随后节节进占,昼夜趱办[6]。幸于本月二十一日,抢堵合龙。现复追压大土,填筑后戗[7]土柜[8],力求坚稳。又利津县之韩家垣、左家庄二处缺口较小。亦于十三四日,先后堵筑完竣。韩家垣附近险要之区,应再一律加厢,以免油刷。亦经臣等札饬赶办。

综计月余以来,堵合大小决口,已共七处。在事官绅,不无微劳足录。臣等不敢遽请奖叙。拟择尤[9]存记,容俟将来汇案酌保。以昭核实。至清河镇一带灾黎,现均按户放赈,并酌给塌房修费。因春赈同时散放,只用银六千两。前提万金,尚余银四千两,仍还运库。现在口门已堵,当不致流离失所。

【注释】

[1]《陈侍郎奏稿》,转引自《再续行水金鉴·黄河卷4》湖北人民出版社,2004年版:1695。

[2]闾阎:里巷内外的门。后多借指里巷。泛指民间。

[3]工抚兼施：以工代赈和发放赈灾抚恤粮款两种方法并用。

[4]桃汛：桃花盛开时节因积雪融化而发生的河水暴涨。也称春汛。

[5]拓溜：一股水流。

[6]趱(zǎn)办：快速办理。

[7]戗(qiāng)：逆，反方向。

[8]土柜：用土筑成的像柜子一样的土堆。

[9]择尤：挑选突出的。

29.遵旨会商东省治河办法据实复陈由

【题解】

光绪九年(1883)三月初二日，游百川历时两个月，周历黄河上下游，察看黄河情形后，根据实际调研情况上疏“遵旨察看黄河谨将大概情形酌拟办法事”一折，提出了“疏通河道，分减黄流，亟筑缕堤”的治河三策。

三月初九日，慈禧谕令军机大臣等：“游百川奏《察看黄河酌拟办法》，游百川、陈士杰奏《查明黄河下游情形》各一折。山东黄河近年以来，屡次冲决，亟应妥筹办法。惟其间利害轻重，必须熟计兼权，以期实有裨益。该侍郎所陈疏通河道、分减黄河、亟筑缕堤各条，详加披阅，尚须切实筹议，未可遽见施行。徒骇、马颊、鬲津各河，地连畿辅，旧迹渐就湮废，疏通已甚为难。如竟勉力兴办，引入各河，正恐东省未必得其利，而畿疆重地已先受其害，殊非善策。至拟筑缕堤，两岸千有余里，工费既属繁巨；而原有缕堤之处，一筑再筑，屡经塌陷，于捍患御灾，亦恐不足深恃，不可不加以慎重。黄流泛滥，必须水有去路，庶水患可以稍纾，自以疏通河道为要务。据奏利津之南北岭，屡筑屡决，场灶已漫淹大半。幸村庄无多，如能由此直开入海，较为便捷等语。该处工巨地险，堵筑难保无虞。如竟全其由此入海，于大局是否有益，着游百川等悉心揆度，权其轻重，据实奏闻。小清河能否开通，以分水势，着一并详细确查。河流迁徙靡常，惟在顺水之性，因地制宜，设法疏治，以纾灾患。着游百川、陈士杰再行通盘筹画，会同熟商妥议，详细具奏。齐河上下，冲决各处，即着督饬官绅，实力抢办。被水灾区，业经拨款赈济。并着陈士杰饬属核实经理，妥为抚绥。毋任灾黎失所。将此各谕令知之。”

三月十二日，游百川、陈士杰接到朝廷反馈意见后，召集相关人员熟商更佳方案。三月十七日上疏《遵旨会商东省治河办法据实复陈由》，提出“……现除鬲津不计外，拟由惠民县白龙湾地方，就近开一支河，引入徒骇。犹恐所分无多，再于上游长清县之黄斗崖，顺洼开通，入赵牛河。接由苇河，引至德平县属之范家桥，入马颊河……。舍此亦乏良图。此臣等所为议开徒骇、马颊以分水势之实在情形也”的主张。

【奏文】

游百川等(折)　遵旨会商东省治河办法据实复陈由[1]

光绪九年三月十七日

游百川、陈士杰奏，为遵旨会商东省河工办法，据实复陈事。

窃臣等于三月十二日，接准军机大臣字寄，三月初九日，奉上谕。以臣百川前折所陈“疏通河道，分减黄流，亟筑缕堤”各条[2]，尚须切实筹议，未可遽见施行等因。钦此。

臣维黄流汗漫[3]，迁徙靡常[4]。当其南行入淮徐故道也，豫省河面，宽处二三十里，窄处亦十余里。山东大清河，河面不及豫省十之一二。加以淤淀日高，水势稍大，便不能容，是以泛决之患，年甚一年。臣等自查看下游铁门关至牡蛎嘴各处，访悉黄流当消落之时，水行归槽便与岸平。及至盛涨，则一片汪洋，弥漫百余里。入海之路，迄无定所。此而欲加疏浚，水中挖沙，人难立足，实属力无所施。援古证今[5]，只有多用船只，携带铁篦子、混江龙等具，往来疏刷，使河底逐渐刮深。然犹虑随刷随淤，仅能使新沙不致停蓄，河身不致再高，收效迟缓，泛溢仍所难免。因议亟筑缕堤，藉资保障，以安民心。查北岸民堤，本有者十之六七。南岸则仅十之一二。当委员分段查明，就其原堤加高培厚。凡不接续之处，一律补筑。间有临河太近，及顶冲险要处所，并饬令加筑重堤。以资稳固。如遇盛涨，地方官即会同营弁[6]，督率民兵，协力抢护，以免冲刷。伏查黄河首重堤防。今就民间原有之堤津贴[7]而加倍之，尚觉易于奏功。且为民情所愿。但使顺民之心，随处自为保固，可免冲决漫溢。则亿万生灵，受益良非浅鲜。以视既决之后，筹堵筹赈，动费巨万，相去何啻倍蓰[8]！此臣等筹画再三，所为议筑缕堤之实在情形也。

至论黄河水势之大，则实有难于臆度[9]者。方今各处受灾，人人言因海口沙淤，不能畅消所致。然臣等详细体察。即使入海之处，一律通畅。而巨浪洪涛，亦仍恐宣泄不及。查上年桃园决口，泄出之水，已漫衍[10]数县。而潘沟及南北岸韩家垣、左家庄等处，仍相继开决，水大莫容，是其明验。计惟择古河之河身稍大者，筑坝建闸以分泄之，庶免溢槽之虑。其徒骇、马颊入海之处，前折已俱陈明。徒骇距黄河最近。惟河身不甚宽深，马颊较远，而堤岸大段整齐，河亦深通宽广。纵淤浅之处，尚须人力挑浚。然河岸河身规模具在，开挖尚不至十分费力。其入海处，在海丰、沾化二县，皆武定府属。虽与直隶边界接壤。而以形势论之，二县皆近海滨。于畿辅[11]之地，实无妨碍。惟鬲津虽亦由海丰县入海，而经行之处，间近南皮[12]庆云地界。且距黄河颇远。现除鬲津不计外，拟由惠民县白龙湾地方，就近开一支河，引入徒骇。犹恐所分无多，再于上游长清县之黄斗崖，顺洼开通，入赵牛河。接由苇河引至德平县属之范家桥，入马颊河。中间损压民田，应计亩给价，以广皇仁。其导引之处，各坚筑闸坝。视黄水分数，以为量减。但求泄盛涨之水，不致有夺溜之虞[13]。即使水过后不无沙淤，而水退犹可以人力挑浚。盖黄流湍悍，得两河以分泄之，其势自当稍减。且水由地中行，似可为久远之计。舍此亦乏良图。此臣等所为议开徒骇、马颊以分水势之实在情形也。

以上三条，臣等遍询地方耆头[14]及留心河务之士，均以为宜。故敢据实直陈。如蒙俞允，臣等当再行请旨饬部筹款。以便及时兴办。并出示晓谕，宣广圣泽，告以保卫生民之意。冀免愚氓惊疑阻挠，俾得速行蒇工[15]。

【注释】

[1]《陈侍郎奏稿》，转引自《再续行水金鉴·黄河卷4》湖北人民出版社，2004年版：1695—1697。

[2]各条：逐条。

[3]汗漫：无边际。形容水势浩荡。

[4]迁徙靡常：从一处移到另一处没有一定的规律。

[5]援古证今：引述古事来证明今事。援：引。

[6]营弁(biàn)：旧时称中下级武官。

[7]原有之堤津贴：原来有的堤坝的津贴。

[8]相去何啻倍蓰：相差何止数倍。啻(chì)：止。蓰(xǐ)：五倍。

[9]臆度(yì duó)：主观推测。

[10]漫衍：流溢，泛滥。

[11]畿辅：国都(京城)附近的地方。

[12]南皮：县名。秦置。今属河北省。

[13]夺溜之虞：水流冲开的忧虑。

[14]耆头：年长者，有威望的人。

[15]冀免愚氓惊疑阻挠，俾得速行蒇工：希望免除愚昧无知者的惊恐怀疑和阻挠，使治黄救灾工程早早开工和竣工。

附片1　游百川等片(利津县南北岭等处决口及开浚小清河由)

再，利津县属南北岭[1]地方。据土人[2]指称，距海不过四五十里。由此入海,较现在由二河盖下之旧河口,固属便捷。然黄河自入东境,绵亘千有余里。即使近海多一泄水之处,当黄盛涨,正不待趋至下游,而上游顶冲[3]回溜,奔放不及,已不免冲决之虞。臣等揆度[4]情形,于入海虽少迂回,于全局实无大益。且该处居民,现正施工,极力抢筑,未便饬其停止。又冲出之水,漫衍四流,尚无河渠,只好将来查看。如实在不能堵筑,中溜刷有河槽,形势已成,然后方可定议。其余凌汛决口处所,陈溞沟、九龙口、赵奉站、草庙等处业已赶筑完竣外。惟清河镇及左家庄、韩家垣三处,虽早经备料集夫[5],而桃汛方至,办理尚未得手。目下水势稍平,已饬克期进占[6],赶紧合龙,藉以仰慰宸廑[7]。

至东境之小清河,源本泺水。出历城与章丘之堉河獭河合,自堉泺二水,俱归大清河。惟獭河发源于长白山麓,东趋经浒山泊白云湖,由支脉沟乐安县等处入海。康熙年间,前抚臣张鹏翮[8]一律疏浚,民享其利。至今将其原议,刊在省志。嗣因年久失修,小清河节节淤塞。山泉诸水,始横趋历城之巨冶河,章丘之绣江河,北流并入大清河。现时大清河淤高顶托[9],不但巨冶、绣江之水不能入大清河,而黄水且倒灌巨冶、绣江。加以九龙口等处冲漫,以致积水毫无泄路。历章邹齐长高博乐八县,俱被水患。计惟有开浚小清河,使积水有路畅消,被淹田亩得以涸出;亦不复使巨冶、绣江仍趋大清河,庶黄水并可藉以少减。现复派委员,分段确查,容俟查复,再行专折具奏。

——《陈侍郎奏稿》,转引自《再续行水金鉴·黄河卷4》湖北人民出版社,2004年版:1697页。

【注释】

[1]南北岭:地名,利津县的南岭和北岭。

[2]土人:当地人。

[3]顶冲:指河水涨势凶猛,水流直冲河岸堤防。

[4]揆度(kuí dù):估量;揣测。

[5]备料集夫：备好物料集结民夫。

[6]进占：堵筑口门（决口处）。

[7]宸廑：帝王的殷切关注。

[8]张鹏翮（hé）：号宽宇，四川遂宁黑柏沟人。康熙九年（1670）进士及第，历任礼部郎中，兖州、苏州知府、江南学政、浙江巡抚、河道总督、两江总督、刑部尚书、户部尚书、吏部尚书兼文华殿大学士等职。1700年任河道总督主持治理黄河10年，治清口，塞六坝，筑归人堤，采用逢湾取直、助黄刷沙的办法整治黄河。

[9]顶托：海水涨潮或河、湖水位增高，挡住流入的河水，使不易下泄。

附片2　游百川等片（缓图修筑遥堤由）

再，遥堤之说，离水愈远，则水力愈弱，防守亦易为力。若河身渐次淤高，则遥堤亦逐年可以渐次增加。如照原拟章程，改为底宽六丈，顶宽一丈二尺，高一丈。以南北两岸各长八九百里计之，约需二百四五十万金，亦可蒇事[1]。此策有利无害，甚为平稳。现主此议者，亦不乏人。循此行之，臣等亦易于复命。惟臣百川生长东省，绅民情意，尤易相通。一闻修筑遥堤，人情万分惊惧，十百成群。在堤外者，以为同系朝廷赤子，何以置我于不顾。在堤内者，非恐压其田亩，即虑损其墓庐。或拦舆递呈，或遮道哭诉[2]。事尚未行，民情已遂如此。若一旦丈地兴筑，节节阻挠，更不待言。且城郭市镇，多傍河边，迁徙良非易易。愚民无知，无从开导。此臣等所以长虑却顾[3]，不能不作为缓图。第就民埝为之加高培厚也。

——陈士杰：《陈侍郎奏稿》，转引自《再续行水金鉴·黄河卷4》湖北人民出版社，2004年版：1698页

【注释】

[1]蒇事：事情办理完成。蒇(chǎn)：完成，解决。

[2]或拦舆递呈，或遮道哭诉：有的拦车呈递诉状，有的拦路哭诉。

[3]长虑却顾：顾及未来而作长远打算。

30. 复筹河工详核工需吁恳饬部筹拨由

【题解】

游百川、陈士杰等提出的“治河三策”，经过六部九卿反复的酌商，慈禧下旨：“所议三条，将疏浚河道，亟筑缕堤，议准照办。其分泄黄流一条，应测量地势，再行筹议。并经户部以议准二条，先为筹拨银四十万两，迅速解东，俾济要工。”游百川、陈士杰收到批复后内心一片茫然：按照游百川、陈士杰等设计工程标准的最低造价，至少需银二百四五十万两，户部工部仅仅批复四十万两。最要命的是“各省虽奉指拨，而解到尚属无期。”也就是说这四十万两银子，不是从国库直拨，而是工部将任务分派各省，由各省筹集后再运往山东。一边是临近伏汛十万火急的筑坝防灾，一边是遥遥无期的无米之炊。游百川、陈士杰再四筹思，上疏《复筹河工详核工需吁恳饬部筹拨由》，仰恳皇上再发圣慈之心，饬令工部复核工程款项，先从国库中支付部分款项，与之前批拨而未拨付之款，一并命令限时迅速运解山东。

【奏文】

游百川等(折)　复筹河工详核工需吁恳饬部筹拨由[1]

光绪九年三月二十日

（光绪九年三月）二十日，游百川、陈士杰奏，为复筹河工事宜，遵照部议，详核应用工需确数，吁恳饬部豫为筹拨[2]，以资举办事。

窃臣等接准户部工部来咨，会同核议。臣等先后会奏，察看黄河，酌拟办法，各折片于三月初九日具奏，奉旨依议。钦此，钦遵。抄折咨行前来。查部臣原奏，以臣等所议三条，将“疏浚河道，亟筑缕堤”议准照办。其分泄黄流一条，应测量地势，再行筹议。并经户部以议准二条，先为筹拨银四十万两，迅速解东[3]，俾济[4]要工等因。

窃以山东河患，年甚一年。其故在河面本窄，河身日淤日高。黄水势大，万不能容。非尽关入海之未能通畅也。方今筹办河防，考之成法[5]，参以时宜[6]，只有从长补救之方，实无一劳永逸之计。臣等前陈筑堵分三策，系周历上下游，详细审度，就形势之所宜，竭思虑之所及，务求稳慎。原不敢谓悉合机宜[7]。且深知筹款维艰，所拟之条，必力求用项稍省，以期撙节[8]经费。且就部议各节，复行会商，有不得不再为审度者，谨详细筹议以闻。查部议以疏通河道，用铁篦子等具，原系成法，自属可行。除添造船只，修置器具，并水手口粮外，将来所需岁修各项费用，亦须通盘筹画等语。查造船制器等款，臣百川前奏约估需银二万余两。现在船只甫拟[9]排造，器具正在制备。应俟齐全后，驾驶拖试，计算工费，及水手口粮确数，始能核准。并将来岁修需费若干。由臣士杰随时核实酌定，再行奏报。

又部议添筑缕堤，均准照办。其丈尺做法，亦必以底宽八丈，顶宽二丈，高一丈二尺为率。津贴银两，当以近案为权衡。将来岁修经费，是否借资民力，抑须仍动帑项，并能否由官经理，妥为筹议。并令克期赶办，于伏汛前告竣等语。臣百川前奏，上自长清，下抵利津，先筑缕堤一道。两岸约千余里，每土一方，就办过成案，酌给津贴，需银四五十万两。原拟两岸本有民埝，牵计可得十之四五。且就民埝培修，无须给与地价，是以减之又减，从少约计。惟其时拟筑缕堤之议，原与设坝减水相辅而行。窃意水势既减，就民埝加倍，或可藉资保护。今分泄既防流弊,则黄水仍归一壑。民埝逼近河堧[10],与水争地,实难深恃。臣等细心商酌,自以一律普筑重堤为宜。民埝亦准稍为津贴,以保沿河村镇,而顺舆情。夫筑堤之法,愈厚愈坚。照部议高宽丈尺,洵为稳固可靠。按底宽八丈,顶宽二丈,高一丈二尺。(中略)除成平[11]外,统共约需银二百四五十万两。此照部定高宽丈尺核计之确数也。查桃园上年新筑之官堤,系底宽六丈,顶宽一丈,高一丈,若此时仿照丈尺兴办,(中略)除成平外,统共需银一百五十万两。此现拟仿照桃园工高宽丈尺核计之确数也。应否仍遵部定章程,抑或如臣等所拟办理,伏候命下遵行。(中略)至筑堤工需,部臣不待臣等,请拨银四十万。具见部臣先事图功,顾全大局[12]。然臣等尚有不能不渎请者[13],查堤长一千三百四十余里,照部议原定丈尺,除成平外,约需银二百四五十万两。现奉旨拨四十万两,照部定款项仅六成之一。照臣等所拟,亦仅得四成之一。且各省虽奉指拨,而解到尚属无期。即俟秋后兴工,拨款亦恐难全到。(中略)臣等再四筹思,实未敢于一举。惟部议有工程应用确数,应即详核具奏。如有不敷,由部陆续筹拨,用敢通盘筹画,详细具陈。

仰恳圣慈,饬部复核,豫为指拨有著之款,与前拨之数,一并勒限[14]迅解来东。臣等现以伏汛将至,不敢不先事筹防。业将[15]调到舢板等船,先行拖带制成器具,沿河上下梭刷。臣士杰于藩粮两库,各提银八万两,会同臣百川派饬印委各员,督率勇夫,先择紧要之处,赶紧修筑。至前请疏通小清河,系宣泄南岸之清水,减入黄之支流,与治河相为表里。现据派出委员禀复查勘形势。南岸各州县,非设法开通,不足以消弭水患。惟估计工费亦复不少,恐难兼营。应俟查明能否稍给津贴,借资民力,再行复奏。再土方按照例价,为数甚巨。此次估计,系照外间津贴,核实确数。

【注释】

[1]陈士杰:《陈侍郎奏稿》,转引自《再续行水金鉴·黄河卷4》湖北人民

出版社,2004 年版:1701—1703。

[2]筹拨:筹措拨付。

[3]迅速解东:迅速押送到山东。

[4]俾济:接济。俾:使,把。

[5]考之成法:考证以前治河既定之法。

[6]参以时宜:参考当前实际情况。

[7]原不敢谓悉合机宜:原本就不敢说这是唯一最有效的治河方法。机宜:针对客观情势处理事务的方针、办法等。

[8]撙(zǔn)节:节省,节约。

[9]甫拟:刚刚拟议。

[10]河堧(ruán):即河壖。河边地。

[11]成平:要想达到(完成)预期的工程效果。

[12]具见部臣先事图功,顾全大局:足见户部、工部各大臣顾全大局,图谋建立功业。

[13]然臣等尚有不能不渎请者:但是臣等还有不能不冒昧说明(陈述请示)的地方。不渎(dú):不傲慢。

[14]勒限:规定期限。

[15]业将:已经。

附片1　游百川等片(复核礼部郎中吴峋疏浚黄河敬陈管见由)

(光绪九年三月二十日)游百川、陈士杰又奏:再,部臣片奏[1],复核礼部郎中吴峋奏"疏浚黄河,敬陈管见"一折。抄稿一并移知。除与部议相同,已于正折详陈外。原稿以"利津南北岭决口,距海较近。臣等前奏既称便捷,又谓无益,议涉游移[2],应就此导使入海"等语。查南北岭决口,民间现犹未能堵合。惟改移海口,亦须因势利导,难以人力强为。前因牡蛎嘴海口,不甚通畅。而南北岭决口，距海滨约五十余里，道里较近，故谓其便捷。惟铁门关之正河，深处尚二丈数尺，而南北岭仅口门有溜，深约丈余。十里外即漫散，并无河槽。水中挑挖，无从措手。必须俟经历大汛，能否刷成河槽，始可酌定。且臣等体察形势，近海即多一泄水之处，而上游水势浩荡，正不待趋至下游，已不免溃决之虞。故谓于全局实无大益，初非两歧[3]之词。所有南北岭决口，现尚未便开挖，导使入海缘由，谨附片复陈。

——陈士杰:《陈侍郎奏稿》，转引自《再续行水金鉴·黄河卷4》湖北人民出版社，2004年版:1703—1704页

【注释】

[1]片奏:奏折附片(件)。

[2]议涉游移:参议涉及之处移动(更改)迟疑不决。游移:移动(更改)，迟疑不决。

[3]两歧:不统一。

附片2　游百川片(请饬山东候补知府全士锜病痊来东差委事)

再，去岁奉旨交臣百川差委之山东候补知府全士锜，该员本系因病请假在籍。经臣路过涿州，见其业已就痊，敦促来东，随臣赴上下游回查一次。又委赴小清河查看情形。兹于四月初一日接据，举称"旧病复作，甚剧。即于中途改道，回籍就医等"语。除批饬加意调治，病痊来东差委外，理合附片具陈，伏乞圣鉴。谨奏。

(硃批)光绪九年四月二十七日，军机大臣奉旨:"知道了。钦此。"

31. 黄汛盛涨漫溢历城等处并急筹抚恤由

【题解】

光绪九年(1883)五月初十日黄水骤涨,迭次增长,至一丈二三尺。拍岸盈堤,较往岁伏秋大汛,尤为汹涌。各属新旧堤工,节节生险。乃连日南风大作,鼓浪澎湃,湍激异常。十八日,齐东县之船家道口,漫过民埝,立成决口数十丈。利津县之崔家庄,亦于是日晚间,冲决民坝,顷刻刷宽至二百余丈。盐窝之十四户庄,亦复同时漫溢。又历城县于二十一日夜间,刷开北岸张家庄等民埝,直注今春前抚臣所修之新堤,形势亦形岌岌。其附近之范家铺,地面较高,尚无水患。乃同时由此间及周家庄一带,漫溢而过,绕出堤后。以致内外被冲,将新堤将成尾段,连决数处。又齐河县之顾家沟,亦于二十三日,漫溢过埝。此外,济阳县之直河庄,惠民县之孙家窝、潘家庄,利津县之宋家庄、阎家庄等处,或堤身冲陷,或拍岸盈槽,均属万分危殆。目击灾黎遍野,一片汪洋,实堪悯恻。游百川寝馈难安,一边筹集赈灾款项、调集员弁火速救灾,一面写奏折陈明事实,恳请皇上抚恤赈灾。

【奏文】

游百川等(折)　黄汛盛涨漫溢历城等处并急筹抚恤由[1]

光绪九年五月二十七日

五月二十七日,游百川、陈士杰奏,为黄汛盛涨,漫溢历城等处堤工。现在设法堵办,并查勘灾区,急筹抚恤事。

窃东省黄河,前经臣等遵照部议,复陈办法。因时届农忙,汛期将至,先将险要各处,派员督同绅民,赶紧修筑,已于前折奏明在案。臣百川于前月底,复亲诣沿河一带,查看形势,责成印委官绅,昼夜趱办[2]。兹查济阳、青城、滨州、章丘等处,已培筑将次完竣。其余险要处所,或得十之六七,或仅十之二三,正在督集夫勇赶办间。不料黄水骤涨,自本月初十日以后,迭次增长至一丈二三尺,拍岸盈堤。较往岁伏秋大汛,尤为汹涌。各属新旧堤工,节节生险。臣等据报,当饬印委各员,加紧修防。并派弁勇分投,星夜抢护。乃连日南风大作,鼓浪澎湃,湍激异常。十八日,齐东县之船家道口,漫过民埝,立成决口数十丈。利津县之崔家庄,亦于是日晚间,冲决民坝,顷刻刷宽至二百余丈。其盐窝之十四户庄,亦复同时漫溢。又历城县于二十一日夜间,刷开北岸张家庄等民埝,直注今春前抚臣所修之新堤,形势亦形岌岌[3]。其附近之范家铺,地面较高,尚无水患。乃同时由此间及周家庄一带,漫溢而过,绕出堤后。以致内外被冲,将新堤将成尾段,连决数处。臣等先期闻报出险情形,即派抚标[4]城守[5]各营,连夜前往抢救。无如来源过猛,此堵彼决,防不胜防,实非人力所能施。其南岸小鲁家庄等处民埝,亦被冲刷,水势直逼省城北关外数里地方。又齐河县之顾家沟,亦于二十三日,漫溢过埝。此外如济阳县之直河庄,惠民县之孙家窝、潘家庄,利津县之宋家庄、阎家庄等处。或堤身冲陷,或拍岸盈槽,均属万分危殆。虽经调派文武各员,竭力抢厢[6],能否保全,尚难逆料。臣等亲赴历城南北两岸,查勘情形。目击灾黎遍野,一片汪洋,实堪悯恻[7]。此皆由臣奉职无状,抚躬自问[8],寝馈难安[9]。现已委员解银,分赴受灾各县,采办糇粮[10],散放急赈。并委员遍诣[11]灾区,用船拯救,搭盖棚厂,按口放给粥米。俾稍资安集。一面饬查户口,再行筹款抚恤。至各决口,虽宽至二三百丈及数十丈不等,幸麦已收割,而口系漫决,冲刷尚不甚深,将来堵筑当不至十分费手,然必俟黄水稍落,方能取土施工,臣等自当相机设法办理。

再臣等查大清河,十年以前,两岸高者约计二丈内外,低者亦一丈五六尺不等。沿岸居民,水灾罕见。此河槽尚深,堪以容纳之故也。今春臣等先后查勘河形，水落时，高者仅露岸八九尺，低者只五六尺。偶遇盛涨，便尔漫溢为灾。此河身淤浅，不能容纳，难以人力相争之故也。方今时值仲夏，水势业已如此。以后伏汛秋汛，尤难逆料。窃以目前河患，修堤固为急务，而长堤未能骤成。就使已成，新堤之工，未经雨雪，难期结实足恃[12]。即令可恃，而上游河面，宽不及二里，年淤一年，不数年河岸变为河身，长堤又须加筑矣。臣等再四思维，修堤与减水二事，仍宜相辅而行，非敢固执前言也。历考古人成法，博采通儒[13]议论，欲为地方除目前黄水之患，实觉舍此别无长策。

查历年以来，黄水南溢则趋小清河，北溃则入徒骇河。而南高北低，故北岸一决于白龙湾，再决于谭马哨、张家坟，以及桃园、清河镇等处，并此次距桃园下二十余里之范家铺，又复冲决，其水均奔徒骇河入海。水性就下，势所固然。以臣等愚见，与其待决于后日，百姓多被其灾，何如利导于目前，挑浚[14]以防其害。譬之以盂盛水，多注则溢，器小故不能容也。若以他物分盛，自无虑此。至于吸动大溜，亦所宜防。惟水性避高就下，分河减坝，若低于正河，固应防其吸动。若正河低，而引河高，水未有舍低而趋高者。计黄水穿运以来，每岁借黄济运，均在盛涨之时。迄今二十八年，北运河从未闻有夺溜之害，此其明证也。若水过沙淤，诚所难免。然每年冬春挑挖一次，计分河两道，费多不过四五万金，穷民亦得沾其惠。以视一处决口，堵筑赈抚，多至数十万金，少亦七八万金。百姓得不偿失，固有间矣。或谓分流则力弱，不能束水刷沙固也。然查淤垫之由来，多缘风狂浪急，奔腾拍岸，岸塌屋倾，积压入水而成。如借徒骇、马颊以分水势，则水不拍岸，添淤既少，且水已归槽，其力仍可冲刷。兼之水在中流，仿用铁篦子、混江龙等具，拖刷亦可事半功倍。总之河浅水大，堵分疏三事须并行，庶几有济。[15]

【注释】

[1]《山东河工成案》，转引自《再续行水金鉴·黄河卷4》湖北人民出版社，2004年版：1704—1707。

[2]趱(zǎn)办:赶紧办理。

[3]岌岌:形容十分危险,快要倾覆或灭亡。

[4]抚标:明清时巡抚直辖的军队。

[5]城守:城池的守备。

[6]厢:靠近城的地方为厢。

[7]悯恻:令人哀怜。

[8]抚躬自问:反躬自问,指自我反省。

[9]寝馈难安:睡不好觉,吃不好饭。形容心事重重的样子。寝:睡觉。馈:吃饭。安:安闲。

[10]糇(hóu)粮:干粮,食粮。

[11]遍诣:将皇上的旨意下发。

[12]足恃:作为依靠。

[13]通儒:通晓儒家经典,学识渊博的大儒。

[14]挑浚:疏通。

[15]这篇奏折引起了朝廷的高度重视,连下三道谕旨分别如下:

上谕(六月初二日):前人河防成议,原以筑堤束水为正办。间或择地筑坝,遇盛涨时减水,以保险工,亦是救急之法。游百川等前拟由徒骇马颊二河分水一节,经工部议令测量地势,必确有把握,再行举办,自为慎重经始起见。该侍郎等,以历年黄水决于北岸,均由徒骇河入海,由此利导,若引河高于正河,不至吸动大溜,所奏不为无见。仍着酌度情形,详细筹议,奏明办理。惟堵分疏三事,同时并举。财力民力均有不及。及应如何次第[1]兴办之处,并着酌议具奏。将此由四百里各谕令知之。

——《山东河工成案》,转引自《再续行水金鉴·黄河卷4》湖北人民出版社,2004年版:1704页

是月辛酉(六月十三日)上谕:此次山东历城等处,黄河漫溢,被灾甚重。前经谕令游百川、陈士杰,筹款抚恤。灾黎情形困苦,宵旰廑怀。着于山东应解京项项下,截留银十六万两,以资赈济。游百川、陈士杰,着即督饬该地方

官及委员等，分赴灾区，详细查明，核实散放。务各实惠均沾，毋任吏胥稍有侵蚀。

——《清德宗实录》，转引自《再续行水金鉴·黄河卷4》湖北人民出版社，2004年版：1709。

是月壬申（六月二十四日）上谕：前因山东历城等处，黄河漫溢，被灾甚重。已谕游百川、陈士杰宽筹赈项，并截留京饷十六万两，以资赈济。朝廷廑念灾区，无时或释。诚恐穷黎困苦，抚恤难周。此次江北漕船尚在山东境内。即着截留漕粮五万石，俾资接济。游百川、陈士杰务当督饬该地方官及委员等核实散放，毋任吏胥稍有侵蚀。

惟灾区太广，需款尚巨，现经游百川等劝捐助赈。所捐银两，准照直隶章程，给予封典虚衔。

——《东华续录》，转引自《再续行水金鉴·黄河卷4》湖北人民出版社，2004年版：1711－1712。

附片 游百川等片（丁宝桢自捐廉银并集赈款事）

再，四川督臣丁宝桢，因闻山东水灾，自捐廉银三千两，并多方集腋[1]，共凑合银二万二百两。咨请作为赈款。现已汇解前来，业经臣士杰饬存运库。刻当历城等县续遭水患，办理赈抚事宜，需款正殷，应即以此项动用。如有不敷，再行设法筹拨。统俟事后一并详细报销。理合附片陈明，伏乞圣鉴。谨奏。

（硃批）光绪九年六月初二日，军机大臣奉旨："知道了。钦此。"

【注释】

[1]集腋（yè）：聚集零散的财物。

32. 小清河年久失修潴水为患现拟开浚以奠民生事

【题解】

游百川在《治河三策》中曾提出“分流”之策，拟开通徒骇河、马颊河、鬲津河、小清河以分黄河水势。徒骇河、马颊河、鬲津河在黄河以北，向北分流。李鸿章、吴峋等均以殃及畿辅而反对开徒骇、马颊河分流。游百川、陈士杰上疏请示开浚小清河。小清河在黄河以南，以泄南岸之清水，减入黄之支流，与治黄相为表里。奏折提交后，慈禧命六部九卿协同会商看是否可行。经六部九卿会商，徒骇河、鬲津河暂缓开河分流，须先行度量测算工程费用及工期，然后交工部核准。唯有先开小清河以分水势相度可行，但小清河淤塞日久，每遇山水暴发，就会漫淹田庐数百村，为害很大。游百川会同陈士杰等遍览小清河上下游，详细筹度，呈递此文请示。奏折详细陈述了小清河的流域面积、淤塞现状、治理的必要性、治理的方式方法、所需工时工程款项以及工程款项的筹度来源等，提出了“分两路办理，分路疏导”的策略。

朝廷对历城决口受灾面积之大、受灾程度之重非常重视，命游百川、陈士杰督促黄河筑坝工程、小清河治理分流并进。又命四川督抚丁宝桢筹拨银十六万两，迅速解交山东。六月丁卯，游百川与陈士杰受命后马上查照所拟上下游段落，克日兴工。由于此次山东历城等处水灾甚重，不仅需要拨款赈济，而且还需要大批粮食分发。由于灾区太广，赈灾银两不够散发。六月十一日上谕：“此次山东历城等处，黄河漫溢，被灾甚重，前经降旨，谕令该抚宽筹赈项，分别抚恤灾黎困苦情形。朝廷时深廑余，著陈士杰查明，江北漕船如尚在东境，即截留漕粮五万石，以资赈济，督饬属员核实散放。如已出东境，并著另行筹画办理，迅即奏闻等因。钦此。”

【奏文】

游百川等(折) 小清河年久失修潴水为患现拟开浚以奠民生事[1]

光绪九年六月初八日

是月(光绪九年六月)初八日,游百川、陈士杰奏,为小清河年久失修,潴水为患,现拟开浚,以奠民生事。

窃臣等前议疏通小清河,以泄南岸之清水,减入黄之支流,与治黄相为表里。并俟委员履勘的确[2],再行筹办。业于复陈折内,附片奏明在案。兹据各委员先后禀复[3],及绅民联名具禀前来。佥称[4]自小清河淤塞以来,每遇夏秋大雨时行,山泉暴发,水无所泄,漫淹田庐数百村,业已不堪其苦。加以大清河淤垫年甚一年,从前众水悉入黄河,藉以宣泄。今则黄水托,且时有倒灌之虞。历城之巨野河,章丘、齐东交界之绣江河,两岸水潦蓄潴[5],半成泽国,现仍一片汪洋。下至邹平、长山、高苑、博兴、乐安诸县,悉被其害。小民筑埝,各顾其私。南抢北掘,械斗[6]不已。舍开通小清河,别无救灾息争之方。臣等详加考查,该河上下两游,年久未浚,多成平陆。村庐蹴居[7],所在间有。仍循故道,实属为难。臣等现拟就上下游分两路办理。下游如孝妇、乌河、汉锛诸河,导经锦秋麻大石村三湖,分入小清故道。及预备富民三河,再由刘王庄之八里河汇溜入海,是为南股。虽节节间有阻滞。而河身尚在,稍加疏导便可顺流,无须十分费手。其上游诸水,拟由历城华山之南,引泺水巨水,经鸭旺口史公闸,东入绣江。再由绣江之新开口经赵奉站南,就漫水现行低洼之区,会獭水、黛溪、猪龙河、沙河诸水,由陶唐口、樊家林等处透穿高堤埝,以达支脉沟。再由支脉沟下段之马家楼,取近开通,亦汇溜入海,是为北股。此股道途较远,上段淤垫尤多。然就屡次漫水经行之处改道分疏,以顺水性,尚觉事半功倍也。

统计上自历城,下至乐安,出海约四百八十余里。工段既长,为费自巨。

虽借资民力，酌给津贴，多须用银二十三四万两，少亦不下二十万两，未免筹画为艰。臣等再四思维，凡兴作工役，当俯顺舆情。今各县绅民纷纷请求疏浚，呼吁情殷，旦夕难缓。若及此时分别疏导，俾水有所归。既免沉溺之害，涸出地亩，复增耕种之区。且从此数百里，舟楫可通。民间日用所需，转运尤便。而南岸诸水，自行入海，并免助黄肆虐。其所以为民兴利除害者，多而且溥[8]。查开通该河一节，四川督臣丁宝桢前抚山东时，屡欲举行未果。至今往来缄牍[9]，犹时时以小清河黄河为念。川省年来整顿盐务，存款綦多[10]。应请旨饬丁宝桢，协拨银十二万两。又川省前欠解贾庄工程指拨银四万两，合银十六万两，一并迅速汇解来东备用。丁宝桢公忠体国，不分畛域[11]。必能仰承朝廷拯救民生之意，如数协助，俾得早日竣工。不敷银两，由臣士杰督同司道，筹款接济。以纾宸廑。如蒙俞允，臣等拟先开通下游，再开上游，节次督修。计择日兴工，明春正二月当可蒇事[12]。

【注释】

[1]《山东河工成案》，转引自《再续行水金鉴·黄河卷4》湖北人民出版社，2004年版：1707—1709。

[2]并俟委员履勘的确：并且依次委派人员实地勘测，切实掌握实情。俟：依次。委员：委派人员。履勘：实地勘测。的确：真实，确凿。

[3]禀复：向尊长回报。

[4]佥称：齐称。佥(qiān)：众人，大家。

[5]两岸水潦蓄潴：两岸田地里积蓄了大量的雨水和流于地面的河水。水潦：因雨水过多而积在田地里的水或流于地面的水。

[6]械斗：持械斗殴。

[7]村庐蹴居：村庄和庐舍重叠，杂居无章。

[8]多而且溥：多并且普遍。溥(pǔ)：普遍。

[9]缄牍：书信。缄(jiān)：书信。牍(dú)：古代写字用的木片。

[10]綦(qí)多：很多。

[11]公忠体国，不分畛域：(前山东巡抚丁宝桢)尽忠为国，识大体顾大局，不分地域和派别。

[12]蒇(chǎn)事：谓事情办理完成。

33. 截留江北漕粮并劝捐接济由

【题解】

光绪九年(1883)六月伏汛以来，黄河下游山东段大面积受灾，黄河两岸稼禾淹没、庐舍荡析，游百川与陈士杰奏明遵旨截留江北漕粮和劝捐助赈、督办赈抚事宜。对捐助者，根据所捐银两、物资，按照直隶劝赈章程给予封典虚衔；又督饬各地方官详查灾情，对灾民和赈灾物资发放数量登记造册。同日，适逢江北漕船正在山东境内，游百川与陈士杰受帝命截留漕粮五万石，用来核实散放、接济灾民。游百川历陈本次黄河大水、天降暴雨，黄河下游各州县多处决堤，河水雨水交加造成的严重灾害。千总衔候补把总山东齐东汛经制外委金玉玺，于该年六月间因齐东县东关外堤坝被黄水冲激，异常险要，冒险抢工，被溺殒命，游百川与陈士杰上奏恳请优恤。

慈禧和光绪帝将游百川、陈士杰的这篇奏折批给军机处妥善办理。事毕，军机处回复慈禧和光绪帝：

> “蒙
>
> 发下折报，臣等公同商阅游百川等奏遵旨截留江北漕粮并劝捐接济折，拟缮明发特旨，截留江北漕粮五万石，赈济山东灾民，令游百川等核实散放。其所请劝捐赈款，援照直隶赈捐章程给奖，拟缮明发。”

【奏文】

游百川等(折) 截留江北漕粮并劝捐接济由 (草折具)奏

(光绪九年)六月二十三日(呈)

察看山东黄河仓场侍郎臣游百川、山东巡抚臣陈士杰跪奏,为遵旨截留江北漕粮,抚恤灾黎,并陈劝捐接济情形,恭折仰祈圣鉴事。

窃臣于六月十一日钦奉初八日上谕,此次山东历城等处,黄河漫溢,被灾甚重,前经降旨,谕令该抚宽筹赈项,分别抚恤灾黎困苦情形。朝廷时深廑余[1],"着陈士杰查明,江北漕船如尚在东境,即截留漕粮五万石,以资赈济,督饬属员核实散放。如已出东境,并着另行筹画办理,迅即奏闻等因。钦此。"仰见圣主轸念民生,无微不至。跪聆之下,钦感莫名。

当查江北漕船,前于渡黄入运[2]后,据报在临清州停泊候汛[3]。随即札查该地方官及江安粮道,如未出境,作速驶回黄河,至距省十二里之泺口镇[4]交卸[5],以便就近分拨散放。兹据该道张富年等禀复:船只尚在临清,因汶、卫[6]水势高下悬殊,未能过坝,现已遵旨截留,即日折回该道。并自捐银五百两,以助赈抚等情。

臣等伏查,此次被灾难民,均经散放钱米干粮,以济一时之急。一面委员确查户口,筹详加赈。拟由藩粮二库[7]所提,择要兴修项下[8],拨出银三万两,以资应用。已于本月初八日附片,具陈在案。今蒙圣恩,拨给南漕[9]五万石,又得宽为抚恤,臣等宣叩皇仁,士民同声感戴,至于泣下。查历城、齐东二县被淹最重,齐河、长清、利津次之,其漫水经行徒骇河滔滔不绝。近日虽已稍落,雨时当大汛,消长靡常,决口处所尚难取土施工。徒骇河之河身本不长宽,下游复多淤垫。现因水势过大,畅泄无从,以致惠民、滨州沿河各庄亦遭漫溢。又章丘县受上游各处灌注之水,田地间有被淹。齐东船家道决口,水势下注,并波及邹平、长山、高苑、博兴等县。据各该地方官禀报,该段情形,以惠民、滨州二处为重，章丘次之，邹平等县又次之。臣等又经拨发惠民、滨州银各二千两、章丘县银一千二百两，委员解往备赈。所有各属漫决之处，均分遣弁勇[10]，饬令协同地方官赶紧堵筑，查勘民情，妥议禀办。统俟漕米运到，核定应赈户口及钱米数目，即行普放一次。督饬赈抚与司道各员核实办理，以仰副圣主垂念灾黎至意。

惟臣等犹有虑者，各灾区秋收已属无望，此时所得赈济，不过暂顾日前，秋冬为日甚长，尚虞饥寒交迫，虽将来兴办河工，可籍[11]以工代赈，而老弱男女，犹宜随时抚恤，庶免仍未饿殍。惟国家款有常经[12]，深恐难乎为继，且汛期正远。此外，各属以后有无被淹，尚难逆料。臣等再四筹商，惟有设法劝捐，以助帑项之不足。查上年至今，官绅所捐赈款已约十余万两。现虽由臣等倡率，司道以下各员量力捐助，但灾区甚广，尚虞杯水车薪，难资补救。拟即函告各省，广为捐助，以期集腋成裘，源源接济。所捐银两，可否援照直隶劝赈章程，给予封典[13]灵术，以示奖励，而广招续出。

谕昭鸿恩，除饬印委各员赶紧查明户口，定期开放，并将办理情形，随时另行奏报外，所省遵旨截留南漕，并劝捐接济，拟请据案给奖缘由。谨合词恭折具奏，伏乞皇太后、皇上圣鉴训示。谨奏。

六月十九日

(硃批)光绪九年六月二十三日，军机大臣奉旨："钦此。"

【注释】

[1]朝廷时深廑余：朝廷上下时时深挂灾黎。

[2]渡黄入运：渡过黄河进入运河。

[3]候汛：等待汛期。

[4]泺口镇：黄河渡口，在现济南市天桥区。

[5]交卸:旧时官吏卸职,向后任交代。

[6]汶、卫:汶河、卫河。

[7]藩粮二库:清代布政司所属的粮钱储库。

[8]项下:某款目之内。

[9]南漕:即南粮。漕:漕运。

[10]弁勇:弁兵。

[11]籍:登记。

[12]常经:固定不变的法令规章。

[13]封典:封建帝王以爵位名号赐予臣下及其家属的荣典。

附片1 游百川片(朱采请赴山西汾州知府新任事)

再,直隶候补知府朱采,上年十二月奉旨,交臣百川差遣委用。到东之后,随臣至铜瓦厢查看上游,旋委[1]查勘小清河。嗣于五月十二日奉旨简放山西汾州府知府,该员并会经手未完事件,现已据禀请赴新任。理合附片陈明,伏祈圣鉴。谨奏。

(硃批)光绪九年六月二十三日,军机大臣奉旨:"知道了。钦此。"

【注释】

[1]旋委:立即委派。

附片2 游百川片(核实散放使灾黎群沾圣泽由)

再,正主缮担间[1],接准部咨[2]六月十三日奉上谕,"此次山东历城等处,黄河漫溢，被灾正重等因，钦此。”并准户部咨会奏，请将本省备赈米石及奉天运来米粮，一并裁免厘税等因，仰见圣主轸念民生有加无已之至意。在廷臣工，亦为多方筹画。臣等任事此邦，俱有专责，目击鸿鳌[3]遍野，补救无方，致劳深宫，宵旰[4]仅怀，臣等感激之余，弥深惶悚，惟有捧遵谕旨，督饬印委各员核实散放，不使胥吏稍有侵蚀[5]，俾遐迩灾黎群沾圣泽[6]，以慰宸衷[7]。除赶紧饬查户口，核定应赈数目，钱米兼施，随时再行奏报外，所有钦奉谕旨日期，谨先附片陈明，伏乞圣鉴。谨奏。

（硃批）光绪九年六月二十五日，军机大臣奉旨："知道了。钦此。"

【注释】

[1]正主缮担间：正在主持黄河工程修缮期间。

[2]部咨：（户）部颁的公文。

[3]鸿鳌：海里的大龟或大鳖。

[4]宵旰：天不亮就起来，天黑了才吃饭，称谀帝王勤劳政事。

[5]侵蚀：逐渐地破坏。

[6]俾遐迩灾黎群沾圣泽：使远近灾民都能享受到皇上的恩泽。

[7]以慰宸衷：以宽慰陛下的心意。

34. 遵旨复陈主修重堤由

【题解】

光绪九年（1883）三月初二日，游百川在《察看黄河谨将大概情形酌拟办法事》中提出了“治河三策”：一是疏通河道，二是分减黄流，三是亟筑缕堤。朝廷将游百川的治河方案交于军机处召集六部九卿大臣审议，疏通河道毫无置疑。第二、三种方法均引起争议。关于缕堤，游百川详陈：“缕堤近临河干，民间自行修筑，取土太近，多不合法。且大率单薄，又断续相间。即有堤之处，一筑再筑，亦复屡经塌陷。民力困竭，端由于此。今求济急之方，拟上自长清，下抵利津，南北两岸先筑缕堤一道。本有之堤，加高培厚；无堤之处，一律补齐。其顶冲险要处所，再添筑重堤一道，约长六百余里。两岸牵算计千余里，为民捍患，民自乐从。拟仍藉资民力，加以津贴，尽可计日告成。”里面提到过“重堤”，即在险要、顶冲的缕堤外再修一段堤坝。

文中还提到“遥堤”，“至谓治水者，不与水争地，其法不过普筑遥堤。现今坚持此议者甚多。臣窃计遥堤筑成，未始非平稳长久之策。然济武两郡，地狭民稠，多占田亩，小民失业，甚非所愿。既难相强，且展宽五里或三里。其间村镇庐舍坟墓，不可数计。兼之齐河、济阳、齐东、蒲台、利津等县城，皆近临河干，使之实逼处此，民情未免震骇。况遥堤一律创修，价买民田。再以底宽十丈，顶宽三丈，高一丈二尺计之，需款不下四五百万金。工艰费巨，又非旷日持久不办，深恐民间骚动。纵或将来万不容已，在目前量度情势只可作为缓图。臣所以请筑缕堤以济急，而不敢轻持遥堤之议者，此也。”

翰林院侍读学士何如璋奏：“山东省普筑重堤，劳费无益，拟请展筑遥堤。”清廷命游百川与陈士杰酌度办理。游百川、陈士杰根据黄河治理实际情况提交了此篇奏折。

【奏文】

游百川等（折）　遵旨复陈主修重堤由[1]

光绪九年七月初二日

光绪九年七月初二日，游百川、陈士杰奏，为遵旨复陈事。

（前略）臣等当将何如璋[2]原折[3]细心察看。所陈五不可[4]，反复辩论，意在专筑遥堤，洵非无见[5]。查水力愈远则愈弱，遥堤之有益，尽人皆知。惟前人遥堤，远则去水十余里，近亦七八里。两岸千余里之长，未免弃地过多，于民情甚有不顺。是以照部议，改修重堤。重堤离水丈尺，向无定则。近可数十丈，远亦可数百丈。臣等现定地基，远则四百丈，近以三百丈为率。相地势为之。查黄河正身，宽窄牵算，约四百丈。今议南北两岸，各展开三四百丈，比较河身展加，几及两倍，计可藉以容纳。而弃地略少，百姓当亦乐从。此臣等主修重堤之意也。核与何如璋所称，测量河道宽窄，然后定规之议[6]，似属相同。至于混江龙、铁篦子，据称随刷随淤，洵若无功。然如南岸涨沙，稍为疏刷，则北岸不至受水太重。北岸涨沙亦如之，譬之农夫去草，旋去旋生。虽若无益，然终愈于不去也。且需费无多，将来分水口门，尤当藉此以疏河身而免壅滞[7]。总之河堤远则易守，而防护仍不可无人，办理尤须核实。臣等谨当详慎以图，冀以稍纾宵旰忧劳。

【注释】

[1]《陈侍郎奏稿》，转引自《再续行水金鉴·黄河卷4》湖北人民出版社，2004年版：1714—1715。

[2]何如璋（1838—1891）：字子峨，广东大埔县湖寮双坑村人。咸丰十一年（1861）中举，同治七年（1868）中进士，选为庶吉士，散馆后授职翰林院编修。光绪三年（1877），何如璋得李鸿章推荐，晋升为翰林院侍讲，加二品顶戴，充出使日本大臣，成为中国首任驻日公使，时年39岁。清光绪八年（1882）任满归国。光绪九年（1883），出任福建船政大臣。

[3]何如璋原奏折：见《再续行水金鉴·黄河卷4》：1709页。

[4]所陈五不可：所说的有五项不可以。

[5]洵非无见：实在不无见解。洵（xún）：诚实，实在。

[6]定规之议：制定规则商议。

[7]壅滞(yōng zhì):堵塞。

35.沿河各民埝择要分别修培已竣未竣各工事

【题解】

本奏折为游百川向皇帝详细汇报黄河下游各处堤坝修筑进展情况,以及工程款项筹度和发放使用情况。

【奏文】

游百川等(折) 沿河各民埝择要分别修培已竣未竣各工事[1]

(光绪九年七月初二日)

是日(光绪九年七月初二日),游百川、陈士杰奏,为沿河各民埝择要分别修培已竣未竣各工事。

窃臣等二月间,查勘黄河下游,回省后[2]细心体察情形,修筑长堤,因为要著[3]。惟时值农忙,势难举办。而两岸城市居民,逼处河干,又不能不设法保护。当经分饬员绅将弁会同地方官,先行择险要处所,督率民夫,分别办理。或增高培厚,或加修套堤,或添筑埽坝[4],以御大汛。或补齐残缺,以期稳固。按工程之大小,酌发料物津贴银两。所有筹办大概情形,业于四月二十日奏报。并声明在藩粮二库各提银八万两,以资应用。

【注释】

[1]陈士杰:《陈侍郎奏稿》,转引自《再续行水金鉴·黄河卷4》湖北人民

出版社,2004 年版:1715。

[2]回省后:回到省城济南后。

[3]因为要著:以此作为重要事情来办理。

[4]埽坝:用树枝、秫秸、石头等捆扎起来修筑的防水大坝。

36. 现放普赈情形由

【题解】

光绪九年(1883)七月,黄河伏汛造成黄河下游大面积的决堤泛滥,历城县受灾人口十一万二千余名,齐东县六万四千余名,利津县一万六千余名,其余章丘、长青、齐河、惠民、滨州、商河等处自三四千起至八九千不等。重者房屋倒塌,十室九空,情形均极困苦。游百川、陈士杰一方面督饬地方官率领乡绅民众奋力抢救与自救,一方面筹度赈款,赈灾抚恤,施行以工代赈。

【奏文】

游百川等(折) 现放普赈情形由 (草折具)奏

(光绪九年)七月十八日(呈)

察看山东黄河仓场侍郎臣游百川、山东巡抚臣陈士杰跪奏,为被灾各属现均散放普赈,谨陈办理情形,恭折仰祈圣鉴事。

窃照历城等州县,前因黄河漫溢,被灾甚重,仰蒙圣主截漕拨帑,得资赈济。凡兹无数之灾民,实赖皇恩而再造。臣等督同印委属员安抚兼施,务求实惠,以冀下苏民困[1],上慰宸衷[2]。

查被灾之初，散放急赈，历城县系派官绅分段查办，按名给予糇粮，计日授食[3]，约及两旬。一面用船筏拯救其无处安身者，搭棚以栖之。老弱男女尤为窘迫者，并给钱米以养之。外省灾重各处，办理安属相同。较轻村庄则视其险要工段，饬令修培，以工代赈。是役也，计共发历城、章丘、齐东、齐河、长清、济阳、惠民、滨州、利津等处银四万余两，京钱两千串，米六百余石，均系动支四川等省解到捐项。本地官绅亦已捐有二万余金，一并归入动用。此外好善之士，不求闻达，购办干粮钱米自往各处散放者，尚指不胜屈。足见人心募义，踊跃急公[4]。臣等于灾民稍为安集之后，即督饬印委各员，详查户口数目，核放普赈。特奉旨拨给京饷银十六万两，筹齐应用。

查得历城县大小灾黎共折合大口十一万二千余名，齐东县六万四千余名，利津县一万六千余名，其余章丘、长清、齐河、惠民、滨州、商河等处自三四千起至八九千不等。臣等详加体察，各属灾黎虽多寡不一，而房屋倒塌，十室九空，情形均极困苦，自应宽为赈济，以仰副圣主矜念艰民之至意。当与司道各员公同商酌，历城灾区最广，每大口拟发当钱二千文，小口减半；章丘等州县亦均仿照办理。俾小民籍以谋生。

核计历城县应发银七万两，章丘县应发银五千两，齐东县应发银三万五千两，长清县应发银三千两，齐河县应发银六千两，惠民县应发银一万四千两，滨州应发银一万两，利津县应发银八千六百两，商河县系续报被淹，应发银四千两。又济阳一县，据报户口虽亦不少，惟系上年灾民，本属黄流仅只波及，情形尚不甚重，酌发银一万四千两。饬令均匀抚恤。以上统共应发银十六万九千六百两。臣等督同司道在于奉拨京饷项下如数分拨，不敷之项动用捐款。业经严饬印委各员，会同公正绅董[5]赶紧散放，务使实惠及民。至截留江北漕粮，困陶城埠运口，水落沙淤，船只阻滞。虽饬东昌府设法疏通，应待秋汛方能出口，拟俟粮船到后，再行普放一次。

察看各灾黎现得宽赈，钱文以县尚有米石，均可藉资生活。且京外各官绅乐善好施，或自行来东，择地散放；或捐集巨资，解东助赈。均仰体圣急，相与力拯灾黎，俾免流离失所。其余临邑、禹城、邹平、长山、高苑、博兴、乐安等县间有水灾，情形非重。据地方官举报，或放积谷，或请缓征，日前应毋庸详[6]。所有除用余存之款，及此后续到捐项，应俟秋冬之间察看各属灾黎困苦情状，再行分别抚恤。臣等总当督同司道妥为经理，务期民安。鸠集野鲜鸿嗷以纾[7]，宸廑除。

候散[8]放漕米，再将数目奏报外，所有被灾各属，现放普赈缘由，谨具词恭折具奏。伏乞皇太后、皇上圣鉴。谨奏。

（光绪九年）七月十四日

（硃批）光绪九年七月十八日军机大臣奉旨："知道了。游百川等务当督饬官绅核实散放，务使实惠及民，毋任稍滋弊端。钦此。"

【注释】

[1]苏：解除。

[2]宸衷：帝王的心意。

[3]计日授食：按天计算发放食物。

[4]急公：热心公益。

[5]绅董：乡绅董事。

[6]日前应毋庸详：当前还没来得及详细统计。毋庸：副词，无须。

[7]鸠集野鲜鸿嗷以纾：纠集在一起饥肠辘辘嗷嗷待哺的难民得以安抚遣散。鸠(jiū)：形容人因饥饿而很瘦的样子。鸿嗷(hóng áo)：《诗·小雅·鸿雁》："鸿雁于飞，哀鸣嗷嗷。"后遂以鸿嗷形容饥民哀号求食的惨状。

[8]候散：等候发放。

37. 遵旨酌议分减黄流次第兴办由

【题解】

光绪九年七月黄河发水造成特大伏汛，沿河州县多处决堤，灾害之重令人发指。游百川、陈士杰一方面督饬各地方官率领员弁、乡绅、民众全力堵复决口开展自救，一方面筹集赈款和倡捐赈灾抚恤。朝廷谕令“堵分疏三事，同时并举”。

游百川“督工赈”以来，一直遵循筑坝束水、开河分流、疏通河道的“堵分疏”策略，但迫于治河人力、物力和财力所限，各项工程须次第兴办。奏折中游百川陈述，修筑长堤，两岸须用民夫在十万以上。如果同时疏通海口、分挑支河，需用民夫更多。民间不赴工者，各有专业，未能应募。远处招工，又恐人地不宜。至于动工，则需筹饷。长堤指拨，既盈百万。分疏二者，又需巨款。部臣筹画，一时亦颇为艰。率行奏请，转劳宸廑。经过再三考虑，惟有次第施行。

游百川的分流之策，为利用小清河、徒骇河、马颊等河分水。但此方案一直有争议而未得到首肯和施工。七月伏汛，黄河在历城北岸杜家沟决口，水势迅猛，洪水由口门至济阳境，灌徒骇河。从历城北岸杜家沟决口口门处抵达徒骇河约六十余里，经两次冲决，业已刷成河槽。游百川在奏折中再次委婉提出开挖徒骇河分流，并详细陈述了施工方案。还派人对马颊河进行逐段细查，并函商署直隶督李鸿章会同筹度。

【奏文】

游百川等（折）　遵旨酌议分减黄流次第兴办由

（光绪九年七月二十一日）

是月（七月）二十一日，游百川、陈士杰奏，为遵旨酌议分减黄流，以泄盛涨，及各工次第兴办，大概情形事。

窃臣等承准军机大臣字寄，六月初二日，奉上谕。（上谕已载五月二十七日奏复）钦此。窃惟黄河水势过猛，非分水无以保固长堤。而分水须于上游，则以下州县，皆可蒙其利。今查杜家沟新决口门，在历城北岸，势居上游。由口门至济阳境，灌徒骇河，约六十余里。经两次冲决，业已刷成河槽。因势而利导之，自可事半功倍。臣等会同商酌，目下水势尚大，无从估计施工。拟先于长堤工项内，提取万数千金，就近采办石料石灰桩木等项。以备应用。俟秋冬之交，水势大落，先筑大坝，拦阻口门。使地皆涸出，然后动工减水坝基。当测量水势，以平时不长不落为准。先挖取浮沙，于口门内外，密排桩石。用三合土[1]，层层坚筑。出水后，用大石鱼鳞[2]衔接。左右坝步步收缩，圆如龟背，以避水锋。东西护堤作雁翅形。口门宽以四十丈为度。口内坦石数十丈，逐渐收窄。既免夺溜，又可藉以刷沙。至新刷河身，广狭浅深不一。狭者当开之使广，浅者当挖之使深。所挖之土，即以筑堤，丈尺总以容水为度。沟港填塞，俾令[3]合流，而免泛滥。所有分河地段钱漕，应请邀恩豁免，以广皇仁，而示体恤。此筹办分水入徒骇河之大概情形也。其会合徒骇河以下，由济阳境至沾化出海，约三百余里。沿河亦须挑挖，一律深通。两岸民埝，应如何加高培厚，俟水落相度形势，分别估工办理。其马颊河亦续经派员，逐段细查。并函商署直隶督臣李鸿章，会同筹度。俟有定议，另行奏陈。又钦奉谕旨，堵分疏三事同时并举，财力民力，均有不及。应如何次第兴办之处，并着酌议具奏等因。臣等查修筑长堤，两岸须用民夫，在十万以外。若同时疏通海口，分挑支河，需夫尤多。民间不赴工者，各有专业，未能应募。远处招工，又恐人地不宜。臣等虑民力之不及者以此。至于动工，则需筹饷。长堤指拨，既盈百万[4]。分疏二者，又需巨款。部臣筹画，一时亦颇为艰。率行奏请，转劳宸廑。臣等再四思维，惟有次第施行，庶民力物力，稍资周转。现遵旨先办两岸长堤,以杜漫淹。已分饬沿河州县,赶造打堤应用器具。可以取土之处,饬令先行动工。其秋禾未收地段,交八月再委员丈量[5]。节届霜清,即行大举[6]。至分疏二事,拟俟长堤办有头绪,查看各省协饷,解到能否足额,堤工能否节省,本省能再筹若干。再行请旨,饬部添拨协饷,一律举办。此又臣所拟次第施行之大概情形也。

(硃批)上谕:"马颊一河距黄流尚远。且经过直隶地方,于民生利害关系甚重。着李鸿章、游百川、陈士杰,会同悉心筹度,妥议具奏。至请将分河地段钱漕豁免,着照所请行。现在山东应办各工,仍着游百川等妥为办理。"

【注释】

[1]三合土:石灰、粘土、沙三者混合而成的建筑材料。

[2]大石鱼鳞:用大石堆砌成鱼鳞形状。

[3]俾令:命令。

[4]长堤指拨,既盈百万:(修筑)黄河大堤指示拨款,至少有百万。

[5]丈量:以丈为单位计量,这里指测量百姓未收秋禾土地的面积。由此可见游百川体察民情民意之细微。

[6]大举:指开工筑坝。

[7]豁免:免除(捐税、劳役等)

38. 奏为马颊一河现经遵旨会商暂缓开引事

【题解】

这篇奏文是李鸿章主笔,游百川、陈士杰签名的畸形奏折。

三月十七日游百川上疏《遵旨会商东省治河办法据实复陈由》,提出"……现除鬲津不计外,拟由惠民县白龙湾地方,就近开一支河,引入徒骇。犹恐所分无多,再于上游长清县之黄斗崖,顺洼开通,入赵牛河。接由苇河,引至德平县属之范家桥,入马颊河……。舍此亦乏良图。此臣等所为议开徒骇、马颊以分水势之实在情形也"的主张。慈禧将游百川的奏文交于李鸿章,命其会同六部九卿诸位大臣会商。此事在朝廷引起热议。海丰籍(现无棣县)吴峋首先反对,理由是徒骇河、马颊河分流黄水会殃及畿辅。四月初一日,吴峋起草《为疏浚黄河,敬陈管见事》,奏折由吏部呈递。

查吴峋家世,吴氏为武定府海丰县人(现滨州市无棣县),在海丰购得明代名相王佐宅院,家产颇丰,现仍存有吴氏故居,吴氏为有清一代仕宦望族,在朝中影响力较大。其世祖吴自肃,康熙甲辰科进士,曾官山西河东道布政司参议,赠光禄大夫、刑部尚书。吴自肃的孙子吴绍诗,乾隆七年(1742)授刑部督捕司主事兼小奉天司事,后改授刑部四川司员外郎、刑部江苏司郎中,仍兼办奉天司事,并总办秋审,乾隆十一年(1746)奉特旨补授甘肃孔昌府知府,乾隆十六年(1751)离任迁西安督粮道。乾隆三十一年(1766)正月,吴绍诗补授刑部右侍郎。吴绍诗的长子吴垣是乾隆壬申恩科举人,仕至兵部侍郎,都察院右副都御史,广西巡抚、湖北巡抚。吴绍诗的次子吴坛为乾隆甲子举人、辛已恩科进士,仕至兵部侍郎,都察院右副都御史,江苏巡抚加二级。吴坛的重孙子吴式芬于道光十五年中进士,历任翰林院编修,江西南安知府,广西、河南按察使,直隶、贵州、陕西布政使,提督浙江学政,内阁学士兼礼部侍郎等职,仕途也算顺利,一生酷爱封泥和金石研究。吴世芬的长子吴峋、次子吴重熹,都是朝中举足轻重的人物。

会商结果是,马颊河暂缓开引,徒骇河需交工部丈量测算然后再定。李鸿章起草《奏为马颊一河现经遵旨会商暂缓开引事》。游百川、陈士杰接到(硃批)上谕:"马颊一河距黄流尚远。且经过直隶地方,于民生利害关系甚重。着李鸿章、游百川、陈士杰,会同悉心筹度,妥议具奏。至请将分河地段钱漕豁免,着照所请行。现在山东应办各工,仍着游百川等妥为办理。"游百川、陈士杰不得不在奏折上签字。

【奏文】

奏为马颊一河现经遵旨会商暂缓开引事

（光绪九年八月初四日）

是月（光绪九年八月）初四日，李鸿章、游百川、陈士杰奏，为马颊一河，现经遵旨会商，暂缓开引事。

窃臣等钦奉光绪九年八月初一日寄谕"游百川、陈士杰奏遵旨酌议分减黄流，及各工次第兴办[1]一折。马颊一河，距黄流尚远，且经过直隶地方，于民生利害，关系甚重。着李鸿章、游百川、陈士杰，会同悉心酌度，妥议具奏等因，钦此。"遵查此案，前准臣百川、臣士杰公函，东省大清河浅狭，难容黄水全溜。拟开马颊河，以资分泄。惟下游须经直属地面，已派员逐细查勘。商属相度机宜[2]。臣鸿章当以直东[3]之交，本上古九河[4]所经。庆云迤北，地势南高北下，土脉松浮。天津为众水汇归，又系西汉以前，黄河故渎。且距京较近，一片平阳。若分黄流入马颊而趋直境，万一就下势顺，人力难施，大溜北注，而引河不能容纳。恐波及近畿一带，为患更甚。似应斟酌变通，从长计议。正在缄复[5]间，钦奉前因，又经悉心酌度。咨商去后，兹准臣百川臣士杰复称。东省拟开马颊河，因目睹黄流泛滥，灾黎困苦情形，出于万不得已。今既恐近畿一带，有波及之虞，定议不必开引。自应由直主稿会奏等因，咨会前来。所有马颊河现经会商，暂缓开引缘由，理合会同仓场侍郎臣游百川，山东巡抚臣陈士杰，恭折覆陈。

——《再续行水金鉴·黄河卷4》：1722页

【注释】

[1]及各工次第兴办：等待各项工程依次举办。

[2]商属相度机宜：商议其属性，观察估量其最好的治理方法。

[3]直东：直隶和山东。

[4]九河：禹时黄河的九条支流。近人多认为是古代黄河下游许多支流的总称。

[5]缄复：回复。

39. 历城等县民埝被水漫溢并章丘县民毁堤泄水现筹堵筑情形事

【题解】

此篇奏折中，游百川陈述了两个问题，一是“省城地面自七月望间（十五日）起，节次大雨倾盆，连宵达旦，附近各州县亦属相同。黄溜浩瀚，山泉并涨，较伏汛大至时尤涨水一尺七八寸，河身难以容纳，拍岸盈堤，处处生险。”历城县南岸鲁家庄、徐家庄，齐河县之五里堡、顾家沟等处决口，口门正在堵筑。暴雨引发山洪，山水自上游奔腾而下，直灌黄河堤内，以致复行被淹。又长清县因玉符河山水暴涨，一时宣泄不及，淹没纪家店等十五个村庄，灾情十分严重。二是章丘县绣江河西岸居民，因众流汇注，积水难以疏消，时思毁齐东赵奉站一带之民堤，以泄水势，齐东乡民防之已久。今因汛涨，章丘民纠众持械，潜赴上流，竟扒开张家林堤岸，水流东趋，一片汪洋。齐东县城身亦坍塌数十丈，城内水深二三尺。游百川等接据禀报，当即调派文武各员星驰前往弹压，并令疏消堵御，先保城池。查该处居民，因小清河未能开通，无从宣泄，迫于水灾，冀毁堤以救万一。其情原属可悯，惟所决之口不特齐东城乡多处受水，下游高苑、博兴、乐安等县亦不无漫溢之灾，念此愚民出于事不获已，未便绳之以法。

（硃批）光绪九年八月十三日军机大臣奉旨："览奏已悉。即着陈士杰督饬属员，将历城等县漫溢处所赶紧堵筑，其余工程竭力防护，不得稍涉疏懈。章丘民人毁堤泄水，着将为首之人严拿惩办。并令派出各员认真弹压，毋任滋事，一面疏消积水，妥筹办理。钦此。"

【奏文】

游百川等（折） 历城等县民埝被水漫溢并章丘县民毁堤泄水现筹堵筑情形事 （草折具）奏

（光绪九年）八月十三日（呈）

察看山东黄河仓场侍郎臣游百川、山东巡抚臣陈士杰跪奏，为秋汛盛涨，各灾区间有复被漫溢情形，恭折仰祈圣鉴事。

窃省城地面自七月望间[1]起，节次[2]大雨倾盆，连宵达旦[3]，附近各州县亦属相同。黄溜浩瀚，山泉并涨，较伏汛大至时尤长水一尺七八寸，河身难以容纳，拍岸盈堤，处处生险。臣等严饬印委各员，昼夜竭力防护。凡前次伏汛漫溢处所，以及临河各庄，幸未续遭水患。惟历城县南岸之鲁家庄、徐家庄，齐河县之五里堡、顾家沟等处口门[4]正在堵筑，尚未追压[5]坚实，经此盛涨，势难抵御。兼之山水自上游奔腾而下，直灌堤内，以致复行被淹，幸间阎早经迁徙，尚无损伤人口。其在本庄者甫复经放赈，目下亦堪自给。现仍阴晴不定，水势消长靡常[6]，臣等分饬在事各员弁，赶紧设法堵御。又长清县因玉符河山水暴涨，一时宣泄不及，淹没纪家店等十五庄，亦已饬令查勘户口，妥为抚恤。此前月二十三四五等日秋汛，各该县民埝被黄水、山水之情形也。又查章丘县绣江河西岸居民，因众流汇注，积水难以疏消，时思毁齐东赵奉站一带之民堤，以泄水势，齐东乡民防之已久。今因汛涨，章丘民纠众持械，潜赴上流，竟扒开张家林堤岸，水流东趋，一片汪洋。齐东县城身亦坍塌数十丈，城内水深二三尺。臣等接据禀报，当即调派文武各员，星驰前往弹压，并令疏消[7]堵御，先保城池。查该处居民，因小清河未能开通，无从宣泄，迫于水灾，冀毁堤以救万一。其情原属可悯，惟所决之口不特[8]齐东城乡多处受水，下游高苑、博兴、乐安等县亦不无漫溢之灾，念此愚民出于事不获已，未使绳之以法。臣等五夜彷徨，实深焦急。现饬该督府县查拿倡首之人，使知儆惕[9]。此又章丘民人毁堤泄水之情形也。窃维本年雨水过多，至今连绵不已，秋汛为日尚长，以后有无续出险工，尚难逆料。臣等惟有督饬印委各员，将漫溢处所赶紧堵筑，其余工程竭力保护，尽人事以迓天庥[10]，仰副圣主轸念地方之至意。所有秋汛盛涨漫溢各处情形，谨合词恭折具奏。伏乞皇太后、皇上圣鉴。谨奏。

（光绪九年）八月初三日

【注释】

[1]望间：农历每月十五日前后。

[2]节次：逐次，接连。

[3]连宵达旦：通宵达旦。整整一夜，从天黑到天亮。

[4]口门：黄河堤岸的决口。

[5]追压：夯实坚固。

[6]靡常：无常，没有一定的规律。

[7]疏消：疏通消降。

[8]不特：不仅。

[9]儆惕：戒惧。儆(jǐng)：使人警醒，不犯过错。惕：戒惧，小心谨慎。

[10]以迓天庥：迎接上天的庇佑。迓(yà)：迎。庥(xiū)：庇荫，保护。

40. 择要兴修各属民埝工程由

【题解】

本奏折是游百川向慈禧太后汇报前期黄河治理工程的进展情况。七月初二日，游百川曾上疏《沿河各民埝择要分别修培已竣未竣各工事》。本篇奏折中，游百川详细陈述了已经完成的工程，工程的质量和标准，以及未完成工程没完成的原因和今后的工程计划。

【奏文】

游百川等（折） 择要兴修各属民埝工程由[1]

（光绪九年八月初三日）

是日（光绪九年八月初三日），游百川、陈士杰又奏。再，臣等前将择要兴修各属民埝，已竣未竣各工，于七月初二日，恭折奏报在案。

兹查未竣工程，除鲁家庄、顾家沟，因现被秋汛漫溢，尚在抢筑外，所有惠民县之潘家口，修成鱼鳞跨篓[2]等埽各八段，磨盘埽二座。归仁镇、孙家窝两处，各筑跨篓埽五段，并加厢谭家哨、清河镇埽坝各工。又济阳县徐家道口小街等处，修成套堤二段，长七百余丈。历城县张于二庄，堵合漫口两处，添修堤工一百余丈，利津县西滩庄，修挑水坝三座，萧孟庄郭家庄八里庄，各筑挑水坝一座。盐窝庄筑护坝一道，东门外阎家庄等处，并修埽二百余丈，至三四百丈不等。又加厢韩家垣、辛庄、宋家庄民埝埽坝等工，均于七月间先后据报完竣。闾阎藉资保卫。此次盛涨，幸无水患。现距霜清尚有月余，仍当严饬加意防守。至齐东县之船家道口，现在堵筑因雨多未能竣工。其余应行加修之工，亦均派委员绅，协力办理。除随时再行奏报外，所有续完择要兴修各工情形，谨附片具陈。

【注释】

[1]陈士杰:《陈侍郎奏稿》，转引自《再续行水金鉴・黄河卷4》湖北人民出版社，2004年版:1718。

[2]跨篓:像跨篓一样。

41. 河工采购木植予以免税由

【题解】

"八月丁卯"(光绪九年八月初四日)，新筑成的黄河大坝急需栽种树木，以固大坝根基。陈士杰派人到周边州县采购树苗。按清代税收政策，贩运树苗需要缴税。游百川上疏《河工采购木植予以免税由》，奏请"河工采购木植，予以免税"。朝廷立即咨照左宗棠等，查验放行此项木植，免其抽收厘税。

【奏文】

未查到原文

42. 查河查赈事竣理应回京复命由

【题解】

八月十一日,游百川接到圣旨:“仓场侍郎游百川,着即回任。所有山东黄河工程由陈士杰督饬各员认真办理。钦此。”游百川接到圣旨后回复本折。本折文后落款时间是“八月初三日”。

奏折中,游百川对前期工作进行了全面细致的梳理和汇报。前期“奉命察看黄河,周勘上下游形势,与东抚臣会商办法,谨以疏通河道,分减黄流,亟筑缕堤并遥堤”,方案受到其他大臣的一些质疑,“缕堤不足深恃,开河减水,恐碍畿辅”,游百川和陈士杰等熟商提出:“缕堤不足恃,遥堤不可为,只有思筑长堤,籍资保护”的方案。为节省经费开支,游百川等制定了“底宽六丈,顶宽一丈,高一丈”的筑坝标准。经过反复的繁琐的审批程序,到临近麦收时才得到允准施工的批复。“惟因麦秋农忙,且时近伏汛,未能举办。仅先择易兴修。不料五月中旬黄流漫溢,已成巨灾。”错过了春季施工的大好时机。“救灾免患,非开河减水无以宣泄盛涨”,游百川又重申“筑堤与分水仍宜相辅而行之”的方案,方案得到慈禧的批准。游百川、陈士杰等一方面督饬各地员弁率众疏通小清河,一方面筹办由徒骇河分水情形,并续经派员细查马颊河形势,一面还要函商直隶督臣李鸿章,开通徒骇河、马颊河的方案又被驳回。奏文字里行间透露出游百川等实心为民为国分忧的情怀,折射出治河与朝廷各大臣利益派系的政治斗争。

【奏文】

游百川(折) 查河查赈事竣理应回京复命由 (草折具)奏

(光绪九年)八月十二日(呈)

察看山东黄河仓场侍郎臣游百川跪奏,为查河查赈事竣,理应回京复命,恭折仰祈圣鉴事。

窃臣奉命察看黄河,周勘上下游形势,与东抚臣[1]会商办法,谨以"疏通河道,分减黄流,亟筑缕堤并遥堤,窒碍难行[2]"陈奏,嗣经部议,缪缕堤不足深恃,开河减水,恐碍畿辅[3],尚需斟酌。臣接准部发,窃思缕堤不足恃,遥堤不可为,只有思筑长堤,籍资保护。又亟求节省经费,查照近案,拟以底宽六丈,顶宽一丈,高一丈为率[4]。奉部议照准,并指拨巨款在案。惟因麦秋农忙,且时近伏汛,未能举办。仅先择易兴修。不料五月中旬黄流漫溢,已成巨灾。臣愚昧之见,窃思救灾免患,非开河减水无以宣泄盛涨。盖以黄水减泄,则长堤可保养。若专堵不分,恐徒劳无功。是以于报灾折内,复申筑堤与分水仍宜相辅而行之。奏本蒙圣慈允准,今已届秋令,亟宜赶筹开工。只以疏堵分三事,同时并举,财力民力均有不及,不能不次第施行。已将筹办由徒骇河分水情形,并续经派员细查马颊河形势,一面函商者直隶督臣李鸿章,统筹详度,当经会同抚臣奏明在案。臣与抚臣再四熟商,现除先办两岸长堤,而开河要工仍不宜缓,俟水势稍落,赶紧估工。并催各省协饬筹议,添拨经费,提前举办。期于来年桃汛以前一律赶紧先竣。庶水患可免,登斯民于衽席,以无负朝廷委任。窃臣自奉命查河,夙夜惶悚,寝食难安,深恐河工有所未督办理,未能令善。于是周履上下游南北两岸,延揽众论,博访周谘[5],与抚臣和衷筹商,先后陈奏。现在大局已定,应由抚臣派委熟悉河工之司道大员,督同印委各员勘丈兴工。臣以本处之人办本处之事,每遇民间呈诉,往往各顾其私,既理喻之不能,复势禁之不可,动多窒碍,况勘议之始,不妨多一人之年月心思,以期周密,而兴办之时,必须事权归一,始克成功。臣谊切桑梓,何敢置身事外！如有所见,仍当竭尽愚忱,详陈与圣主之前,以备□梓。至被灾地方,仰蒙圣恩普优渥,普救民生。委臣查灾办赈,亦经会同抚臣妥为抚恤。现在灾黎免致失所,无不感颂皇仁。以后漕米运到加赈事宜,应由抚臣督同藩司察照，查明户口，核实办理，自能实惠均沾。

臣查河查赈事毕，理应回京覆命，如蒙俞允，即当趋诣阙廷[6]，谨聆圣训。理合恭折具陈，伏乞皇太后、皇上圣鉴。

再，臣此报仍系预用总督仓场关防，合并声明。谨奏。

(光绪九年)八月初三日

(硃批)光绪九年八月十二日军机大臣奉旨。昨已有旨，谕令回任矣。钦此。

【注释】

[1]与东抚臣：与山东巡抚等地方官员。

[2]窒碍难行：阻碍太多，难以实行。

[3]畿辅：国都附近的地方。

[4]率(lǜ)：标准。

[5]周谘：多方征求意见。

[6]趋诣(yì)阙廷：赴朝堂，指赴京都。

43. 遵旨酌度王开运所奏各条分别复陈由

【题解】

本奏折是游百川对光绪九年(1883)七月二十日，督察院代递教习王开运“东省叠被水灾敬陈管见”奏折的回复。奏折中，游百川对王开运提出的“调集各省营勇修筑长堤，仍旧民埝加筑，建闸开沟藉灌田亩，险要之处改用砖堵”治河方法，一一进行了分析和说明，根据黄河下游山东段的实际情况或采用或参考。本折反映出黄河灾害牵动了无数人的心，很多有识之士在关注黄河治理，也反映了游百川从实际出发，适时开展工作的工作作风。

【奏文】

游百川（折） 遵旨酌度王开运所奏各条分别复陈由[1]

（光绪九年八月十二日）

是月（光绪九年八月）二十日，游百川、陈士杰奏，为遵旨酌度王开运所奏各条分别复陈事。

窃臣等承准军机大臣字寄，光绪九年七月二十日奉上谕：“督察院奏，代递教习[2]王开运奏，东省叠被水灾，敬陈管见，并绘图呈览一折。该教员所陈各条是否可行，着游百川、陈士杰酌度情形，奏明办理。钦此。”臣等当会同将原奏逐条细心考究，谨就所见陈之。

查原奏，一为调集各省营勇修筑长堤。臣等窃思秋后动工，为期已近。客勇来颇需时日。且邻省各有防务，恐一时未能分拨。现定召集民夫挑土，于工作之中，乃寓赈恤之意。并调拖带混江龙、铁篦子，原为疏淤起见。近查山东旧购有挖泥船，规模略小，亦可备用。已饬机器局修整，尚未成功。兹于月前商署[3]直隶督臣李鸿章，分拨挖泥船一号，来东试用。该教习所议，正与此间布置相同。惟机船挖泥，须另备船只接土，用夫由船中分挑至岸上，人力究不能省。且堆土若近，水涨仍行刷至河中。现拟用厚木板钉铁路数十丈，用机轮转车运土，似较省工。只以未经试用，未敢虞行[4]奏陈。

一为仍旧民埝加筑。该教习所陈，亦系俯顺舆情之意，与臣等初奏略同。惟与水争地，恐不足恃，众口一词。考筑堤之法，离水愈远则水力愈弱，自是定理。臣等是以遵照部议，改修重堤。然忧虑临河百姓，未免向隅，故又奏请津贴，现为择要兴筑，以安民心。如民埝可守则守，万一冲决，后有重堤，则可保全性命，搬运什物也。

一为建闸开沟，藉灌田亩。臣等查此条虽见之成书，但可施之南方，不可行之北地。缘南方素种水稻，沟洫本多，易于宣泄。北方种植杂粮，无需浸灌。且开沟必先筹水之出路，如数里外仍入大清河，则开如不开。若经导之入海，一沟须开至数百里，少开则无济于事，多开则为费不赀。况民沟无人看守，溃决每由于此。开沟之说，似可无庸置议。

一为险要之处，改用砖堵。该教习谓，秸料易腐，不如砖之坚而可靠，不为无见。惟抛砖以护堤根，固为良法。但抢筑合龙，抵御盛涨，则不如秸料之便宜，以柔能克刚故也。且南方民屋，多系砖造。碎瓦零砖，所在抛弃。北方则一砖之价贵于南方几三四倍，购运较难，只可相度地形，分别兼用，不必拘泥一端也。至于沿堤栽柳种苇，以资保护，治河诸书，言之甚详。且贾庄侯林，亦已办有成效，自应遵照办理。将来如何分段防守之处，臣等拟俟堤成后，另行条陈，奏请圣裁。

【注释】

[1]《陈侍郎奏稿》，转引自《再续行水金鉴·黄河卷4》湖北人民出版社，2004年版：1719—1721。

[2]教习：官名。明代选进士入翰林院学习，称庶吉士，训课庶吉士者曰教习。自明宣德五年始，命学士充任。万历后，专以礼、吏二部侍郎掌教习。清代沿用此制，翰林院设庶常馆，由满、汉大臣各一人任教习，选侍讲、侍读以下官任小教习。官学中亦有设教习者。清末兴办学堂，其教师也沿称为教习。参阅《明史.职官志二》《清朝通志·职官略一》。

[3]商署：会商部署。

[4]虞行：冒昧。

44. 被灾各处续放赈米由

【题解】

光绪九年(1883)七月十四日,游百川、陈士杰曾上疏《现放普赈情形由》,曾严饬各州县官绅根据灾情轻重妥为筹办,将户口、钱文数目按庄榜示,以昭核实,并经明察暗访,对办理稍有迟延者,即行记过停职处理,做到公平公正,赈灾及时。后来,惠民、滨州、商河,沾化县居徒骇河之下游,利津十四户处决口等,各地复又被灾。根据受灾区域和灾情,游百川上疏《被灾各处续放赈米由》。

【奏文】

游百川(折) 被灾各处续放赈米由 (草折具)奏

(光绪九年)八月二十日(呈)

察看山东黄河仓场侍郎臣游百川、山东巡抚臣陈士杰跪奏,为被灾各处续放赈米情形,恭折仰祈圣鉴事。

窃臣等前将各灾区散放普赈银两缘由,于七月十四日专折奏报,恭奉谕旨"知道了。游百川等务当督饬官绅核实散放,务使实惠及民,毋任稍滋弊端,钦此。"仰见圣主轸念灾黎之至意,跪聆之下,钦感莫名。臣等伏查,此次赈务,均于散放时严饬各州县官绅妥为筹办,将户口、钱文数目按庄榜示,以昭核实。复经明察暗访,办理稍有迟延,即行记过停委[1]。嗣以惠民、滨州、商河三处,上年被灾后,民情困苦,兼之今秋大雨兼旬,迄今连绵不已,复有霪潦[2]为患之处，原发银两尚不敷用，随又加发惠民、滨州银各一万二千两，商河县银二千两，饬令分别极次，均匀赈滴。又沾化县居徒骇河之下游，现因水势波及，并利津十四户决口之后，逐渐泛滥，以致各庄亦间被灾。现经委员并饬该官府前往，督同查勘户口，妥议抚恤。刻下蒙恩，截留之江北漕粮五万石，均已运到省城，自应分拨各灾区，再行散放，以广皇仁而资接济。臣等督同司道，均匀分拨，派每大口拟给米一斗、小口减半。计历城县应发米一万一千三百石，章丘县应发米一千二百石，齐东县应发米七千石，齐河县应发米一千五百石，济阳县应发米八千一百石，长清县应发米四百石，惠民县应发米一万四百石，商河县应发米一千二百石，滨州应发米三千九百石，利津县应发米一千四百石，沾化县虽尚未查明户口，以所报情形计之，约需米三千六百石。以上共发米五万石。臣等以饬各该地方官赶紧雇船领运，仍照前次办法，会同公正绅董，亲身[3]散放，将口数、米数各归各庄晓示[4]，以期实惠及民。至所发米石，该州县中如有不敷，再由省仓存谷内酌量动支补放。此外，高苑、博兴、乐安等县，先因齐东船家道口之决，间被水灾，尚不甚重。惟月前章丘民人扒开张家林堤岸，以泄水势，必致复遭漫溢。臣等现已饬司委员查勘轻重情形，核计户口，据实禀报，以凭发款抚恤，免致流离失所。其余沂州、泰安等府属，间因风雨交加，损坏民房、淹没田禾之处，亦经饬查，酌量办理。臣等自当懔遵[5]训谕，督饬各官绅随时随地核实筹办，以纾宸廑。除咨部查照外，所有散放赈米，并查勘续被水灾各处缘由，谨合词恭折具陈。伏乞皇太后、皇上圣鉴。谨奏。

（光绪九年）八月十二日

（硃批）光绪九年八月二十日军机大臣奉旨："知道了。钦此。"

【注释】

[1]行记过停委：实行记过和停止官职。

[2]霪潦(yín liáo):久雨成涝。

[3]亲身:亲自。

[4]晓示:公示让民众知晓。

[5]懔遵:犹谨遵。懔(lǐn):畏惧。遵(zūn):沿着,依照,按照:遵守。

45.起程回京日期由

【题解】

正当游百川督河工初见雏形,赈灾抚恤、修长堤、疏通小清河,丈量徒骇河、马颊河、鬲津河,拟利用九河故道导黄河水分流入海等举措渐见成效时,有人上疏弹劾游百川。礼部郎中吴峋上疏称:游百川治水之说自相矛盾,确不可信。江南道监察御史张人骏、给事中邓承修上疏称:游百川心存私心,开徒骇、马颊河分流为"以邻为壑",借机保护其家乡滨州;称游百川上疏褒奖抚恤堵复决口救灾殉难官兵、绅民,奖励办事得力员弁为"借灾沽名",有人上疏《游百川治水之陈言尤属非是请旨将该侍郎交部议处》等。外加京城粮仓盗窃、冒领、私运、内外勾结猖獗,粮仓亏空弊端凸显,慈禧不得已谕令游百川"着即回任"。

本篇奏折的起草时间是光绪九年九月初一日,呈递时间是光绪九年九月十一日。

游百川八月十一日接到"回任"调令,到递交此篇奏折整整延迟一个月的时间。此段时间恰逢治黄关键时期,经过前期遍历黄河上下游,勘探地形水势、规划设计论证,修筑长堤、开河分流等的工程才初具规模,此时接到"立即启程回京"的命令实属突然。接到"回任"令后,游百川并没有立即回京,一方面对前期的工作进行交接,另一方面仍在协调各方面关系处理相关棘手的问题。奏文书写了治河过程和拟回京的日期。

【奏文】

游百川(折) 起程回京日期由 (草折具)奏

(光绪九年)九月十一日(呈)

察看山东黄河仓场侍郎臣游百川跪奏,为遵旨回任,陈明起程日期,恭折仰祈圣鉴事。

窃臣接奉八月十一日上谕:“仓场侍郎游百川,着即回任等因。钦此。”钦遵赶即清理经手事件,查赈米五万石,漕船业于八月初一日全数到齐,当即验明分拨。饬令各属领运灾区会同绅董,按照查明户口核实散放。至河工事宜,臣与东抚臣会同商备细筹,议将来次第举行,即由东抚臣妥慎办理。臣拟于九月初三日束装就道,因驿路[1]被淹,只得取道德州,乘船由水路北上。所有遵旨起程北上日期缘由,谨缮折具陈,伏乞皇太后、皇上圣鉴。

再,臣此次具折,系借用山东巡抚关防,合并陈明。谨奏。

(光绪九年)九月初一日

(硃批)光绪九年九月十一日军机大臣奉旨:“知道了。钦此。”

【注释】

[1]驿路:官府设有驿站的官道;大道。驿(yì):古代供传递公文的人中途休息、换马的地方。

附片　陈士杰片(奏)

再,仓场侍郎臣游百川奉命来东查看黄河,商酌办法,自春徂秋历时八月,所有巡视上下游、夫马及住省伙食与夫随、负薪水胥役日食杂费等项,通共仅用银四千五百两。其操守之廉洁,用度之节省概可整见。所有动用银四千余两系藩运两库筹拨,应即照数开销。除咨部查照外,谨附片陈明。伏乞圣鉴。谨奏。

九月十九日

(硃批)光绪九年十月初四日军机大臣奉旨:"知道了。钦此。"

46. 职官互相禀揭请交部讯办由

【题解】

光绪九年(1883)九月初三日游百川从山东济南束装就道北上,回到京城后承蒙召见。之后游百川重新回到仓场衙门就职。回任后整顿仓务,通仓首领凤山、通州西中二仓带班章京岳兴等相互检举揭发。经查实,部分职官存在内外勾结、冒领、克扣、盗窃粮仓等不法行为。游百川、锡珍相应请旨,将通仓首领凤山,暂行解任,交刑部照例讯办,通州西中二仓带班章京岳兴等一并听候传质。

【奏文】

仓场衙门折　职官互相禀揭请交部讯办由　(正折具)奏

(光绪九年)十月二十二日(呈)

臣锡珍、臣游百川跪奏，为现任职官互相禀揭[1]，请旨交部讯办事。

窃臣等于本月二十日，接据通州西、中二仓带班章京[2]岳兴等禀称："每月仓甲兵饷津贴等银，例应职等眼同[3]守护两仓首领分放，每人应领月饷银一两六钱五分七厘五毫，津贴银二两四钱。本月十六日，由户部领得本月兵饷及津贴银两。职等眼同首领凤山，平兑分两银色，查验相符。乃延至十八日，首领始行亲诣，分放饷银，每人实放一两零五钱。津贴银实放二两。除翦伤[4]等耗，向(相)应每分(份)短少几分外，"克扣之咎，职等不敢承当"等语，并将分放封就银包四分(份)呈出。随据该首领投递禀单[5]，语涉支离。

臣等查该员等均系职官，互相禀揭，事关克扣兵饷，非寻常案件可比，必须彻底根究，以成信谳[6]。相应请旨，将通仓首领凤山暂行解任，交刑部照例讯办[7]。该章京等一并听候传质，以清营务而儆官邪。

为此，恭折具奏。伏乞皇太后、皇上圣鉴。谨奏。

光绪九年十月二十二日

【注释】

[1]禀(bǐng)揭：禀报揭发。

[2]章京：官名。清代多用以称军职或各衙门办理文书的官员。

[3]眼同：会同，跟同。

[4]翦伤：损耗。翦(jiǎn)：割截，杀戮。

[5]禀单：旧时向衙门陈述事情的文件。

[6]信谳(yàn)：证据确凿的判决。

[7]讯办：审明法办。

47. 河工重要亟应妥筹长策由

【题解】

游百川回到仓场衙门总督仓场事务，但仍心系黄河灾区。光绪九年十一月初六日，“恭阅邸抄，知黄水复涨，数邑被淹。回首乡邦，益深恻念。不敢不就愚见所及，再为皇太后皇上陈之。”奏文再次向皇帝提出，修筑长堤必不可少，然而利用九河故道开河分流也是一种互为表里的主张。

游百川陈述，自奉命察看黄河，周勘上下游形势，与山东巡抚陈士杰会商办法，曾将疏通河道、分减黄流、亟筑缕堤并遥堤作为治河策略。然而治河方案“窒碍难行”，“谓缕堤不足深恃，开河减水，恐碍畿辅，尚须斟酌”。工程一拖再拖，贻误春季筑坝、夏季分流的大好时机，导致伏汛大灾、秋汛复难，哀鸿遍野。游百川还在折中重申了“山东河患，非开通支河，分减盛涨，别无良图”的主张，并详细陈明了原由。

为进一步推进治黄工程的顺利开展，确保黄河安澜民无水患，游百川在正折后另付奏片，详细阐述了“就沿河民埝亟筑缕堤”的原由。

【奏文】

游百川等(折)　河工重要亟应妥筹长策由[1]

(光绪九年十一月初七日呈)

窃臣前奉命察看黄河，周勘上下游形势，与东抚臣会商办法。曾将疏通河道，分减黄流，亟筑缕堤并遥堤，光绪九年十一月初七日，游百川奏：为河工重要，亟应妥筹长策事。窒碍难行各节，恭疏陈奏。嗣经部议，谓缕堤不足深恃，开河减水，恐碍畿辅，尚须斟酌。自系为慎重河务起见。臣等正在筹度间，而五月中旬，时距伏秋尚远，黄流汛涨，竟成巨灾。幸蒙皇恩廑念群黎，命臣查灾办赈。臣目击穷区，不得已与东抚臣复有筑堤分水、相辅而行之奏。奉旨饬直隶督臣李鸿章，与臣等会议，旋由直督臣主稿，开河之举，作为缓图[2]。东抚臣爰[3]遵照部议，修筑长堤。而臣亦遵旨北上矣。顾臣愚陋，自被命后[4]，熟思审计。窃谓山东河患，非开通支河，分减盛涨，别无良图。是以前月仰蒙召见，曾经据实上陈。日前恭阅邸抄，知黄水复涨，数邑被淹。回首乡邦，益深恻念。不敢不就愚见所及，再为皇太后皇上陈之。

盖自黄河北徙，铜瓦厢决口处所，河面宽十里有余。及灌入东省，大清河河面仅止里许。兼之河身淤垫日高，遂致万难容纳，一遇汛涨，则冲决漫溢，此水患之所以日甚也。当黄河南行之日，无河可分，专主筑堤束水。而开浚引河，量水减泄，前河臣靳辅，尚复多方筹备，以济堤工之穷。况今黄水北行，明有九河故道，纵不能尽复，而就武郡之徒骇、马颊两河，由海丰、沾化分流入海者，宣泄盛涨，究可免泛滥之虞。若令专办堤工，袭后人治南河之陈言，而迷昔圣治北河之故迹，似觉终非常策。且虑其贻误大事者有三。查黄河南岸，自东阿十里堡以上至贾庄，前抚臣丁宝桢筑堤二百八十三里。皆底宽十丈，顶宽三丈，高一丈二尺。北岸则濮范寿阳亦均有长堤。两岸相去，远则六七十里，近则三四十里。水由中行，堤距水面最近处，亦十有余里。当水未拍堤之处，堤固巋[5]然对峙，俨如长城。及遇大溜趋堤，则危险万状。虽设有营汛，厢埽抢护，仍有岌岌不可保固之势。今所拟堤工之高厚，远逊上游之堤。且长有千余里，节节防汛，既恐难周。新筑之土，未经蛰实。一旦黄流涨发，堤溃水溢，诚难保其必无。此可虑者一也。议筑长堤，以去河三四百丈，或五百丈为准。斟酌情形，不得不然。距河四五百丈，其间城郭村镇，人民庐舍，不可胜计。举而置之堤外，闾阎愁苦，各抱隐忧。当水涨之时，往往风雨晦冥，不及逃避。一经被水，则身家性命，悉付波臣。纵劝之他徙，而扶老携幼，情势万难。且谓抛家舍业，终将流为乞丐。此次历城各属灾民，虽用船拯救，多苦守不肯他离者。此可虑者二也。堤外之民，身陷水中，情急则思掘堤泄水。虽有守者坚防，而掘者益力。民情各顾其私，甚至激成械斗。如章丘、齐东、青城、惠民，皆有戕伤[6]重案，又近事之显然可指者。此可虑者三也。总之，水不侵及堤边，则堤为虚设。水如侵堤，则堤又未必果能抵御。以有用之金钱。置之无用，实觉可惜。且长堤即可保固，而堤外生灵犹不免陷溺，亦非防患御灾之道。此臣所以谓但筑长堤，不如兼办开河减水之为得计也。

然开通支河，专办徒骇，犹属无济[7]。盖徒骇窄浅，河身宽处不过三四十丈，分水无多。现在黄水冲入，水尚满槽，难以施工。马颊河则宽百数十丈，两岸屹立，大段深通。但使培残补缺，更就淤浅处挑深培高，自可畅流入海。臣曾委员查看四五次，复亲看二次。倘审定地势，从黄河北岸，坚筑滚水坝两座，分减黄水，引入徒骇、马颊两河，则水患可息。直隶督臣谓若开马颊，恐水势波及直隶，似臣但顾山东而忽畿辅者。臣虽至愚，何敢出此！

查马颊一河，虽涉庆云边界，仍由东境入海。去直隶五河，近者百余里，远者数百里。河虽善徙，当不至横侵骤决若此。且水既由河道畅流，岂复无端旁溢，似不必因过虑而忘至计也。至修浚引河，臣等前折拟下游自白龙湾，上游自黄陡崖开引，及再三察度，更拟下游自历城之杜家沟，引入徒骇，上游自长清县之五龙潭，引入马颊，尤觉妥便。所挑之支河，河面各开宽四十丈，深一丈。以量水之法设之。每河可减黄流二尺许。两引河共减四尺。则足备盛涨，可保万全。夫开挑引河，原不过备一时之汛涨，非析黄河而为之也。计汛涨多只旬日，过此则底复涸出。纵使水过沙淤，农隙之时，藉资民力，加以津贴。干河之中，施工较易。不难挑挖，一律深通。而钱粮惠及贫民，犹是以工代赈之意。其建滚水[8]二坝，比本来河岸酌低二三尺。不遇盛涨，仍由本河经行。比至水涨满槽，始分减数尺，焉有夺溜之患？此臣所以谓开河减水之必可行也。然而小民可与观成，难与经始。开河虽非创举，而工费艰巨，殊不易图。加以众说纷纭，人情疑贰，未尝平心察理，动辄煽惑听闻。惟有吁恳圣慈,轸念民生,交廷臣会议。如以臣言可用,应请饬下山东抚臣相度机宜,及时兴办,勿惮烦难,勿辞劳怨,勿为浮言所摇夺,勿为势豪所阻挠。并请明降谕旨,令地方官出示剀切晓谕,俾沿河百姓,尽释群疑。将大工可成,水患可弭。出民于昏垫[9]之中,而登衽席[10]矣。抑或特简大臣,趁冬令禾稼尽收,了望可以及远。在直东交界,亲历查看。与直隶督臣山东抚臣定议办理。出自圣裁。臣冒昧渎陈,不胜战兢悚惕之至。

【注释】

[1]《山东河工程案》,转引自《再续行水金鉴·黄河卷4》湖北人民出版社,2004年版:1738—1741。

[2]缓图:缓慢筹划。

[3]爰(yuán):于是。

[4]自被命后:自从被任命(查看黄河)后。

[5]㟖(lóng):古同"隆",高。

[6]戕伤:用武器使人受伤。

[7]无济:无所补益。

[8]滚水:形容急速翻滚的水。

[9]昏垫:陷溺。指困于水灾。亦指水患、灾害。

附片 游百川片(就沿河民埝亟筑缕堤由)[1]（光绪九年十一月十二日）

是月十二日,游百川奏:再,臣前拟就沿河民埝,亟筑缕堤。盖因民埝已历多年,土皆蛰实,颇为坚固。其患不过断续相间。且距河或数丈或十数丈,去水太近耳。然两岸牵算,民埝约有一半。若一律补充,为之加高培厚,再于险要处或加修月堤,或另筑重堤,尽可藉资保护。即如本年因长堤赶办不及,先就民埝择要兴修。凡动工之处,皆无冲决之患。其明征[2]也。至以工费计之。较长堤所省不止一半。且免压地取土,损坏民田若干顷。是就民埝施工,系大顺民情,民皆乐从之事。现时东省堤工,甫经开办。若以修筑长堤之工段,改筑缕堤,即以所省之费,拨为开办支河之资,实觉裨益良多。而开河减水,与筑堤并举,则水势既减,不至拍岸盈槽,将来堤工亦可保固。

臣区区愚忱,不敢稍涉缄默。是否有当,谨附片陈明。

【注释】

[1]陈士杰:《陈侍郎奏稿》,转引自《再续行水金鉴·黄河卷 4》湖北人民出版社,2004 年版:1742—1743。

[2]征:证。

48. 大通桥上下河道请饬挑浚由

【题解】

清顺治元年(1644)置京、通十三仓,以确保皇室和文武百官月供俸米。京仓十一:禄米仓、南新仓、旧太仓、北新仓、富新仓、兴平仓、太平仓、储济仓、本裕仓、丰益仓、海运仓。通仓二:中仓、西仓。东南地区漕运京师的税粮通过运河分别运抵京仓、通仓。清代北京朝阳门至东便门护城河,为大通桥转漕的要道,系通惠河上游,它的通畅与否关系到漕运能否顺利通达,按时抵仓。挑浚大通桥上下游河道是一项较大的工程,又逢冬季河水结冰难以施工,需要户部、工部通力合作,择时兴修。

【奏文】

兴廉等(折) 大通桥上下河道请饬挑浚由 (草折具)奏

(光绪九年)十二月十七日(呈)

臣兴廉、臣游百川跪奏,为大通桥上下河道,亟应及时挑浚,以利漕行,恭折仰祈圣鉴事。

窃朝阳门至东便门护城河,为大通桥转漕要道。该桥以东为庆丰闸[1],系通惠河上游。本年七月间,臣衙门接准广西□臣张曜[2]咨称:“朝阳门至东便门河身六百廿八丈六尺,向由仓场年终[3]照例挑挖,此次应否一律疏浚。”咨询前来。

臣等当以此段城河虽是岁修之款,为数无多,势难与全河一律浚深,即去春另築挑修,各属择要办理。此次京城内外各河,既已普遍疏浚,若不将此河乘势挑修,诚恐上下游一经深通,即此一段河身淤垫抬高,将见益形壅滞[4]。惟当转运吃紧之际,未便停运兴工,应俟深竣后再行办理等因咨复。去后十一月初间,又接准该抚咨称“京城内外河道已于十月二十八日全工告竣,惟朝阳门至东便门此段工程现虽完工,辄河底已冻,赶做不及,咨照仍由臣衙门办理”等语。臣等当即督饬该桥监督查复前援[5],至称由东便门北至朝阳门河道未浚[6]工作,再北由东直门城河挑浚十分源通,现轻冰结,投竿检验,上流河底低于下流,悬殊特甚。设来春[7]水源稍不见旺,则城河之水,不惟不能下注运河,且恐势将倒流,亟须及时普修通利,俾无浅阻[8]之患。又援坐粮厅[9]转授漕运通判,并称东便门稍东雷震口地方,城之内外河业已挑浚,测量地势内下外高,河道壅阻[10],则由大通桥以东直门至庆丰闸三里之遥,必致无水行运,进回查勘,须将朝阳门迤南至东便门,再由东便门至庆丰闸,河身一律挑浚深通,方免贻误春情,详请核办前来。

臣等查该所桥监督所称,城河闸河淤垫高下情形殊,于明春运务大有妨碍。再四思维，朝阳门至东便门运河一段本系护城之河，只因冻结难以工作，究为未竟之工。而大通桥以东至庆丰闸，亦因上游挑浚深通，致河底高仰，亦亟宜疏浚，顺其就下之性。该抚臣现虽前赴山东，闻其尚有三营勇丁留驻京城附近，所有朝阳门至东便门未修之城河，暨大通桥以东之运河淤垫处所。合无仰恳天恩饬下部臣，转行该营接续挑浚通畅，以节经费而利漕行。

为此恭折具陈，伏乞皇太后、皇上圣鉴训示。谨奏。

（光绪九年）十二月十七日

【注释】

[1]庆丰闸：北京城东便门到通州，东西走向20公里，元代人工开挖一条通惠河，河上建有五闸：大通闸、庆丰闸、高碑闸、花园闸、普济闸等。庆丰闸，又名二闸，它最著名。

[2]臞：音qú。

[3]向由仓场年终：往往由仓场在年末。

[4]壅滞(yōng zhì)：阻隔，堵塞。

[5]前援(yuán)：就前主持。

[6]未浚(jùn)；未疏通。

[7]设来春：假设明年春天。

[8]浅阻：河底阻碍。

[9]坐粮厅：清代户部仓场衙门特设的官署。驻通州，掌管漕粮验收、水陆运输及通济库银出纳和北运河的疏浚工程。

[10]壅阻：堵塞。

49.坐粮厅监督诚勋请暂留数月由

【题解】

坐粮厅满监督兵部郎中诚勋二年差满,诚勋呈请咨部更替。坐粮厅承办全漕本属重任,且江浙漕粮提前赶办,举凡筹办先漕督理转运一切事宜,较往年愈形紧要,满、汉二员中,必须有一熟手经理,方无贻误。汉监督陈维周,系于本年正月到任,于筹办先漕等事尚未经历,满监督诚勋在任二年,漕务极为熟悉。"坐粮厅承办全漕本属重任,且明年江浙漕粮提前赶办,举凡筹办先漕督理转运一切事宜,较往年愈形紧要。满、汉二员中,必须有一熟手经理,方无贻误。"出于工作的考虑,兴廉、游百川上疏请求坐粮厅监督诚勋请暂留数月。

【奏文】

兴廉等(折)　坐粮厅监督诚勋请暂留数月由　(草折具)奏

(光绪十年)十月二十五日(呈)

臣兴廉、臣游百川跪奏,为漕务紧要,坐粮厅满监督遽[1]难更易生手,谨将实在情形恭折沥陈,仰祈圣鉴事。

窃据坐粮厅满监督兵部郎中诚勋报称,该厅于光绪八年六月二十七日到任,除丁祖母忧百日,又丁本生父忧六十日外,扣至本年十二月初七日二年差满,呈请咨部更替等情。臣等查,坐粮厅承办全漕本属重任,且明年江浙漕粮提前赶办,举凡筹办先漕督理转运一切事宜,较往年愈形紧要。满、汉二员中,必须有一熟手经理,方无贻误。诚勋在任二年,漕务极为熟悉,臣等深资臂助。汉监督陈维周，系于本年正月到任，于筹办先漕等事尚未经历。若遽将诚勋更换，则满汉均非熟手，当此漕务吃紧之时，办理稍有生疏，关系实非浅鲜。查前任监督，如方学苏、董润、毓璋、何桂芳等，皆经历任仓场侍郎奏请留任，仰蒙恩准。今则漕政亟需整饬，尤当倍加慎重。满监督一缺实难遽易生手，臣等筹商再四，惟有将现在情形据实沥陈，可否令诚勋暂行留办数月之处，出自圣裁。伏乞皇太后、皇上圣鉴，谨奏。

（光绪十年）十月二十五日

（硃批）光绪十年十月二十五日军机大臣奉旨："钦此。"

【注释】

[1]遽(jù)：立刻，马上。

50. 遵查太平仓米石由

【题解】

光绪十年(1884)十二月初八日，军机处将本日上谕传至仓场衙门："御史恩璋奏，仓匪潜据两仓，请严查究办。钦此。"兴廉、游百川接旨后于初九日亲赴太平仓查验。按照恩璋所奏应查各节，兴廉、游百川详细询诘，太平仓监督随据呈递：储粳米廒二十四座，共米二十四万九千六百余石；籼米廒三座，共米一万四千余石；粟米廒五座，共米三万三千七百余石。兴廉、游百川随太平仓满汉监督逐廒查验，粳籼米质颗粒均干实，无灌水令米涨满情事。惟查贤字廒存储粟米四千一百六十余石，廒内临近后屋柱根四五尺许，木质黧黑，廒门以外挑晾粟米数百石，内有黑暗粟米数十石，坚凝成块。该监督面举，粟米积久发热，致有薰蒸成块情形，曾于本月初四日，见贤字廒气筒发有热气，当即督饬花户人等，将受热粟米赶紧出廒挑晾。查知，仓厫每日黑白轮流值班，亦并无宵小偷盗情事。该仓满汉监督等前于交代接管时，查明无亏，出具切实，即结呈送臣衙门有案。本折为遵旨查仓结果的回复。

【奏文】

兴廉等(折) 遵查太平仓米石由 (草折具)奏

(光绪十年)十二月十七日(呈)

臣兴廉、游百川跪奏，为遵旨查验太平仓，恭折复陈，仰祈圣鉴事。

光绪十年十二月初八日，承准军机大臣字寄[1]本日奉上谕："御史恩璋奏：仓匪潜据两仓，请严查究办一折等因，钦此。"并抄交原折前来。

臣等闻命之下，曷胜悚切[2]。即于初九日亲赴太平仓。正值该仓开放正蓝旗甲米。臣等按照原奏应查各节详细询诘，该仓监督随据呈递：更开分储粳米廒二十四座，共米二十四万九千六百余石；籼米廒三座，共米一万四千余石；粟米廒五座，共米三万三千七百余石等情。臣等随勘，同该仓满汉监督逐廒查验，粳籼米质颗粒均干实，无灌水令米涨满情事。惟查贤字廒存储粟米四千一百六十余石，廒内临近后屋柱根四五尺许，木质黧黑[3]，廒门以外挑晾粟米数百石，内有黑暗粟米数十石，坚凝成块。据该监督面举，粟米积久发热，致有薰蒸成块情形。曾于本月初四日，见贤字廒气筒发有热气，当即督饬花户[4]人等，将受热粟米赶紧出廒挑晾。其未曾受热之米，仍在此廒内存放等语。至于该仓现存米石二十七八万之多，业经臣等按廒查看，当拟该监督等面举，该仓遇有开放各项米石，严防夹带狼洒[5]，每日分班在仓值宿，亦并无宵小偷盗情事。各廒储米何从亏短等语。臣等伏念仓亏一节，不能保其必无。

第查该仓满汉监督等前于交代接管时，查明无亏，出具切实，即结呈送臣衙门有案。此次该监督等所称米石无从亏短，似尚可信，惟贤字廒粟米黑暗成块，臣等详加体察粟米一项，虽不免积久生热，但时当冬令，何致米色蒸变，遽[6]将柱根薰黑？若如原奏所指，纵火焚烧，复行救灭，何以上面毫无痕迹，直至廒底始形黑变？其中有无别项情弊，除面饬该仓监督等严切根究外，并应俟罕菽唐隆宁等到案后讯取确情，庶期[7]水落石出。

所有遵旨查明太平仓存储粳粟米石情形，谨先恭折伏陈。伏祈皇太后、皇上圣鉴。谨奏。

光绪十年十二月十七日

(硃批)光绪十年十二月十七日，军机大臣奉旨："钦此。"

【注释】

[1]字寄：签字信件(公文)。

[2]曷胜悚切：万分恐惧。曷(hé)胜：何胜，用反问语气表示不胜。悚(sǒng)切：很害怕。

[3]黧(lí)黑：黑里带黄的颜色。

[4]花户：旧指户口册上的户口。花：参杂不一。

[5]狼洒：洒落得乱七八糟。狼：狼藉。

[6]遽(jù)：急。

[7]庶期：希望能。庶：表示对可能出现的某事抱有期望。

51. 遵查兴平仓米石尚无亏短由

【题解】

光绪十年(1884)十二月二十四日兴廉、游百川承准军机大臣字寄:"本日奉上谕,御史俊义奏:'兴平仓已革花户王铎之弟王三麻子等、狼狈李二即霸气李,勾串叶海粮等,于十月间聚众私盗该仓米至三千余石之多,交金四生等运至天义米局存放'等因,钦此。"光绪十一年正月十八日,游百川遵旨查明兴平仓花户勾串私盗仓米等事,并查明太平仓尚无别项情弊,恭折复陈。

【奏文】

兴廉等(折) 遵查兴平仓米石尚无亏短由 (草折具)奏

(光绪十一年)正月十八日(呈)

臣兴廉、臣游百川跪奏,为遵旨查明兴平仓,恭折复陈,仰祈圣鉴事。

光绪十年十二月二十四日承准军机大臣字寄:"本日奉上谕,御史俊义[1]奏:'兴平仓已革花户王铎之弟王三麻子等、狼狈李二(即霸气李),勾串叶海粮等,于十月间聚众私盗该仓米至三千余石之多,交金四生等运至天义米局存放'等因,钦此。"并抄交原奏前来。

臣等即于二十六日亲赴兴平仓,当经该仓监督呈递单开[2],现存粳米二十六万五千四百余石,籼米二万九百余石,粟米三万四千七百余石,共计分储四十四廒等情。臣等逐一查看,核与该监督等所开储米廒座相符。伏思米石有无亏短一节,应以曾否偷盗为断。当将原奏应查各节详细询诘。据该仓监督面前，于十月十一日间，该仓开放正黄、镶黄包衣甲米，及西四旗官员俸米，将及放竣。汉监督田士龙因病出缺[3]，报明有案，并无别情。并称向案开放各项米石，有查仓御史到仓稽查，满、汉监督常行监放，以及领米官员兵弁人等皆在仓内，仓支应由仓装米出车，为众目共睹之事，无从掩蔽。着如原奏所称，“盗米至三千余石之多”，非用车百余辆、袋数千条，不能运出仓门。该监督田士龙始既拦阻，自系尚知慎重公事。既如见米车拉运，行走沙川，并无只字举报，是无聚众私盗仓米之明证，各廒自无从亏短等语。

臣等伏思仓亏一节，不能保其必无。第查汉监督张顾士，于上年十二月间甫经[4]调补该仓汉缺，无所用其回护[5]。此次该监督等公同面举米石无从亏短，似尚可信。现准刑部来咨，已将李二等拿获，交部审办。应俟讯取确情，方期水落石出。

所有遵旨查明兴平仓存储米石缘由，恭折具奏。伏乞皇太后、皇上圣鉴。谨奏。

光绪十一年正月十八日

(硃批)光绪十一年正月十八日军机大臣奉旨:“钦此。”

【注释】

[1]乂:音 yì。

[2]单开:开具单据。

[3]出缺:因原任人员去职或死亡而职位出现空缺。

[4]甫经:刚刚经过。甫:副词。方才,刚刚。

[5]回护:袒护,包庇。

52. 遵查太平仓尚无别项情弊由

【题解】

光绪十一年(1885)正月十八日,兴廉、游百川遵旨查明太平仓,经查尚无别项情弊。但奏折中提到,廒粟米因积久发热,熏蒸致变,米粒有多黑情形。其黑暗成块者另廒存储,计共折伤六十五石。太平仓满汉监督闻报,声明情愿分赔,自应由臣衙门咨明户部定价照数赔补,以重仓储。至各廒现存米石,既据各该监督等查明,尚无别项情弊,应即据实复陈。

【奏文】

兴廉等(折) 遵查太平仓尚无别项情弊由 (草折具)奏

(光绪十一年)正月十八日(呈)

臣兴廉、臣游百川跪奏,为遵旨督饬监督等,查明太平仓尚无别项情弊,恭折复陈,仰祈圣鉴事。

窃臣等前将查验太平仓大概情形,于光绪十年十二月十七日具奏,奉旨"据奏各节难保无别项情弊,并即督饬该监督等严切根究,稽期水落石出,毋任含混了事,钦此。"复经臣等遴派茗落蓓茹太仓监督韩榕前往太平仓,会同该仓监督确切查明,据实详复。去后,兹据该监督韩榕详称,职司会同太平仓监督率领阖仓人[1]等亲历各廒[2]查看。应存粳米二十四万九千六百余石,分储二十四廒;籼米一万四千余石,分储三廒;粟米三万三千余石,分储五廒。详查各廒所存粳籼米质尚干。惟存粟米之贤字廒米粒有多黑情形。现在出廒挑晾未坏之米，过风后仍归本廒。其黑暗成块者另廒存储，应由该仓监督核明数目呈报。廒内临近后檐柱根底下，不过五尺许，木质有多黑情形，此外别无痕迹。再三诘问[3]该仓仓书花户人等，佥称贤字廒粟米委因[4]积久发热，熏蒸致变等情。并取具该仓书吏花户，实无灌水、焚烧、盗卖、亏短情弊。甘结[5]前来，复据太平仓监督崇志、吴传缙呈称，职仓所存粳籼粟米无亏，惟贤字廒粟米于上年十二月初四日因有受热情形，当即扛运数百石出廒挑晾，过风回干，尚堪食用，此仍归入本廒。其黑暗成块者另廒存储，计共折伤六十五石。体察此米颗粒虽黑，质性犹存，有酸甜气味，不类经火物性[6]。廒内柱根虽有熏黑之处，亦无枯焦燃裂之形，委因粟米积久发热所致。所有折伤米石，职司二人情愿分赔等前来。臣等伏查仓储颗粒发黑，原不容以熏蒸变色之米滥行充数。今太平仓满汉监督闻报，受热变黑粟米共六十五石，声明情愿分赔，自应由臣衙门咨明户部定价照数赔补，以重[7]仓储。至各廒现存米石，既据各该监督等查明尚无别项情弊，应即据实复陈。除俟拿获唐荫亭等到部讯取确情，再由刑部奏结外，所有臣等遵旨督饬监督等，查明太平仓缘由，理合恭折复奏。伏乞皇太后、皇上圣鉴。谨奏。

光绪十一年正月十八日

（硃批）光绪十一年正月十八日，军机大臣奉旨："钦此。"

【注释】

[1]阖仓人：全仓人。

[2]仓廒(áo)：收藏粮食的仓房。

[3]诘问：追问，责问。

[4]委因：原委，原因。

[5]甘结：旧时交给官府的一种字据，表示愿意承当某种义务或责任，如

果不能履行诺言，甘愿接受处罚。

[6]不类经火物性：不像经过火烤一样。

[7]以重：彰显重视。

53.请饬大通桥监督董汝观仍回原衙门当差由

【题解】

大通桥汉监督董汝观，于光绪九年由户部司务侍补请调补大通桥监督，不实心任事，难资得力。光绪十一年二月十一日，兴廉、游百川上疏请旨饬董汝观回原衙门当差。并详细说明了原由。

【奏文】

兴廉等（折） 请饬大通桥监督董汝观仍回原衙门当差由 （草折具）奏

（光绪十一年）二月十一日

臣兴廉、臣游百川跪奏，为大通桥汉监督难资得力，请饬回原衙门当差，恭折仰祈圣鉴事。

窃大通桥汉监督董汝观，由户部司务[1]侍补本储仓监督，嗣于光绪九年，奏请调补大通桥监督。臣等随时查看该监督，于寻常办公尚无贻误。惟查城河运米船只向由车户头役领款承修，出具保固年限，切结[2]限用。如有损坏，照例赔修。上年因该桥闸板朽裂，河水下注，未经满限之船并损坏情形，当饬赶紧修补。乃该监督始面禀修补船不过一二只，继则呈报修补六七只。屡请发给车户津贴工费，其所请工费先后数目参差不同。业经臣等面加驳斥。是该员于车户应行赔修之项,代为请款。呈表[3]见好,未便仍留监督之伍。相应请旨,饬令大通桥汉监督董汝观仍回原衙门当差。窃臣等委员接差,俟有合例堪调之员,再行奏请调补,以资办公而期得力。

谨恭折具陈,伏祈皇太后、皇上圣(鉴),谨奏。

(光绪十一年)二月十一日

(硃批)光绪十一年二月十一日军机大臣奉旨:"依议。钦此。"

【注释】

[1]户部司务:明清官制,户部司务设二人,从九品,隶属户部司务厅。

[2]切结:表示切实负责的保证书。

[3]呈表:显现。呈:显出,露出。表:外部,表面,外表。

54. 请饬粮道张富年俟交米事竣再赴升任由

【题解】

光绪十一年(1885)三月十四日上谕:"两淮盐运使员缺,着张富年补授,钦此。"张富年于光绪八、九两年办理江安河运漕米均臻妥速。该年江安漕米经两江督臣奏明,仍饬张福年督运,限该年二月内全帮兑竣,开行北上。按照往年米船行走日期核计,三月内可驶入山东境内,张福年已在运途中,若中途更易生手,交替之间恐致延误。因此,兴廉、游百川向皇帝请求"粮道张富年俟交米事竣再赴升任"。

【奏文】

仓场衙门折　请饬粮道张富年俟交米事竣再赴升任由　(正折具)奏

(光绪十一年三月十八日)

臣兴廉、臣游百川跪奏,为江安河运漕粮,可否令升任道员经理完竣,再赴运司新任,恭折仰祈圣鉴事。

窃臣等恭阅邸抄,光绪十一年三月十四日奉上谕:"两淮盐运使员缺,着张富年补授,钦此。"伏查光绪八、九两年,江安河运漕米张富年办理均臻妥速[1]。本年江安漕米经两江督臣奏明,仍饬该道督运,限本年二月内全帮兑竣[2],开行北上。臣等按照往年米船行走日期,核计三月内可入东境[3]。该道早已督运启行。若中途更易[4]生手,交替之间,恐致延误。且本年江浙白粮及江苏漕米十万余石,亦由河运[5]。诸事生疏,均须仿照江安办法,是江安漕米必须熟手道员经理,方于河运全局有裨。臣等为慎重运务起见,可否令张富年俟交米事竣,再赴运司新任之处,伏候圣裁。谨恭折具陈,伏乞皇太后、皇上圣鉴。谨奏。

光绪十一年三月十八日

【注释】

[1]臻妥速:(办事)妥善快速。臻(zhēn):达到。

[2]全帮兑竣:全部兑换收齐(漕粮)。

[3]东境:(运河)山东段。

[4]更易:更改,更换。

[5]河运:(京杭)运河运输。

55. 遵旨酌议整顿仓务由(整顿仓务章程疏)

【题解】

光绪十一年(1885)五月初四日,兴廉、游百川承准军机大臣交出本日面奉谕旨:“给事中洪良品奏仓务积疲,请饬整顿一折。仓务积弊已深,亟应厘剔。该给事中所陈各条,着仓场侍郎悉心酌核,妥议具奏,钦此。”兴廉、游百川根据给事中洪良品所参各条,进行了逐一排查和回复。经查实,给事中洪良品所参各条均系不知内情捕风捉影之议。兴廉、游百川认为,仓储积弊亟求整顿,必先究其致弊之由,“未有不知弊之所在,而漫言整顿者也”。但兴廉、游百川也查出了些问题。

仓廒之隐患在于亏短,亏短之情弊在于偷漏,而偷漏之原由有出于私者,有迫于官者。出于私者,防之务尽也。迫于官者,按例充当花户,皆系殷实良善平民,相沿既久。游百川莅任后刻刻严防,监督中有素行不谨声名平常者,不待显有劣迹,即登时撤任。回任不到一年,经兴廉、游百川严格查整,不认真任事或任职有瑕疵,咨回原衙门当差者,计已六七人。此后,各仓监督似皆有警畏之心,不敢妄为。

另外,各旗开放甲米,根据进仓粮食“先进先出”的原则,将存粮仓廒一一编号,各旗领粮官差抽签领米。各官领甲米时,往往不按阄廒遍仓挑拣。偶有拦阻即鞭挞立下,监督稍涉庸懦,率行畏避。直待花户向跟随人等,私用使费说合,始行竣事。而运往内务府交米,亦不免需索抑勒。花户之钱,从何而出?无非取给于米石,此弊之迫于官者也。然此等弊风,花户隐忍而不敢言,监督畏葸而不敢禀,事属暧昧,弊窦实难遽除。

兴廉、游百川相应请旨,严饬各该衙门嗣后领米务遵照定例,按阄掣廒座支领。倘米质霉变不堪食用,准各旗据实纠参。如米质尚好,亦不得任意挑剔,藉端讹索。庶阄廒成法,不复视为具文。如闻仓厫官员不认真办理,监督则立予撤参,花户则从重治罪,此澄治本源。

【奏文】

仓场衙门折　遵旨酌议整顿仓务由　(正折具)奏

(光绪十一年)五月二十二日

臣兴廉、臣游百川跪奏,为遵旨酌议,整顿仓务,恭折具奏,仰祈圣鉴事。

本月初四日,承准军机大臣交出本日面奉谕旨:“给事中洪良品奏仓务积疲[1],请饬整顿一折。仓务积弊已深,亟应厘剔[2]。该给事中所陈各条,着仓场侍郎悉心酌核[3],妥议具奏,钦此。”并将原奏抄交前来。

臣等窃惟仓储积弊日久且深,亟求整顿,必先究其致弊之由,未有不知弊之所在,而漫言[4]整顿者也。臣等自受任以来,随时随地无不兢兢以去弊为心。然有因时制宜[5]、渐收实效者,有积重难返[6]、骤难悉除者。谨即该给事中所陈各条,明辨其是否可行,并就臣等思虑所及,辞缕悉述,敬为皇太后、皇上陈之。

原奏谓“各仓偷漏,由于封锁不严”。查存米各廒,历经臣等于完漕后发给长封,严密封固。其未经放竣之零廒[7],例由都统[8]御史封识。然每岁大雨时,行监督例得启封查看,俾免米石因渗漏浸湿。又新收之米不无因热回潮,该监督亦应查看,分廒挑晾。历办章程如是。夫严密关防,固为慎重仓储要事。然查从前仓亏各案,动辄盈千累万,而谓偷漏之弊系乎封锁与否,则实不尽然。若如该给事中所议,各仓钥匙或存仓场侍郎,或存查仓御史收管,查收放米石,迟早无定。臣等自春历夏经秋,远驻通州各仓,分隶都城内外,与查仓御史住址远近不同。随时请钥,不但往返稽迟[9],且恐诸多牵制,实有未便。拟请仍照常责成轮班值宿之监督一手收掌,由臣等严饬监督,于收放之际,逐日亲自封锁，不得假手[10]花户。其有不遵定例封锁，或挑晾、查看不行报明臣衙门者，即由臣等查参，庶事无旁贷而责有攸归[11]矣。

又原奏谓“土米存仓易启搀和之弊”。查各仓发粜[12]土米久未查办，盖从前全漕不下四百万石，仓储之米陈陈相因[13]，故有分年粜变土米之例。自减漕折征以后，收数仅三分之一。虽有土米而不能发粜者，一因收仓年份未久，旋即支放，例不准揭除气头廒底[14]；一恐仓役藉便夹带好米出卖，故三十年来未经举办。然而米质已变者，按例不准揭除。各旗不肯关领[15]，历年既久，积而逾多，损伤折耗实为各仓之大累。臣等惟有严饬监督查看各廒，于现在收存之米勤加挑晾，毋使积有霉变，庶米色不致显有差池[16]，而搀和情弊可期渐除矣。

又原奏“验米色以核收数”一条，据称近来入仓之米，闻途中有发水搀沙等弊，及每石短少一二升等语。查各省运通米石，臣等亲临查验，必须干洁方准斛收起运，其由通至桥派委员弁节节防查，至由桥运仓亦有武弁押送。何来搀和情事？或有起运之际，骤然遇雨者，亦必札饬[17]该监督在仓风晾干燥，再行入廒。其米袋到仓，例准抽掣[18]。如有短少，归于车户名下，应赔于仓储，实收并无所损。原奏所称搀和短少，或系传闻之误。至于收米之时，御史例得在仓稽查，应由臣等通饬监督。每逢收米之日，先行报明御史，以便临仓查察。并如该给事中所拟，各仓支应收放人役，均以巳正[19]齐集，不得稍有迟延，以免贻误。

又原奏“估修廒座”一条。查京城各仓，自光绪元年择要兴修，其未经修理之廒诚如该给事中所奏，现有坍塌日甚情形。前经臣等咨明工部查勘嗣准，复称“虽有应修各工，唯经费支绌，暂拟缓修”等语。现经该给事中指陈，臣等自应严饬各仓监督查看应修廒座，分别轻重情形，据实详明，由臣等循照办过成案筹款，奏明兴修，总期工归实用，帑不虚糜[20]。至如何办法方臻核实，臣等另行附片奏请，候旨遵行。

又原奏“严制防以驭花户，详考察以课监督”。查各仓花户，有头役，有散役，额设虽有定数，而其实多寡不同。散役人等，无非着名花户所接引，非其戚党，即其友朋，总属通同一气。该给事中请令花户分廒管领，意谓各有责成，而有无弊窦[21]，仍不能出头役[22]之圈套，所议之法恐未必得力。盖花户之良莠[23]，视监督为转移。苟监督得人，则全仓可以望治；如不得人，则诸务逐渐废弛。此中情事，久在圣明洞鉴之中。臣等于所属各员密为体察，遇有庸劣不职者，立即撤回；才堪造就者，勤加训勉。其办事勤慎之员，无不按照章程奏留奏保，是监督之劝惩已极详慎计。惟有随时严饬，实力防维，以期仓务日有起色。并请饬下户部转行各衙门，于保送仓差时，慎选明干廉正之员。庶有治人[24]，乃有治法矣。

总之，仓廒之隐患在于亏短，亏短之情弊在于偷漏，而偷漏之原由有出于私者，有迫于官者。前闻匪徒私行偷窃，并不由廒门出入，名曰"掉扇"，盗米数十百石，犹是暗偷。其最甚者，实由不肖监督与执法之花户勾结串通，私行开放黑档[25]，此弊花户不能自作，未有监督不知情者。臣等莅任后，刻刻严防监督中有素行不谨声名平常者，不待显有劣迹，即登时[26]撤任。咨回原衙门当差，计已六七员名。现时各仓监督似皆有警畏之心，不敢妄为。臣等仍时时严密访查，不敢稍涉疏懈。此弊之出于私者，防之务尽也。其弊之迫于官者，按例充当花户，皆系殷实良善平民，相沿既久。则良善者绝少，而作弊又非尽无。因查定例，各旗开放甲米[27]，先尽存仓较陈之米，书写廒名，公同阄掣[28]。闻近年关领甲米时，往往不按阄廒遍仓挑拣。偶有拦阻即鞭挞立下，监督稍涉庸懦，率行畏避。直待花户向跟随人等，私用使费说合，始行竣事[29]。而运往内务府交米，亦不免需索抑勒。花户之钱，从何而出？无非取给于米石，此弊之迫于官者也。然此等弊风，花户隐忍而不敢言，监督畏葸[30]而不敢禀，事属暧昧，弊窦实难遽除[31]。

相应请旨，严饬各该衙门嗣后领米务遵照定例，按阄掣廒座支领。倘米质霉变不堪食用，准各旗据实纠参。如米质尚好，亦不得任意挑剔，藉端讹索。庶阄廒成法，不复视为具文。臣等如闻该仓不认真办理，有前项情弊，监督则立予撤参，花户则从重治罪，此澄治本源，切求整顿之愚虑也。

所有臣等遵议缘由，是否有当，理合缮折具陈，伏乞皇太后、皇上圣鉴训示。谨奏。

光绪十一年五月二十二日

【注释】

[1]积疲：积累的弊端。

[2]厘剔：清理剔除。

[3]悉心酌核：尽心酌加核实。悉心：尽心，全心。

[4]漫言：随便地说。

[5]因时制宜：根据不同时期的具体情况，采取适当的措施。

[6]积重难返：经过长时间形成的思想作风或习惯很难改变。重：程度深。返：回转。

[7]其未经放竣之零廒：没有储放漕粮，只有少量粮食的粮仓。

[8]都统：武官名。始置于十六国时期，为统兵之将官。唐代沿用，至后期因诸道行营统兵长官皆称都统，又在其上加置都都统。宋辽金时皆为统兵主帅。清代时为八旗组织中每旗的最高长官。清末实行军衔制，上等军官（将官）皆称都统，有正、副、协三级。

[9]稽迟：拖延。

[10]假手：利用别人做某种事来达到自己的目的。

[11]攸(yōu)归：所归。

[12]粜(tiào)：出售粮食。

[13]陈陈相因：皇仓之粮逐年增加，陈粮上压陈粮。后多比喻沿袭老一套，无创造革新。陈：旧。因：沿袭。

[14]气头廒底：粮仓中的底层和顶层粮，质量较次。

[15]关领：领取。

[16]差池：参差不齐的样子。也作“差迟”。

[17]札饬：指旧时官府上级对下级的训示公文。

[18]抽掣(chè)：抽取。

[19]巳正：巳牌，上午九时至十一时。古代把一昼夜分为十二个时辰，用子丑寅卯等十二支表示。官府在衙门前挂牌报时，故称某时为某牌。

[20]帑不虚糜：国库发放的粮食没有浪费。

[21]弊窦：指作奸犯科的事。

[22]头役：衙役中的为首者。

[23]良莠：好坏。良：良好。莠(yǒu)：狗尾草。

[24]庶有治人：只有做好人员的管理。

[25]黑档：暗中或秘密保存的缺档空额。

[26]登时：顿时。

[27]甲米：清代发给八旗兵丁的禄米。

[28]阄掣(jiū chè)：抽签，抓阄。

[29]竣事：了事。

[30]畏葸(xǐ)：畏惧。

[31]遽(jù)除：速除。

56. 江浙湖广海运米石验收完竣由

【题解】

山东江北河运漕粮，江浙二省海运白粮相继抵京，经查验合格米石如数入仓。本奏折详细汇报了本年度收到的米石数量、质量和存储情况。

【奏文】

仓场衙门折　江浙湖广海运米石验收完竣由　（草折具）奏

（光绪十一年）九月十七日（呈）

臣兴廉、臣游百川跪奏，为江浙二省海运正供筹备漕粮暨两湖采买米石，一律验收完竣，恭折奏闻，仰祈圣鉴事。

窃查本年山东江北河运漕粮、江浙二省海运白粮验卸完竣，暨验收江浙漕粮，大概情形节理，臣等奏明在案，确陆续提验。江浙二省漕粮始终一律干洁，毫无潮湿搀杂情形。又插验两湖采买米石，间有破碎潮湿，严饬承办委员认真看捡干洁，方准斛收。兹截至九月十三日，江浙二省正供筹备漕粮，暨两湖采买米石，一律验收完竣。计江苏省田律[1]截拨顺直赈济正耗[2]漕米一十万石，随拨经耗米一千石，又在通拨给东陵官俸正耗、经耗米一千二百九十一石二斗八合三勺二抄。又动拨上届存仓筹备抵交米九万二千八百六十九石九斗四升七合二勺九抄。实交仓正耗、经耗米四十九万六千七十八石一斗四升六合五勺九抄。核与该省原报起运交仓正耗、经耗平斛漕米六十九万一千二百三十九石三斗二合二勺，数目相符。浙江省田律截拨西陵官俸正耗、经耗米九百七十七石三斗一升七合七勺九抄三撮。又动拨上届存仓筹备抵交米八万三千二十石八斗六合八勺二抄七撮，实交仓正耗、经耗米三十三万七千四石二斗九升八合六勺八抄，核与该省原报起运交仓正耗、经耗平斛漕米四十二万一千三百九十八石四斗二升三合三勺，数目相符。此外，收过江省筹备漕米一十万八千六百五十五石六斗三合四勺一抄，又在津截拨广仁堂漕米三万石，又沙船被灾漕米三百八十三石七斗五升，浙省筹备漕米七万九千一百七十四石七斗一合三勺二抄，应由臣等照案存记，作为该二省存仓余米。湖南湖北共采买平斛漕米六万石。内除招商局存仓余米抵交一千三百一十八石外，实验收米五万八千六百八十二石，共符采买原运之数。连前奏报收过山东江北米石统共实起过坝平斛漕粮一百二十九万三千二百三十二石一斗六升三合五勺。经臣等督率坐粮厅验卸完竣,至奉天米豆全数到津。臣等两次札催[3]天津道赶紧兑运。现据呈报于本月十三日由津开行所有验收江浙二省正供筹备,暨两湖采买漕粮完竣缘由。

再,臣游百川留通督运理合恭折具奏,伏乞皇太后、皇上圣鉴。未克[4]呈递缮牌合并陈明。谨奏。

九月十七日

(硃批)光绪十一年九月十七日军机大臣奉旨:"钦此。"

【注释】

[1]田律:关于农田生产的法律。

[2]正耗:明清在漕粮正税外向民户征收漕运损耗的一种附加税。清运往北京的正兑米每石征正耗米二斗五升至四斗。

[3]札催:信函催促。

[4]未克:未能及时。

57. 全漕告竣保奖办漕各员由

【题解】

光绪十一年(1885),本年度漕运顺畅,漕粮及时入仓,各员弁精心任事殚精竭虑。兴廉、游百川上疏请求一一褒奖,并附清单。

【奏文】

仓场衙门折　全漕告竣保奖办漕各员由　（正折具）奏

（光绪十一年）十一月初八日（呈）

臣兴廉、臣游百川跪奏，为全漕告竣，谨将在事出力员弁照案奏恳恩施，恭折仰祈圣鉴事。

窃照江浙海运漕白粮米，改由粮道径行[1]起剥[2]运通[3]交纳，直隶应办事宜，经直隶督臣暨臣衙门核议奏咨章程，天津通州两处办运委员书吏，核其劳绩，奏保每处以六十五员为度等，因循照办理在案。本年江苏浙江海运、山东江北河运漕白粮米暨两湖采办漕粮奉天额运[4]米豆，先后挽运[5]到通。经臣等督率坐粮厅随时验收，饬令派出在事各委员认真经理，随到随卸，转运入仓，业于十月初六日奏报在案。所有任事各员不无微劳足录[6]，臣等详加酌核，除出力较次员弁兵丁，应由臣等酌给咨奖外，通永河道薛福辰、坐粮厅满监督兵部郎中诚勋，均拟请交部从优议叙。坐粮厅汉监督四品衔吏部郎中陈维周拟请俟补四品后赏加三品衔。此外，办运出力之咨调委员六十五员、地方印官漕务专员共十七员、臣衙门派出监督笔帖式十一员、大通桥所调京营巡粮武弁十七员，分缮清单三件，恭呈御览。可否照拟给奖之处，出自圣主鸿施。

所有请奖本年办运员弁缘由，理合恭折具奏，伏乞皇太后、皇上圣鉴。谨奏。

光绪十一年十一月初八日

【注释】

[1]径行：直接进行。

[2]起剥:驳运。剥:通“驳”。

[3]运通:运抵通州交纳。

[4]额运:按额运输。

[5]挽运:牵拉运行。

[6]微劳足录:把微小的功劳全都记录下来。

附片 请奖京营巡粮武弁清单

谨将请奖京营巡粮武弁缮具清单,恭呈御览。

镶红旗满洲德俊佐领[1],下六品顶戴苏恒阿耀、增佐领下六品顶戴和春,均请以委步军校。遇有四满洲缺出,入排列前,即补,并换五品顶戴。西便汛六品顶戴恒明,请以额外外委坐补班记名拟补,并换五品顶戴。

四品顶戴应升之缺,补用正蓝旗汉军委协尉恩来,请仍遇有应升之缺升用,俟升缺后加三品衔。

东河沿汛六品以额外外委坐补班记名拟补,并换五品顶戴。顶戴坐补经制[2]外委王钰,请仍以经制外委坐补班记名拔补,并换五品顶戴。

广渠汛五品顶戴坐补把总[3]王鸿宾,请仍以把总升用,俟补缺后以千总[4]记名拟补,三品顶戴候补游击世袭骑都尉即补都司胡焕文,请俟本班列班时开到在前捡补,俟补游击世加二品顶戴。

广渠汛五品顶戴候补把总杜文焕,请仍以本班记名拟补,拟补缺后以千总归五营军巡班升用。

左安汛六品顶戴候补外委郭立清,请仍以经制外委归五营军巡班记名拟补,并换五品顶戴。

河阳汛六品顶戴候补外委马凤,请仍以五营不论班额外外委记名拟补,并换五品顶戴。

永定汛六品顶戴坐补经制外委刘钰,请仍以本班记名拟补,并换五品顶戴。

广安汛六品顶戴候补把总杜锡嘏[5]，请仍以把总归五营军巡班记名拟补，并换守备衔。

东便门门千总范一伦，请换五品顶戴。

河阳汛六品顶戴候补把总外委马隆，请以五营把总记名拟补，先换五品顶戴。

左安汛六品顶戴坐补经制外委李廷秀，请仍以坐补班经制外委坐补，先换五品顶戴。

左安汛五品顶戴候补守备千总魏永福，请仍以守备归军巡班次拔补，并换四品顶戴。

广渠汛六品顶戴候补外委潘永桂，请仍以经制外委归五营军巡班拔补，并换五品顶戴。

【注释】

[1]佐领：清代八旗组织基本单位名称，掌管所属户口、田宅、兵籍、诉讼等。初时一佐领统辖三百人，后改定为二百人。其长亦称佐领，世袭者称为世管佐领，选任者称为公中佐领。

[2]经制：治国的制度。

[3]把总：明清各地总兵属下以及明驻守京师三大营、清京师巡捕五营皆设把总，为低级武官。

[4]千总：官名。明初京军三大营置把总，嘉靖中增置千总，皆以功臣担任。以后职权日轻，至清为武职中的下级，位次于守备。

[5]嘏（gǔ）：福。

58. 厅员陈维周请暂留数月由

【题解】

每年三、四月份为漕粮次第抵达京城的日期，坐粮厅总理全漕事务，最为繁重，在验运米石之时尤吃紧，必须熟悉利弊之员办理，方无贻误。光绪十二年(1886)二月十一日奉硃笔圈出户部郎中凌行均任坐粮厅汉监督，该员尚未禀明到任，即于本月十五日病故。汉监督陈维周在厅两年，整顿储务极称熟悉，前报差满。又因满监督善承刚刚到任，储事正资练习。如果照例咨吏部更代，辗转有需时日。兴廉、游百川出于对全局工作的考虑，再三筹商，斗胆向慈禧上疏"将陈维周暂留厅任数月，俟全漕竣事，再行咨部更替"。

【奏文】

兴廉等(折) 厅员陈维周请暂留数月由 (草折具)奏

二月二十二日(呈)

臣兴廉、臣游百川跪奏，为漕粮将次抵通，拟请将任满厅员暂留数月，以资办公，恭折仰祈圣鉴事。

本月十五日，臣衙门接准户部咨照，补放坐粮厅汉监督员缺。二月十一日奉硃笔圈出户部郎中凌行均等因，该员尚未禀明到任，即据厅员善承等报称，凌行均于本月十五日病故等情。臣等伏查，坐粮厅一缺总理全漕事务，最为繁重，而尤吃紧。故则在验运米石之时，必须熟悉利弊之员办理，方无贻误。差新任员均系生手，措置[1]稍有疏虞[2]，处之固之丛脞[3]，是以先年每有奏留熟手之案。今已满汉监督陈维周在厅两年，整顿储务极称熟悉。前报差满时，臣等因满监督善承甫经到任，储事正资练习，议拟奏请将该员暂留数月，乃恐格于定章，有于部驳。量以照例咨部更代，前凌行均未及到任即报出缺，若续咨取人员，奏请补放，辗转有需时日。而东省暨江浙漕粮不日抵通，既恐办公需员不能应期得力，且届时两厅同系生手，尤恐验运事宜难期妥速。臣等筹商再四，惟有历陈实情。可否将陈维周暂留厅任数月，俟全漕竣事，再行咨部。更替之处出自圣裁，臣等未敢擅拟所有。厅员全易生手，办漕恐难妥协。情形理合具折陈明。伏乞皇太后、皇上圣鉴，训示遵行。

再，臣兴廉偶因感冒，未克呈递膳牌，合并陈明。谨奏请旨。

二月二十二日

(硃批)光绪十二年二月二十二日奉旨："钦此。"

【注释】

[1]措置：安置，办理。

[2]疏虞：疏忽，失误。虞(yú)：预料

[3]丛脞：琐碎，杂乱。脞(cuǒ)：细碎，烦琐。

59. 查明厅员经管税课无增卡重征情事由

【题解】

光绪十二年(1886)九月初九日，兴廉、游百川承准军机大臣字寄："奉上

谕，有人奏‘通州坐粮厅信任委员吏胥，增卡重征’一折，钦此。”兴廉、游百川随即遴派妥员改装易服前往各该处密访提据，经查无增卡重征并税及粗粮情事。又密扎东路厅同知郝联薇，按照所参各节再行查复，该同知禀称，查坐粮厅例设各税口共计十三处，从未委派人员增卡收税。游百川还对落地货物、通路货物、抽收的粮食税银税收项目、税收标准及之前账目进行了核查，对肩挑负贩之粗粮，不准，并无加重征收，且从不征收税课。

【奏文】

仓场衙门折　查明厅员经管税课无增卡重征情事由　（草折具）奏

（光绪十二年）九月二十九日（呈）

臣兴廉、臣游百川跪奏，为遵旨查明厅员经管税课[1]，尚无增卡重征[2]情事，谨将查办情形恭折复陈，仰祈圣鉴事。

九月初九日，承准军机大臣字寄：“奉上谕，有人奏‘通州坐粮厅信任委员吏胥，增卡重征’一折，钦此。”遵旨寄信前来。臣等逐即遴派妥员改装易服前往各该处密访提据[3]，复称查无增卡重征并税及粗粮情事。臣等尚恐有不实不尽，遂又密札东路厅同知郝联薇，按照所参各节再行查复。兹据该同知禀称，查坐粮厅例设各税口共计十三处，向不任用委员[4]。惟本年四月间将崔家楼税口移设香河县属之郭新庄，杨富店税口移设顺义县属之河南村。原因河流改道，崔家楼、杨富店两处口所几同虚设，经直隶总督派员查看，奏明户部核复，准其移设。开征之日即将崔家楼、杨富店旧日税局裁撤。此开彼停，仍系例定[5]十三口所之数。并无“无处不卡”情事。

又查各税口征收税银，其落地货物每作价银一两抽收税银八厘，外收加一火耗银八毫；通路货物每作价银一两抽收税银三厘，外收加一火耗银三毫，均系按照部颁税则，并无格外苛敛征、无货不税情事。又查，抽收粮食税银，系专收由天津芦台各处贩运装载船只之粮石。至本境各项粗细粮食，在附近集镇售卖者向不征收。至肩挑负贩[6]之粗粮,不准,并无加重征收,且从不征收税课。此查明坐粮厅所设税局之实在情形。并咨提各税口送到卷据[7]及收税底簿,均属相符[8]等语。臣等复加察核,坐粮厅移设税口两处,委系遵照部章委员,及东路厅所称并无增卡重征情弊,尚属可信。惟厅员善承、周芳朴均到任未久,屡奉部文严饬整顿税务,是以所派丁役较多。该两处及要隘处所,既有丁役不时巡查,以防绕越,则难免商贩人从而生疑。原奏所谓北属杨富店至顺义县界,南自崔家楼郭新庄至香河县界,几于无处不卡,系属事出有因。除由臣等严饬该厅即行裁减丁役,并痛禁吏胥不得藉端扰累商民外,仍不时严密稽查。倘有前项情弊,即由臣等从严参办。

所有查明厅员经管税则,尚无增卡重征缘由,谨恭折复陈。伏乞皇太后、皇上圣鉴。谨奏。

(光绪十二年)九月二十九日

(硃批)光绪十二年九月二十九日军机大臣奉旨:"钦此。"

【注释】

[1]税课:旧时税收机关中分设的部门。

[2]增卡重征:增加关卡加重征收。重(zhòng)征:重税。

[3]提据:搜集提取证据。

[4]委员:委派人员。

[5]仍系例定:依旧按照法律制定。

[6]负贩:小商贩。

[7]卷据:收税单据。

[8]相符:相合,彼此一致。

60. 东省河工仍宜分流入南河故道由

【题解】

黄河从咸丰五年(1855)在河南铜瓦厢决口,灌大清河入海,大清河逐渐由地下河变为地上河,沿河两岸的民埝逐渐增高加厚。光绪九年清政府批复游百川、陈士杰"筑长堤并遥堤",黄河下游的河床越於越高,黄河两岸的堤坝随之越筑越高。此时,黄河的态势发生了很大变化。黄河改道初期的"南流""北流"之争,以"顺水性"北流取胜。直至光绪十二年,尽管黄河下游的长堤越筑越高,但每遇黄河水势盛涨,黄河依然决口不断。陈士杰因黄河经常决口,"治河不善,民怨甚多",托病辞职。光绪九年游百川、陈士杰曾提出"疏、堵、分流"三策综合治理的方法,其中"分流"一项一直未得到实施。光绪十二年,张曜接替陈士杰任山东巡抚,工作重点是督治黄河。张曜根据当时黄河下游水势抬高,直逼黄河河南段的发展态势,上疏提出了"分黄流十分之三入南河故道"的主张。游百川从实际出发审时度势,也及时向皇帝提出了"东省河工仍宜兼用抚臣初议,分流入南河故道之策,以期确有实效"的建议,详细陈述了"三分之一分南流"的可行性与迫切性。清政府并未采纳,为光绪十三年九月三十日郑州黄河决口埋下了隐患。

【奏文】

游百川(折)　东省河工仍宜分流入南河故道由　(草折具)奏

(光绪十二年)十月二十日(呈)

仓场侍郎臣游百川跪奏，为东省河工仍宜兼用抚臣初议，分流入南河故道之策，以期确有实效，恭折仰祈圣鉴事。

窃维黄河泛滥，为患日深，我皇太后、皇上轸念民生，特命张曜[1]为山东巡抚，拨帑二百余万金，责成办理，凡在臣民同深感戴[2]。顾臣前阅邸抄[3]，见该抚疏称[4]分黄流十分之三入南河故道，经营[5]避凶[6]，煞费苦心。先虽历陈[7]全复故道，势有三难。而减水分流妥筹办法，则谓工省费轻，有利无害，深冀其说之得行[8]。乃此次折内所谓分流者则仅指导入徒骇[9]，以数十丈之河面断难容纳黄流，终恐不免泛溢[10]。而该抚不复议及南河[11]者，诚以前为钦派大员自可统筹南北全局。自官东抚以后，责有专归，实难兼辖他省，故万不得已，仅就山东施工其分流入南河之策。前曾奉旨交南省督抚会议，迄今未见明文，致[12]令治河良策寝阁[13]不行，诚为可惜。

臣再四思维，近年专事堤防[14]，专筑攸决[15]，屡筑屡决，其不足深恃[16]，已可概见。而只用徒骇分水，又实不能容纳。与其为迁就之计，但顾目前，徒耗数百万之帑金，终归无济。曷若[17]兼权熟计[18]，早为久远之图。惟有仰恳天恩，仍将该抚所奏分黄流十分之三入南河故道，命各督抚查照原折，细加体察实在情形。既旧分流，并非掣动大溜全入南河，不过就原有之河槽，量加挑浚，于南民田庐毫无妨碍，且建蓆[19]闸石坝分水，多寡自有限制。御灾悍患[20]之计，莫要于此。臣尝旁加[21]询访，咸谓南省舆情亦无不顺从。伏愿宸谟独断，饬下南省各督抚实心任事，不分畛域[22]，会商山东抚臣将分流入故道之策坚意举行，以期帑不虚糜，功归有济。即堵筑不容偏废，而水势既减，堤防亦易为功。此又不待辩而自明者也。臣往岁曾奉旨察河，不得膜视[23]，用是[24]自忘迂拙[25]，披沥上陈[26]。是否有当，伏乞皇太后、皇上圣鉴训示，谨奏。

（光绪十二年）十月二十日

（硃批）光绪十二年月日军机大臣奉旨："钦此。"

【注释】

[1]张曜(1832—1891):字朗斋,号亮臣,祖籍浙江上虞。河南固始兴办团练,抵御捻军和太平天国,因军功累次擢升。光绪十一年,授河南布政使,光绪十二年调补山东巡抚,治理黄河。光绪十七年,卒于任上,追赠太子太保,谥勤果,入祀贤良祠。

[2]感戴:感激而拥护。

[3]顾臣前阅邸抄:臣回顾前段时间阅读邸报。

[4]疏称:奏章上说。疏:臣下向皇帝进呈奏章(奏折)。

[5]经营:筹划并管理。

[6]避凶:避开祸害。

[7]历陈:一条一条地陈述。

[8]深冀其说之得行:真心地希望他的分流之说得以实行。

[9]徒骇:徒骇河。

[10]泛溢:漫溢,泛滥。

[11]南河:指黄河南流故道。

[12]致:致使。

[13]寝阁:搁置。

[14]专事堤防:单纯修筑堤防。

[15]专筑攸决:这边堵筑那边决口。

[16]其不足深恃:这种治河方法不足以依赖。

[17]曷(hé)若:何不。

[18]兼权熟计:全面衡量周密地谋划。

[19]席(xí):同“席”。

[20]御灾悍患:抵御天灾横患。

[21]旁加:再一次。

[22]畛域：界限。

[23]膜视：轻视。

[24]用是：因此。

[25]迂拙：迂阔笨拙。

[26]披沥上陈：披肝沥胆竭诚向皇帝述说。

61. 江苏河运漕粮验收完竣请将粮道成桂等奖励由

【题解】

本奏折为请奖折。光绪十三年(1887)八月，在粮道总督成桂及总办委员的共同努力下，江苏八起漕船顺利抵达通州粮仓，验收完竣，米色纯洁，均无短欠。该年河运米数较上年倍加，尽管渡黄入运节节阻滞，督催不易；粮船挽过天津关又值河水涨发，纤挽维艰，该道督饬总办委员设法前进，妥速抵坝。成桂总理河运、海运事务，督率有方，诸臻妥善；总办委员催趱认真，不辞劳瘁。兴廉、游百川从工作全局出发，注重奖惩，振刷精神，根据以前的惯例上疏“江苏河运漕粮验收完竣，谨将督运粮道总办委员吁请奖励”。

【奏文】

仓场衙门折　江苏河运漕粮验收完竣请将粮道成桂等奖励由　(正折具)奏

(光绪十三年)八月十七日(呈)

臣兴廉、臣游百川跪奏，为江苏河运漕粮验收完竣，谨将督运粮道总办委员吁请奖励，恭折仰祈圣鉴事。

窃查江苏本年起运漕粮，经该省督抚臣奏明提拨十万石办理河运，饬粮道成桂赴沪查验海运米石，后驰往清江，督催放闸，仍由陆路赴津通[1]办理交兑事宜，并委候补知府潘学祖催趱[2]北上等因，奉旨允准遵行。前据该道将河运八起漕船督运抵通，验收完竣，米色纯洁，均无短欠。今届河运米数较上届倍加，渡黄入运[3]节节阻滞，督催不易；挽过[4]天津关又值河水涨发，纤挽维艰[5]；经该道督饬总办委员设法前进，妥速抵坝。该道总理河、海运务，督率有方，诸臻妥善；总办委员催趱认真，不辞劳瘁。溯查同治五年江北试办河运，抵通全完，经前任仓场侍郎奏请，给予粮道总运委员奖励，钦奉谕旨允准。此次江苏河运，事同一律，合无仰恳天恩俯准，将三品衔江苏督粮道成桂赏加二品顶戴。总办委员道员用江苏候补知府潘学祖，拟请旨交部从优议叙。可否赏给随带加级，以示鼓励之处，出自逾格恩施[6]。至押运催趱[7]各员并着勤劳，另由臣等移咨江苏抚臣分别奖叙。

除将该道员等履历咨送吏部查照外，所有臣等请奖办理河运粮道委员缘由，理合恭折具奏，伏乞皇太后、皇上圣鉴。谨奏。

光绪十三年八月十七日

【注释】

[1]津通：天津、通州。

[2]催趱：催赶，督促。

[3]渡黄入运：（粮船）渡过黄河驶入运河。

[4]挽过：用尽全力。

[5]纤挽维艰：行船艰难。

[6]逾格恩施：破格恩赐。

[7]催趱（zǎn）：清代漕运，沿途地方官皆有督同催运责任，谓之趱重催

空，省称催趱。

62. 全漕告竣请奖由

【题解】

本奏折为请奖折。光绪十三年(1887)十月十九日，江苏浙江海运、山东江北江苏河运漕白粮米，暨两湖采办漕粮、奉天额运米豆，先后挽运到通。兴廉、游百川率坐粮厅随时验收，饬令派出在事各员认真经理，随到随卸，转运入仓。参照江浙海运漕白粮米，改由粮道径行起剥，运赴通州交纳。直隶应办事宜，经直隶督臣暨仓场衙门核议，奏咨章程，天津通州两处办运委员书吏核其劳绩，奏保每处以六十五员为度给予奖励。并罗列了奖励名单及奖励品衔。

【奏文】

仓场衙门折　全漕告竣请奖由　(正折具)奏

(光绪十三年)十月十九日(呈)

臣兴廉、臣游百川跪奏，为全漕告竣，谨将在事出力员弁照案奏恳恩施，恭折仰祈圣鉴事。

窃照江浙海运漕白粮米，改由粮道径行起剥[1]，运赴通州交纳。直隶应办事宜，经直隶督臣暨臣衙门核议，奏咨章程，天津通州两处办运委员书吏，核其劳绩，奏保每处以六十五员为度等因，循办在案。本年江苏浙江海运、山东江北江苏河运漕白粮米，暨两湖采办漕粮、奉天额运米豆，先后挽运到通。经臣等督率坐粮厅随时验收，饬令派出在事各员认真经理，随到随卸，转运入仓，业于八月十七日奏报在案。

所有任事各员，不无微劳可录，臣等详加酌核。除出力较次员弁兵丁应由臣等核给咨奖外，通永河道许钤身[2]，拟请交部从优议叙；坐粮厅满监督记名道府吏部郎中善承、汉监督记名道府礼部郎中周芳朴，均拟请俟得道员后赏加二品衔。此外，办运出力之咨调委员六十五员、地方文武印官、漕务专员共十四员、臣衙门派出监督笔帖式十三员、大通桥所调京营巡粮武弁十七员，分缮清单三件，恭呈御览。可否照拟给奖之处，出自圣主鸿施[3]。

除饬取各委员履历咨送吏部备查外，所有请奖办运员弁缘由，谨恭折具奏，伏乞皇太后、皇上圣鉴，谨奏。

光绪十三年十月十九日

【注释】

[1]起剥：在岸和大船之间用小船转运客货。

[2]许钤（qián）身：字仲韬，亦写作仲，浙江省钱塘县（今杭州市）人。清末外交官，官至直隶候补道。曾被清廷任命为首任驻英国副使和首任驻日使节，虽因故未能赴任，但在协助李鸿章处理一系列对外交涉事务以及训练北洋舰队等方面，做出不小成绩，对近代洋务作出了重要贡献。

[3]鸿施：鸿恩。

附片　仓场衙门片

再，光绪十二年，臣等奏保办运人员案内，查有六品衔主簿用[1]庆丰闸闸官韩兆霖请俟补主簿，后以州判尽先补用。吏部查与章程不符，驳令另核请奖。

又十三年保案内，查有顺天府教授刘东美一员，请俟选知县后，以直隶州知州在任候补。通州学正[2]高作宾一员，请仍以知县在任候选。

吏部查：刘东美已升选国子监博士，高作宾先已保有在任候选知县之案，均难核议[3]。应令另核请奖各等因在案。伏查该三员保案，既经吏部奏令，另核请奖，自应照依办理。

臣等公同商酌，拟将韩兆霖改请俟补州吏目，离任归主簿班后以州判用；刘东美改请俟截取同知后以本班尽先升用；高作宾改请俟选知县后加同知衔。为此附片奏恳。伏乞圣鉴，饬议[4]施行。谨奏。

(硃批)(光绪)十四年？十二月二十二日

【注释】

[1]主簿用：主簿岗位借用。主簿：官名，其职责为主管文书，办理事务。

[2]学正：宋、元、明、清国子监所属学官，协助博士教学，并负训导之责。宋元路、州、县学及书院设学正；明清州学设学正，掌教育所属生员。这里指通州地方学校学官。

[3]核议：犹谈判。

[4]饬议：饬令商议。

63. 桥闸运米扛价仍恳援案展复三毫银两由

【题解】

光绪十一年以来，银价呈减落之势，漕粮船只在桥闸处装卸搬运工费，皆须以银易钱发付。本应参照户部文件，通惠河四闸及大通桥水脚，“每运米一石例支扛价银三厘”，后来户部又减去三毫，只按二厘七毫给领。因是，仓场衙门的经费支出非常拮据，若再停止三毫银两，办公必致不敷。基于此，兴廉、游百川上疏请求“桥闸运米扛价，体察情形，仍恳援案展复三毫银两以利运务”。提案得到慈禧的批准。

【奏文】

仓场衙门折　桥闸运米扛价仍恳援案展复三毫银两由　（草折具）奏

（光绪十三年）十月十九日（呈）

臣兴廉、臣游百川跪奏，为桥闸运米扛价[1]，体察情形，仍恳援案展复三毫银两，以利运务，恭折仰祈圣鉴事。

窃照通惠河四闸及大通桥水脚[2]，每运米一石例支扛价[3]银三厘，嗣经减去三毫，只按二厘七毫给领。嘉庆、道光、同治年间，屡有暂复三毫之案。光绪元年，该水脚办公竭厘[4]奏请自二年起暂复三毫，每石以三厘给领。六年，嗣经限满，前传所等因，运务甫见[5]转机，未便停止，仍请展复六年等因，奏奉谕旨允准在案。现在又满年限，自应照章停止。惟查频年银价减落，该役等承运粮石皆须以银易钱发付。因是，仍形竭厘[6]，若再停止三毫银两，办公必致不敷。据坐粮厅大通桥各监督恳请展复前案，臣等详加访查，尚属实情。合无[7]仰恳天恩，俯准援照前案四闸并大通桥水脚扛价，自光绪十四年起再行展复三毫六年，庶于运务有裨。为此恭折奏恳，伏乞皇太后、皇上圣鉴，谨奏。

（光绪十三年）十月十九日

（硃批）光绪十三年十月十九日奉硃批：“钦此。”

【注释】

[1]扛价:扛运粮食工时费。

[2]水脚:水路运输搬运装卸费用。

[3]例支扛价:照例支付扛工的工钱。

[4]竭厘:竭力。

[5]甫见:刚刚呈现。

[6]仍形竭蹶:仍然很拮据。

[7]合无:何不。

64. 仓廒工程紧要请仍留部款分案兴修由

【题解】

清末同光时期,国家运每况愈下,国库空虚,各项开支捉襟见肘,就连京通粮仓仓库的维修款项也被叫停。京通各仓请修之廒,约计一百数十座,而龙门官厅尚不在内。"各仓廒座,自停给岁修银款,因而渗漏残破,年复一年,遂多倒塌"。多年累积下的工程,工繁费钜,断难同时并举。兴廉、游百川反复筹商,决定根据轻重缓急,分年分案赶速次第兴修,并向皇帝提出,在每年应还户部银两内留存二万两以为修廒之用,约计三四年间即可次第修整。拟请如有不敷,即由通库款内筹补。如果还有赢余,归入下次动用。兴廉、游百川的请求得到了慈禧的允准。

【奏文】

仓场衙门折　仓廒工程紧要请仍留部款分案兴修由　（草折具）奏

（光绪十三年）十月十九日（呈）

臣兴廉、臣游百川跪奏，为仓廒工程紧要，拟请仍照臣等前议，酌留部款，分案兴修，以期安远而慎积储，恭折仰祈圣鉴事。

窃臣等前以京通各仓廒座年久失修，倾圮[1]特甚，拟分年分案次第兴办。所需款项，即于每年解还[2]部库银内酌留二万两济用。其一切修建章程，俱即援照臣衙门历次修廒成案办理。光绪十一年五月二十二日附片陈请，恭奉谕旨交部议奏，旋经户部以工部曾有奏案："各仓工程应照定例奏章办理。此次仓场请建仓廒，应由该侍郎查看情形照例办理。至于所请留存解部银二万两之处，未便照准等因复奏。奉旨依议，钦此"，知照到臣衙门，钦遵在案。迄今又阅两年，应修各廒情形益重，进仓米石廒座实在不敷分储[3]，已有露积之患，万难再行从缓。第户工二部皆奏令照例办理，臣等遂将京城各仓，应修廒内先择其情形次重者共三十九廒，需费较少，开单移咨工部勘估兴修。旋准[4]，复称应由仓场自行奏明办理等语。

伏思各仓廒座，自停给岁修银款，因而渗漏残破，年复一年，遂多倒塌。臣等反复筹商，查京通各仓请修之廒，约计一百数十座，而龙门官厅等工尚不在内。工繁费钜，断难同时并举。惟有先将情形次重者，分年分案赶速次第兴修，庶少[5]易于集事。至应需钱粮舍，酌留解部银款之外，无从筹备，惟有拟请仍如臣等前奏，在每年应还部库银内留存二万两以为修廒之用，约计三四年间即可次第修整。惟是分年修造，则每次所需银款多寡不一，拟请如有不敷，即由通库款内筹补。设有赢余，归入下次动用。至于一切修建章程，并请援照臣衙门办过成案，饬令各仓监督招商估价，仿照民间作法工料随时价之低昂[6]议价。除一切之浮费[7]，照例保固年限，不准稍涉虚糜。仍于每次工竣，开具清单，报部存案，以归简易而济委工。

所有拟请仍留部款分年修造仓廒，以济委需缘由，理合恭折具奏。伏乞皇太后、皇上圣鉴训示遵行。谨奏。

（光绪十三年）十月十九日

（硃批）光绪十三年十月十九日奉旨："钦此。"

【注释】

[1]圮(pǐ)：塌坏，倒塌。

[2]解还：解押返还。

[3]不敷分储：不能够再盛放。

[4]旋准：立刻准许。

[5]庶少：庶：副词。希望，或许。少：少有。

[6]低昂：高低。

[7]浮费：不必要的开支。

65. 河患未弭亟宜长策变通而救民生由

【题解】

光绪十三年(1887)9月30日，黄河在郑州下汛十堡处决口，初三十余丈，越三日至三百余丈，夺溜南趋灌入贾鲁河，又东会涡河，南注周家口，入淮河，全河继流，灾情严重。郑州黄河大决口后，清政府首先考虑的不是迅速抢堵，而是“黄流横决,恐匪徒为患”,命曾国荃、裕禄各回两江、湖广总督本任,以资防范。直到10月15日,朝廷才发帑银10万两赈灾;11月9日,朝廷才命令礼部尚书李鸿藻往郑州视察河工抢修情况。由于决口抢修工程不够坚实,已成河工于1888年6月30日复被水淘刷失事。直到1889年1月20日河口方才合龙。游百川将几十年的黄河治理弊端总结为“此堵彼决,边堵边决,耗时耗资”。对这次黄河决口一事,游百川看在眼里痛在心里,不顾此行超越了自己的职责权限,斗胆秘密上疏《河患未弭亟宜长策变通而救民生由》。该提议得到两江总督曾国荃、漕督卢士杰的坚决反对,最终搁浅。

【奏文】

游百川(折) 河患未弭亟宜长策变通而救民生由 (素面正折具)奏

(光绪十三年十二月二十七日呈)

仓场侍郎臣游百川跪奏,为河患未弭,亟宜妥筹长策,变通办理,以纾国计而救民生,恭折仰祈圣鉴事。

窃自郑州决口,黄流南趋,仰蒙圣主轸念民艰,叠颁赈款,并截留河运南漕二十余万石,普救灾黎。近恭阅邸钞,谕令李鸿藻督办大工,会同李鹤年、倪文蔚迅速堵合,凡所以奠安[1]民生者,睿虑[2]至周且备矣。臣愚窃维堵筑郑工为当务之急,然不变通办理则合龙无期;且但筹郑工而不通筹黄流经由之路,水患仍未有艾也。

溯自铜瓦厢开决以来,黄流下灌济河[3],比因军务方殷,不遑[4]堵筑。济河之宽不过里许,而当其始,两岸壁立,河底深通,水由地中,为患尚浅。自历年冲漫,日淤日高。微独[5]济河全无水漕,即旁泻之徒骇,亦底高于岸,直无宣泄之路矣。夫水势就下,下流不畅,上流斯决[6]。论者谓将来水患必在上游,今年郑工之决,其见端也。现在铜瓦厢断溜,下游沙积更甚。若不趁此时深思远虑,为黄水统筹全局,恐将来河南直隶水患,更有不堪设想者。

夫筹黄水经由之路，臣愚以为舍规复淮徐故道，别无长策。盖南河宽于济河不啻[7]十倍，宽则可以容纳，所以本朝历由南河施工，形势所关，此彰明较著者也。说者谓规复故道，一切培堤挑淤及安插占种[8]河滩之民，工费浩繁，措办不易。然前因筹度分流南河，曾经各该省会计江南需银七百余万、河南需六百余万、山东需千五百余万。现时铜瓦厢干涸，施工甚易。若趁此时一面办理郑工，一面挽复故道，则山东需费不过数十万，较原估之数所省奚止[9]百倍。似此机会，失之可惜。至江苏河南两省需银千余万，虽云工款仍巨，殊不思黄流无道，氾[10]滥成灾，能免朝廷之顾虑乎？前人有曰：能知费之为省，乃真能省费者也。且人第知南河之淤，而不知济河之淤尤甚。此次郑州决口为患已巨，总由济河窄小，不足吐纳黄流。

臣往年奉命视河，曾有藉徒骇、马颊三分黄流之请。其时河未全淤，分流犹易为力；今则积垫愈高，分流亦无由奏效矣。臣愚以为，与其用无限之费而患不可弭，何如规复故道为国家久远之图？若夫堵合郑工需料甚多[11]，集料甚难，盖往常地方所产秸料不足给居民炊爨[12]之用，犹必假樵采以济之。况当被水旱之区，所出无多，购办既万分拮据，而粗笨之物搬运尤难，现闻尚未开办。此拘泥成法，不思变通办理之故也。臣闻塞河不必专用秸料，如前河臣黎世序[13]则用碎石，栗毓美[14]则用砖块，虽未明言致用之方，而就此设法，相几办理，克期趋事赴工，当必有济。不远胜于集料维艰、株守以待乎？

伏望圣裁广运，饬下直隶山东河南江苏沿河各督抚，思患预防，兼权[15]并计，乘郑工赶办之先，会筹定议，同力合作，务期黄水得复淮徐故道，以为经久之计，则出亿万生灵于昏垫，而河流顺轨安澜有庆矣。

臣区区愚悃，谨抒曲突徙薪[16]之见。冒昧渎陈，伏祈皇太后、皇上圣鉴。谨奏。

光绪十三年十二月二十七日

【注释】

[1]奠安:安定。

[2]睿虑:指皇帝的思考。

[3]济河:指大清河。

[4]不遑(huáng):无暇,没有闲暇。

[5]微独:不单是,不仅仅。

[6]斯决:决口。

[7]不啻(chì):不止。

[8]安插占种:占用田地。

[9]奚(xī)止:何止。

[10]汜(sì):水决后又流入。

[11]堵合郑工需料甚多:堵合河道郑工需要的材料更多。

[12]炊爨(cuàn):烧火做饭。爨:烧煮,代指生火做饭。

[13]黎世序(1772—1824):嘉庆元年(1796)进士,授江西星子知县,调南昌。擢江苏镇江知府。嘉庆十六年(1811),迁淮海道,与河督陈凤翔争堵倪家滩漫口,由是知名。

[14]栗毓美(1778—1840):嘉庆七年(1802)以拔贡考授河南知县,以后历任知州、知府、布政使、护理巡抚等职。道光十五年(1835)任河南山东河道总督,主持豫鲁两省河务。

[15]兼权:谓全面衡量。

[16]曲突徙薪:比喻事先采取措施,才能防止灾祸。曲:弯。突:烟囱。徙:迁移。薪:柴草。

66. 病请开缺由

【题解】

光绪十四年(1888)二月十四日,游百川六十六岁生日。过完生日后游百川渐感身体不适,不久患中风。经过几个月的调理,病仍未痊愈。光绪十四年七月十一日,游百川为不影响仓务工作,上疏《病请开缺由》。游百川的请求未得到朝廷的准允。

【奏文】

仓场侍郎游百川折　病请开缺由　(正折具)奏

(光绪十四年)七月十一日(呈)

仓场侍郎臣游百川跪奏,为假期届满,病仍未痊,恳恩赏准开缺调理事。

窃臣前因中风,叠蒙赏假,感悚莫名。满望即速就痊[1],照常供职,无如[2]医治虽渐见效,而步履维艰,举动仍需人扶掖[3],右手握笔不能成字。据医云,年逾六十,气血已衰,一时实难痊愈。伏念臣仓场滥列[4]七载,于兹本届漕船末起到通[5],正当请假期内,不克[6]亲身赴坝,寝馈难安。此后按期趋公,尤恐衰病之躯至滋旷误。不得已吁恳天恩,俯准开缺调理。一俟臣气体复元,即当泥首宫门求赏差使,万不敢稍耽安逸,自外生成[7]。所有臣因病恳请开缺缘由,谨缮折具奏,伏祈皇太后、皇上圣鉴。谨奏。

光绪十四年七月十一日

【注释】

[1]满望即速就痊:原本盼望快速痊愈。痊:痊愈,病情好转,恢复健康。

[2]无如:不料。

[3]扶掖(yè):搀扶。

[4]滥:谦词,才不胜任。

[5]到通:抵达通州。

[6]不克:不能。

[7]万不敢稍耽安逸,自外生成:万不敢贪图丝毫的安逸而置身事外。自外:置身于事物之外。

67. 抵仓粮石全数进仓由

【题解】

光绪十四年(1888)七月,山东、江苏、浙江、湖南、奉天等省,河运、海运漕白米豆验收完竣。大通桥监督祥祺等报称,运桥平斛漕白米豆一百一十一万九千二百二石零全数进达京城各仓。坐粮厅福善等呈报,运进通州西中二仓平斛漕白米九万九千六百四十石零,统计运进京通各仓漕白粳籼粟米黑豆一百二十一万八千八百四十二石零,已全数进仓完竣。仓场衙门按照工作惯例奏报朝廷。

【奏文】

兴廉等(折) 抵仓粮石全数进仓由 (草折具)奏

（光绪十四年）七月十八日（呈）

臣兴廉、臣游百川跪奏，为抵通粮石全数进仓，循例恭折奏闻事。

窃查本年山东、江苏、浙江、湖南、奉天等省，河运、海运漕白米豆验收完竣，前经奏报在案。兹据大通桥监督祥祺等报称，运桥平斛漕白米豆一百一十一万九千二百二石零，全数进达京城各仓。又据坐粮厅福善等呈报，运进通州西中二仓平斛漕白米九万九千六百四十石零，统计运进京通各仓漕白粳籼粟米黑豆一百二十一万八千八百四十二石零，现已全数进仓完竣。除照例饬发各仓监督封条，将存储各廒门板片一律严密封固，轮班值宿以专典守[1]外，臣等仍随时稽察[2]，用昭[3]慎重。再查例载漕粮过闸过坝各处撒落米石，应饬令扫收，共得若干，据实其奏等因。今据厅桥各监督将扫收闸坝各处平斛米四石七斗九升呈报前来，臣等已饬运进太平仓。俟估定成色[4]，再行咨部[5]照案办理。所有抵通粮石，全数进仓缘由，理合循例[6]恭折奏闻。伏乞皇太后、皇上圣鉴。

再，臣游百川现蒙赏假，未克呈递膳牌[7]，合并陈明。谨奏。

（光绪十四年）七月十八日

（硃批）光绪十四年七月十九日奉旨："钦此。"

【注释】

[1]典守：主管，保管。

[2]稽察：检查。

[3]昭：昭布，明文公布，公开晓喻。

[4]俟估定成色：等待评估确定成色。

[5]咨部：咨询户部。

[6]循例:依照往例。

[7]膳牌:清代皇帝预备召见人员时所递的职名牌。

68.开办铁路民心惶骇请勿予施行由

【题解】

光绪十四年(1888)年九月,李鸿章认为兴建铁路的时机已经成熟,便致信由奕譞领衔主管的海军衙门,由海军衙门正式提出《请许造津通铁路》。十一月,朝廷批准了海军衙门请许造津通铁路的奏折。十二月丁酉,"御史余联沅、屠仁守、洪良品各疏请罢铁路,……旋翁同龢、奎润、游百川、文治等并言铁路不当修,亦并下议"①。

游百川持修建铁路有害无利的观点,原因有三:一、修建铁路将"坏人田庐,毁人坟墓",有悖民情;二、若铁路一通,"靠商旅往来以谋生者,势将全行歇业,众口嗷嗷",多人失业,将会带来一些社会问题;三、若铁路修成,"倘一旦偶有嫌隙,彼挟其火炮、火枪尽载之轮车之上,电掣雷奔,瞬息百里,其将何以御之",京城防御和京师安全将受到严重威胁。

在一片激烈的反对声中,清廷对津通铁路的修建又犹豫退却了,最终正式决定:缓修津通铁路,改修卢汉铁路。

【奏文】

仓场侍郎游百川折　开办铁路民心惶骇请勿予施行由　(正折具)奏

---

① 赵尔巽等:《清史稿》本纪二十三《德宗本纪一》,北京:中华书局,1977年。

（光绪十四年）十二月二十一日（呈）

仓场侍郎臣游百川跪奏，为敬陈管见，仰祈圣鉴事。

窃臣前闻洋人由天津呈进火轮车[1]数辆，此不过逞其技能，以为戏玩之具。嗣又传闻有由天津至京[2]开修铁路之说。此盖由言利（小臣）[3]粉饰其辞，谓为有益于国，无损于民，藉以荧惑[4]圣听，其亦不思之甚矣！无论坏人田庐，毁人坟墓，其显拂舆情者必不可行。即如车脚、店行，人数甚伙，全赖商贾茂迁[5]，百货流通以资养赡，若铁道[6]一开，悉归火轮车转运，则靠商旅往来以谋生者，势将全行歇业，众口嗷嗷，其能坐以待毙乎？说者谓铁道之行亦须雇用民夫，兼用外国股分票之法，凡人皆可入股，是利仍可散诸民间。但行走便捷需人，谅必无多。即股分一节，亦只便富商，于平民无与。若谓藉此转运漕粮，则变更成法[7]，窒碍[8]尤多，不但官造拨驳船废弃可惜，其船户、水手及纤挽人夫数万失业之民，无所藉资糊口，更为可虑。然此犹害之显者也。

《经传》所载“我疆我理，南东其亩”，固所以利农田，亦所以限戎马也。中国各省皆设关隘[9]，固所以便行旅，亦所以防奸宄也。今洋人铁道之修，径行直遂[10]，无顾土宜[11]，惟其戎车[12]是利。天津创办于先，他省或亦踵行于后。倘一旦偶有嫌隙，彼挟其火炮、火枪尽载之轮车之上，电掣雷奔，瞬息百里，其将何以御之？此明系狡黠[13]之谋，先啖之以利[14]而后为所欲为[15]。其计之毒、心之险，有令人不寒而栗者。

伏思皇太后垂帘听政以来，凡地方之利弊，臣工之献替[16]，以及军情之重，机务之繁，无不鉴察如神，谅非技巧所淆惑。此事未经显奉谕旨，其准驳有无，臣亦未能深悉，但闻通州一带插旗标志，并有张贴告示，民心惶骇，讹言四起，臣实不胜疑虑。惟望圣衷明断，勿予施行，则天下幸甚！

臣区区愚悃，冒昧渎陈，是否有当，伏乞皇太后、皇上圣鉴。谨奏。

光绪十四年十二月二十一日

【注释】

[1]火轮车:火车。

[2]京:即北京。

[3]此二字字迹不清,可能是作者有意涂抹过。但隐约可见为"小臣"或"佞臣"。佞臣:奸邪谄上之臣。

[4]荧惑:迷惑。

[5]茂迁:谓贩运买卖。语出《尚书·益稷》"懋迁有无化居"。

[6]铁道:铁路。

[7]变更成法:改变原定之法。

[8]窒碍:障碍,阻碍。

[9]关隘:险要的关口。

[10]径行直遂:随心愿行事而顺利达到目的。

[11]无顾土宜:不顾及实情。土宜:各地不同性质的土壤,对于不同的生物各有所宜。比喻实际情况。

[12]戎车:兵车,战车。

[13]狡黠(jiǎo xiá):狡诈。

[14]啖之以利:用优厚的利益和好处引诱或收买人。啖:吃,引诱。利:利益、好处。

[15]为所欲为:想干什么就干什么。

[16]献替:指大臣们劝善归过,提出兴革的建议。

69. 厅员福善差满援案暂留由

【题解】

清代，仓场粮厅满、汉监督的任职期限为两年，即两年一届。兵部郎中福善于光绪十三年(1887)十二月二十日到坐粮厅任监督，现已任职届满，按照规定，福善应离任，再更换他人前来任职。但是，坐粮厅正在筹办来年的岁漕应备事宜。筹备工作非常繁琐，像是查验船只、置办口袋、履勘河道、捡派运役诸务等，这些事务必须由满、汉监督共同细心筹画，和衷商办，才能确保全年运务不出差错。游百川考虑到若现在更换新人，恐怕新任监督不熟悉情况，工作不周而影响来年的漕运。出于对工作的全盘考虑，游百川上疏请旨将福善留任。

【奏文】

兴廉等(折)　厅员福善差满援案暂留由　(草折具)奏

(光绪十五年)十一月二十四日(呈)

臣兴廉、臣游百川跪奏，为厅员任满，适值筹办新漕[1]，可否援案暂留数月，谨具折陈请，仰祈圣鉴事。

窃查坐粮厅满监督兵部郎中福善，于光绪十三年十二月二十日到任，扣至本年十二月二十日，二年差满，例应咨部更代。惟该厅在筹办东年岁漕前应备事宜[2]，举凡查验船只、置办口袋、履勘河道、捡派运役诸务最为繁琐，必须满汉监督二人，细心筹画，和衷商办，始于统年运务有裨。若即更易生手，诚恐布置稍有未周,贻误即所难免。福善立厅两年,洞悉利弊,设将该监督暂留数月,俾与汉厅员刘子铨相助为理,臣等亦资臂助。卷查前任厅员何桂芳、诚勋、陈维周等,皆因任满时遇有要事,经臣衙门奏请暂留,仰荷[3]恩准有案。今福善差满,正值筹办先漕[4]事宜,尤关紧要。臣等筹商至再,惟有据实陈明,可否令福善暂行留办数月之处,出自圣裁,臣等未敢擅拟,伏乞皇上圣鉴训示,谨奏。

十一月二十四日

(硃批)光绪十五年十一月二十四日奉硃批:"钦此。"

【注释】

[1]转漕:由陆路向水路转运漕粮。古时陆运称"转",水运称"漕"。

[2]惟该厅在筹办东省岁漕前应备事宜:时值该厅满监督兵部郎中福善筹办一年一度水路漕粮由山东转至京师前的各项准备工作。东省:山东。岁漕:每年由水路运输粮食至京师或指定地点。

[3]仰荷:敬领,承受。

[4]先漕:漕运前的准备工作。

70. 遵睿仓查王姓等讯无情弊由

【题解】

光绪十五年(1889)十一月十七日,御史端良奏"本年九月间海运仓开放,镶白旗包衣及步营甲米，有仓匪勾结花户偷出米石甚多。经该仓拿获王姓及赵姓假称冯姓等二名，交西城坊看押。未闻作何办理，旋即释放，请饬究办”等语。慈禧看后下旨：“案关匪徒偷窃仓米，既经拿获，何以复行释放？着巡视西城御史、仓场侍郎、稽查海运仓御史一体查明，据实复奏，钦此。”该奏折是仓场侍郎兴廉、游百川遵照上谕经过详细排查后，将排查结果向皇帝作的说明。

【奏文】

仓场衙门折　遵睿[1]仓查王姓等讯无情弊由　(正折具)奏

(光绪十五年)十一月二十四日(呈)

臣兴廉、臣游百川跪奏，为遵旨查明，据实复奏事。

本月十七日，内阁奉上谕，御史端良奏：本年九月间海运仓开放，镶白旗包衣[2]及步营甲米[3]，有仓匪勾结花户偷出米石甚多。经该仓拿获王姓及赵姓假称冯姓等二名，交西城坊看押。未闻作何办理，旋即释放，请饬究办等语。“案关匪徒偷窃仓米，既经拿获，何以复行释放？著巡视西城御史、仓场侍郎、稽查海运仓御史一体查明，据实复奏，钦此。”臣等遵即一面访查，一面严札[4]海运仓监督确切查复。去后兹据该监督宗晋、韩荫棻[5]复称：向章[6]各仓放米之日，皆不许闲杂人等进仓，亦不准花户各役无故出仓。原以防偷窃，杜勾结也。此次职仓奉放镶白旗包衣及步营甲米，系自八月二十五日起，至九月初六日止。职等按日在仓督饬，认真开放。曾获车夫二名，搜出米二斗五升，当即责打示众。此外实无仓匪勾结花户偷米情事。或因传闻异词，以致御史指为仓匪。再，九月初间署理[7]查仓御史富亮到仓巡视，时近薄暮，放米事毕，吏役等有出仓买饭者，是以人数不齐。查仓御史曾于次日将贴书王姓小甲、冯姓二名交西城坊看押。嗣因讯无情弊，旋即放回。职等因该二人虽无别情，亦非赵姓假冒，惟值御史临仓[8]，并不小心伺候，究属误公，随即革退。此又拿获王姓等交坊看押，旋即释放之实情也。兹奉饬查，理合据实呈复等情，伏查该监督所复各节核与臣等访闻情形，尚属相符。除谕饬该监督实力防维，如有匪徒勾结舞弊，立即严拿究办外，理合恭折复陈。伏乞皇上圣鉴。谨奏。

光绪十五年十一月二十四日

仝[9]给事中文纲、御史富亮折随旨交

【注释】

[1]遵睿：遵旨。睿(ruì)：深明，通达，古代颂扬帝王用语。

[2]包衣：满语“包衣阿哈”的简称，亦简称“阿哈”。包衣：家的。阿哈：奴仆。

[3]甲米：发给八旗兵丁的禄米。

[4]严札：严格下发文件。

[5]棻(fēn)：有香味的木头。

[6]向章：以往章程(规定)。

[7]署理：代理或兼任官职。

[8]临仓：莅临仓库。

[9]仝：通“同”。

71. 禄米仓亏短米石拟勒限弥补由

【题解】

光绪十六年(1890)正月,兴廉、游百川对禄米仓进行例查时发现,查禄米仓积年气头廒底米数较多,存在用土米充当正米的情况,并有亏短米数。兴廉、游百川专折汇报,并拟请旨勒限饬令仓监督弥补。

【奏文】

兴廉等(折) 禄米仓亏短米石拟勒限弥补由 (草折具)奏

(光绪十六年)正月二十八日

臣兴廉、臣游百川跪奏,为禄米仓以放代盘,查有积年气头廒底[1]不堪作正之土米,并约计亏短米数。拟请勒限饬令弥补,以期米归有着,恭折仰祈圣鉴事。

窃臣等于光绪十年八月间,奏请禄米仓官员存米石以放代盘,奉旨允准在案,嗣于十一年六月间因各仓廒座不察,禄米仓现有空廒酌派新粮,奉旨允准,亦在案。所有该仓放款,除甲米仍照向章各仓轮放外,其余春秋官员俸米暨各项按月应放零款。自光绪十年九月起,均经户部按照奏章札派该仓开放。兹据仓监督恩全文实开单详报,自光绪十年九月底以放代盘,共陈存平斛粳籼粟米三十六万一千一百一十四石,除籼米粟米开放不计外,统共原存粳米业经放过二十三万四千三百九十五石,计尚存粳米三万一千六百三十六石。职等于现储陈存粳米内逐一详查,内有堪放之米七千余石,不堪开放米七千余石。又积年土米五千余石，约亏短陈存粳米九千余石。职等再四筹思，深恐以后不敷开放，可否将近年新收米石搭放之处，呈请训示遵行等情前来。臣等查该监督所报约计亏短米数例应查参罚赔，惟所请嗣后开放米石以近年新收之米搭放，以期官员兵丁食米无稍偏枯[2]，尚系因公起见。伏查同治七年二月间，原任仓场侍郎钟岱、宋晋奏请维持仓输折内声称：各仓节次盘查，不难水落石出。但一经盘查，累万盈千皆成悬款，嗣后如有亏短情形，拟饬勒限赔补暂缓查参，以期米数有着等因。嗣经户部核议，扣算亏短之数，立限勒赔。如限满放不足数，仍随将奏参，先后奏准遵行在案。此次禄米仓监督所禀亏短米数，臣等再四思维，总以米数有着为第一办法。诚以亏米未出，监督花户皆知顾忌，设法弥补尚易为力。一经败露，该监督花户自知无可保全而赔款，反致无着。可否将禄米仓监督恩全文实所报积年土米，并约计亏短米数，援照同治七年盘查南新仓成案，密饬该监督严督花户按限设法弥补，暂缓查参[3]之处，伏候圣裁，如蒙俞允准，臣等咨商户部，严定限期；倘逾限不能弥补，再由臣等请旨将该监督议处。花户送交刑部治罪。似此勒限弥补，庶花户知能畏惧，而储款不致虚悬矣。是否有当，伏乞皇太后、皇上圣鉴。谨奏。

（光绪十六年）正月二十八日

【注释】

[1]气头廒底：清代仓库制度名。气头：是指仓顶通风条件不好而最易受潮变质之米谷。廒底，是指仓底最易霉烂之米谷。

[2]偏枯：偏于一方面，照顾不均，失去平衡。

[3]暂缓查参：暂时停止弹劾。

72. 查明禄米等仓并无偷放黑档由

【题解】

光绪十六年(1890)闰二月十三日,兴廉、游百川接到军机处转来的本月十三日的上谕:"给事中金寿松奏'禄米等仓有匪徒马春山等偷放黑档盗窃仓米,并有正白旗乌什哈佐领下人全才等,把持勾结通事舞弊,请饬查拿'等语。着步军统领衙门顺天府五城御史按照原奏所指各犯逐名查拿,务获究办。至所称该犯等历年盗米不下二十余万石,前经给事中洪良品纠举,仅报查出亏短八九千石,未能彻究等语,着仓场衙门再行认真确查,据实复奏,毋稍含混等因,钦此。"接到圣旨后,兴廉、游百川马上进行彻底督查,经查"并无偷放黑档"。本奏折是兴廉、游百川对检查过程和督查结果进行的陈述。

【奏文】

兴廉等(折) 查明禄米等仓并无偷放黑档由 (草折具)奏

(光绪十六年)闰二月二十六日(呈)

臣兴廉、臣游百川跪奏,为查明禄米等仓尚无偷放黑档,并仓亏米数与前奏无异,恭折复陈,仰祈圣鉴事。

光绪十六年闰二月十三日,臣等承准军机大臣字寄本月十三日奉上谕:"给事中金寿松奏'禄米等仓有匪徒马春山等偷放黑档盗窃仓米,并有正白旗乌什哈佐领下人全才等,把持勾结通事[1]舞弊,请饬查拿'等语。着步军统领衙门顺天府五城御史按照原奏所指各犯逐名查拿,务获究办。至所称该犯等历年盗米不下二十余万石，前经给事中洪良品纠举，仅报查出亏短八九千石，未能彻究等语，着仓场衙门再行认真确查，据实复奏，毋稍含混[2]等因，钦此。”并抄交奏片前来。臣等现驻通州，督办漕前应备事宜。当传唤禄米等仓各监督到通，按照原奏详细询诘。该监督等佥称“实无偷放黑档之事”。臣等复采派妥实委员严密访查，旋据委员面禀，亦无前项情弊名等语。伏查私出黑档之说在昔全漕之时，录入四百余万石，花户多习为骄奢，随处浪费，此弊往往而有。今自减漕以来未能复旧，花户皆疲累不堪。且臣等自履任以后，知弊之最重者无如黑档，随时严密查访，如有风闻，定即指名严参。迄今日久，始悉黑档之弊，必须满汉监督与花户及在仓人役勾通一气，车脚道路皆已买通，方作此弊。未有监督一人不知而能行此者。臣等每接见监督，首先必勉以操守，尤教以须时时严防[3]。似不至有不肖[4]司员敢蹈不测之祸者。如该给事中所奏，盗放米至二十余万石之多，则用车不下万辆。各查仓御史何以未得奏闻？是“偷出黑档”一节，显系传闻之讹。至禄米仓之亏米，仅报八九千石一节，查该仓前因查仓御史洪良品陈奏奉旨查办，臣等切实根究，不敢稍涉含混。计自光绪十年九月底以放代盘，共存平斛粳籼粟米三十六万一千一百一十四石；除籼米粟米开放不计外，截至光绪十三年正月止，业经放过米二十三万四千三百九十五石，计尚存粳米三万一千六百三十六石。内有堪放之米七千余石，不堪开放米七千余石，又积年土米五千余石，实亏短粳米九千余石。经臣等于光绪十三年正月间奏请勒限弥补，以期米归有着。业经户部议处，奉旨允准，钦遵办理在案。前复委员照单再行确查数目，均属符合，别无舛错[5]情弊。除俟各该衙门拿获片内交拿各犯另行办理外，所有遵旨饬查缘由，理合恭折复陈，伏乞皇上圣鉴。再，臣游百川留通督办漕前事宜，未克呈递膳牌，合并陈明。谨奏。

（光绪十六年）闰二月二十六日

【注释】

[1]通事:官名。掌管呈递奏章、传达皇帝旨意等事。

[2]含混:模糊;不明确。

[3]尤教以须时时严防:尤其要告诉(他们)需要时刻严防。

[4]不肖:不成材。

[5]舛(chuǎn)错:谬误;错乱。

73.查明兴平仓并无偷拉米石由

【题解】

光绪十六年(1890)七月二十八日,德本奏《兴平仓偷拉米石,请旨饬查》一折。七月二十九日,兴廉、游百川接到军机处寄来上谕:"据称兴平仓开放镶红旗甲米饬役,该仓书吏、花户人等勾串仓匪李二,于七月十五日偷拉米数百石之多,请将该仓监督等惩办语。语着兴廉、百川按照原参各节确切查明,据实具奏。原折着抄给阅看,将此谕令知之。钦此。"兴廉、游百川即传唤兴平仓监督文溥、高秀峰,按照原奏各节,面加询诘,还秘密派出人员前赴兴平仓明查暗访。不久派出人员回复调查结果,暗查结果与兴平仓监督文溥、高秀峰、其他职司人员所说一致,"无偷拉米石"。兴廉、游百川将调查的方式方法、细节、调查过程、结果等进行了汇报和详情说明。

说明:本奏折的抬头为"臣兴廉、臣游百川跪奏",但奏折末尾却是"再,臣游百川现经请假,未克呈递膳牌,合并陈明。谨奏"。说明当时游百川是在患中风病假状态,未能亲自参与本案的调查。

【奏文】

仓场衙门折　查明兴平仓并无偷拉米石由　(草折具)奏

(光绪十六年)八月十六日(呈)

臣兴廉、臣游百川跪奏,为查明兴平仓并无仓匪勾串偷拉米石情事,恭折复陈,仰祈圣鉴事。

光绪十六年七月二十九日,承准军机大臣字寄二十八日奉上谕德本奏:兴平仓偷拉米石,请旨饬查一折。“据称兴平仓开放镶红旗甲米饬役,该仓书吏、花户人等勾串仓匪李二,于七月十五日偷拉米数百石之多,请将该仓监督等惩办语。语着兴廉、百川按照原参各节确切查明,据实具奏。原折着抄给阅看,将此谕令知之。钦此。”遵旨寄传前来。

臣等遵即传唤该仓监督文溥、高秀峰,按照原奏各节,面加询诘[1]。据称职仓奉放镶红旗大档甲米,逐日查仓,御史亲临监放,职司等均系在仓先为支应,将一切放米事宜预为备办妥协,以免贻误。七月十五日,职司率领吏役照常在仓伺候,实无见有花户人等偷拉米石情事。再查职仓现在当差,并无唤作李二之人,何由通仓勾串为等语。复经臣等密派委员前赴该仓明查暗访,旋据委员面复情由,与该监督等所禀无异。

臣等伏思仓亏一节,不能保其必无,然亏欠米数应以偷拉米石为断。既无偷拉米石,各廒亦无从亏欠,况原奏明称偷拉米至数百石之多,计非一二时刻、三五车辆所能私运出仓,仓门内外何无一二人查知禀报?或系该御史传闻之误。至该监督等所称李二,该仓并无其人。应由臣等严饬该监督随时严密访查,如有不法之徒进仓勾串书吏花户情事,立即严拿,禀由臣等送部治罪。倘该监督等核同徇隐[2],一并将该监督从严参处,不敢稍涉姑容[3]。

所有臣等查明兴平仓并无仓匪勾串偷拉米石缘由,理合恭折复陈。伏乞皇上圣鉴。

再，臣游百川现经请假，未克呈递膳牌，合并陈明。谨奏。

（光绪十六年）八月十六日

【注释】

[1]面加询诘：当面加以询察盘诘。

[2]徇隐：徇私隐瞒。

[3]不敢稍涉姑容：不敢稍微姑息纵容。

74. 请裁冗费以利河漕事（一）

【题解】

本奏折为素面奏折。封面左列题写“该部察核具奏”，右列是“题”字，题字下方盖有方印。这篇奏折是经过户部察核后的奏折。奏折扉页空白，左侧落款“仓场侍郎臣兴廉等谨题，为请裁冗费以利河漕事”。这是经户部、工部批准，“开通州税务，归并坐粮厅征收额税银两”后，对税收收支情况进行的核查汇报。

此篇奏折含有隐情：一是素面；二是题奏名称“请裁冗费以利河漕事”，题奏与奏折正文内容不符。题奏正文中，始终没提什么是冗费、为什么裁冗费、如何裁等，为什么要“呈报户工二部并移户科外”和请求皇帝“敕部查核施行”？三是奏文中的数字全部为大写。大写的数字不易改动，数字大写另有隐情，一反常态。

【奏文】

(仓场侍郎臣兴廉等折) (请裁冗费以利河漕事)(一) (素面正折具)奏

(光绪十六年)八月二十日(呈)

仓场侍郎臣兴廉等谨题,为请裁冗费[1]以利河漕事。

据坐粮厅常裕等呈称,案蒙户工二部劄付[2]内开通州税务,归并坐粮厅征收额税银两,照额解部[3],其盈余银两为修理五闸之堤岸,并潞河等处挑浅[4]之用等因,遵奉在案。

今查光绪拾叁年拾月初玖日起至拾肆年拾月初捌日止,共收税银捌仟捌佰贰拾贰两贰分伍厘,计分正额银陆仟叁佰叁拾玖两贰钱陆分,盈余银贰仟肆佰捌拾贰两柒钱陆分伍厘。兹将收税册档遵照关期届满叁个月题报考核之案先行呈送,并将动支经费壹并呈送,所□□[5](新收)项盈余银,因所收火耗不敷,经费动支过□□陆佰贰拾玖两贰钱叁厘,实存盈余银捌佰伍拾叁两伍仟陆分贰厘。连同正额共计存银柒仟壹佰玖拾贰两捌钱贰分贰厘,入于新收项下,分别支放,造册奏销。

除呈报户工二部并移户科外,理合呈请核题等情。臣等核算相符。除支销各款另疏题销外,为此具题。伏乞皇上圣鉴。

敕部查核施行,谨题请旨。

【注释】

[1]冗费:浮费,不必要的开支。

[2]劄付:官府中上级给下级的公文。劄(zhá):旧时的一种公文。

[3]解部:发送(押送)到户部。

[4]挑浅:挖河。

[5]原件字迹不清，无法辨认。据"(请裁冗费以利河漕事)(二)"推测应为"新收"二字。

75.请裁冗费以利河漕事(二)

【题解】

本奏折为素面奏折。封面空白，扉页居上记有"光绪拾陆年捌月贰拾陆日"，下方并行两列，从右向左为"仓场侍郎臣兴廉仓场侍郎臣游百川假"。长方形大印压盖在文字中央。奏折首页写"仓场侍郎臣兴廉等谨题为请裁冗费以利河漕事"。奏折正文非常简短，且文不对题。

此篇奏折含有隐情：一是素面；二是题奏名称"请裁冗费以利河漕事"，题奏与奏折正文内容不符；三是与上篇时间间隔较短，上篇时间为"光绪十六年八月二十日"，本篇时间为"光绪十六年十月初九日"；四是这两篇奏折中的时间、数字均为大写，与以往奏折中的时间、数量书写方式不同。大写的数字不易被篡改。

此篇奏折的政治背景如下：光绪十四年游百川患中风陆续请假以来，京、通二仓一百多个仓库的管理明显出现失控现象。期间给事中洪良品、给事中金寿松、御史德本等相继数次上奏奏折，称太平仓、兴平仓、禄米仓等仓廒存在黑档、内外勾结冒领、仓库粮食亏短等现象。慈禧除曾多次谕令仓场侍郎兴廉、游百川自查外，还饬令户部核查。《请裁冗费以利河漕事》(一)(二)两篇奏折存在文不对题、答非所问的嫌疑，是户部或其他主管部门将杂费派压到仓场衙门解决，还是仓场真的是亏空许多而假托"冗费"项目？有待明辨。

【奏文】

(臣兴廉等折) (请裁冗费以利河漕事)(二) (素面正折具)奏

(军机处公章下)光绪拾陆年捌月贰拾陆日

仓场侍郎臣兴廉、仓场侍郎臣游百川(假)[1]

仓场侍郎臣兴廉等谨题,为请裁冗费,以利河漕事。

据坐粮厅常裕等呈称,光绪拾叁年拾月初玖日起至拾肆年拾月初捌日止,所收税银除动支经费外,实存银柒仟壹佰玖拾贰两捌钱贰分贰厘,入于新收项下分别支放[2]等情,臣等核算相符。理合具题。伏乞皇上圣鉴,敕部查核施行。谨题请旨。

【注释】

[1](假):病假。指游百川在休病假。

[2]支放:发放。

76.禄米仓查有亏短请将该监督议处并自请议处由

【题解】

光绪十六年(1890)八月十四日,户部秘密通知仓场衙门,朝廷谕令吏部、户部联合对禄米仓进行盘查。接到户部通知后,兴廉遵旨立即严饬禄米仓仓监督等准备迎接户部盘查事宜,并添派桥仓各监督帮同照料。经户部部臣盘查完竣,实有亏短米石。兴廉一方面奏报将现任禄米仓监督户部堂主事容恩、都察院都事孟守箴先行交部议处;另一方面对自己的失于觉察行为做深刻的反省,并请旨将自己和游百川一并交部议处,用示惩儆。此时,游百川还在病假中。

【奏文】

仓场侍郎兴廉等折　禄米仓查有亏短请将该监督议处并自请议处由(正折具)奏

(光绪十六年)九月初八日(呈)

臣兴廉、臣游百川跪奏,为禄米仓盘有亏短,谨将该仓监督参处,并自请议处,恭折仰祈圣鉴事。

八月十四日,臣衙门接准户部密咨,钦奉谕旨:盘查禄米仓等因。臣等遵即严饬该仓监督等预为办理盘查应备事宜,并添派桥仓各监督帮同照料在案。现经部臣盘查完竣,实有亏短米石。伏查监督职司收放该仓,既有如此亏短,何以平日毫无闻见?实属形同聋聩[1],应请旨将现任禄米仓监督户部堂主事容恩、都察院都事孟守箴先行交部议处。至于臣等失于觉察,亦有应得之咎,并请旨将臣兴廉、臣游百川一并交部议处,用示惩儆[2]。所有特参监督并自请议处缘由,理合缮折具奏。伏乞皇上圣鉴。

再,臣游百川现请病假,未克呈递膳牌,合并陈明。谨奏。

光绪十六年九月初八日

【注释】

[1]聋聩:耳聋,聋子。

[2]惩儆:惩罚之以示警戒。

77.遵查西仓监督福山家丁田喜并无讹诈银两等由

【题解】

光绪十六年(1890)十二月十六日,兴廉、游百川接到军机处送来的上谕:“有人奏前署通州西仓监督福山家丁田姓,向该仓甲斗讹诈银两,并有勾串匪徒盗米情事等语。着兴廉、游百川确切查明,据实具奏。原片着抄给阅看,将此谕令知之,钦此。”兴廉、游百川当即饬令前署西仓监督福山将家丁田姓交出,札发通州知州审讯,一面密饬严拿张铭瑞、张芳等犯,务获。并咨查步军统领衙门查复,有无田、胡二姓涉讼案。据该署册杨栲楠、绍清详称,讯据福山家丁即田喜坚称,并无向甲斗胡姓讹诈银两,并无勾串张铭瑞等盗米情事。随即差传甲斗胡永成、胡海毅。讯据供称,此二人与田喜并不认识,更无共过事情。查张铭瑞等住居京城,除会票关传到时再行根究确情外,合先详复等语。并准步军统领衙门复称检查现审案件,并无田、胡二姓呈词等因咨复前来。经过一番彻查,并未查出什么问题,兴廉、游百川上疏《遵查西仓监督福山家丁田喜并无讹诈银两等由》。

【奏文】

兴廉等(折) 遵查西仓监督福山家丁田喜并无讹诈银两等由 (草折具)奏

(光绪十六年)十二月二十七日(呈)

臣兴廉、臣游百川跪奏，为遵旨查明，恭折复陈，仰祈圣鉴事。

本月十六日，臣等承准军机大臣字寄："奉上谕：有人奏前署通州西仓监督福山家丁田姓，向该仓甲斗讹诈银两，并有勾串匪徒盗米情事等语。着兴廉、游百川确切查明，据实具奏。原片着抄给阅看，将此谕令知之，钦此。"遵旨寄信前来。臣等当即饬令前署西仓监督福山将家丁田姓交出，札发[1]通州知州审讯，一面密饬严拿张铭瑞、张芳等犯，务获。并咨查步军统领衙门查复，有无田、胡二姓涉讼案，据去后。兹据该署册杨栲楠、绍清详称，讯据福山家丁即田喜坚称，并无向甲斗胡姓讹诈银两，并无勾串张铭瑞等盗米情事。随即差传甲斗胡永成、胡海毅，讯据供称，伊与田喜并不认识，更无共过事情。查张铭瑞等住居京城，除会票关传到时再行根究确情外，合先详复等语。并准步军统领衙门复称检查现审案件，并无田、胡二姓呈词等因咨复前来。

臣等伏查，此案现经讯明，尚无讹诈银两，其有无盗运仓米，应俟获到张铭瑞、张芳再行确切根究。原片所称家丁田喜及甲斗胡姓涉讼一节，查无实据，应即先行复奏。伏乞皇上圣鉴，谨奏。

（光绪十六年）十二月二十七日

光绪十六年十二月二十七日奉
硃批："钦此。"

【注释】

[1]札发：发放文件。

附:诗文整理

1. 孝慈则忠举善而教不能则劝

【题解】

本文选自《清代山东乡试朱卷咸丰壬子科·游百川》。[1]本题出自《论语·为政》篇,季康子与孔子的对话。季康子问:"使民敬忠以劝,如之何?"子曰:"临之以庄,则敬;孝慈,则忠;举善而教不能,则劝。"鲁哀公时的鲁国宰相季康子问:"要使人民尊敬我,效忠于我,又能相互勉励而乐于为善,我该怎么办?"孔子说:"你用庄重严肃的态度对待民众,人民就会尊敬你。你孝敬父母,又提倡民众孝敬父母,并且你对儿子慈爱,又爱民如子,他们就会效忠于你。你选拔任用善良优秀的人,又教育能力差的人,则人民就会相互勉励而乐于向善了。"

游百川借用此典故,进一步论述君、臣、民、国家之关系,以及应该如何处理:君作为一国之君,如何才能治理好国家;君在臣、民面前如何才能做到"庄";臣、民对国家、对国君,如何才能做到忠;君、臣、民作为家庭单元的个体,如何才能做到忠、孝、慈;如果做不到,如何实施劝教等。

三位主考官对本文的批语:

"聚奎堂"原批:"衔华佩实,舒卷自如。中二偶意,亦犹人妙。以矜链出之故,自特擅胜场。"

"乾一张老夫子"榜前批:"风骨峻立高出恒流,即有公共之意,亦能化腐朽为神奇。"

"本房总批":"理实气空意到,笔随诗雅。"

【正文】

决忠与劝之机,亦无待于使也。夫孝慈交尽,举教兼施,此自在上者事耳,而民之忠与劝立应焉,不有神于使者乎?且天生民而立之君师,其输诚于君取法于师者,情也。而国有大臣欲民之爱己如爱君,则必本亲亲之道以示之,而论谊之相结始深;欲民之重己如重师,则必本贤贤之意以喻之,而激扬之所励始大。上得乎人心风俗之原,下自有奋发鼓舞之致,觉权驱术驭无当也。庄以临民则民敬,固已而民志虽恭,民情犹虞其贰也。民气虽苏,民风犹虑其靡也。我鲁今日,执冰释甲,人无固心,入市饮羊,国有浇俗,乌睹所谓崇祀閟宫望冈陵而献颂,从游泮水[2]瞻芹藻[3]而兴怀哉!虽然此究非民之不忠且劝也。急公好义,草野岂无性情?而伦纪有亏,究不能强愚贱之氓,无端而生其爱戴。盖激发无由,虽日讨国人而训之,而民不应也。乐正、司徒,朝廷非无化导,而裁成[4]未至,究不能齐弗类之俗,相偕而进于秀良。盖感格无自,虽欲极刑罚以驱之,而民有辞也。无他,忠与劝不当求之民也。今夫室家之中,荐新酌斗,以养高年;含哺食饴,以怀稚子。初不过情谊之故,常而至行敦于门内。虽道路之人且有闻而倾心者,况乎其为民上也?又见塾庠之际,鼓箧[5]进业,不废揄扬,夏楚收威,兼示挞记[6]。亦第尽董率[7]之至意,乃盛德薰于乡邻。而椎鲁[8]之辈且有耻居不肖者,况乎施之民也?然则无论民之忠焉否也,但使天性不闲于势分,而能亲其亲,能子其子,民情已大可见也。夫名教借以沽名,噢咻[9]因以市惠[10],岂无要结斯民者!而施以术则伪,凉德传诸遐听,劝以天则真,至性播为声教,贤父兄在上,斯子弟无违心,岂有异民也?此意得而公室私家可以永赖矣。且无论民之劝焉否也,但用威不先于爱,而上哲同升中材,思勉民俗于以丕变也。夫收英俊而不屑造庸愚,引先达而不思诱后进，岂无遗弃斯民者？而旌别无方，未能洗心革面；陶成有术，固已草偃风行。古辟雍[11]化兴，而天下无失德，夫犹是斯民也。此意明而庠序郊遂可以不分矣。孝慈则忠，举善而教不能，则劝。亦犹敬之无待使也。

【注释】

[1]咸丰壬子科：咸丰二年(1852)乡试考试。

[2]泮水：水名。戴震《毛郑诗考证》："泮水出曲阜县治，西流至兖州府城，东入泗。《通典》云：'兖州泗水县有泮水。'是也。"

[3]芹藻：比喻贡士或才学之士。

[4]裁成：筹谋而成就之。

[5]鼓箧：谓击鼓开箧，古时入学的一种仪式。

[6]挞记：古代刑法名，用竹条或木棍打人。

[7]董率：统率，领导。

[8]椎鲁：愚钝，鲁钝。

[9]噢咻：指关心百姓疾苦。

[10]市惠：以私惠取悦他人，买好。

[11]辟雍：本为西周天子为教育贵族子弟设立的大学。取四周有水，形如璧环为名。

2. 诗曰"奏假无言"[1]

【题解】

《诗曰"奏假无言"》，语出《中庸》，引自《诗经·商颂·烈祖》。原文为：

诗曰:“奏假无言,时靡有争。”是故君子不赏而民劝,不怒而民威于鈇钺。诗曰:“不显惟德! 百辟其刑之。”是故君子笃恭而天下平。诗云:“予怀明德,不大声以色。”子曰:“声色之于以化民,末也。”诗曰“德輶如毛”,毛犹有伦。“上天之载,无声无臭”,至矣!

大意是:《诗经》说:“进言格神明,肃穆无争执。”所以君子不奖赏而百姓劝勉,不发怒而百姓畏惧刀斧之刑。《诗经》说,“伟大啊德行,诸侯效法他。”所以君子笃实恭敬而天下太平。《诗经》说:“我怀有明德行,不大声显威色。”孔子说:“用厉声色来教化百姓,是最落后的啊。”《诗经》说:“德行如鸿毛。”鸿毛还有物比。“上天的承载,无声无气味。”贴切到极致啊!

游百川借此阐述当政者(君、臣)要以德教民、化民的道理,进而阐发了治国安邦之策略。

阅卷大臣的批语是:

“典题首举,朱缨玉佩。骨重神寒天庙器,高华典重藻不忘抒。”

【正文】

有存乎奏假之先者,不必以言见也。夫使有待于言,则诚敬未至,而已非所以奏假矣。观列祖之诗,不已极诸无言乎?常思如纶如綍[2]者,所以赞王言之大也。顾以一人临众庶,不难以纶綍著其文章,以一心交神明,转欲以缄默,昭其敬谨。非故秘而不宣也,感格[3]之际,有精意焉。不以言见,而亦无待于言,若列祖之诗之咏奏假可验焉。夫奏假之时,固不容以言参者也。殚寸衷之精诚,以与圣祖相晤对,使此心稍纵,意已纷而不凝,无形之昭格[4],答以有象之寅清[5],而平日之涣号[6]无庸也。极夙夜之严恪,以为灵爽所式,凭使一息稍弛,意已嚣而不静,在躬之清明,守以如神之志气,而此际之单心[7]愈密也。甚矣,奏假之时,固不容以言参者也。独是视之而弗见,听之而弗闻者,鬼神之为德也。鬼神不以言宣,而以人通于鬼神,何必不以言著?又况宗庙之中,执遵执豆[8],仪节甚繁,告濯告充,度数宜备,则修意修辞有必详者。乃遐考当日，赞币迎牲，咸跻于爵弁丝衣之列，奉璋执瑁共分乎？黄彝玉豆之光，而穆穆之天子，但觉洞洞乎其敬也，属属乎其忠也，忽忽乎其欲飨之也。至欲以言求之，则初无是也，此其诚有裕乎？奏格之始者焉，法宫高拱之余，威仪素著，而祀事有恪，则有甚于威仪者。而威仪乃浑于无名，无他，诚先裕也。虽鞉鼓有渊渊之奏，管声有嘒嘒之音，而对越[9]在天，依然深宫之宥密陟降者，皇祖之灵肃穆者，汤孙之度其宛乎？若接者临上质旁之明神耳。至发号施令，亦朝廷之政，教则然，而岂所施于清庙哉？且其敬有存乎言之先者焉，群僚拜献之日，诰诫频颁，而祀事告虔，则有深于诰诫者，而诰诫转可以不事，无他，敬早著也。虽万舞有千羽之容，八鸾有锵鸣之韵，而祖考来格，依然有抑畏之精神。百工纵切，观赡一人，自昭洌穆，其恍乎若遇者，忾闻僾见[10]之真诚耳。至赫声濯灵，亦国家之气象则然，而岂有待于宣著哉？继之曰"时靡有争"，非诚敬裕乎？言之先何能姚是乎？吾(以下残缺)

【注释】

[1]本文选自《清代山东乡试朱卷咸丰壬子科·游百川》。奏：进奉。假：通"格"，即感通，指诚心能与鬼神或外物互相感应。

[2]如纶如綍(fú)：喻言出弥大，后称帝王诏书为纶綍。

[3]感格：谓感于此而达于彼。

[4]寅清：谓言行敬谨，持心清正。

[5]昭格：祭祀。

[6]涣号：帝王的旨令，恩旨。

[7]单心：孤忠之心。

[8]执豆：执持祭器。借谓掌握礼法。

[9]对越：对扬，颂扬。

[10]忾闻僾见：仿佛看见身影，听到叹息。多形容对已过世尊长的怀念。忾：叹息。僾：隐约，仿佛。

3. 由汤至于文王五百有余岁若伊尹莱朱则见而知之

【题解】

本文选自《清代山东乡试朱卷咸丰壬子科·游百川》。文章取自于《孟子·尽心下》，书中有这样一段话：

由尧舜至于汤，五百余岁；若禹、皋陶，则见而知之；若汤，则闻而知之。由汤至于文王，五百有余岁，若伊尹、莱朱，则见而知之；若文王，则闻而知之。由文王至于孔子，五百有余岁，若太公望、散宜生，则见而知之；若孔子，则闻而知之。

文章大意是："从尧、舜到商汤，有五百多年，像禹和皋陶是亲眼见到过而知道尧、舜的；至于商汤，则是听了传说才知道的。从商汤到文王，有五百多年，像伊尹和莱朱是亲眼见过而知道商汤的；至于文王，则是听了传说才知道的。从文王到孔子，又有五百多年，像太公望和散宜生是亲眼见过而知道文王的；至于孔子，则是听了传说才知道的。"这是《孟子》最后一章中的一段文字，孟子在此仅对儒学的历史源头作了追溯，对儒学的未来作了自己的预测。

游百川借助此文，着重阐发的是朝代交替的王者之道，并由此阐发了君王与辅臣治国安邦的君臣之道。立意高远新颖。

阅卷大臣的批语有如下几条：

①"调论出以经链，故自豪气动人"，点明其选题好，立意高。

②"意翻空而易奇，词微实而愈巧"，说明游百川遣词造句、驾驭文字的能力较强。

③"天骨开张，文思焕发"，文思活跃，思维敏捷，一气呵成。

④"以互翻出新奇，都能说得确凿，非描头画角者比"，文章借题发挥，以

古喻今，而且相互借鉴，立出新意，论据确凿，论点突出，谋篇布局合理大气，有真知灼见，“非描头画角者比”，给出了极高的评价。

大主考官认为，游百川的文章有“理扶质以立干，文垂条而结繁，议论风生，藻思泉涌”之文脉，有“天骨开张，文思焕发”之文风，有“风骨峻立，高出恒流”之笔法，有“律语得长城之坚固”八股韵律之诗韵。

【正文】

溯道统于商周之间，亦赖见知者衍其传也。夫汤固承尧舜之统，以开文王之先者也，然五百余岁之间，非借伊尹[1]、莱朱之见知，何以衍其传乎？尝思以帝禅帝，道统传于同朝；以王绍王，道统更衍于异世。传于同朝，故帝有帝佐，其并时而生者，谱系出于一家；衍于异世，故王有王臣，其应运而起者，君臣共昭一德。勿谓王朝以降无传人，即莫谓帝佐之余无良相也。尧舜既往，知之者惟汤。夫汤固继二帝之后，而即开我周之先者也。迹其易揖让为征诛，虑不免有惭德[2]焉。然即其书考之，其君若臣之交勉于一时者，信非偶然也。盖尧舜以还，所恃继往开来者，非汤奚由哉？汤不欲誓师伐夏，而得阿衡以为佐，则固可以伐夏。使谓汤之事桀，不如文之事纣，则未知铭盘洗心与弹琴明志，其心源依依相接也。汤不欲及身而王，而得左相以为辅，则固可以遂王。使谓汤之除暴，不如文之临藩，则未知风愆致警与画卦系辞，其精神隐隐相属也。盖由汤至于文王，不犹然五百有余岁乎？而独是元鸟[3]之祥已开景亳[4]，鸣凤之瑞未集岐山，其间世易风移，坠绪[5]茫茫，人文落落，使非有名臣贤相，亲奉圣训，以昭示来兹，而商先王奉若天道之心传，不茫茫然忧其莫辨乎？而幸也见而知之者，有伊尹、莱朱在也。《伊训》[6]陈词，详纪改元之后，而前此未有其书，似尹之告汤，不如朱之告汤为最显。然昧爽丕显，时溯忧勤，嘉言圣谟[7]，不忘匡正，则知一堂授受，其中初无参差也，而况作善有专功，克一有当于精一哉？嗣王践祚，特传摄政之文，而仲虺[8]未与其事，似汤之重朱不如汤之重尹为尤深。乃不迩不殖，克明顾諟[9]之忱；制事制心，能道检身之意。则知一廷赞襄，其学同此渊源也。而况言仁自此始，建中无殊于执中哉？不然见知者非此两人，何以王绍王，无异于以帝绍帝也。

咸丰二年(1852)

(见《清代山东乡试朱卷咸丰壬子科·游百川》)

【注释】

[1]伊尹：商汤大臣，名伊，一名挚，尹是官名。相传生于伊水，故名。是汤妻陪嫁的奴隶，后助汤伐夏桀，被尊为阿衡。

[2]惭德：因言行有缺失而内愧于心。

[3]元鸟：即玄鸟。燕的别名。

[4]景亳：商的第一代先王成汤所都之邑。

[5]坠绪：仅存的遗迹。指事已衰，将绝而未绝。

[6]《伊训》：商朝一部重要刑事法律。成汤去位后，其孙太甲继位，辅佐他的是前朝元老伊尹。太甲年幼无知，耽于酒色，伊尹将商汤在位时已制订的《官刑》重新修订，即为《伊训》。

[7]圣谟：本谓圣人治天下的宏图大略。后亦为称颂帝王谋略之词。

[8]仲虺：又叫莱朱，是商汤时期的著名大臣。

[9]顾諟：敬奉、禀顺天命。

4.赋得月桂余香尚满襟

【题解】

《赋得月桂余香尚满襟》为五言八韵诗，是清代科举考试的八股文形式之一。清代科考五言八韵诗,也称试帖诗。

试帖诗是中国封建时代的一种诗体,常用于科举考试,也叫“赋得体”,题前常冠以“赋得”二字得名。试帖诗起源于唐代,多为五言六韵或八韵排律。该诗作为科考项目始于唐代。唐宋时期的试帖诗称为唐律,一般用四韵、六韵,很少用八韵(每两句为一联,称为上、下联,下联押韵,称为一韵),是唐代至宋代前期考取进士的项目之一。宋神宗时期,由于王安石变法,试帖诗一项被取消,元明两代迄未恢复。清代自乾隆朝开始,恢复试帖诗这一考试项目,但在形式上有了一定的限制,其中最重要的是将它八股化。乾隆二十二年(1757),于乡会试加试五言八韵诗。格式限制比前代更严,出题用经、史、子、集语,或用前人诗句或成语;韵脚在平声各韵中出一字,故应试者须能背诵平声各韵之字;诗内不许重字;语气必须庄重;题目之字,须在首次两联点出,又多用歌颂皇帝功德之语。清代生员考的试帖诗一般为五言六韵,进士考的试帖诗为五言八韵。

试帖诗每韵上、下两句为一联,首联“破题”,次联“承题”,三联“起股”,四、五联“中股”,六、七联“后股”,结联“束股”。每联一股,合成八股,正如文章的起、承、转、合。

阅卷大臣对游百川此诗中“御炉添瑞霭,联袂上瀛洲”一联尤为欣赏。本房总批曰“清新俊逸,庾鲍风流”。

【正文】

蟾窟探奇早,天台桂子秋。

香从襟上满,人在月中游。

翠袖浓于染,冰轮朗欲流。

前身参妙悟,仙吏许同俦。

时记飘金粟,芳疑拂玉楼。

已随花影度,还并酒痕浮。

好作霓裳咏，凭将雾縠收。

御炉添瑞霭，联袂上瀛洲。

（见《清代山东乡试朱卷咸丰壬子科·游百川》）

5.文峰张公传

【题解】

张凤崎，字文峰，蒲台县人。张凤崎在乡里素有义举，为百姓称道。见贤思齐，游百川得知张凤崎的众多义举后奋书讴歌之。与贤达之人共鸣，展现了游百川善良正直、有胆有识的良好品德。

【传文】

公姓张氏，讳凤崎，字文峰，蒲邑望族也。其先人以勤俭成家，公幼承庭训，力矫豪华奢靡之习。朝夕食，盘无兼味。冬一裘，夏一葛，澣濯补缀，十年不易。顾闻有义举，则跃然起，于其弟凤荣振罔公商而行之，唯恐后时，其赈孤苦，周济贫寒，乐善不倦，与古风为近。蒲濒东海，土瘠民贫。同治壬戌科乡试，寒士多临期咨嗟，无力自前，为出三百余金，赠诸生，以促其行士林，至今颂之。咸丰辛酉八月，南捻鼠入蒲境，四乡居民仓猝避兵，赤手来奔者男妇数千口，其柴米釜甑之属，悉仰给于公，无一号腹露处者。公长君保森以己未副贡出宰中州，为人尚义，有父风。任封邱时，岁屡饥，民为饥驱叩门，四出见食，国课书额委难扫数全完，两年之间，为民代输五千金。公闻喜曰：“但使能为好官耳，多金不足惜也。”立即遣人辇金如豫以弥，其关公之德慧远布如是，而其波及于一乡一邑，犹其细为焉者矣。然吾观富豪之家肥马轻裘，出入里巷，意气扬扬自得，一旦贫交至门，则缩颈埋头不敢出矣。而升斗之粟，又忍弗能予且反加诟啐者，闻公之风亦可以少愧矣。若振罔公者，材智过人，尤长于应变，家事无巨细，悉以委之，从无贻误。捻匪之来也，过平破小店，逾长山破爱贤村，至蒲一国攻书镇两夜，公侦知各寨率皆偃旗息鼓，不开一炮，不发一矢，意将使贼无从测虚实也。而贼适得以直抵其寨，环攻而破之，振罔公以为此皆计之失者，不可从。今吾令寨中男丁悉数登陴固守，多张旗帜以疑之，多设大炮以熠之，贼见我于他处动静不同，未有不心悸欲还者。部伍甫定，而贼已攻破蔡家寨，马首北向矣。前骑后步，蜂拥而进，振罔公着短衣，燃大炮，众勇继之，炮生歷落不绝，子着林间，大木俱折，贼知此中有人，乃蜿蜒东去。是役也，以长公之无众，次公之善料敌，转危为安，于刻之间，保全数千人，是不可以不传也。

谕曰：宋时范文正公留客无肉食，可谓俭矣。然舟赠友，义田恤宗，又何其厚与？迹公所为难所处不同，其用意岂复有异耶？况振罔公沈毅有胆识，观于顷刻之间转危为安，非心识兵机能如是乎？乃人犹曰“是有矢幸，非关人力也”，岂其然哉？

［(清)孙叔梓:《重修蒲台县志·艺文志》，光绪版］

6.陈君(钦)墓志铭

【题解】

该墓志铭由游百川撰写，黄自元书写，孙纪云篆书匾额。

陈钦，字子敬，山东历城人。咸丰二年(1852)乡试中举人，历官内阁中书、充总理各国事务衙门章京。同治纪元后，由主事迁擢郎中。同治五年，丁母忧，终其丧，不预外。同治八年，截取知府，以御史用。同治九年，以海关道用。

陈钦与游百川为咸丰二年山东乡试同科举人，后同朝为官，互相钦佩，相交甚厚，感情笃深。光绪九年，游百川钦差“督工赈”治理黄河期间，又得到陈钦长子陈汝恒的慷慨捐助，结下深厚的友情。光绪九年(1883)，黄河泛滥，山东连遭水患，历城、济阳、滨州等灾情严重，灾民遍野。陈汝恒慷慨出家资放急赈，购造救生船二十余艘，昼夜穿梭搭救灾民；又分别在黄台山、花园庄东建房五百余间和三百余间，以栖灾民；并设粥厂，施棉衣，救济无家可归者。光绪九年冬，陈汝恒受山东巡抚陈士杰委任，办理齐东黄河南岸七十余里大堤修筑工程，又捐巨资，采用以工代赈之法，使工程得以按期竣工。光绪十年(1884)夏秋之交，黄河在齐东上游萧家道口漫溢冲决，陈汝恒再次出资赈济，并添购船只，连同以前自购的救生船，用于抢救灾民、运送堵口材料。堵口工程进入合龙阶段，水口流急势威，众人惊愕胆怯，关键时刻，陈汝恒登上大堤，带动众人冒死奋战，堵口工程胜利告成。事后，陈汝恒被委任为河工总稽核，先后督工修筑北店子八里堤、齐东护城大堤等。从事河工以来，陈汝恒从未支领薪水。又创办慈善机构广仁善局、全节堂、育婴堂，修缮曲阜孔庙和省城泺源书院，并捐资生息以作书院生童膏火费，在历城城厢设立义塾十余处等。诸凡善事，无不力为，综计所捐各款“不下十万金”。光绪十五年(1889)，陈汝恒病故于家中，年仅四十余岁。经张曜奏请，加授太仆寺卿衔。

黄自元(1837－1918)，字敬舆，号澹叟，湖南安化县龙塘乡人，清末书法家。同治六年(1867)乡试中举人，同治七年(1868)殿试列第二(榜眼)，授翰林院编修。同治六年，黄自元与游百川一同充任顺天乡试同考官。黄自元比游百川小十五岁，出道比游百川晚，但游百川欣赏黄自元的才华和书法艺术。

孙纪云，山东历城人。同治朝二甲进士，曾任顺天府知府、道员用、京畿道监察御史。与陈钦为同乡。

本篇铭文计一千七百四十四字，行文清畅、洗练、生动，备述陈钦外交生涯之逸事。按《墓志铭》体例，铭文之尾当书明墓主名号、生卒年与籍地，并署明铭文所作时间。但此文未见其迹，抑或末页缺佚。

【铭文】

皇清诰授荣禄大夫直隶津海关道陈君(钦)墓志铭

赐进士出身、翰林院编修、诰授资政大夫、总督仓场户部侍郎，加二级、纪录十次，年愚弟游百川顿首拜撰。

赐进士及第、诰授奉政大夫、记名御史、翰林院检讨、武英殿总纂、国史馆协修，附带加二级，愚弟黄自元顿首拜书。

赐进士出身、赏戴花翎、道员用，记名繇缺知府、京畿道监察御史、稽查顺天府五城事务，随带加十级，年愚弟孙纪云篆额。

国家自咸丰中叶以后，华夷之分疆不计也。于是赫德又有免粤海关进口税之说，而君驳之。澳门为海隅要区，法夷假之久矣。赫德、玛斯妥议请中国以银易之，谓将大有利于中国也。君一一预破其将来侵欺挟制之术，而夷人之语塞。庚申和约之定，事出仓卒。已而英夷复有酌减税重货物之说，君乃议减时辰表胡椒等税，而议增洋药、湖丝等税。及岁计所收，赢于减之数者，且三之二矣。而夷人之谋绌。同治纪元后，由主事迁擢郎中。五年，丁母忧，终其丧，不预外事。八年，截取知府，以御史用。九年，以海关道用。是年七月，随某尚书赴天津襄办教案，议且矗定矣，而夷人必欲戮天津守令以快其意。君请以独骑，从二仆，往谕之。夷酋闻君至，被戎服，左右陈机器，盛气出迎。君徐步入让之，曰："我大皇帝加惠汝等亦至矣，今复有此无厌之请者何也？汝必欲戮此二人者，不过以惩一儆百者，为异日计耳。我百姓蓄怨怒久矣，将致死于汝，汝能当之乎？如必欲快其志者，何不即击我？"声色俱厉。于是夷酋投机器，皆免冠谢，而议遂定。使相曾公国藩谓君正而不迂，介而有为，理势并审，体用兼全，乃请授君天津府。辞，未就。又请授君天津道。会朝议，新设津海关道，而以天津道并之。使相李公鸿章谓"值裁并，更张之始，非得人如陈君者未易治也”。乃请以君署津海关道。越一年，实授，加按察使衔。十一年，加二品衔，赏戴花翎。津关附近神京，为中外交涉最要之区，英、法、美、布、秘鲁诸夷酋颂斌而至者日不暇给。君乃益厉其气，而力持正议以折之，悉就约束。而议论往复，惟日本为最久。初，日本遣其臣伊达宗城、柳原前光等来议约，有必欲自同于泰西者。君诘责再三，乃不复争。十一年，日本复欲易约，君责以“甫立约，旋易约，无以信将来也”。乃不果易。十二年，值换约之期矣，而其约本所载国主之言，辄钤用太政官印。太政官者，殿名也。君从容谓其副使郑永宁曰：“尔国书副本声明钤用国玺，尔领事等敕书亦用国玺，何轻重颠倒乃尔乎？”于是郑永宁等皆大惭非，惟不敢复有所争，且兢兢焉，惟恐约本内不得以玺易印而趋承之不遑焉。先是柳原前光来津，衣冠皆古处，后附西人，易洋服，而谬为大言曰：“我国易洋服亦犹行古之道也，中国先之矣。”以赵武灵王为辞。君直诘之曰：“赵武灵胡服，其意欲并胡耳，君亦计及此耶？”柳原大惊，曰：“不敢！不敢！”自是诸酋之气益沮。故自同治九年至十二年，议约换约更历四载，无一毫牵率苟且于其间。而相国长白文公谓“君有挽千钧之力”者，非虚语也。君既专且久于夷务，每当纷纭轇轕之会，往复辨论，长官至形诮让。而同列或诘之曰：“国事独君当之乎？”乃谢曰：“吾恩辱国也。”平居发愤，则曰：“吾生平所深恨者有二：同治二年，俄使来换约，称其主大皇帝。吾力与之争，俄使将屈矣，会疾作在告，而俄人竟称大皇帝。又尝与俄人辨西北地界，吾力持之，乃以他变，故不果行。此二者，吾之所深恨也。”意气慷慨，至侘傺不能自已，此亦可知素所蓄积矣。而世不察，或且以志虽大，而不切于用少之。嗟乎！士之所以奋发乎事业，而参立乎两间者，亦惟其志之所立焉而已。志定而识生，识定而气生，气定而才生。人有分于处，处有分于地，惟深识乎中国之分，则中国之外，皆非所识矣；增规则不圆，易矩则不方，惟深识乎孔孟之道，则孔孟之外，皆非所识矣。同而后可以见天，异而后可以见人，惟深识乎吾君吾父之尊无与并，则吾君吾父之外，皆非所识矣。于是发而为仁，其仁可以齐万类；蕴而为智，其智可以营八表；激而为勇，其勇可以震耆乎绝域。而鞭挞乎鬼方众人域，又乌足与语宇宙之方圆、天人之同异哉？抑又思之，君既专且久于夷务矣，而于世所谓一切洋学未尝一语及之，夫岂无意乎？盖道者，万物者也。农精于田，而不过为田师；工精于器，而不过为器师。有精于道者焉。

7. 哭杜左泉师[1]

【题解】

杜左泉，名杜源，号慕真。曾任馆陶县县教谕，告老还乡后在家乡开办私塾——山柳书院，为周边村庄的孩子们提供学习场所。游百川家境贫寒，家"无过夜粮"，14 岁父亡辍学。游百川曾在杜左泉教室的窗外偷听先生讲课，杜左泉慧眼识英才，收游百川为学生，免除了他的学杂费和伙食费，并精心传授知识。"亲其师信其道"，游百川知书达礼，对杜左泉怀有深深的感恩之情，用"忠"与"孝"来报答老师的恩情。游百川 30 岁参加山东乡试考中举人，40 岁"雁塔题名"考中进士，并做了"京官"。杜源去世后，游百川悲痛欲绝，含泪写下《哭杜左泉师》一诗，追述恩师高风亮节，为人率真，沉沦典籍，积极生活的高贵品格。

【正文】

不坠青云志，高风独慕真。
缘悭游宦日，愁无著书身。
政论崇崔实，忧怀讬杞人。
稿遗长恨在，展卷泪盈巾。

【注释】

[1]本文选自山东文献编纂委员会:《山东文献集成·第一辑》第41册,山东大学出版社,2010年,(41—172页)[《武定诗续抄·卷十九》(同治丁卯年编)游百川两首]

8.过都门见挽粟车[1]

【题解】

游百川出身寒门,对贫苦百姓有一种天然的敬重和爱怜。本文是游百川进县城,途径东门时看到的场景:远远望去,一辆运粮车正缓缓地艰难地向前移动,拉车人是一位农民。游百川触景生情,描写了整个场景,慨叹挽粟车夫劳作之辛苦。全诗表达了游百川对劳动人民的深切同情,意欲以此唤醒"绮罗筵"者珍惜粮食,珍爱劳苦人民。

【正文】

清路争驱驰,舆马何喧阗。
熙熙攘攘客,往来磨其肩。
中有挽粟车,车重挽不前。
气嘘喘吴牛,颜如火始燃。
汗雨涔涔滴,骄阳正午悬。
运输艰若此,矧乃农力田。

君子享万钟,得勿凛素餐。

如何光明烛,但照绮罗筵?

【注释】

[1]选自山东文献编纂委员会:《山东文献集成·第一辑》第41册,山东大学出版社,2010年,(41—172页)[《武定诗续抄·卷十九》(同治丁卯年编)游百川两首]。

9.游氏先茔碑记[1]

【题解】

游百川曾两次主修游氏族谱。同治元年(1862)游百川进士及第,为感恩祖先阴德,明宗族教化,倡敦亲睦邻,倡修《游氏世谱》(遗失)。光绪六年(1880)六月奉旨补授四川按察使,从湖南衡永郴桂道府回北京,两次面君,十一月初四日赏假回滨州修墓,同时组织修《游氏世谱》(光绪版)。此文收集在《游氏世谱》(光绪十二年版)。

【正文】

始祖,讳政,元季以战功封侯,卒蒙谕赐葬祭,详载邑志。迄今墓记石迹岿然犹存,而世远年湮,其文率漫漫而不可读,茔间有续立石碣,颜曰:"游氏宗支图谱。"旁书细字亦不可复识。咸丰壬子岁,百川举于乡,族人以修谱属,而时未果岁。壬戌得通籍,合族重议修谱,而欲先于茔间立石,以志其缘起。

念自元季以来，数百年于兹矣。居民递经变更，不无转徙，而吾游氏世居此地，得继继绳绳，以奉先祀于不替，可知前世之贻泽长也。继自今岁，时时祭埽，凡我族人，义重本源，序明昭穆，敦亲睦之意，起孝第之心。所有承先者在是，所有裕后者当亦在是也。谨为记。

十五世孙百川谨撰

【注释】

[1]《游氏世谱》，光绪丙戌年(1886)版：2—4页。

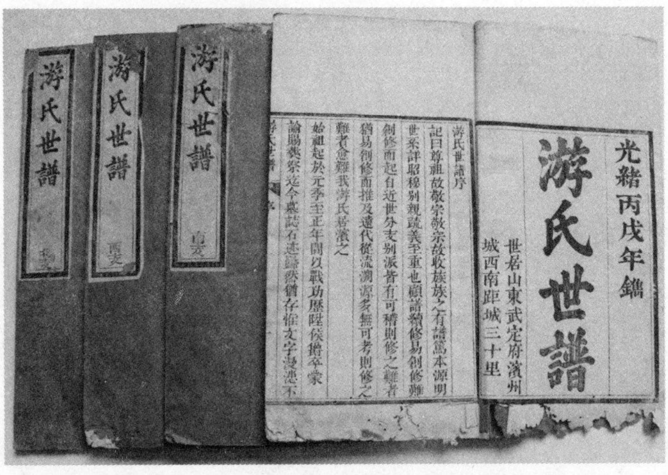

《游氏族谱》

10. 续修《游氏世谱》序

族谱自同治壬戌(1862)重修，二十五年于兹矣。生齿日繁，支派渐分，迄今不修，将历年久远，名字散轶，征考为难，适族人名启田者，素习雕镌，愿备料工,力任其事,其敬宗收族之意,出于至诚。于是重辑名讳,抄录成册,踵前谱而续修之,于丙戌荷月开雕,阅冬月竣事,族人乐观其成,而问序于余。余壬午年奉命视河,便道旋里,而祠堂落成,同祖岁时致祭,有敦睦风。兹复续修世谱,承前启后,咸守宗祠于无替焉。是吾祖之厚幸之夫。

光绪十二年五月

十五世孙百川敬序

11. 七言联

【题解】

该对联写于光绪二年(1876)游百川丁母忧期间。游百川家境贫寒,少年失怙,依赖母亲务农、打短工日夜操劳维持生计,一生勤勤恳恳任劳任怨。回望母亲的遗像痛心疾首,回思母亲良好的言传身教和自己的成长历程,游百川感慨万千,为有这样一位平凡而伟大的母亲而自豪。回思自己"迁御史"以来,"巡东城"惩办恶霸孔正兴等,"巡西城"惩治宗室宽和、宽亮,冒死劝阻同治皇帝兴修圆明园等事迹,为自己在京城为官的正直行为而欣慰。

这副对联上半句歌颂母亲,下半句表明自身。全文可谓游百川半生身世的写照。

【正文】

为咏崇兰欣静契,每临修竹坐清风。

游百川七言联

【注释】

本联藏于滨州市滨城区文化馆，落款为“汇东游百川”。

12. 八言联

【题解】

该对联出处时间不详，根据对联内容推测，可能是作者于光绪九年(1883)“督工赈”，在山东同山东巡抚陈士杰一同治理黄河期间的作品。

【正文】

大河高岳蓄泄云雨，浑金璞玉辉映山川。

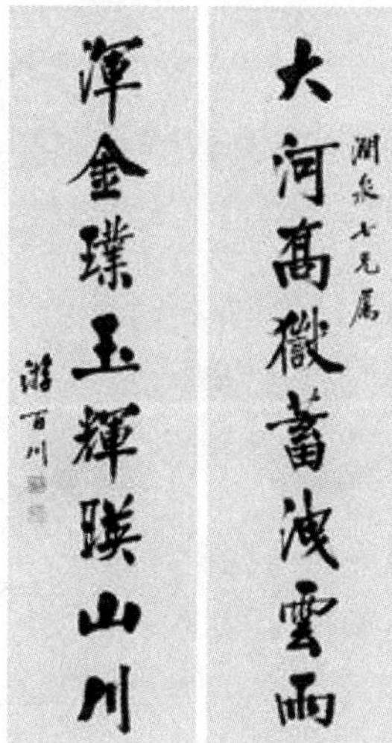

游百川八言联

【注释】

本联藏于山东省文物店旧藏游百川行书八言联立轴纸本对联一副，尺寸150.5cm×39cm×2cm。款识：润泉七兄属，游百川。钤印：游百川印（白文）、汇东（朱文）。

下编·奏折研究

一、清代奏折的格式

清代六行格的文书是奏呈皇帝的专用文书格式。奏折有以下几种类型：

1. 奏事折。凡奏事折，用白折(皇家节寿之日可用黄绫封面之白折)，折面中上位置写“奏”字，折内首页右起写官衔及“臣某某跪奏，为某某事，仰祈圣鉴事。窃云云”，最后写某年某月某日。封套用白封，封面折上首行写“谨奏”，中间下面写官衔及“臣某某跪封”字样；封背中间写某年某月某日。

2. 请安折。凡请安折，于折面中间写“奏”字，折内第一页右起写官衔及“臣某某跪请皇上圣躬万安”字样，末尾写年月日。

3. 贺折。凡贺折，如贺皇帝诞辰，折面中间写“奏”字，折内第一页右起写官衔及“臣某某跪祝皇上万寿万万寿”字样，用黄绫封套，不写年月。

4. 贡品折。凡贡品折，必有请安折，折面中间写“进”字，折内首页右下写官衔及“臣某某进”字样，每件贡品写一行到底排匀，末尾不写年月；封套右上写“进”字，左上写“呈”字，中写官衔及“臣某某跪封”字样。

5. 其他谢恩折及奏报晴雨粮价收成分数折等，格式与奏事折相同，惟奏报晴雨粮价收成分数等折一般有附单。

游百川75篇奏折中，有71篇为奏事折，有4篇为谢恩折。

二、游百川奏折的三种情形

奏折是大臣向皇帝表达思想、政治主张或具体事务的信函。一般情况下，呈递给皇上的奏折应该规规矩矩规范书写，信函、封面合乎规范，字体工整清晰，认真书写。梳理游百川的奏折发现，用正楷书写的奏折共31篇，行书奏折28篇，素面奏折5篇。

（一）关于用正楷书写的奏折（正折）

正折多为游百川就某一问题（事情）经过深思熟虑，在时间较宽裕的情况下书写的奏折。统计分析表明，游百川自同治六年（1867）至光绪五年（1879）间书写的奏折均为正楷正折。在这一时间段，游百川为御史（掌福建道监察御史），其职责为纪律检查监督，即没有具体的工作任务和目标压力，仅需就自己所观察到的问题进行剖析、查处或建言献策，故有较充分的时间思考和耐心书写。

（二）关于用行书书写的奏折（草折）

草折是作者在情况紧急、急于向皇帝汇报事情的情况下书写的奏折，这类奏折集中在光绪九年（1883）游百川钦差到山东“督工赈”期间的奏折。足见当时黄河泛滥之情急。另外还有部分草折是游百川任户部仓场侍郎督治粮仓时的奏折。

（三）关于素面奏折

素面奏折有五篇，分别为同治十二年（1873）十月初六日呈递的《密陈管见——（暂缓修圆明园）》，光绪五年（1879）五月初三日呈递的《新授道员谢恩由》，光绪十三年（1887）十二月二十七日呈的《河患未弭亟宜长策变通而救民生由》，光绪十六年（1890）八月二十日呈递的《请裁冗费以利河漕事）（一）》、军机处公章下“光绪拾陆年捌月贰拾陆日”的《请裁冗费以利河漕事）（二）》。

素面奏折，游百川故意不写题目，当为隐匿主题，有不想让第三者察觉之意。表示奏折内容非常重要或事涉游百川仅想与皇帝细说的秘密。游百川两次被革职，都与素面奏折有关。第一次被革职与素面奏折《密陈管见——

(暂缓修圆明园)》有关。梳理该奏折的写作的背景如下:

同治十一年九月十五日(1872 年 10 月 16 日),同治皇帝举行大婚盛典。同治十二年正月二十六日(1873 年 2 月 23 日),同治皇帝举行亲政大典。同治皇帝亲政之后,两宫太后面临“归政”的问题。为了尽快摆脱太后干涉朝政少受管束,同治皇帝以“孝亲”为理由,下令重修圆明园。谕令:“朕念两宫皇太后垂帘听政十一年来,朝乾夕惕,倍极勤劳,励精以综万机,虚怀以纳舆论,圣德聪明,光被四表,遂致海宇升平之盛世。自本年正月二十六日朕亲理朝政以来,无日不以感戴慈恩为念。朕尝观养心殿书籍之中,有世宗宪皇帝御制《圆明园四十景诗集》一部,因念及圆明园本为列祖列宗临事驻跸听政之地,自御极以来未奉两宫皇太后在园居住,于心实有未安,日以回复旧制为念。但现当库款支绌之时,若遽照旧修理,动用部储之款,诚恐不敷。朕再四思维,惟有将安佑宫供奉列圣圣容之所,及两宫皇太后所居之殿,并朕驻跸听政之处,择要兴修,其余游观之所,概不修复。即着王公以下京外大小官员量力报效捐修,着总管内务府于收捐后,随时请奖,并着该大臣等核实办理,庶可上娱两宫皇太后之圣心,下可尽朕心之微忱也。特谕。”

重修圆明园的谕令,引起朝野上下的关注。尚未开工,十月初一日,御史沈淮“抗疏力争,以为靡费”,同治皇帝阅后震怒,立即召见沈淮训示,“谕以《大学》养老之义。”沈素呐呐,青浦独对,慑于天威,但连称兴作非时,恐累盛德,请求缓修圆明园。同治皇帝谕令内务府,仅修治安佑宫为驻跸殿宇,其余免兴修,传谕百官勿再谏止。

十月初六日,游百川顶风呈递素面奏折《密陈管见》,请求同治帝暂缓兴修圆明园。这一行为有抗旨不遵之嫌。游百川在奏疏中说,京城为模范之区,万民聚集一处,纵然有出色的房舍、不平常的处所,租赁屋居住的,不过是杂处于闹市之间,远离宫廷,没有敢在宫廷往来和大肆喧闹的。严守紫禁城门,宫中卫士密切警戒,皇上临朝听政,这种坐在宫中控制着天下的权术,实为国家长治久安之策。圆明园经变乱之后,年久失修,山水景物面貌今昔悬殊。况且那里外无城墙,即使警卫森严,门禁终究不如内城严密。自己最近听说西山一带，时常有外国人在那里游荡，万一因皇上暂居园内，他们滋生偷看靠近之心，在圆明园附近建造房屋，听任他们这样做肯定不行，又不能阻止他们；严加防范，恐怕也难完备。我虽无知但却忠实，不能不对此忧虑。……希望皇上体现慈心，暂缓兴修，待天时、人事均有利时，再慢慢谋划营建。

穆宗（同治皇帝）阅完游百川的奏折，为之震怒，于十月初七（11 月 26 日）召见恭亲王奕䜣、醇亲王奕譞及御史游百川等，并厉声对游百川说："汝亦有父母，岂有父母所欲而故为违抗者！"游百川说："皇太后政暇颐养，不如就近增饰西苑，以为临幸之地，用帑不巨，易复旧观。"同治皇帝竟然不知西苑在什么地方。游百川解释说："即南、北、中三海，近在宫掖。"同治皇帝命令他回去写奏折子报上来，转瞬又说："无需也。"就把御笔交给他来写。游百川就御前执御笔写道："臣伏愿皇上大孝，以天下治安为主者，臣实愿军务全完帑项渐裕年股告捻物力滋丰之候，合万民之欢心以成斯役，而不愿藉资于捐修。'捐'之一字，实万不得已之举，救灾捍患动捐犹可，至营建宫室而劝捐，我朝向无此例。且圆明园既值宜修之时亦不过专务要工，存先朝之旧制以明光复故物云尔。若以为游憩之所，则臣有不敢遽言，而又不敢不言者。庚申八月之变，先皇帝由园居命驾巡幸滦河，当时臣民震恐，风云变色，帐圣与之蒙尘望，回銮而未果，迄今追意实所痛心。皇太后旧怆怀当，必有愀然不乐者，此臣所不敢言而又不得不言者。如万不得已，太液池南福华门内京都士庶称为南海，加以修理奉两宫太后游览其中，亦足以藉资颐养。臣愿皇上善体圣慈，如得皇太后懿旨暂缓园工，然后明降谕旨宣示中外，得我皇上善则归亲之义，此尤臣所虔诚默祷者也。"

御史沈淮上疏后，同治帝就很恼火，曾严词申斥。现在游百川又顶风抗旨上疏谏阻，同治帝更恼，他认为这是对自己皇权的挑战，于是下令将游百川即行革职，硃谕《将奏请缓修圆明园之御史游百川革职》：

> 自古人君之发号施令，措行政事，不可自恃一己之识见。必当以群僚适中共议，可行则行，不可则止，此求事理合宜之意也。至于为人子者，欲尽娱志承欢之孝，非他务可比也。既非他务之可比，则必当竭力以

效其忱,岂可托诸空言而止耶?夫朝廷设言官之意,本为达人君之耳目,不可不言也,至于尽孝思之事,非言官可阻谏也。且沈淮奏请暂缓修理圆明园之时,业有旨宣示中外,使咸知朕心欲承慈欢之意矣,何该御史又请缓修,且言俟天时人事相度咸宜之时,再行修理?朕观该御史所奏之意,亦不过欲使人知己尽言官之责,徒沽其名耳,安有体朕孝思之意哉?纵使朕纳其言即行停止,亦不过咸称朕为纳谏之君而已!是朕欲尽孝思之意,岂不托诸空言耶!即如该御史所言,俟天时人事相度咸宜之时再行修理;果及天时人事相度咸宜之际再兴此工,又必谓不可。又言西山一带,时有外国人游骋其间,岂京师各城内外即无外国人往来乎?以朕观之,京师各城内外之外国人,较之圆明园犹为附近也。该御史既恐外国人生瞻就之心,今岁夏令当洋人求观之时,汝何不奏请止其观见乎?朕思该御史所陈之言,不过欺朕冲龄,实属妄奏。

该御史既为言官,并未闻有关系国计民生之论,乃先阻朕尽孝之心,该御史天良安在?着将该御史游百川即行革职,为满汉各御史有所警戒。俟后如再有奏请暂缓者,朕自有惩办。特谕。[①]

对于同治皇帝重修圆明园的决定,朝内许多重臣元老都婉言劝阻,毫无效果。同治十三年(1874)六月十四日,大学士文祥上折请停圆明园工程,也未奏效。七月十六日,恭亲王奕譞等亲贵重臣听说载淳将于二十日阅视园工,于是约集御前大臣和军机大臣十人,联名上疏,提出八大问题:停园工、戒微行、远宦寺、绝小人、警宴朝、开言路、惩夷患、去玩好,全面地向皇帝进谏。后来几位朝中重臣因重修圆明园所需经费估算过高也一同出来反对,君臣矛盾爆发。八月初一日,同治帝拟召见群臣,宣布将十重臣尽皆革职,为"朋比谋为不轨"。两宫太后闻讯大骇,出面调解,撤消了同治帝前日宣布的上谕。[②]双方互作妥协,"重修圆明园"改为"修葺三海"(采纳了游百川的建议)。一年后,同治皇帝暴病而亡,工程同样没有完工。

---

① 中国第一历史档案馆:《宫中朱谕》上编,第637页。

② 徐立亭.清朝列传·咸丰帝同治帝传.吉林文史出版社,2004年版:423页.

《清史稿》记载："命葺治圆明园，奉皇太后驻跸。御史沈淮疏请暂缓修理，上特谕宣示孝养两宫之意，专修安佑宫供奉列圣御容，暨皇太后驻跸之所，治事之地，量从节俭，不事华靡，此外均不必兴修。百川继疏申谏，上召入诘责，百川侃侃正言无所挠，上为动容，一时敢谏之名动朝野。"[①]

游百川第二次也是最后一次被革职是在《请裁冗费以利河漕事)(一)》、光绪十六年八月二十日呈的《请裁冗费以利河漕事)(二)》之后。分析这两篇奏折有几个疑点：一、奏折没有标题，为素面，有一定的"隐情"。二、奏折正文为正楷字体，说明书写时时间充足，有足够的思考和书写时间。三、文中的日期、数字均为大写，如"(一)"中"今查光绪拾叁年拾月初玖日起至拾肆年拾月初捌日止，共收税银捌仟捌佰贰拾贰两贰分伍厘，计分正额银陆仟叁佰叁拾玖两贰钱陆分，盈余银贰仟肆佰捌拾贰两柒钱陆分伍厘。兹将收税册档遵照关期届满叁个月题报考核之案先行呈送，并将动支经费壹并呈送"、"(二)"中"光绪拾叁年拾月初玖日起至拾肆年拾月初捌日止，所收税银除动支经费外，实存银柒仟壹佰玖拾贰两捌钱贰分贰厘"。其他奏折中的时间、数字极少如此书写。大写的数字一般无法涂改，只有在非常正规和严格严肃的情况下才用大写的数字，以示重视。四、文中有几处涂抹辨认不清的地方，如"(一)"中"并将动支经费壹并呈送，所□□[②](新收)项盈余银，因所收火耗不敷，经费动支过□□陆佰贰拾玖两贰钱叁厘，实存盈余银捌佰伍拾叁两伍仟陆分贰厘。连同正额共计存银柒仟壹佰玖拾贰两捌钱贰分贰厘，入于新收项下，分别支放，造册奏销。"标出的辨认不清的地方被涂抹过，应是兴廉或游百川故意涂抹，故意让皇帝看不清，以达到促使皇帝召见问责而实现当面面君解释之目的。

这两篇奏折的写作背景为：

光绪十四年(1888)初，游百川患中风，到光绪十四年七月十一日仍未痊愈，游百川提交《奏为假期届满病仍未痊恳恩赏准开缺调理由》向皇帝请假开

① 赵尔巽等：《清史稿》，北京：中华书局，1977年.

② 原件字迹不清，无法辨认。据"(请裁冗费以利河漕事)(二)"推测应为"新收"二字。

缺，光绪帝未允。自此以后，游百川因疾病缠身，在一定程度上可能会在工作方面疏于管理，最重要的是仓场积弊太深，多方面的黑手伸向粮仓趁机捞取私利，致使各粮仓事端频发。

光绪十五年(1889)十一月十七日，御史端良奏称“海运仓九月间有仓匪勾结花户偷出米石甚多”。谕令“兴廉、游百川严查”。

光绪十六年(1890)正月二十八日，查粮御史富亮奏称“禄米仓亏短米数”。谕令“兴廉、游百川严查”，并饬令弥补。

光绪十六年闰二月十三日，给事中金寿松奏《禄米等仓有匪徒马春山等偷放黑档盗窃仓米事》，称有正白旗马付哈佐领下人全才等把持勾结通匪舞弊，并请旨饬查拏获。还附折片：

> 再，仓储要务百弊业生，几于不胜纠举。纠举而不严办，则城狐社鼠无怪恣意横行也。其弊之尤甚者名曰“黑档”。风闻此等弊端各仓皆在所不免，而惟禄米仓为最。有住老君堂之马大回子即马春山，住禄米仓之连三回子即连三巴，住晾马桥之陈芳即陈三麻子，住齐化门内北水关之吴家五虎……历年所盗黑档不下二十余万石，可谓不法已极……请旨饬令提督衙门顺天府等将全才、马春山等按名严密缉拿务获，然后简派公正大员认真盘查秉公严办，庶可惩一儆百矣。臣为慎重，要储期间既有所闻，不敢壅于宸听用，特附片具陈。伏祈圣鉴。谨奏。
>
> 光绪十六年闰二月十三日

经过一番彻查，兴廉、游百川于光绪十六年闰二月二十六日提交彻查结果《查明禄米等仓尚无偷放黑档由》。

光绪十六年七月二十九日，游百川承准军机大臣字寄“二十八日奉上谕，偲本奏兴平仓偷拉米石，请旨饬查”的命令，又经过一番彻查，与兴廉一同于光绪十六年八月十六日提交奏折《查明兴平仓并无仓匪勾串偷拉米石情事由》。

光绪十六年八月十四日，户部钦奉谕旨，盘查禄米仓，兴廉、游百川接准协助严查各仓监督,“经部臣盘查完竣,实有亏短米石”,兴廉、游百川于九月初八日提交《禄米仓查有亏短请将该监督议处并自请议处由》。折曰:

八月十四日,臣衙门接准户部密咨,亲奉谕旨盘查禄米仓等因。臣等遵即严饬该仓监督等豫为办理盘查应备事宜,并添派桥仓各监督帮同照料在案。现经部臣盘查完竣,实有亏短米石。复查监督职司收放,该仓既有如此亏短,何以平日毫无闻见,实属形同聋聩。应请旨将现任禄米仓监督户部堂主事容恩、都察院督事孟守箴现行交部议处。至于臣等失于觉察已有应得之咎,并请旨将臣兴廉、臣游百川一并交部议处,用示惩儆。所有特参监督并自请议处缘由,理合缮折具奏。伏祈皇上圣鉴。再,臣游百川现请病假,未克呈递膳牌合并陈明。谨奏。

光绪十六年九月初八日

八月十四日仓场衙门接准户部密咨后,兴廉、游百川亲奉谕旨陪同部臣盘查禄米等仓,在盘查过程中发现“实有亏短米石”。兴廉、游百川发现问题的严重性,提交了以上这份“……并自请议处”的报告。清代,京、通二仓的仓监督任期是2年或3年,仓书、花户等仓吏、仓役的供职年限一般长达5年。尤其是仓役,往往是父子或兄弟相袭代。积年既深,彼此互相勾结,形成盘踞各仓的恶势力。仓役虽然可以把持收放漕米的具体事务,但他们地位低微,因此必须和仓监督家仆、仓书等人勾结才能畅通无阻地进行非法活动。京、通二仓的仓书、花户等偷盗仓米的手段,一是把好米混在霉坏的“土米”中而免验,从而得以蒙混出仓外卖,一是花户等仓役串通仓书、攒典等文案人员私造“黑档”以冒领俸甲米石。禄米仓一案,该仓花户张世和勾结宗室全才开设“复兴号”米铺为虚幌,采取私造“黑档”的手段冒领八旗俸米十余次,卖钱分用。他们还买通京师各衙门差役,通风报信。本案中除花户张世和、郭启泰和宗室全才被捉获外,其他参与其事的花户、仓役张增禄、王得海、马德山和仓书陶斌、何桂林都得信逃逸。九月癸未,该仓监督户部主事容恩、都察院都事孟守被革职。兴廉、游百川未能先事觉察,一并交部议处后,降一级留任。

仓米亏短的原因固然与黑档有关，但还有其他的隐情。兴廉、游百川先后于光绪十六年八月二十日、“光绪拾陆年捌月贰拾陆日”呈递两篇素面奏折，正文题目都是《请裁冗费以利河漕事》。第二篇《请裁冗费以利河漕事》的首页盖有军机处公章，军机处公章下签有“光绪拾陆年捌月贰拾陆日”的日期。冗费即不必要的开支。巨大的“冗费”是仓场衙门兴廉、游百川他们自己开销的吗？显然不是，或许是他方转嫁的。这或许表明兴廉、游百川被搅进了清末政治斗争的旋涡。

光绪十六年十二月十六日，有人奏前署通州西仓监督福山家丁田姓向该仓甲斗讹诈银两，并有勾串匪徒盗米情事等。“军机大臣字寄，奉上谕：着兴廉、游百川确切查明，据实具奏”。兴廉、游百川经过严密审讯、盘查，亦“查无实据”，并于光绪十六年十二月二十七日提交了《遵查西仓监督福山家丁田喜并无讹诈银两由》。

光绪十七年(1891)二月二十八日，给事中洪良品提交《奏为仓臣辜恩溺职，谨陈欺侵废弛情形，据实纠参》的奏本。光绪帝览后非常震惊，谕令“都察院左都御史贵恒、许应骙，会同户部确查覆奏”。

光绪十七年四月初九日，都察院左都御史贵恒、吏部左侍郎许应骙会同户部，查明覆奏《遵查仓场侍郎兴廉、游百川被参各款，据实复陈事》[①]。折曰：“……此案原参欺饰包庇纵弛各节，或业经奏结，或查无实据……”。光绪帝阅后谕令内阁，“此案原参欺饰包庇纵弛各节，或业经奏结，或查无实据，即着毋庸置议。惟该侍郎等总司仓政历年已久，于花户亏空搀和等弊未能觉察，修廒工程既不坚实，奏报亦涉含混，各仓呈报续塌廒座，并未查明具奏设法收储。是该侍郎等于一切仓务均未能实力整顿，咎无可辞。兴廉、游百川均着交部严加议处。至折单内所拟整顿仓务各事宜，均依议行。钦此。”[②]

---

① 贵恒，许应骙：《奏为遵查仓场侍郎兴廉游百川被参各款据实复陈事》[A]. 中国第一历史档案馆，3－97－5258－31(全宗－目录－卷－号).

② 《清实录 · 光绪朝实录》[M]. 北京：中华书局，1986 年：2298

光绪十七年四月十四日，吏部提交《遵旨严议仓臣处分由》[1]。折曰：

奏为遵旨严议，具奏事。内阁抄出光绪十七年四月初九日奉上谕，前据给事中洪良品奏"仓臣侵欺废弛，请饬查办"并条陈整顿仓务各事宜，当派贵恒、许应骙会同户部确查奏。兹据查明复奏，此案原参欺饰包庇纵弛各节，或业经奏结，或查无实据，即"着毋庸置议。惟该侍郎等总司仓政历年已久，于花户亏空搀和等弊未能觉察，修廒工程既不坚实，奏报亦涉含混，各仓呈报续塌廒座，并未查明具奏设法收储。是该侍郎等于一切仓务均未能实力整顿，咎无可辞。兴廉、游百川均着交部严加议处，并折单内所拟整顿仓务各事宜，均依议行。钦此。"钦遵钞出到部。查定例，官员溺职者，革职、私罪等语。此案仓场侍郎等总司仓政历年已久，于花户亏空搀和等弊未能觉察；修廒工程既不坚实，奏报亦涉含混。各仓呈报续塌廒座，并未查明具奏设法收储，是该侍郎等于一切仓务均未能实力整顿，咎无可辞。钦奉谕旨：兴廉、游百川均着交部严加议处等因，应请将仓场侍郎兴廉、游百川均照溺职革职私罪例议以革职，该侍郎等系交部严加议处。惟臣部处分例止革职，无可再加。所有臣等遵旨严议，缘由理合恭折具奏，伏乞皇上圣鉴，训示遵行。再，臣部左侍郎许应骙系原派查办大臣，例应回避，是以未经列衔合办，声明。谨奏。

光绪十七年四月十四日

吏部尚书臣宗室麟书

协办大学士吏部尚书臣徐桐

□□□□□臣松□

赵尔巽等《清史稿·列传·游百川传》载："以仓廒被火，罢归"，而吏部尚书臣宗室麟书给皇帝的奏折回复是"请将仓场侍郎兴廉、游百川均照溺职革

[1] 麟书，徐桐.《奏为遵旨严议仓臣处分由》[A]. 中国第一历史档案馆，3－47－5278－66（全宗－目录－卷－号）.

职私罪例议以革职”。光绪十七年四月十四日，许应骙接任仓场侍郎。

游百川在其后期仕宦经历阶段，为治理黄河竭尽心力，鞠躬尽瘁，全活了无数灾民，其功甚大，堪为一代“能臣”。但由于仓储积弊已久，早在同治十年(1871)七月二十九日游百川就曾上疏《请饬整仓储由》，可见仓储管理一直是一个烂摊子。光绪十一年(1885)游百川任仓场侍郎后也曾上呈《遵旨酌议整顿仓务由》(整顿仓务章程疏)，志在严查严管，但并未奏效，最终因仓场管理不善“被议处，革职”，未能全节而退。

三、游百川奏折中的民生表达与实践

游百川从同治六年(1867)到光绪十七年(1891)呈递奏折七十六篇(目前搜集到的)。梳理这些奏折不难发现，游百川的言行始终围绕一个“民”字，围绕“国计所关，民生所系”的问题建言献策开展工作。在其奏折中，“以济民生”“以苏民困”“洁己爱民”“实心爱民”“生民涂炭”“大妨民食”等与民相关的用词特别多。在具体的工作实践中，游百川始终围绕为民、保民、养民、恤民的这一原则开展工作，将民生方面的问题付诸于实践，从而形成了一套丰富的思想内容，改善了当时的民生，在巩固晚清政治、稳定社会秩序方面做出了努力。

(一)游百川民生思想形成的背景

游百川民生思想形成的背景涉及很多方面，今仅从传统思想文化背景、历史社会背景和家世背景三个主要方面进行梳理。

传统文化背景。游百川的民生思想是对中国古代传统文化尤其是儒家文化中民本思想的扬弃。先秦时期，诸子百家以各派学说为基础，提出了一系列对后世有重要影响的民生思想。儒家民生思想倡导“以民为本”和“富民惠民”,道家民生思想的根本在于“无为而治”,法家民生思想根本在于建立法制,墨家民生思想的特征则在于提倡“兼相爱”“交相利”和“非攻”。游百川自幼接受儒家思想教育,受儒家民生思想的影响最大。他继承儒家“以民为本”的思想,主张仁政爱民、富民惠民,重视对老幼等弱势群体的民生关怀。后来游百川成为晚清理学阵营里的一员干将,推崇程朱理学,注重“经世致用”,对国计民生非常关注。

历史社会背景。第一次鸦片战争中,清政府的惨败、软弱无能和对外投降卖国等行为激起了人民群众的无上愤怒,从而使得“夷知畏民,而官不能用民,强民从夷,而民不服,借夷胁民,而民愈不服,甚至以其抗夷之念转而抗官”①。在这种情况下,人民群众把革命的矛头转向了清王朝。另外,残酷的剥削和压迫使得当时的阶级矛盾日益尖锐,走投无路的人们不断举行起义,其中以1851年1月11日在广西桂平县金田村爆发的太平天国运动最为典型。这场运动对统治阶级造成了严重的冲击和威胁。太平天国失败后,捻军继续战斗,给清朝统治以新的沉重打击。风起云涌的农民起义使得清王朝岌岌可危,大厦将倾。游百川从中看到了人民的力量,深刻认识到“邦以民为本”的必要性,认识到“君轻民贵”“君舟民水”的正确性,认识到施仁德于民的重要性,认识到施行仁政、改善民生的迫切性。此外,在同光时期,社会经济虽然有了一定程度的恢复和发展,但是由于经历长年累月的战乱,生产遭到严重破坏,恢复比较困难,社会财富仍然十分匮乏,人民生活也比较困苦,人民普遍希望统治者除苛罚、薄赋役、富民生。在这样的历史背景下,基于当时的农民起义形势以及生产困难、民生凋敝的社会现实,为了维护和巩固晚清王朝的统治地位,游百川形成了为民、保民、养民和恤民等民生思想。

另外,1855年黄河从河南铜瓦厢决口夺大清河河道入海,黄河下游的济南、武定二府成为重灾区。溯自咸丰初年,河决兰仪,嗣是不循故道,折而东北,灌大清河,山东水患濒急矣。乙卯,清河决白龙窝,漂没无算。从此连年

① 左宗棠.左文襄公全集·书牍(卷一)[M].台北:文海出版社,1979:22.

被水。癸亥，濮州、范县及济属之齐河而下，凡决十数处，洪流泛滥，勘验成灾，曾经前山东巡抚阎敬铭奏请赈恤。甲子，又大水。清河上流河堤溃漫，溢平原、禹城，凡百余里。八月，齐东等处同时决口，冲没四十余村落，利津县城垣半陷于水。九月初旬又决北岸，济、武所属州县数百里悉为泽国。目睹黄河下游连年因黄河泛滥造成的灾害，游百川深感“民”的弱势及“恤民”的意义。他认为恤民赈灾仅为权宜之计，最重要的还是开展生产，于是站在朝廷角度谋划长远之策。同治六年(1867)，在他有资格给皇帝写奏折时，游百川写了第一篇奏折——《东省迭被水患亟宜筹办河防以济民生》。

家世背景。游百川的家世背景对其民生思想的产生有着直接的影响。《清代山东乡试朱卷咸丰壬子科·游百川》记载:“游百川，山东武定府滨州增生民籍”。增生是古代生员的一种，明代增生有月米，清代又称增广生，没有月米，仅次于廪生。民籍是指平民户籍。从滨州《游氏族谱》来看，除始祖游政“以战功封侯”外，游百川祖上其他先人生前没有获得任何功名。他的曾祖父游文章和祖父游士选在去世后，因游百川为官推恩例赠文林郎。总之游百川祖上基本上是世代务农，没有因读书取得过显著功名者，叔伯一支祖上倒有一个廪生，三个庠生，一个太学生，但也均无仕宦经历。游百川幼年丧父，家贫无隔夜粮，甚至经常以糠屑充饥。靠母亲纺线织布做短工养大的游百川，在恩师杜源的关照下读书不辍。虽然家境清苦，游百川自幼受良好家风和杜源先生深厚的儒学文化的熏陶，养成了勤俭朴素的生活习惯，孕育了游百川孝敬父母、关心百姓疾苦的思想情怀。早年的贫困生活，使得游百川对社会底层百姓的疾苦有着切肤之感，使得他更加关注有关国计民生的诸多时务，促使他经常思考如何能够使得国富民强的问题，这在一定程度上孕育并催生了他的民生思想。

(二)游百川民生思想的基本内容

梳理游百川的奏折发现，游百川的民生思想以儒家思想的“民为邦本”为政治基础，主要内容集中体现在为民、保民、养民和恤民四个方面。

“为民”是游百川民生思想的出发点，为民——以民生为先。纵观他的奏疏，有很多直接以“济民生”“解民困”“救民灾”和“救民生”为题，如《奏为东省迭被水患亟宜筹办河防以济民生》《奏为官军与贼相持日久请旨饬各路统兵大臣尽除私弊迅筹剿贼以伸天讨而解民困》《奏为栽种罂粟大妨民食请旨重申严禁以济民生》《奏为应诏特荐疆臣吁恳（籲懇）简调冀救民灾并胪举所知以资采纳》和《奏为河患未弭亟宜妥筹长策变通办理以纾国计而救民生》等。有些奏折虽然没有在题目上直接表明为民之意，字里行间却处处流露出为民之心，如《奏为吏胥滋弊为患最深请饬内外臣工随时惩治以儆贪残》《奏为除弊务求实际续陈愚见》《奏为棍徒蔡墩子等假充官役设局刑吓掺取财物请交部严行惩办事》和《奏为密陈管见（暂缓兴修圆明园）》，等等。

在游百川的思想深处，始终旗帜鲜明地把“以民生为先”放在首位。同治十二年(1873)正月二十六日，同治皇帝举行亲政大典。同治皇帝亲政之后，两宫太后面临“归政”的问题。为了尽快摆脱太后对朝政的干涉，少受管束，同治帝以“孝亲”为理由，下令重修圆明园。兴修圆明园需要大量的人力和财力。谕令一出便引起朝野上下的关注，十月初一日，御史沈淮“抗疏力争，以为靡费”，同治帝震怒，谕令群臣勿再谏。面对因连年“剿匪”带来的“国虚”“民困”、因黄河泛滥导致山东数以万计的饿殍灾民，十月初六日，游百川素服面君，冒死上疏《密陈管见（暂缓兴修圆明园）》。

在皇权利益与民生利益发生冲突时，游百川不惜自己的官职乃至性命，旗帜鲜明地站在了民生一边，充分体现了他民生为先的理念。

游百川的为民之心、为民之举，还表现在惩治贪残吏胥、棍徒和逃徒贼犯以防其害民方面。游百川亲眼目睹因吏治腐败、官场黑暗而导致的社会动荡，认识到政治的运行要依靠官吏，吏治状况如何，直接关系到民众的生计、政权的盛衰和国家的安危。他目睹“庶私衙门之胥吏有害于民”的社会现况，于同治七年(1868)十一月十九日上疏《吏胥滋弊为患最深请饬内外臣工随时惩治以儆贪残》，提出了“随时惩治以儆贪残”吏胥的主张。

游百川认为,从严治吏,"庶妨政之弊渐去而民困可稍纾矣",否则广大老百姓将会遭受严重迫害和摧残,难以聊生。该奏折引起了慈禧和同治皇帝的高度重视,谕令:"御史游百川奏请除吏胥积弊一折,京外各衙门额设吏胥不过用以执薄书供奔走,乃近来各衙门胥吏或舞弊营私甚至盘踞把持缘引为奸,坏法乱纪殊堪痛恨。嗣后内外大臣务当严饬所属振刷精神破除积弊,将一切文案立限清理,吏数过多者复实裁汰,其有舞文弄法之吏随时察访痛惩,不准稍涉徇庇。至家丁串通书役绅衿包揽词讼,亦着一并严禁,以儆贪蠹而杜弊端。将此通谕京外各衙门知之。钦此。"同月二十四日,游百川再次上呈《奏为除弊务求实际续陈愚见折》的奏折,主张慎选"实心爱民,勤求吏治"的贤员,以求得"弊端胥除,官清而民自安"。

游百川不仅主张从严治吏,而且主张从严惩办害民扰民的棍徒、贼犯。在任福建道监察御史上时,游百川与巡视东城御史国秀等联名上书《棍徒假充官役设局刑吓搜取财物请旨交部严行惩办恭折仰祈呈鉴》,"赃证属实,蔡升等照例分别拟杖拟徒,文大在逃,应移咨步军统领等衙门一体严拏,务获究办从之"。游百川与景隆巡视西城,缉拿到两次逃军周三锁儿(周三元儿)、两次逃徒贼犯祝二(祝三)、刘二(肉刘)及贼妇张李氏等人,所获赃物均被收缴认领,并捕获"包庇贼匪,肆扰民间"宗室宽和、宽亮,将他俩交刑部会同宗人府查办。

游百川的为民之心,为民之举,还表现在吁请"筹办河防"和"察看黄河酌议办法"方面。同治六年(1867),"山东省黄水为患,济南武定府两郡被灾甚重",他心系灾民,上《奏为东省叠被水患亟宜筹办河防以济民生》折,提议"简派廉干大员率同该道,周勘遍历,相度河形,宜疏导者务疏之以分水势,宜堤防者务防之以遏水冲,并将历年被水流沙积压之地确切验明详情,免其钱粮以苏民困",以使"山东群黎庶免其鱼之欢,而河流顺轨可致安澜之庆"。光绪九年(1883),游百川上《察看黄河酌议办法疏》提出治河三法,他考虑到创修遥堤"济武两郡,地狭民稠,多占田亩,小民失业……民情未免震骇"的实际情况,提出"亟筑缕堤"法。之后,游百川非常关注治理黄河问题,先上《河患非开河减水别无良图疏》吁恳把黄水“引入徒骇、马颊两河”，以“出民于昏垫之中而登衽席”，后上《东省河工宜兼用分流故道初议疏》，赞成山东巡抚张曜“分黄流十分之三，入南河故道”的提议；几年后再上《奏为河患未弭亟宜妥筹长策变通办理以纾国计而救民生》，“务期黄水得复淮徐故道以为经久之计，则出亿万生灵于昏垫，而河流顺轨安澜有庆矣”。

游百川的为民之心，为民之举，在恳劝“增修圣德”和反对“开修铁路”方面也有体现。他看到“雪泽愆期，月食递见”，众臣议论纷纷，民心不稳，上《奏为雪泽愆期月食递见恳增修圣德感召天和》，劝同治帝对“国计所关，民生所系”问题“推求至当，不厌审详”，“并严饬内外大臣激发天良勤思治术”，以求“雨旸时若，年谷顺成，民困得苏，天下蒙福”。光绪十四年(1888)十二月二十一日游百川上疏《开办铁路民心惶骇请勿予施行由》，反对“由天津至京开修铁路”。此举虽然昧于世界大势，但就其出发点来看，显见其一片拳拳为民爱民之心。其奏折曰：

> 无论坏人田庐，毁人坟墓，其显拂舆情者必不可行；即如车脚、店行，人数甚夥，全赖商贾懋迁，百货流通以资养赡，若铁路一开，悉归铁轮车转运，则靠商旅往来以谋生者，势将全行歇业，众口嗷嗷，其能坐以待毙乎？说者谓铁道之行亦须雇用民夫，兼用外国股分票之法，凡人皆可入股，是利仍可散诸民间。但行走便捷，需人谅必无多。即股分一节，亦只便富商，于贫民无与。若谓借此转运漕粮，则变更成法，窒碍尤多，不但官造拨船废弃可惜，其船户、水手及牵挽人夫数万失业之民，无所借资糊口，更为可虑。然此犹害之显者也。

游百川为官以民生为先，其为民思想出自他的爱民之心、忧民之情。编于同治丁卯年(1867)的《武定诗续抄·卷十九》载有游百川的两首诗，《过都门见挽粟车》曰：“中有挽粟车，车重挽不前。气嘘喘吴牛，颜如火始然。汗雨涔涔滴，骄阳正午悬。运输艰若此，矧乃农力田。”该诗写作者由过东门见挽粟车想到了农人的劳作之苦，表达了作者对劳动人民的深切同情。光绪五年(1879)，游百川任湖南衡永郴桂道道员时，张贴告示恳切劝止吸食鸦片者，并亲自制戒烟丸、解毒膏，施舍救治，此举尤其能够体现其对民生的终极关怀。究其思想根源，应该说来自儒家“仁者爱人”的民本思想，这里面既有孔子核心思想“仁”的博爱众生的爱，也有孟子“老吾老以及人之老，幼吾幼以及人之幼”的推己及人的爱。当然，作为封建统治阶级的一员，游百川不可能超越自己的阶级局限，他是从维护统治阶级利益的基础上去关注百姓生活的，但其民生思想和实践客观上却对百姓的生存与生活有益。

保民——以靖乱为先。“保民”此处指安民、保护人民，是确保民生之必须，是对统治阶层提出的如何对待国民之要求。“保民”思想源于周公的“敬德保民”，其实际就是保社稷、保国家。游百川继承了这一传统民生思想。他的“保民”思想主要体现在“迅筹剿贼”和“力主安抚”两个方面。

其一、迅筹剿贼。官军、捻军军纪废弛，虐待普通百姓，烧杀抢掠之事时常发生，一定程度上加剧了当时社会秩序混乱的局面，使得治安形势趋于恶化，老百姓的生活环境趋于恶劣，人民群众的生命财产安全和正常的生产劳动受到很大的威胁。这种社会形势和民生疾苦现状使得游百川意识到只有对官军进行及时整顿，对捻军进行及时镇压，才能更加有效地维护封建地主阶级的统治，使处于社会底层的广大普通群众尽快地投入到生产劳动中去，从而达到创造更多物质财富的目的，遂因见“官军与贼相持日久”，上《奏为官军与贼相持日久请旨饬各路统兵大臣尽除私弊迅筹剿贼以伸天讨而解民困》。折曰：

> 自来节制之兵，与民间秋毫无犯。臣闻上年山东平贼带兵诸将，惟直隶提督刘铭传所部约束严明，其余或占住民房，或劫掠民物，阎闾苦之。近阅邸抄，陕西邠州有兵勇抢夺民间骡马，杀弊六命之案。是带兵者漫无纪律，所在多有。夫并以卫民，非已扰民也。失律之兵未能破贼而徒扰民，使民畏兵甚于畏贼。岂朝廷除贼救民之意乎？……况春分节近，东作方殷，贼一日未平，畿辅百姓避难且不暇，安得尽力于畎亩，现时诸物昂贵，全望麦熟有秋，若再歇业废时，何以济民食而苏民困乎？

可见，游百川主张对捻军及时镇压，一方面可免除官军扰民，另一方面可

“除贼救民”，以达到尽快结束战争，创造和平环境，稳定社会秩序，使广大民众免受战乱之苦的目的。

其二、力主安抚。同治七年（1868）八月西捻军在山东茌平徒骇河边覆灭后，清朝政府严令搜捕，要求钦差大臣都兴阿、李鸿章等人“督饬各军搜捕余匪，总期尽绝根株，以免后患”，对于“各处藏匿余匪，必当搜捕净尽，断不可使一名漏网”。山东巡抚丁宝桢以参加捻军时间长短而定其“去留”，对入军较长者即“暗予诛戮”，以致被收抚者绝大部分依然惨遭屠杀。与此残暴镇压方法不同，游百川关注人民疾苦，“以民事为心”，主张采取安抚手段，力行保甲，以避免引发矛盾，安定社会秩序。早在七月初九日，他就在《奏请饬办善后事宜折》中提出：“靖乱与制治宜认真讲求”的主张，并进一步指出“思患豫（预）防，莫如严饬督抚责成各属牧令妥行保甲之法”。“盖保甲政行，户口之多寡，习俗之美恶，皆得周知，禁奸除盗，销患无形，政治始基，莫先于此。地方官如果倡率董事，实力举行，一切教匪、会匪蘖芽，无自而起，逆捻余党，纵有窜伏草野者，亦莫能漏网，不致灰烬复燃”。

养民——以民食为先。“养民”就是满足人民的生活需要，并尽量提高人民的生活水平。只有人民丰衣足食，才能实现国家的安定和进步。“养民”思想是儒家民生思想的基本视角和逻辑起点，是孟子实行仁政的具体纲领之一。明末清初“著名启蒙思想家”唐甄特别强调“虽官有百职，职有百务，要归于养民”。游百川继承了前人尤其是孟子“制民之产”的具体主张，特别注意保护土地和垦田。他见“栽种罂粟大妨民食”，上《奏为栽种罂粟大妨民食请旨重申严禁以济民生而培国本》。折曰：

> 臣窃维民为邦本，食为民天。而今有妨食病民者，莫甚于栽种罂粟之害。闻此弊始自甘凉，延及陕西，今则晋省各属每县种者多至万余亩。夫沃土三亩，计出谷可养一人，以一省计之，废田谷百余万亩，是坐使数十万人失养也。……盖自发捻倡乱以来，民多失业，户少盖藏，乘此军务渐平，培养元气，民食为先，万不可听民徇利，使为苟营。

足见游百川主张严禁栽种罂粟目的在于保护“制民之产”，“培养元气”，避免百姓失养。

游百川还提倡开垦荒田。他就自己简授四川按察使赴任途中目睹各地良田荒芜、杂草丛生的情形，便上《奏为撮举时政所宜敬陈管见》折，从关心民瘼的角度出发提出了“举办垦田以收地利也”“整饬营武以复旧章”和“严申栽种罂粟之禁”三条建议。在这里，他不仅继续坚持自己旨在保护土地的“严禁栽种罂粟”的主张，而且进一步提出“仿照古昔屯田之法”开垦荒田和裁撤营勇“以免虚靡帑项”的主张。

恤民——以救灾为先。“恤民”即体恤人民的疾苦，是“天下之大务”，是游百川民生思想的重要组成部分。游百川认为，每遇灾荒之年，更应及时赈济，使人民不致逃亡，以免发生社会动乱。其“恤民”思想体现在以下四个方面：

首先，赈济失业贫民。捻军失败后，游百川认为，在安徽、江苏、山东、河南、湖北等捻军出入较多地区，由于“闾阎耕种失时，田无所出”，失业之民“糊口无资”，“饥寒切肤，莫能存活”，并据此提议，“蠲缓与赈济宜并行筹画也”，奏请蠲缓钱粮，并饬督抚“查有失所贫民，令州县据实详报多少名口，先期筹款赈恤，或设立粥厂，或酌给米粮”，为清廷所采用。清廷命官文、崇厚、丁宝桢在直隶、山东地区督饬地方官将难民分别抚恤，力图使贫苦群众能够生活下去，客观上起到了改善民生的作用。

其次，旌恤殉难人员。游百川对在抵抗捻军和在堵筑黄河决口中殉难的绅民妇女比较关注，先后两次请旨表彰死者并抚恤其遗属。同治八年(1869)，他将山东省武定府阵亡殉难监生姚培典等绅民妇女七百八十二名开单奏请恩恤，同治十年(1871)递呈《续访本籍殉难绅民妇女请旌恤》，均得到允准，分别旌恤，并且予以建祠。

再次，恤养流寓贫民。光绪七年(1881)，游百川与童华见卢沟桥地方贫民生计维艰，奏请仍旧设粥厂发米，并循案请赏普济堂、功德林两处粥厂米石。他见京都地面贫民流寓甚多，仿照天津做法，上奏《新建广仁堂收养幼童妇女，并援案请赏米石由》：“现于本年七月在广安门内烂面胡同(烂漫胡同)

购屋八十四间，建立广仁堂一所。仿照天津成法办理，查有无依童幼，自五岁起至十五岁止，收入堂中楼宿，逐日养赡。仍分设义塾四斋，延师课读逐月稽查，以期造就其体质健壮。资禀蠢愚者另教各项工艺以备日久资生，不至终归游惰……”

最后，赈恤河患灾民。光绪九年(1883)，游百川看到黄河患区灾黎遍野、荡析离居的民间困苦情形，迅速宽筹赈项，与陈士杰上奏拟动用四川汇款办理历城等县赈恤事宜，接到清廷命令，从山东应解京饷项下截留银十六万两用于赈济。游百川与陈士杰即刻督饬地方官员分赴灾区，详细查明，核实散放。由于灾区太广，赈灾银两不够散发，游百川与陈士杰奏请劝捐助赈，所捐银两按照直隶劝赈章程，给予捐赈者封典虚衔，这项举措在一定程度上缓解了灾民的燃眉之急，有效地保证了灾民的基本生活需求。游百川一身正气，爱民如子的品格得到慈禧太后和光绪皇帝的认可，并在后来将仓场总督的重任交于他，任职期限长达九年，突破了清律仓场总督五年一换的规制。

由上分析，可见游百川的民生思想构成了较为完整的逻辑体系。其起点是为民，基础是保民，核心是养民，必要手段是恤民，贯穿于其中的主线是“仁治”。在这个思想体系中，“仁治”是灵魂，为民是根本，保民、恤民是表现，养民是关键。它们之间紧密相连，层层相接。另外，游百川的民生思想带有浓重的现实色彩，对现实充满了关怀，梳理游百川的民生思想对思考目前解决民生问题的举措不无裨益。

（三）游百川民生思想的当代价值

游百川的民生思想对晚清王朝政权建设和民生发展起到了重要的推动作用，对后世的治理方式也产生了一定的影响。游百川对于民生思想的论述使君王意识到，“如果不解决好民生问题，或对资源的掠取超过民众的生存界限，那么它可能导致严重的统治危机”，促使统治者关注民心向背，改善民生状况。当然，游百川的民生思想具有较强的时代色彩，而且在不同历史时期和环境,民生的具体准则、表现形态会有所不同,所以他的民生思想明显脱节于当今社会主义中国的具体国情。但是古今民生问题具有一定的连贯性。今天我们要推动社会主义中国的民生发展和民生思想建设,不可能摈弃前人民生思想的精华。游百川民生思想中部分基本精神于当今保障和改善民生仍具有重要的借鉴价值。

游百川民生思想对当今民生建设的启示主要体现在四个方面。一是"为民"是民生的起点,这一点和中国共产党的"执政为民"的执政理念以及"为人民服务"的宗旨是一致的。只有从"符合最广大人民群众的最大利益"角度出发办实事,办好事,才会赢得广大人民的拥护和支持,才能在建设和发展中取得新的更大的胜利。二是"保民"是民生的保障,保障民生是改善民生的基础。只有广开就业渠道,促使就业规模不断扩大,逐步建立起覆盖城乡所有居民的医疗、养老保险,才能真正实现全民保障,促进社会和谐稳定。三是"养民"是民生的关键,孙中山先生曾提出"民生主义是以养民为目的"的"政在养民"民生管理观,邓小平开拓性地提出了"不改善人民生活就只能是死路一条""要实现共同富裕"和"三个有利于"等一系列养民、富民思想。当今民生发展的首要任务仍在于如何养民,如何富民。只有人民富裕了,国家才能稳定和发展。四是"恤民"是民生发展的重要一环,强调民生发展要重点扶持弱势群体,宣扬"仁爱"的普世价值,彰显对弱势群体的人文关怀。

应当看到,游百川的民生思想具有一定的阶级局限性。游百川的民生思想是对"民为邦本,本固邦宁"(《尚书·五子之歌》)、"民贵君轻"(《孟子·尽心下》)等传统民本思想的继承与发展。他虽然重视作为政治生活中重要一极的"民",但最终落脚点是"君"。也就是说,他把保护民众利益、关心民众福祉当作维持君主统治的有效手段,而不是把保护民众利益、关心民众福祉自身当作终极目标。他站在统治阶级的立场上,而不是真正站在广大劳动人民的立场上来阐述他的民生思想,只是把民生思想作为维护封建专制统治的一种"牧民之道"和"安邦之法"。而且,他还极力维护封建等级制度,要求人们不要反抗封建制度,要顺从地主阶级的统治,要安分守己。以阶级剥削和压迫为前提的经济基础和上层建筑，决定了游百川没有也不可能从唯物史观的角度来看待人民，把人民群众看作推动历史前进的真正主人；更不可能跳出其阶级视野，认识到执政者统治社会的最终目的应该是服务人民、为了人民。

游百川的民生思想虽然具有一定的阶级局限性，但其合理内核和思想智慧在一定程度上，对于我们更好地贯彻落实以人为本的科学发展观，对于我国改善民生、全面建成小康社会、推进科学发展、促进社会和谐仍然具有重要的启示作用。

附1:游百川生平

游百川(1822—1895),字汇东,号梅溪。山东省滨州市滨州经济技术开发区中游村人。咸丰二年(1852)壬子科举人,同治元年(1862)进士二甲第十一名,选庶吉士,授编修。同治六年(1868),迁御史。光绪五年(1879)补湖南衡永郴桂道道员,光绪六年(1880)任四川按察使,光绪七年(1881)升顺天府府尹,光绪八年(1882)擢户部仓场侍郎。光绪九年(1883)钦差"督工赈"。游百川一生清正廉洁,刚正不阿,被誉为一代良吏。

《清史稿》卷四百二十三《游百川传》记载:

> 游百川,字汇东,山东滨州人。同治元年进士,选庶吉士,授编修。六年,迁御史,巡西城。宗室宽和等所行多不法,奏劾惩治,一时贵近敛迹。① 七年,捻匪自山东窜直隶,百川奏请饬统兵大臣迅速剿办,又请严禁各省栽种罂粟,上皆采纳。疏论内外官署胥吏积弊,诏通饬严禁。复言:"除吏弊在肃官方,尤在扬士气。请饬部院堂官于每司中择贤俊数员,付以事权,专其责任。察有胥吏舞弊,据实上陈,仍以勤惰定功过。赏罚既明,人才自奋。至外省地方官,本有惩治胥吏之权,严饬各督抚为地择人,毋以人试地。举贤劾不肖,再简廉正大员,以时巡察,遇有贪官蠹吏,列状奏闻。"
>
> 黄河北徙,山东郡邑屡被水。百川疏请赈恤,河督文彬、巡抚丁宝桢请仍挽复淮、徐故道,命廷臣集议。百川疏言:"黄水宜南宜北,必将折衷一是。如议挽复故道,论工程,论经费,引黄济运,有未可遽定者三端:如即以大清河为黄水经流,旧道断不能容,河面必须加宽,民间田庐如何移

① 此事记载时间有讹误。据中国第一历史档案馆馆藏游百川《奏为拿获贼犯周三锁儿等请旨交部审办事》折,时为光绪元年(1875)十一月初七日。

徙，如何安置，则度地宜审也；且即河面加宽，仍恐万难容纳，别开支河，势不容已，徒骇、马颊、沟盘、鬲津犹可指名，可否开行，有无贻害，则分水宜权也；黄水北行，其事为创，万一不善料理，人情骚动，物议沸腾，则相机宜慎也。请特派大臣履行上下游详勘，然后定策。”

十二年，上亲政，命葺治圆明园，奉皇太后驻跸。御史沈淮疏请暂缓修理，上特谕宣示孝养两宫之意，专修安佑宫供奉列圣御容，暨皇太后驻跸之所，治事之地，量从节俭，不事华靡，此外均不必兴修。百川继疏申谏，上召入诘责，百川侃侃正言无所挠，上为动容，一时敢谏之名动朝野。寻以忧归，服除补官，迁给事中。

光绪五年，出为湖南衡永郴桂道，迁四川按察使，擢顺天府尹，迁仓场侍郎。九年，山东河决，被灾者数十州县，命百川往会巡抚陈士杰治工赈。百川轻骑周历河南北岸、上下游，先散急赈。会奏请筑两岸遥堤，复于其内筑缕堤，使黄水不致泛滥；又奏请浚小清河，分黄水入海：如议行。还京，以仓廒被火，罢归。居数年，卒。[①]

一、出身寒门，幼年失怙

游百川出生在多灾多难的时代。嘉庆、道光时期，中国的国力开始下降；而在国外，西欧大陆的波澜渐已平复，列国养精蓄锐，西力东扩，势在难遏。“世界第一个资本主义国家——英国，已经变成走遍世界寻求殖民地的头等侵略国了，……(他们)对满清政府统治下的封建中国，抱着极大野心，一刻也不肯放松侵略的机会，是势所必然的。”[②]英帝国发现用棉布等正常商品撬不开中国贸易大门后，开始向中国输入鸦片，进行祸国殃民的无耻的鸦片贸易，致使中国白银大量外流。中国在蒙受经济损失的同时，又丧失了国民健康的

① 赵尔巽：《清史稿》卷四百二十三《游百川传》[M]. 中华书局，1977年第一版。

② 范文澜：《中国近代史》[M]. 北京：人们出版社出版，1955年9月第9版。

体魄，落下“东亚病夫”的恶名。

国内，1823年，我国发生了一场特大洪水。据《清史稿·食货志·赋役》记载：“国初以来承平日久，海内殷富为旷古所罕有。……至道光癸未(1823)大水，元气顿耗，然犹勉强枝梧者十年。逮癸巳(1833)大水而后无岁不荒，……”这次大水强度大，面积广，南北同涝，尤以河北、山东、长江中下游与海河流域最为严重。①

鲁北地处华北平原济阳坳陷带，为古九河入海之地，境内河道纵横交错，但“由于整修不利，无不淤塞，每遇大雨，水无去路，蔓延成灾”。水灾使百姓的庄稼颗粒无收，官府组织百姓治理河道又需很多的人力物力，无形中又增加了百姓的生存负担。当时琦善任山东巡抚。“在他任内，治理河道虽耗银20万两，受灾地区仍达251县次之多。但是，当琦善得知朝廷治理清江浦高家堰缺少经费时，乃主动以‘山东界在邻省，请筹银八十万两备拨’，买得道光帝‘不分畛域，办理有方’的赞许。”琦善就是这样用山东百姓从骨髓里挤出的钱为自己买好。另外，道光二年(1822)七月，卫水异涨，山东临清闸坝扪阻，并武城、夏津和聊城漫堤，窄者九丈，宽达四十余丈。为确保漕运无阻，琦善又筹措银两督导修治。道光七年(1827)，洪泽湖溃决，运河受到冲击，漕运受阻。琦善不听他人劝告，一意孤行，耗资600万两开启王家营旧坝，结果导致黄河水倒漾，致使山东百姓“田庐淹浸，民居荡析”，又一次加重了山东人民的负担。

另外，当时各地出现了许多贪官污吏。道光元年(1821)，山东“宁阳县知县勒索商人2000两，国库亏空3700两；沾化县知县亏缺兵饷，复征钱粮且无颗粒存仓；阳谷县知县，前在惠民县任内私自动用库银2000两……登莱二府在拨银煮粥赈济灾民的账目，虚报谷价、米价和柴薪经费达4300多两……”②。道光七年，山东各州县浮收成风，按当时全省银价，一两值京钱(亦称大钱)2500－2700文不等，但当时海宁州折为4200文，诸城县折为4200

---

① 转引自张家诚，王立：《道光三年(1823)华北大水初析》，《灾害学》，1990年第4期第55页。

② 王云：《封疆大吏——山东巡抚》[M].北京：农村读物出版社，2004年版，214页。

文，黄县 3400 文，致使山东百姓群情激奋。英帝国主义的侵略，频仍的天灾，官吏的盘剥，使得山东百姓生计维艰。

清代的中游村是一个较为偏僻的农耕小村，几十户人家从事农耕靠天吃饭。游百川的父亲游赠玉，字荣堂。《游氏世谱》（光绪丙戌年[1886]镌）记载："十四世孙赠玉，生于乾隆六十年（1796）十月初八日，卒于道光十六年（1836）四月初八日，享年 41 岁"。游赠玉英年早逝，游百川时逢 14 岁。游家过着非常艰苦的日子，《游氏世谱》载："家无过夜粮。"

游百川 7 岁（道光九年，1828）入家塾，先后从师于族兄游昕、老夫子刘硕溪、夫子纪敬文、增生孙符轩（游百川堂舅）、增生吴丹轮、增生刘文藻和增生吴观涛，学习《三字经》《百家姓》《千家诗》《千字文》《弟子规》以及《幼学琼林》等课程。游百川原本天资聪颖，外加勤奋好学，所以深得各位老师的喜爱。但好景不长，道光十六年（1836）游百川的父亲游赠玉积劳成疾，英年早逝，原本家道贫寒的游家如遇晴天霹雳，遭塌天之祸。游增玉的去世，让游士选夫妇饱受老来殇子之痛，孙氏遭受中年丧夫之切，游百川遭受少年丧父之悲。

二、髫龄励志，幸遇恩师

游增玉的夫人孙氏，生于乾隆五十八年（1793）七月十日，卒于光绪二年（1876）闰五月二十五日，享年 84 岁。孙夫人德良贤淑，吃苦耐劳。丈夫去世，百川辍学，家中巨变深深刺痛了她的心。为了让孩子有出头之日，她决定不让孩子的学业荒废，于是每天步行十几里路到山柳杜村去打短工。因为山柳杜村靠近杜店镇，经商者较多，村民普遍较富有。另外，最关键是村里有位名叫杜源的老先生开了所学堂。杜源曾任馆陶县县教谕，告老还乡后自办学堂教化乡里。杜源先生经学功底深厚，是远近闻名的好老师，有一定经济条件的人家，争着把孩子送入他的学堂。孙夫人为凑齐学费，拼命工作，被商家呼来唤去，戏称"游老婆子"。

上天不负有心人。有一天，游百川随母亲来到山柳杜村，想帮母亲干活。当他路过杜源的学堂时，被里面琅琅的读书声深深吸引，于是轻声走到教室窗前静静地聆听，一听便入了迷。第二天、第三天，游百川连续到窗前“偷听”，被杜源发现。杜源见游百川天庭饱满地阁方圆，眉清目秀唇红齿白，全身透出一种灵气，且彬彬有礼，便把游百川叫住。游百川红着脸给老师施礼致歉，杜源越看越喜欢，有意考考游百川，便问他昨天和今天自己授课的内容，游百川对答如流。杜源问：“今天我讲的什么内容？”游百川答：“老师今天讲的是‘富贵而知好礼，则不骄不淫。贫贱而知好礼，则志不慑。’意思是说，富贵家的孩子知礼，就不会骄奢淫侈；贫穷人家的孩子知礼，应该立远大志向不怕艰难。”杜源追问道：“我昨天讲的什么课？”游百川说：“老师昨天讲的是‘鹦鹉能言，不离飞鸟；猩猩能言，不离禽兽。今人而无礼，虽能言，不亦禽兽之心乎？’意思是说，为人只有学习礼仪，才能有别于禽兽。不然，就如同畜牲一个样子。”杜源大喜，如此聪明的孩子，不入学读书实在可惜，于是便问：“你是谁家的孩子？为何不上学？”游百川含泪说出家世。杜源暗生怜悯，说：“你来上学吧，我不收你学费。你跟我一起吃住。”《游氏世谱？诰授资政大夫讳百川字汇东公家传》记载：“（杜）先生名源，邑之宿儒也，见公奇之，谓人曰：‘吾及门（弟子）虽多，如此生者罕有。’悉所学以授公。故公平生之学受益于先生者为最多。”

杜源，字左泉，号慕真，岁贡生，滨州杜家第十六代孙，今滨城区彭李办事处山柳杜村人，从馆陶县教谕退休，在家乡开办私塾——山柳书院，为周边村庄的孩子们提供学习场所。杜源慧眼识英才，见游百川接受能力很强，开始教授他《四书》《五经》及《古文观止》《东莱博议》、训诂学、唐诗、宋词等内容，对游百川倾注了大量心血。游百川跟随杜源老师读书如禾苗遇到甘露，他用心听讲，奋发研读，在完成老师规定课业的基础上，还遍览老师其他藏书，学业大长。当时，杜源因善于教学，在滨州官学、社学和武定府府学等学界是较有名气的，经常被其他学校邀请前去讲学。杜源每次外出讲学，都带上游百川，一方面为游百川增加听讲学习的机会，另一方面也增加游百川与其他老师和社会接触的机会，丰富游百川的人生阅历。

“亲其师信其道”，游百川知书达礼，对杜源也怀有深深的感恩之情，用“忠”与“孝”来报答老师的期望，并在 30 岁参加山东乡试考中举人，40 岁“雁塔题名”考中进士，做了“京官”。杜源去世后，游百川悲痛欲绝，含泪写下《哭杜左泉师》一诗。诗曰：

不坠青云志，高风独慕真。缘悭游宦日，愁无著书身。

政论崇崔实，忧怀讬杞人，稿遗长恨在，展卷泪盈巾。

三、诗书耕读，壬子中举

游百川跟随恩师杜源学习，如沐春风之禾苗茁壮成长。他研读《四书》《五经》，并习疏奏诗赋科举之术。

游百川 20 岁娶邻村周氏为妻成家，仍坚持诗书耕读。咸丰二年(1852)，山东举行乡试。游百川时逢 30 岁，生有两男一女。老大是男孩，双目失明，这让游百川非常头疼。屋漏又遇连雨天，生活本已贫穷艰难，又要为儿子治眼病，多年来游家还是一贫如洗。但游百川始终没有放弃参加乡试科举的念头。

游百川决定参加山东壬子科乡试。临行前的头一天，游百川因重感冒发烧。从滨州到济南府有三百多里路程，感冒发热的状态下是万难也走不到的。“天将降大任于斯人也，必先苦其心志，劳其筋骨，饿其体肤，空乏其身，行拂乱其所为也，所以动心忍性，增益其所不能。”这或许是上天在考验游百川的意志力。

儿子生病，母亲孙氏看在眼里疼在心里。她把出嫁时娘家陪送的唯一一副银镯包好，来到邻村家庭殷实有车马的杜府，请杜老爷帮忙，明天送儿子去济南府赶考时，顺路捎上游百川。杜老爷子本不想揽这份收拾，况且还是个感冒的病人，怕连累了自己的儿子。但看到善良的孙夫人无助的样子，又念在儿子与游百川同为杜源徒弟的份上，只好答应了此事。第二天一早，游百川搭上顺路马车赶往济南,在一路颠簸中迷迷糊糊睡了一天,又在济南休整了一天。第三天考试,游百川竟然以“中式第四十名”的成绩考上了举人。

考卷共分三文一诗。三篇文章的题目分别为《孝慈,则忠;举善而教不能,则劝》《由汤至于文王五百有余岁,若伊尹莱朱则见而知之》《诗曰“奏假无言”》。试帖诗题目为五言八韵《赋得月桂余香尚满襟》一首。游百川的文章及本人得到了大主考官的高度评价,并被赋予厚望。

本房总批

理扶质已立干,文垂条而结繁。议论风生,藻思泉涌。经术则淹贯乎东京西京,理解则折中于南宋北宋。律语得长城之坚固,后场擅中垒之淹通。揭晓来谒知生性,质温纯天资超迈。幼失趋庭之训,长怀抱砚之思。赖萱兰茹苦,含辛和丸画字。故能英年励志,壮岁成名。持三代之门楣,全一家之节孝,此曰鹏程奋迹,信堪快慰。夫北堂他年雁塔题名,尤足树声于东国,勖尔前修副(赋)于厚望。

母以子贵,游百川的母亲孙氏从此被乡里尊称为“游大娘”。后来,游百川“游学京师馆”,考取景山官学,“充汉教习”。四年后,游百川考入右翼宗学,任汉教习。

考中举人后,游百川的三子游汝贤出生,可谓双喜临门。

四、游学京师,充汉教习

中举后,游百川没有沾沾自喜。由于儒家“修身、齐家、治国、平天下”的思想理念深深扎根心底,游百川要到更好的地方——北京求学。《游氏世谱》记载:“是后游京师馆,于钱塘许文懿公乃普家,慕其学行政治,因师事之。大为契重,凡奏疏书牍,悉委公,无窜易。”[1]许文懿,字乃普,嘉庆丙子举人,庚辰

① 《游氏世谱》民国版。

榜眼，官至礼部尚书。许文恚经学底蕴深厚，善诗文，工书法，与祁文端公隽藻、赵文恪公光、陈子鹤尚书孚恩同列清四小书家，又称为“同光四家”。许文恚是同光时期有名的文豪、良吏、书法家，与翁同龢等都是同治中兴的代表人物之一。

钱塘许氏是有清一代著名的文化世家。许文恚祖父许钺为乾隆戊午(1738)科举人，历官甘肃知县，署广东知府。父亲许小范（学范）为乾隆戊子举人，壬辰进士，官京师顺天府治中。许文恚兄弟七人，他排行老五。许文恚（乃普）的大哥许乃来是乾隆癸卯举人，二哥许乃大是嘉庆辛酉举人，三哥许乃济是嘉庆戊辰举人、己巳翰林，四哥乃谷是道光辛巳举人，六弟乃钊是道光戊子举人、乙未翰林，七弟乃恩是道光癸卯举人。“七子登科，海内所未有。伯兄、季弟先后同年，尤科目所罕见。”[①]许文恚与其儿子许寿身（后易名许彭寿）为“父子鼎甲传胪”。许彭寿于道光丁未科高中会元，殿试又中二甲第一名，而同年的李鸿章为二甲三十六名。许文恚的侄子许庚身与游百川同年进士，中二甲第二名，以军机处章京入仕，因其精兵要地理，官至军机大臣、兵部尚书。

据《咸丰壬子科山东乡试朱卷·游百川》阅卷批注，有同考试官一位，大主考官两位。分别记有：“同考试官济南府长山县知县曾□　阅　荐。大主考翰林院编修加三级黄□　批取。又批：才华俊逸经术湛深。大主考南书房行走内阁学士兼礼部侍郎衔稽察右翼觉罗学加三级许□　批　中。又批：根底盘深神味渊永。”卷中“大主考南书房行走内阁学士兼礼部侍郎衔稽察右翼觉罗学加三级许□”乃许文恚许乃普。许乃普非常爱惜人才，他在游百川的考卷中总批语是“本房总批：理扶质以立干，文垂条而结繁。议论风声，藻思泉湧。经术则淹贯乎东京西京，理解则折中于南宋北宋。律语得长城之坚固，后场擅中垒之淹通。揭晓来谒知生性，质温纯天资超迈。幼失趋庭之训，长怀抱砚之思。赖萱兰茹苦，含辛和丸画字。故能英年励志，壮岁成名。持

---

① 潘世恩：《思补斋笔记》。转引自沈建忠《〈皇清诰授一品夫人陈尚书继配许夫人墓志铭并序〉考略》，《杭州文博》第五辑，2007－06－30。

三代之门楣,全一家之节孝,此曰鹏程奋迹,信堪快慰。夫北堂他年雁塔题名,尤足树声于东国,勖尔前修副(赋)于厚望",对游百川的文章和人品给予了极高的评价,并赋予厚望。考试结束后,许乃普介绍游百川到京师馆学习,并邀请游百川到许府寄住。游百川敬慕许乃普的才学、家道与人品,便拜许文懿为师。身为南书房行走内阁学士兼礼部侍郎衔稽察右翼觉罗学加三级的许文懿,不计游百川家道贫寒,如此爱惜人才、礼贤下士,深深感动了游百川。在许府,游百川经常为许文懿起草奏疏书牍,深得赏识。

拜许文懿为师,是游百川人生中的一大幸事。许文懿深厚的经学、理学功底,温润儒雅、处事不惊的个人风范,洞察时局、深谋远略的政治才能,深深影响了游百川。游百川从中学到、悟到了很多,为今后顺利通过国考、金榜题名奠定了基础,也为将来入仕参政议政、为国为民、励精图治的治国思想奠定了良好的基础。

咸丰三年(1853)游百川考取景山官学汉教习,咸丰八年(1858)充补右翼宗学汉教习,咸丰九年己未(1859)任右翼宗学汉教习。在此期间,游百川教学相长,《四书》《五经》经学功底得到进一步的锤炼,开阔了视野,凝练了思想。

五、鹏程奋迹,雁塔题名

游百川没有辜负母亲和家族的期望,虽然"幼失趋庭之训","赖萱兰茹苦",但他"长怀抱砚之思","英年励志,壮岁成名",终于"鹏程奋迹,雁塔题名","持三代之门楣,全一家之节孝"。①

同治元年(1862),时年40岁的游百川考取了内阁中书,继而参加会试②。

① 见《清代山东乡试朱卷咸丰壬子科·游百川》主考官批语《本房总批》。

② 会试是中国古代科举制度中的中央考试,是集中全国举人会同考试之意。考中者为"贡士",又称为"中式进士",取得"贡士"资格后方可参加由皇帝亲自御殿覆试、决定取舍、等第的殿试,会试由礼部主持,在京师举行考试。

第一场考试，考中第九十四名贡士。第二场复试，“发下复试卷一百九十九本，臣等公同详阅，分别等第名次。拟一等二十六名，二等六十名，三等一百四十名，四等三名。臣等将分阅之卷各于卷面黏签并粘等第名次签，恭呈御览，伏候”。经过“发下再行折阅弥封缮写名单进呈”，确定游百川列一等第二名。中试，“发下朝考试卷一百九十四本，臣等公同详阅，分别等第名次。拟一等三十二名，二等五十六名，三等一百名，四等六名。谨于卷面黏签恭呈御览，伏候”。朝考中，游百川列一等第六名，殿试到二甲十一名。上赐进士出身，钦点翰林院庶吉士，散馆授编修，游百川从此进入仕途。

在中国大多数人的传统思想中，有“三十而立，四十不惑，五十知天命”的思维定式，游百川 40 岁考中进士进入仕途，是对上述传统思想的挑战和突破。进入仕途后，游百川凭着自己的能力和努力，一步一个台阶，从编修到福建道监察御史，再到给事中、湖南衡永郴桂道、四川按察使、顺天府府尹、户部仓场侍郎（仓场总督），为朝廷所倚重，可谓大器晚成。

附：

同治元年壬戌科殿试金榜

第一甲三名

徐　郙　　何金寿　　温忠翰

第二甲七十二名

陈　彝	许庚身	柳熙春	陈学棻	刘瑞祺	吴鸿恩
龚聘英	平步青	薛斯来	王兆兰	游百川	张家骧
任朝栋	寻銮晋	董兆奎	张鸿远	龙湛霖	周德润
鲍功枚	黄槐森	吴存刚	杨益豫	吴文钊	张寿庆
吴澍霖	唐国翰	王葆修	昆　冈	王福保	仇炳台
范德馨	曹秉浚	王　昕	朱学籛	王　琛	鹿传霖
张良璋	马文耀	朱逌然	高其鎮	王　铦	沈鸣珂

叶守矩　黄　彬　姜敏修　康　敉　尹绍甫[①]　童毓英
王允谦[②]　傅维弼　陈锡麒　谢维藩　于　腾　涂修政
刘熙龄　梅雨田　徐肇梅[③]　赵子端　乔有年　揭裕文
宜　绶　王道源　廖坤培　段汝林　李国楠　黄荣熙
周　浚　谭钧培　杨先菜　崔志道　林　煊　马相如

第三甲一百一十八名

李　江　郑业骏　况桂森　饶继惠　武良锐　康秉彝
王嘉安[④]　段福昌　张文鼎　杜充辉　刘承辇　贾汝霖
谌命年　潘家钰　贾树诚　韦　煐　赵　朴　袁祖安
李宝箴　马丕瑶　简宗杰　王兆柏　杜正诗　李龙章
吴起凤　李士琨　刘景宸　陈　楠　陈维周　崔铨淦
李祖光　苏毓元　孙凤翔　石会昌　盛一朝　乐正宣
吴继心　刘朝升　王　轩　永　惠　宋梦兰　吕宪瑞
童德中　郑燡林　许俊魁　陈汝霖　贾邦铎　吕慎修
李湘南　孪庆沅　黄文棠　唐泰澜　石学阶　徐登云
齐方书　吴毓春　桂　昂　顾菊生　刘泽远　傅　桢
耀　年　萧浚藩　李瓘辉　萧开荣　濮斗衡　马国宾
张鸿翼　任树楷　贾譔策　张庆麟　汪正元　路慎皋
刘　辂　洪永勋　李赓云　庆　锺　张玠　张铭焕
杨延烈　恒　龄　王　霂　杨澍鼎　周伯贞　夏抡谟
王玉相　徐璞玉　胡凤冈　张士铨　耿名臣　熊鎮湘
刘秉清　王经庭　何含章　阎道行　何赉高　刘昌绪
吴正丙[⑤]　蔡汝霖　郭深基　郑履端　刘开第　顾　衷

① 原名:尹萧怡,改名:尹炳甲。
② 改名:王宪曾。
③ 改名:徐肇嵋。
④ 碑作:王寿安。
⑤ 碑作:吴正南。

觉罗同照		张为章	李长春	李东垣	吴大光
晁 炳	井锺丹[①]	崔培元	周培锦	孙体仁	乔玉琛
王尔琨	董应遴	党汉章	原立诚	郭炳南	

注:本榜进士后多成为清朝重臣。清朱彭寿《安乐康平室随笔》卷三载:"同治壬戌科进士,大学士二(昆冈、鹿传霖),协办大学士一(徐郙),尚书二(许庚身、陈学棻),侍郎五(游百川、张家骧、龙湛霖、周德润、耀年),守陵总兵一(桂昂),巡抚五(陈彝、刘瑞祺、黄槐森、谭钧培、马丕瑶),布政使一(孙凤翔)。"

入翰林授编修。同治元年(1862),游百川考中进士,列二甲第十一名,复试一等二名,朝考一等六名。同治元年二月十二日上谕,"……游百川……俱着以内阁中书用",掌撰拟、记载、翻译、缮写,官阶为从七品。"六月(甲戌),引见新科进士。得旨,徐郙、何金寿、温忠翰业经授职外,陈彝、柳熙春、陈学棻、刘瑞祺、吴鸿恩、龚聘英、平步青、薛斯来、游百川……俱着改为翰林院庶吉士。"(《清实录·同治朝实录》)入京城庶常馆学习。

清制规定,进士经殿试后,除一甲三名授修撰、编修外,其余一部分选为庶吉士,由特派的翰林官教习,三年后经考试优等,原二甲进士授编修,原三甲进士授检讨;次者改任各部主事或知县。庶吉士学习之地称庶常馆,故学习期满称散馆,留充编修、检讨者称留馆。

同治二年(1863)四月二十五日,游百川等未到三年即于京城"散馆授编修"。《同治朝上谕档》载"内阁奉上谕,此次散馆之……二甲庶吉士……游百川俱着授为编修"。《清史稿》列传二百十《游百川传》载:"同治元年进士,选庶吉士,授编修。"清制规定,三年散馆后经考试优等者,才能授编修。清代编修属翰林院,职掌编修国史,职位次于修撰,清翰林院编修以一甲二三名进士及庶吉士留馆者担任,无实职。游百川等入馆仅一年,即散馆授编修,属于破例。

---

① 碑作:亓锺丹。

同治五年(1866),游百川于京城任编修,大考遭罚俸一年。《清实录·同治朝实录》载:"同治五年五月(乙丑),谕内阁,此次考试翰詹[①]各员,经阅卷大臣等校阅进呈,拟定等第,一等五员,二等三十七员,三等五十二员,四等三员,不列等一员。……编修王昕、龙淇霖、温忠翰、游百川,检讨吴镇、编修马相如,均着罚俸一年。"《同治朝上谕档》亦载同治五年五月初七日,游百川等被罚俸一年事。清制规定,翰林院官员自侍讲学士、侍读学士以下,编修、检讨以上;詹事府自少詹事以下,中允、赞善以上人员,每隔数年,不定期临时召集考试,不许称病托词、规避请假,称为大考。据考试成绩,最优者超等升擢,可由七品升至四品,其次酌量升级或遇缺提奏,再次分别降调、罚俸、休致、革职。游百川因"考列三等",因此被罚俸一年。

六、迁御史,数建言

纵观游百川仕宦经历,大体可分为早期、中期和后期三个时期。

早期:同治六年(1867)至同治十二年(1873)。仕宦早期,游百川积极进取,注重学习和调查研究,就国计民生、国家长治久安等重大问题适时向朝廷建言献策,其文韬武略深得慈禧太后和同治皇帝的认可。这一时段,游百川愤世嫉俗,刚正不阿。巡视东城,惩治棍徒孔正兴;巡视西城,惩治宗室宽和、宽亮;犯言直谏,敢于和皇帝叫板。可谓牛犊初生无所畏惧。

中期:光绪元年(1875)至光绪七年(1881)。同治十二年,游百川顶风上疏《密陈管见——暂缓修圆明园》,因惹怒同治皇帝被革职。被革职事件后,游百川行为正直的锋芒被磨平不少。光绪元年官复原职后,游百川提交的奏折的语气和用语都温和了很多,但游百川忠君爱民之心未改,勇于担当,勇于为民、为国家发展而积极行政的信心未改,仍协助李鸿章、左宗棠、童华等积

① 翰詹:清代对翰林和詹事的合称。

极参政议政，确保了顺天府及京畿地区的安全与稳定。

后期：光绪八年(1882)至光绪十七年(1891)。仕宦后期，游百川于光绪九年(1883)受命“督工赈”，与山东巡抚陈士杰统领治理黄河工程，多方筹措善款赈恤灾民，其清正廉洁名垂史册。光绪九年后，游百川主要与兴廉管理京城粮仓。

1. 心系黄河，数建治河良策

同治六年(1867)，游百川充任顺天乡试同考官①，随后“迁御史”，旋补福建道监察御史。迁御史后，游百川有了建言献策的资格。这段时间，游百川深入调研，勘察时弊，积极进取建言献策。

咸丰五年(1855)黄河改道北行，夺大清河河道从利津入海，“夫以黄河之水入大清河，万万不能容纳也”，黄河下游的河南、山东段，泛滥成灾严重。民国《齐东县志》记载：“(咸丰)五年六月，河南铜瓦厢黄河溢，归大清河入海。五年至八年，连岁壩河水溢，知县苏名显创筑坝堤。八年至十二年，连岁黄河决。”《利津县黄河志》记载：“(咸丰五年)九月，河水(大清河)又涨，利津沿河村庄首次筑埝自卫。”

同治六年(1867)，当时的河道还没有形成上下贯通的河坝。六月伏汛，大清河上流河堤溃漫，溢平原、禹城凡百余里。八月秋汛，齐东等处同时决口，冲没四十余村落，利津县城垣半陷于水，九月初旬又决北岸，济武所属州县数百里悉为泽国。游百川老家滨州父老的田舍尽没水中。游百川看在眼里急在心里。十月二十一日，游百川写下《奏为东省迭被水患亟宜筹办河防以济民生》的长篇奏折，也是游百川“迁御史”以来的第一篇奏折。奏折还向

① 明清时期乡试科考，除主考官之外，还有协同主考官阅卷的同考官。同考官又称“同考试官”。因同考官在贡院内各居一房阅卷，又称“房考官”“房官”“房考”。顺天乡试同考官选派翰林院侍读学士、詹事府庶子以下，科道、部属、评事、博士、监丞以上官员担任。顺天乡试的同考官由皇帝钦定，最初定为20人，后定为18人，称为“十八房”。

皇帝请旨,复赐起用素有洁己爱民、廉隅素著、熟悉河务、为民称道的前山东抚臣阎敬铭专办河防。

同治十二年(1873)二月,游百川闻知黄河改道的危害极为惨烈,奏请河运并治。《清实录·同治朝实录》载:"(同治)十二年二月庚戌朔,谕军机大臣等,前因乔松年奏,筹办黄运两河情形,文彬、丁宝桢奏,请仍挽复淮徐故道,并御史游百川奏,河运并治,宜详筹妥办等情。"《清实录·同治朝实录》载:"(同治)十二年闰六月(甲申),谕内阁,前据军机大臣六部九卿会议乔松年、文彬、丁宝桢、并御史游百川,所奏筹办黄运两河情形,当经谕令李鸿章妥筹办法"。

光绪八年(1882)七月中旬,黄河水陡涨丈余,历城、章丘等处民埝漫决。秋天,历城县泺口上游屈律店、刘七沟、骚沟和桃园等处黄河漫决。水由济阳入徒骇河,徒骇河北岸到处漫溢。历城、章丘、济阳和沿河鲁西北、鲁北各州县多遭水淹,利津各坝也被冲刷多处,"水患情形重者庐舍荡然",人畜死亡不可胜计。急需有人通筹全局,设法疏浚,以消弭后患。光绪八年十二月二十八日,上谕:"为治之道首在任用得人,内而部院大臣,外而督抚大员,各有以人事君之义,着各举所知,秉公保荐等因,钦此。"游百川上疏《遵保人才由》,举荐时任浙江巡抚陈士杰。朝廷采纳了游百川就保举,并简派游百川"督工赈"。

光绪九年(1883),游百川来到山东,督同山东巡抚陈士杰一道指挥防洪赈灾。疏通河道、筑坝防水、分流小清河,普放春赈,截留漕粮,倡捐赈灾等。

光绪十三年(1887),张曜调任山东巡抚,初议分流入故道。十二月二十七日,游百川奏《东省河工宜兼用分流故道初议》,山东省河工仍宜兼用张曜初议。但是,该提议遭到两江总督曾国荃、漕督卢士杰坚决反对,最终搁浅。

2. 痛斥科举时弊

在任顺天乡试同考官期间,游百川发现很多地方的教学存在着为应对科举考试而采取应对法教学的现象，造就一批不学无术、不明经义、不明事理、一心只为科考而求学的科举士子。长此以往国家将陷入无真才实学之人、无栋梁之才可用的地步。基于此，同治六年十一月二十八日，游百川向慈禧皇太后、同治皇帝提交了《奏为士习为人才所系宜崇尚经术以端趋向》的奏折。

游百川的提议得到同治皇帝的认可，并令内阁“通谕知之”。《清实录·同治朝实录》载：“同治六年十一月二十八日内阁奉上谕，御史游百川奏请崇尚经术以端趋向各折片，国家吁俊抡才，原期士子通经致用，若学无根柢，徒恃怀挟倩代以图徼幸，所谓淹通经史者安在？何以振文风而端士习？学政岁科两试，生童正场之前列有考古一场。着直省学政于按考各属时遍谕生童，如有能默诵五经通晓经意者准其报名，即于考古场中按名面试拔之，以为研经者。劝其未经报考者亦令熟悉某经，于下届按册试之。该学政等务当崇尚实学，拔取真才，毋得视为其文以副朝廷乐育人材之意。将此通谕之知。钦此。”①

同治十二年(1873)九月，游百川任监试御史，他发现顺天乡试头二、三场考试的试卷装订错误，且与编号不符。游百川发现问题及时上奏。《同治朝上谕档(同治十二年)》记载：“同治十二年九月十五日，内阁奉上谕：监试御史福宽、游百川奏试卷编号错误简单，呈览一折，本科顺天乡试头二三场红号不符试卷至有三十一本之多，并有满卷与合卷互编错乱，实非寻常疏忽可比。着监临提调查取职名，交部照例议处。此次场内试卷编号错误，该监临等何以并未奏闻？着将因何错误及有无弊实之处查明，据实具奏。钦此。”②可见，当时同治皇帝对发生在顺天乡试试卷装订编号错误是非常生气的。游百川的认真，让许多官僚既恨且怕。

---

① 中国第一历史档案馆编：《同治朝上谕档》，桂林：广西师范大学出版社，1998 年。

② 中国第一历史档案馆编：《同治朝上谕档》，桂林：广西师范大学出版社，1998 年。

3.献策平捻与善后

同治六年(1867),捻军分为两支北进,一支由张宗禹领导的活动于陕西,他们企图由陕西进河北威胁北京,称西捻军;一支由任拄、赖文光等领导的活动于皖、楚、豫、鲁等地,他们希望沿运河北上,进入京畿腹地,称东捻军。同治七年(1868)年初,张宗遇由河北漳卫窜入定州,进逼北京。清政府得知后极为震惊,京城内外一片慌乱,朝廷一方面调集山东巡抚丁宝桢、河南巡抚李鹤年、陕甘总督左宗棠、湖广总督李鸿章、安徽巡抚英翰等围剿捻军,一方面准备派出守京城的劲旅阻拦捻军的北进。在这危急关头,游百川统揽全局,分析战局,于二月十四日向朝廷提交《奏为官军与贼相持日久请旨饬各路统兵大臣尽除私弊迅筹剿贼以伸天讨而解民困》的奏折。

《清实录·同治朝实录》载:"同治七年(1868)二月壬辰,又据御史游百川奏,请饬各路统兵大臣,迅筹灭贼,并请诘其有无方略,何时破贼,切实自陈,毋得饰报胜仗等语。贼扰直境已逾一月,各路官军,不下数万。若不迅图剿洗,糜饷劳师,伊于胡底?左宗棠等务各屏除意见,戮力同心,迅将此股贼匪就地殄灭,共奏肤公。"

三月,西捻军由开州、滑县、清丰、朝城渡运河进入山东茌平、高唐,后挺进到沧州、静海。游百川奏请合力兜剿捻军。《清实录·同治朝实录》载:"本日御史游百川奏,此次捻逆回窜青莱,未得肆掠,饥疲已甚,其中被胁难民皆思自拔。请饬乘此合力兜剿。李鸿章现在但防运河东北,防兵甚寥寥,黄河冰坚冻,贼如北窜,恐东省军务贻患非轻等语。着李鸿章迅筹剿办,不可稍失戎机。黄河防务,并着妥为布置,以期有备无患。将此由六百里谕令知之。"四月,东捻军在山东巡抚丁宝桢、两江总督曾国藩、提督刘铭传等的围追堵截下,在胶莱河、潍河一带被消灭,西捻军失去了半壁。六月,恰逢黄河涨水灌入运河,西捻军被围困在徒骇河、马颊河、黄河与运河之间,被丁宝桢、李鹤年、李鸿章大军所消灭。

捻军被剿灭以后，清政府要做的一是对余孽的清剿，二是官方死伤人员及被扰百姓的善后处理。秋七月初九日，游百川提交《奏请饬办善后事宜》折。

“上谕，内阁曰：御史游百川奏陈善后事宜各条，除赈恤贫民俟官文丁宝桢等查明后再降谕旨外，其团练出力绅董及殉难民妇女，着官文丁宝桢转饬该地方官确切查明，分别奖恤，毋得冒滥遗漏；至保甲之法，尤当实力举行，以辑闾阎。倘地方官有贪庸不职，不以民事为心者，即着该督抚等据实严参，以副朝廷保卫民生、整顿吏治至意。”

紧接着游百川又上《奏为续行访闻本籍各州县阵亡殉难绅民妇女饬旌恤由》的奏折。另外，游百川还提出“靖乱与制治宜认真讲求也”，而“思患豫防，莫如严饬督抚责成各属牧令妥行保甲之法”。“盖保甲政行，户口之多寡，习俗之美恶，皆得周知，禁奸除盗，销患无形，政治始基，莫先于此。地方官如果倡率董事，实力举行，一切教匪、会匪蘖芽，无自而起，逆捻余党，纵有窜伏草野者，亦莫能漏网，不致灰烬复燃。”因此，他要求清廷“饬下督抚责成各属牧令实力奉行，如有贪庸不职，不以民事为心者，即据实纠参，力除泄沓故习”①。这项呈奏，得到清廷的认可。《清实录·同治朝实录》载：“（同治）七年秋七月甲申，谕内阁，前因捻逆荡平，直隶、山东、河南被扰地方，饬令该督抚等查明轻重情形，分别蠲缓，并寄谕官文、丁宝桢等妥筹抚恤。兹据御史游百川奏陈善后事宜各条，除赈恤贫民，俟官文、丁宝桢等查明后再降谕旨外，其团练出力绅董及殉难绅民妇女，着官文、丁宝桢转饬该地方官确切查明，分别奖恤，毋得冒滥遗漏。……”

平捻之后，钦差大臣都兴阿、两江总督李鸿章、署理安徽巡抚英翰、御史吴鼎元等，分别提出了“严禁起义军余部与处理被收抚者”“挑选劲旅，驻扎要地”“修理宇寨，整顿乡团”“整顿士习，查禁伪书”②的主张。而游百川围绕民

---

① 《掌福建道监察御史游百川奏请饬办善后事宜折》（同治七年七月初九日），军机处录副奏折；朱学勤等：《方略》第318卷，第6－7页。

② 郭豫明：清朝政府平捻之后的“善后”措施.上海师范大学学报（社会科学版），1998(1)：45－51。

生问题还提出了“力行保甲，清查户口”的建议。

4.历陈吏胥积弊

针对清朝末年官场积弊问题，同治七年(1868)十一月十九日，游百川提交《奏为吏胥积弊为患最深请饬内外臣工随时惩治以儆贪残》的奏折。

慈禧和同治皇帝对游百川的提案高度重视，并谕令内阁“通谕京外各衙门知之”。《清实录·同治朝实录》载：“(同治)七年十一月(壬辰)，谕内阁，御史游百川奏请除吏胥积弊一折，京外各衙门额设吏胥，不过用以执簿书供奔走，乃近来各衙门胥吏，或舞弊营私，甚至盘踞把持，缘引为奸，坏法乱纪，殊堪痛恨。嗣后内外大臣，务当严饬所属振刷精神，破除积弊，将一切文案立限清理，吏数过多者，核实裁汰。其有舞文弄法之吏，随时察防痛惩，不准稍涉徇庇。至家丁串通书役、绅衿包揽词讼，亦着一并严禁，以儆贪蠹而杜弊端。将此通谕京外各衙门知之。钦此。”①

其后，游百川于同月二十四日再次上呈《奏为除弊务求实际续陈愚见折》的奏折。

清朝末年，官场胥吏积弊深重，庶司衙门之胥吏皆工于取利。本父母之官，却视民如鱼肉，民畏胥吏如虎狼，阶级矛盾几近不可调和的地步。为维护大清江山的稳定与统治，游百川直抒胸怀，尽数官场胥吏积弊，阐发除弊之策。游百川敢于向官场宣战的行为，显示了他的刚正与清廉。

5.重申严禁栽种罂粟

在任福建道监察御史期间，游百川了解到山东、河南、江苏等部分地区的农民种植罂粟以代替种植农作物，且有种植面积逐渐扩大的趋势。同治七年

① 中国第一历史档案馆：《同治朝上谕档》，桂林：广西师范大学出版社，1998年。

(1868)十二月十七日,游百川提交《奏为栽种罂粟大妨民食请旨重申严禁以济民生而培国本》的奏折。

在这份奏折中,游百川细数甘肃、陕西、江苏、河南、山东等地民间栽种罂粟的现状及危害,并分析民间栽种罂粟屡禁不止的原因,除小民趋利外,还包括地方官吏借机取利,督抚大员也因一私己利而默许之,并针对此提出了整治方法。同治皇帝阅览奏折后极为震惊,并因意识到栽种罂粟涉及国计民生和国家的长治久安,便谕令内阁"著各该管上司从严参办,毋稍徇隐"。《清实录·同治朝实录》载:"(同治)七年十二月(庚申),谕内阁御史游百川奏请饬严禁栽种罂粟以济民生一折。栽种罂粟之害,有妨民食,始于甘肃,延及陕西、山西,近复江苏、河南、山东等省亦有渐行栽种者。小民贪利忘害,仅顾目前,势必至膏腴之产尽种无用之物,于百姓生计大有关碍,前曾严行申禁,着各该督抚迅饬各地方官再行剀切晓谕,一体禁止。倘有不法匪徒故意抗违,即治以应得之罪。各州县官如不能认真办理,任令吏胥饰词蒙蔽,并着各该管上司从严参办,毋稍徇隐。将此通谕知之。钦此。"

6.请旨增修圣德

同治八年(1869),湖广等省多被水患,而直隶、山东亢旱为灾,又逢月食现象出现,民间多流言,人心惶恐,社会不安。十二月十八日,游百川针对这种现象,提交《奏为雪泽愆期月食递见恳增修圣德感召天和》奏折。

《清实录·同治朝实录》载:"(同治)八年十二月(乙卯),谕内阁御史游百川奏请修德以召祥和一折,今岁雪泽愆期,月食再见,直隶、山东、湖广等省水旱歉收,凡此沴祲之兴,皆系上苍示儆寅畏殊深,允宜兢业为怀,倍加修省,内外大小臣工,亦当各矢公忠,恪尽厥职,力除瞻徇奔竞之习。其有言责诸臣,尤宜遇事指陈,毋泛毋隐,庶几君臣交儆,以承天眷而迓天庥。"

7. 力谏缓修圆明园

同治十一年(1872)九月十五日,同治皇帝举行大婚盛典。同治十二年(1873)正月二十六日,同治皇帝举行亲政大典。同治皇帝亲政之后,两宫太后面临“归政”的问题。为了尽快摆脱太后对朝政的干涉,少受管束,同治皇帝以“孝亲”为理由,下令重修圆明园,并谕令:“朕念两宫皇太后垂帘听政十一年来,朝乾夕惕,倍极勤劳,励精以综万机,虚怀以纳舆论,圣德聪明,光被四表,遂致海宇升平之盛世。自本年正月二十六日朕亲理朝政以来,无日不以感戴慈恩为念。朕尝观养心殿书籍之中,有世宗宪皇帝御制《圆明园四十景诗集》一部,因念及圆明园本为列祖列宗临事驻跸听政之地,自御极以来未奉两宫皇太后在园居住,于心实有未安,日以回复旧制为念。但现当库款支绌之时,若遽照旧修理,动用部储之款,诚恐不敷。朕再四思维,惟有将安佑宫供奉列圣圣容之所,及两宫皇太后所居之殿,并朕驻跸听政之处,择要兴修,其余游观之所,概不修复。即着王公以下京外大小官员量力报效捐修,着总管内务府于收捐后,随时请奖,并着该大臣等核实办理,庶可上娱两宫皇太后之圣心,下可尽朕心之微忱也。特谕。”

重修圆明园的谕令引起了朝野上下的关注。尚未开工,十月初一日(11月20日),御史沈淮“抗疏力争,以为靡费”,同治皇帝震怒,立即召见沈淮,“谕以《大学》养老之义。沈素呐呐,青浦独对,慑于天威,但连称兴作非时,恐累盛德”,请求缓修圆明园。同治皇帝谕令内务府,仅修安佑宫为驻跸殿宇,其余免兴修。

十月初六日,游百川上疏《密陈管见折》,并在奏疏中说,京城为模范之区,万民聚集一处,纵然有出色的房舍、不平常的处所,租赁屋居住的人不过是杂处于阛市之间,远离宫廷,没有敢在宫廷往来和大肆喧闹的。有官兵严守紫禁城门,有宫中卫士密切警戒,皇上可以安心临朝听政,这种坐在宫中控制着天下的权术,实为国家长治久安之策。圆明园经变乱之后,年久失修,山水景物面貌今昔悬殊。况且那里外无城墙，即使警卫森严，门禁终究不如内城严密。我最近听说西山一带，时常有外国人在那里游荡，万一因皇上暂居园内，他们滋生偷看靠近之心，在圆明园附近建造房屋，听任他们这样做固然不行，又不能阻止他们；严加防范，恐怕也难完备。我虽无知但却忠实，不能不对此忧虑。……希望皇上体现慈心，暂缓兴修，待天时、人事均有利时，再慢慢谋划营建。……百姓急于公事，如子女急于父母之事，不召自来的情景，会出现在当世。

同治皇帝阅完游百川的奏折，龙颜大怒，于十月初七(11 月 26 日)召见恭亲王奕䜣、醇亲王奕譞及御史游百川等，并厉声对游百川说："汝亦有父母，岂有父母所欲而故为违抗者！"游百川说："皇太后政暇颐养，不如就近增饰西苑，以为临幸之地，用帑不巨，易复旧观。"同治皇帝竟然不知西苑在什么地方。游百川解释说："即南、北、中三海，近在宫掖。"同治皇帝命令他回去写奏折子报上来，转瞬又说："无需也。"就把御笔交给他来写。游百川就御座前执御笔写道："臣伏愿皇上大孝，以天下治安为主者，臣实愿军务全完帑项渐裕年股告捻物力滋丰之候，合万民之欢心以成斯役，而不愿藉资于捐修。'捐'之一字，实万不得已之举，救灾捍患动捐犹可，至营建宫室而劝捐，我朝向无此例。且圆明园既值宜修之时亦不过专务要工，存先朝之旧制以明光复故物云尔。若以为游憩之所，则臣有不敢遽言，而又不敢不言者。庚申八月之变，先皇帝由园居命驾巡幸泺河，当时臣民震恐，风云变色，帐圣与之蒙尘，望回銮而未果，迄今追忆实所痛心。皇太后旧怆怀当，必有愀然不乐者，此臣所不敢言而又不得不言者。如万不得已，太液池南福华门内京都士庶称为南海，加以修理奉两宫太后游览其中，亦足以藉资颐养。臣愿皇上善体圣慈，如得皇太后懿旨暂缓园工，然后明降谕旨宣示中外，得我皇上善则归亲之义，此尤臣所虔诚默祷者也。"

御史沈淮上疏后，同治帝就很恼火，曾严词申斥。现在游百川又顶风上疏谏阻，同治帝更恼，他认为这是对自己皇权的挑战。十月，同治帝下令将游百川革职。《朱谕将奏请缓修圆明园之御史游百川革职》折曰：

自古人君之发号施令，措行政事，不可自恃一己之识见。必当以群僚适中共议，可行则行，不可则止，此求事理合宜之意也。至于为人子者，欲尽娱志承欢之孝，非他务可比也。既非他务之可比，则必当竭力以效其忱，岂可托诸空言而止耶？夫朝廷设言官之意，本为达人君之耳目，不可不言也，至于尽孝思之事，非言官可阻谏也。且沈淮奏请暂缓修理圆明园之时，业有旨宣示中外，使咸知朕心欲承慈欢之意矣，何该御史又请缓修，且言俟天时人事相度咸宜之时，再行修理？朕观该御史所奏之意，亦不过欲使人知己尽言官之责，徒沽其名耳，安有体朕孝思之意哉？纵使朕纳其言即行停止，亦不过咸称朕为纳谏之君而已！是朕欲尽孝思之意，岂不托诸空言耶！即如该御史所言，俟天时人事相度咸宜之时再行修理；果及天时人事相度咸宜之际再兴此工，又必谓不可。又言西山一带，时有外国人游骋其间，岂京师各城内外即无外国人往来乎？以朕观之，京师各城内外之外国人，较之圆明园犹为附近也。该御史既恐外国人生瞻就之心，今岁夏令当洋人求观之时，汝何不奏请止其观见乎？朕思该御史所陈之言，不过欺朕冲龄，实属妄奏。

该御史既为言官，并未闻有关系国计民生之论，乃先阻朕尽孝之心，该御史天良安在？着将该御史游百川即行革职，为满汉各御史有所警戒。俟后如再有奏请暂缓者，朕自有惩办。特谕。①

对于同治皇帝重修圆明园的决定，朝内许多重臣元老都婉言劝阻，毫无效果。同治十三年(1874)六月十四日，大学士文祥上折请停圆明园工程，也未奏效。七月十六日，恭亲王奕譞等亲贵重臣听说载淳将于二十日阅视园工，于是约集御前大臣和军机大臣十人，联名上疏，提出八大问题：停园工、戒微行、远宦寺、绝小人、警宴朝、开言路、惩夷患、去玩好，全面地向皇帝进谏。后来几位朝中重臣因重修圆明园所需经费估算过高也一同出来反对，君臣矛盾爆发。八月初一日，同治帝拟召见群臣，宣布将十重臣尽皆革职，为“朋比

① 中国第一历史档案馆：《宫中朱谕》上编，第637页。

谋为不轨”。两宫太后闻讯大骇，出面调解，撤消了同治帝前日宣布的上谕。[①]结果双方互作妥协，“重修圆明园”改为“修葺三海”。一年后，同治皇帝暴病而亡，工程同样没有完工。

《清史稿》记载：“命葺治圆明园，奉皇太后驻跸。御史沈淮疏请暂缓修理，上特谕宣示孝养两宫之意，专修安佑宫供奉列圣御容，暨皇太后驻跸之所，治事之地，量从节俭，不事华靡，此外均不必兴修。百川继疏申谏，上召入诘责，百川侃侃正言无所挠，上为动容，一时敢谏之名动朝野。”[②]

这段时期，游百川刚正不阿，不畏权贵，犯颜直谏，可谓“谏臣”。

8. 惩治棍徒孔正兴、宗室宽和、宽亮

同治八年(1869)十一月，棍徒孔正兴、蔡墩子、蔡升、玉恒、祁唐氏、镶白旗文大(文惠)等假称官役，将翟济堂、张镇东羁押暴打，勒索财物，致张镇东病残。翟济堂告发官府，久拖不结。游百川与掌湖广道监察御史国秀巡东城，受理案件后传唤文大，未到案。游百川、国秀联合上书《请将孔正兴等送部严办等由》。北京乃辇毂重地，自不能容棍徒潜踪扰害。这个案子引起了慈禧和同治皇帝的高度重视，谕令刑部严传归案审办。

光绪元年(1875)十一月初七日，游百川与给事中景隆巡视西城，得知有具有黑社会性质的多年惯犯为害乡里，且十分猖獗。游百川、景隆经过周密部署、多方激劝，严令司坊官率役带勇，并会同营汛协力访缉，于十月十一日缉拿到两次逃军周三锁儿(周三元儿)，十七日缉拿到两次逃徒贼犯祝二(祝三)、刘二(肉刘)及贼妇张李氏等六人。讯录供词，人犯交待了多次窃得三条胡同、事主童氏等十余家的情况，所获赃物均被收缴认领。他们还指出窝主系大黄(即宽和)和二黄(宽亮)。二十五日，游百川、景隆指挥全营掩捕宽和、宽亮。捕获后，二人称系宗室。宽和居西长营，宽亮居炮厂，俱属外城。这两

① 徐立亭.清朝列传·咸丰帝同治帝传.吉林文史出版社，2004年版：423页.

② 赵尔巽等：《清史稿》，北京：中华书局，1977年.

人在该地区召集、包庇贼匪，肆扰民间。十一月初七日，游百川请旨将周三锁儿、祝二及刘二等人解交刑部，大黄、二黄由刑部会同宗人府查办。《清史稿》列传二百十《游百川传》载："宗室宽和、宽亮等所行多不法，奏劾惩治，一时贵近敛迹。"

七、委以重任

1.任湖南衡永郴桂道道员

光绪四年(1878)，游百川授工科给事中，不久转授刑科给事中。"光绪五年(1879)，出为湖南衡永郴桂道"[①]，官阶升为正四品。五月初二日，游百川受命补授湖南衡永郴桂道，初三日，游百川上折"恭谢天恩"。湖南衡永郴桂道隶属湖广行省，道治驻衡州府城(今衡阳市区)，领衡州府、永州府、郴州、桂阳州。当时鸦片盛行，衡州人染此者不计其数，游百川便张出告示恳切劝止，见到的人很多都为之叹息、落泪。他又为染毒者制戒烟丸、解毒膏，施舍救治。百姓去官府求药者每天达一百几十人。王良弼是衡州的杰出人物，看到这种情景后，给以极高的评价，从而使禁烟戒毒成为一种强大的舆论力量。从光绪五年五月到光绪六年六月，游百川在湖南任职一年，期间整顿时弊，力主戒烟，为当地百姓做了许多有益的事情。

2.任四川按察使

"光绪六年(1880)六月庚戌，以四川按察使黎培敬为漕运总督，湖南衡永

① 赵尔巽等:《清史稿》,北京:中华书局,1977年。

道游百川为四川按察使。”[①]游百川官阶升为正三品。四川按察使管“刑名”，相当于现省法院院长。九月初一日，游百川取道武昌迎折北上，上疏谢恩，恳请陛见。十月十九日游百川抵达北京，受光绪帝两次召见。去四川上任前同治皇帝准假一个月，游百川从十一月初四日离京，二十二日回到滨州修墓。光绪七年(1881)三月初八日，游百川行抵四川省城。四川总督丁宝桢迎接，三月二十日游百川授印及文卷，正式接任。游百川上任四川按察使以来，梳理卷宗，处理积压案件，办事公正，深得民心。

3. 任顺天府府尹

光绪七年夏四月己亥，“以四川按察使游百川为顺天府府尹，未到任前，以内阁侍读学士张凯嵩署理”[②]。游百川的此次升迁经左宗棠推荐。五月初二日，游百川从四川督臣丁宝祯处得到通知，即日交印，离川赴京，上奏谢恩。在任顺天府尹期间，游百川资助教育事业、治理永定河、恤民生谏垦田、设粥厂济灾民、建济养堂收养童幼妇女、维护京城治安等，显示出一定的执政才能。

1)撮举时政

游百川从北京往返四川，途经冀、晋、陕、川，沿途看到大片耕地荒芜，偶有耕种者，作物便是罂粟，村庄稀疏，有较大的村庄也是围墙高筑寨门紧闭，乡民团练自卫，反射出社会动荡不安一片萧条的情景。沿途十多天，游百川边走边调研，后于光绪七年闰七月二十日向光绪皇帝提交《奏为撮举时政所宜敬陈管见》这一奏折，奏折提出三个观点：①举办垦田以收地利；②严申栽种罂粟之禁；③整饬管伍以复旧章。这份奏折反映出游百川关心社会、心系民生的爱民思想，同时也反映出游百川敏锐的观察力和忧国忧民的责任心。

---

① 《清实录·光绪朝实录》，北京：中华书局，1986年。

② 《清实录·光绪朝实录》，北京：中华书局，1986年。

2)捐修金台书院

位于今天北京东城区的金台书院清代时为顺天府义学,乾隆十五年(1750)改为金台书院。游百川上任后,适值金台书院修缮,游百川参与指挥金台书院的修缮并捐款资助。史载"并由历任顺天府尹童华、李朝仪、游百川,各厅州县教佐等官员以及顺天府绅士等也相继捐款。遂于光绪七年春间完工"①。历任顺天府尹对文化的传播起到了重大作用。

3)治理永定河

永定河是流经北京(顺天府)的最大河流,有北京"母亲河"之称。历史上永定河汛期洪水肆虐,裹挟泥沙,威胁京师安全,清代各朝皇帝均非常关注并积极处理对永定河的治理工作。永定河左岸堤地处石景山区,东距天安门广场17公里,地势高差约30米,是顺天府城市防洪重点险段之一。光绪七年(1881)七月十三日,大学士左宗棠请修理永定河,游百川与左宗棠、恭亲王奕䜣、醇亲王奕譞、李鸿章和童华会商办理永定河工程事宜。《大学士左宗棠为与李鸿章会商修理永定河工程事奏片》载:"……臣拟一面咨请李鸿章委验永定河下游工程,明春再会商童华、游百川委验永定河上源工程。庶臣经手分段承修事宜得有归结……在事诸员及各将士实心实力,踊跃趋功,微劳足录。拟汇列清单,咨请李鸿章及童华、游百川,于验明收工后照请褒奖,以昭激劝。是否如斯,伏候皇太后、皇上圣鉴训示施行。谨奏。"经修筑,永定河堤规模更大,更坚固。

4)维护京城治安

光绪七年七月间,朝鲜国使臣照例将贡物交盛京将军派员解送,八月甲子尚未报到,因距九月初九日孝贞显皇后梓宫奉移日期甚近,光绪帝一方面

① 李绥:《重修金台书院碑记》,拓片。赵连稳,韩秀允:顺天府尹在金台书院文化传播中的作用,北京工业大学学报(社会科学版),,2013(3):140—146。

命恩福、松林饬令解送香贡委员赶紧解送，一方面命游百川与李鸿章、童华和谦德立即行派员迎提，妥速解京。八月己卯，由于本年九月初九日孝贞显皇后梓宫奉移普祥峪定东陵，为防止灵轝经由道路地方官员借端格外苛派，光绪帝命游百川与李鸿章、童华对他们加以严饬。

御史萧韶奏顺天州县讳盗成风，据称顺天府属各州县遇有盗案，不准事主呈报，迫令改盗为窃。文安县百姓杨万基被劫，前文安县知县陈绍谌并不究办，府尹张凯嵩令新任文安县知县张云霈详查，又设法消弭，仍以被窃申请审核。九月庚寅，游百川受命与童华确切查明杨万基被抢一案，并据实查办了相关人员。

顺天通州之燕郊以及直隶三河县地方，向来有回民流窜逃犯匪徒在僻静处所设炉私铸私钱，潜运京城私销。冬十月甲戌，游百川领命与李鸿章、童华严密搜查捕拿近京地方私铸匪徒，加以究办。有人奏直隶卸署文安县知县陈绍谌在署任时，妄议加增税银，借端勒捐，因案纳贿，并且讳盗为窃。十一月庚子，游百川领命与李鸿章、童华秉公查明，据实严办。

5)设粥厂收养幼童妇女

八月二十四日，卢沟桥地方贫民生计维艰，游百川与童华奏请设厂发米。同日，游百川循案向慈禧和同治皇帝提交奏折，请赏普济堂、功德林两处粥厂米石。九月二十九日，游百川在北京城内新建广仁堂，收养幼童妇女，并援案请赏米石。

九月二十九日，游百川、童华提交《京师新建广仁堂收养童幼妇女援案恳赏米石由》奏折。折曰：

窃据城内绅士翰林院编修袁善、朱百遂、刑部郎中冯光勋、兵部员外郎季邦桢呈称，前于光绪三四年间，晋豫灾谨近畿歉收，经直隶总督在天津设立广仁堂收养抚恤，法甚周挚。而京都地面较广，贫民流寓更多，职等仿照其法，试行赁屋收养，并函商直隶总督量筹欣助，除随时陆续资散外，其妇女童孺孤寡无依势实难于支遣者，酌量收养，行已数年颇有成效。现于本年七月在广安门内烂面胡同购屋八十四间，建立广仁堂一所，仿照天津成法办理，查有无依童幼，自五岁起至十五岁止，收入堂中楼宿，逐日养赡。仍分设义塾四斋，延师课读逐月稽查，以期造就其体质健壮。资禀惷愚者另教各项工艺以备日久资生，不至终归游惰……

6)**代进《春秋说略》**

已故户部主事郝懿行学问渊博，经术湛深，嘉庆年间，海内推重，所著《春秋比》《春秋说略》《尔雅义疏》及《山海经笺疏》精博邃密，足资考证。十二月壬午，游百川呈进郝懿行所著书四种，交南书房翰林阅看。其《奏为代进前户部主事解经之书》曰：

> 窃维为学，莫先于研经，而著书尤贵乎析义。臣籍隶山东，稔知同乡前户部主事郝懿行所著《春秋说略》十二卷、《春秋比说略》二卷、《尔雅义疏》十九卷、《山海经笺疏》十八卷，并附《图赞》一卷、《订讹》一卷，积数十年之精力而成其书，颇为赅洽。伏念《春秋》有褒讥之义，《说经》之门户宜分，《尔雅》为训诂之宗，名物之异同必辨。郝懿行穷源竟委，曲引旁徵，会博极乎群书，求折衷于一是。至如《山海经》一书，刘歆骇其神奇，郭璞称其灵化，又欲事刊疏谬，辞取雅驯，既富捞罗，复精辨覆，可谓殚心典籍，无愧通方。该主事系山东栖霞县廪膳生，乾隆丙午优贡，戊申举人，嘉庆己未进士，户部江南司主事。髫龄励志，皓首穷经，其成书有稗实学。今其孙现任顺天府东路同知郝联薮收存，原稿校缮成编，臣谨代进呈以备采纳。伏察康熙年间，胡渭进《禹贡锥指》，乾隆年间，顾栋高进《春秋大事表》，均蒙圣祖仁皇帝、高祖纯皇帝锡以嘉予，掺入四库。今郝懿行所著等编倘蒙皇上典学之余，俯赐乙览，则儒生稽古之荣与胡渭、顾栋高并传艺苑矣。谨将装成书三函计十六本恭折随同上进。伏乞皇太后、皇上圣鉴。谨奏。

游百川仕宦中期，从光绪元年(1875)到光绪八年(1882)春正月，七年间从福建道监察御史升任湖南衡永郴桂道道员、四川按察使、顺天府尹、总督仓场侍郎，官阶从从五品升为正二品，一年一升职，这在清朝职官史上是非常罕见的。清朝初期，康熙效仿明朝的官员管理制度设立了对官员考察的制度，每三年考核一次，对京官的考核叫“京察”，对地方官的考核叫“大计”。其目的在于奖优罚劣，使各级官员时时恪尽职守、效忠朝廷。考核的原则是：以官声、政绩取人。游百川在这几年内，每次都任期未满即获破格提拔，升职另任。究其原因，其官声、政绩必定有过人处。在此期间，游百川的勤政、廉洁为人称道，诚可谓一代“良吏”。

八、擢仓场侍郎

光绪八年春正月辛亥，顺天府府尹游百川升为仓场侍郎，顺天府府尹一职由署都察院左副都御史周家楣担任。封建社会中，历代都要将所征收的粮米解往指定地点及京师，以供官、军之用，这种粮米一般是由水路运送的，因此叫漕粮。漕粮解到指定地点及京师后，要收贮在一定场所（即仓场）中，这样就需要有一个管理漕粮收贮的行政机构。清代时，这种机构隶属于户部的仓场衙门，最高长官全称叫总督仓场侍郎，简称仓场侍郎。由于仓场侍郎是仓场的总管，因此又称仓场总督。清代的仓场侍郎共两名，其中满、汉各一人，都分别驻在通州（今北京通州区）。它所辖的机构有坐粮厅（驻通州）、大通桥（北京东便门之外）监督、京仓（即京城内外各粮仓）监督和通仓（即通州各粮仓）监督四个机构。仓监督下属有攒典、仓书（又称书办）等仓吏负责收放漕粮时的各种文书工作，如掌管米档、收缴米票等等。仓中各廒房有花户（又称甲斗）等仓役专门从事该廒内的铺廒、抱筹、抬斛等体力劳动。此外，还有小甲从事扛粮、倒囤，雇长从事扛米入仓、包囤等体力劳动。十一月壬寅，全漕告竣，前署仓场侍郎锡珍议叙，游百川与其他官员各有不同的升迁。[1]

---

[1] 议叙：清制于考核官吏之后，对成绩优良者给以议叙，以示奖励。议叙之法有二，一为加级，二为记录。

在任仓场总督期间,游百川做了两件大事:一是受命治理黄河,提出“治河三策”,多方筹集赈款,赈灾安民。二是调度漕粮运储,治理仓场积弊,保障京城粮食安全。

九、钦差“督工赈”

光绪八年(1882),山东黄河段决口泛滥达到前所未有的程度。七月中旬伏汛,黄河陡涨丈余,历城、章丘等处民埝漫决。秋汛,历城县泺口上游屈律店、刘七沟、骚沟和桃园等处黄河漫决。水由济阳入徒骇河,徒骇河北岸到处漫溢。历城、章丘、济阳和沿河鲁西北、鲁北各州县多遭水淹,利津各坝也被冲刷多处,“水患情形重者庐舍荡然”,人畜死亡不可胜计。急需有人通筹全局,设法疏浚,以消弭后患。

光绪八年十二月初八日,上谕:“为治之道首在任用得人,内而部院大臣,外而督抚大员,各有以人事君之义,着各举所知,秉公保荐等因,钦此。”此时游百川上疏《遵保人才由》,首举时任浙江巡抚陈士杰移任山东,修治黄河,除患弥灾,同时还遵旨保荐了其他人才,附折进呈声名素好、材堪任用人员,文职有知州福昌曹大任、邹振岳以及知县张鸿顺、孙儒乡、张春熙、张会一七人,武臣有贺搢绅、廖德茂、刘树元、樊国泰四人。

光绪八年十二月初九日,内阁奉上谕:“山东黄河工程关系至为紧要,亟应统筹全局,设法疏浚,以弭后患。着派游百川驰驿前赴山东查看情形,妥筹具奏。山东候补知府全士锜、直隶候补知府朱采着交游百川差遣委用。钦此。”紧接着(十二月初九日)光绪帝又下了一道圣旨,调陈士杰任山东巡抚。内阁奉上谕:“陈士杰着调补山东巡抚,浙江巡抚着任道镕调补。钦此。”清政府经过通盘考虑,选派游百川赴山东察看情形,督导治理黄河工程。

游百川接到圣旨后,立即着手筹备,并为确保顺利完成此项工程,提交了《奏为谨拟酌带随员以期得力并沥陈下悃》奏折。朝廷答应了游百川的请求,准顺义县知县张春熙、直隶候补同知谢伟勋、候补知县赵钦舜、前山东观城县教谕孙翰卿与候选教谕王庆祥一并驰驿前往。

光绪九年(1883)正月,黄河凌水陡长丈余,历城、齐河、长清、济阳和齐东等县境内民埝决口各庄也都被淹,并冲塌济阳县城垣二十余丈。正月初二日,游百川一行从北京出发,骑马踏冰抵达德州,初五日到达历城桃园工地,初六日抵山东省城济南,十七日邀山东巡抚陈士杰一同循黄河南岸,由长清、平阴、东阿至十里堡沿大堤而行,二十六日至河南兰仪县铜瓦厢东坝头。查勘后,游百川认为很难将黄河挽回故道,"无庸置议"。经与山东巡抚陈士杰共商,提出三条意见:一、疏通河道。具体办法为船尾带铁篦子拖刷河道。二、分减黄流。主张利用徒骇、马颊等河分水,并建议在惠民县白龙湾修建减水闸。三、亟筑缕堤。主张上至长清,下至利津,南北两岸先筑缕堤一道,已有之堤加高培厚,无堤处一律补齐,顶冲险要处再添筑重堤一道,长六百余里,两岸总计千余里。二月戊午,山东河决,历城、齐河诸县民埝毁坏,游百川等受命赈抚灾民。惠民县属之清河镇冲塌民房八百余间,牛家庄等处民房也多被冲,急应迅筹堵筑。游百川等查明漫决情形,设法堵御。三月己丑,游百川所上"治河三策"及开通小清河以分水势的提议得到回复,被要求与陈士杰再行通盘筹画,会同熟商。五月十八至二十三日,黄水骤涨,湍激异常,齐东、利津和历城等处民埝漫溢,决口二三百丈至数十丈不等。齐河、济阳和惠民等县堤工也都岌岌可危,游百川看到灾黎遍野、荡析离居的民间困苦情形,与陈士杰上奏请求抚恤。六月庚戌,游百川受命迅速宽筹赈项,查明各属被灾轻重,分别加以认真抚恤,并相机赶筹堵筑。至于河工经费,除本省筹拨外,游百川等受命即行催提应用户部先后指拨银一百万两。游百川等前拟由徒骇、马颊二河分水一折,得到"经工部议令测量地势,必确有把握再行举办"[①]的批示。由于堵分疏三事同时并举,财力民力均有不及,上谕要求奏明如何次第兴办。六月初一日,四川总督丁宝桢、游百川等上奏,提拟动用四川汇款

① 《清实录·光绪朝实录》,北京:中华书局,1986年。

办理历城等县赈恤事宜。六月辛酉，清廷下令山东从应解京饷项下截留银十六万两，用于赈济。游百川与陈士杰立即督饬该地方官员分赴灾区，详细查明，核实散放。

小清河淤塞日久，每遇山水暴发，就会漫淹田庐数百村，为害很大。游百川呈文拟分两路办理，分路疏导。统计上自历城，下至乐安，出海约四百八十多里。清廷命丁宝桢筹拨银十六万两，迅速解交山东。六月丁卯，游百川与陈士杰接命，马上查照所拟上下游段落，克日兴工。翰林院侍读学士何如璋奏山东省普筑重堤，劳费无益，拟请展筑遥堤，清廷命游百川与陈士杰酌度办理。由于此次山东历城等处水灾甚重，不仅需要拨款赈济，而且还需要大批粮食分发。六月庚午，清廷降旨截留漕粮，用来散放。由于灾区太广，赈灾银两不够散发。六月二十三日，游百川与陈士杰奏请筹办赈抚，劝捐助赈，所捐银两按照直隶劝赈章程，对捐助者给予封典虚衔。同日，适逢江北漕船正在山东境内，游百川与陈士杰受帝命截留漕粮五万石，用来核实散放，接济灾民。秋七月戊子，游百川与陈士杰择要修培沿河州县民埝，并查明河工现定堤基远近。千总衔候补把总山东齐东汛经制外委金玉玺于该年六月间因齐东县东关外堤坝被黄水冲激，异常险要，冒险抢工，被溺殒命。游百川与陈士杰上奏恳请优恤。七月初十日，光绪帝下旨照军营阵亡例从优议恤。七月戊戌，代递教习王开运提议调集营勇兴工挑挖河内泥沙，仍就民埝加堤建闸，开沟蓄泄，险要用砖堵砌，沿河植柳护堤。游百川与陈士杰受命酌度情形，奏明办理。游百川、陈士杰认为杜家沟新决口门至济阳境灌徒骇河，已经刷成河槽，因势利导可以事半功倍。但因马颊河距黄流尚远，并且经过直隶地方，对于民生利害关系甚大。八月戊申，游百川与李鸿章、陈士杰受命会同悉心酌度。游百川所请将分河地段钱漕豁免，允准实行。

八月十一日，游百川接到谕令"着即回京"，所有山东黄河工程由陈士杰督饬各员认真办理。八月丁卯，游百川奏请河工采购木植予以免税，清廷立即咨照左宗棠等查验放行此项木植，免其抽收厘税。

九月初一日，游百川上呈《赶程回京日期由》。折曰："臣接奉八月十一日上谕'仓场侍郎游百川着即回京任等因。钦此;赶即清理经手事件,查赈米五万石漕船业于八月初一日全数到齐,当即验明分拨,饬令各属领运灾区会同绅董,按照查明户口核实散放。至河工事宜,臣与东抚臣会同商备细筹,议将来次第举行,即由东抚臣妥慎办理。臣拟于九月初三日束装就道,因驿路被淹,只得取道德州,乘船由水路北上。所有遵旨启程北上日期缘由,谨缮积具陈。伏乞皇太后、皇上圣鉴。"

游百川从光绪八年(1882)十二月"恭膺简命察看山东黄河工程",到光绪九年(1883)九月初三日"束装"取道德州乘船北上回京就任,"督河工"计十月有余。正当游百川督河工初见雏形,筑民埝,修遥堤,疏通小清河、徒骇河、鬲津河,导黄河水分流入海等举措渐见成效时,北京粮仓盗窃、冒领、私运,内外勾结猖獗,粮仓亏空弊端凸显,光绪帝不得已,谕令游百川即刻回京整顿仓务。

十、整顿仓务

光绪九年十月,游百川回任仓场衙门,上疏《职官相互禀揭请交部讯议办由》,将职官通仓首领凤山暂行解任,交刑部讯办,通州西中二仓带班章京、岳兴等一并听候传质。十一月己丑,游百川上奏"山东河工请改筑缕堤"。十二月庚戌,游百川与锡珍上奏,因近来南漕到通较迟,甚至七月下旬起运卸坝,以致遭雨损坏,所有光绪九年分江浙二省应运漕粮请饬提前赶办。清廷当即令左宗棠、杨昌浚、卫荣光和刘秉璋督饬藩司粮道,迅速催办来年应运新漕。

光绪十年(1884)五月癸未,漕粮御史史长春等奏江浙漕粮未能一律干洁,游百川与锡珍受命将该御史等所陈情弊确切查究,照例惩办。游百川与锡珍密饬江浙粮道搜查捕拿舞弊船户,并悉心查核。七月壬戌,游百川与兴廉上奏恳请提前赶办漕运事宜,以免临时迟误。清廷令曾国荃、卫荣光和刘秉璋督同藩司粮道,将漕运事宜提前赶办。光绪十年六月,给事中洪良品上奏查明禄米仓仓门倒坏,漫无关锁,恐有偷漏之弊。并且每次放米,该仓书花户并不先期请放，只是在事后报闻，明显有亏短情弊。八月甲戌，游百川与兴廉受命确切查明并随时认真整顿该项事务，力除积弊。御史章耀廷上奏漕粮潮湿，请饬认真清理剔除，并条陈拨船积弊。九月丙午，游百川与兴廉领命查照所奏，切实整顿。九月庚午，全漕告竣，游百川与兴廉均予以议叙。游百川与兴廉奏访闻已革花户金六等人与包揽车脚之唐荫亭等人向有影射太平仓、争在身后办事等事情，双方寻隙为仇，互相报复，搅扰仓储。十二月丁亥，清廷令步军统领衙门严密缉拏金二（金光亨）、金四（金光兴）和金六，以及唐荫亭、唐顺成等人，一并解交刑部质审明确，按律惩办。

光绪十一年（1885）正月十八日，游百川遵旨查明兴平仓花户勾串私盗仓米等事，并查明太平仓尚无别项情弊。五月二十二日，酌议给事中洪良品奏整顿仓务折各条。十二月十七日，奏请挑浚大通桥上下河道。是年，江苏、浙江等省海运、河运漕白粮米豆石先后抵通，经游百川、兴廉等督率坐粮厅等验收完竣，办理均无贻误。十一月初八日，游百川与兴廉上奏《褒奖办漕各员由》，对在此次漕运中出力人员进行褒奖，上采纳，均交部议叙。是年，游百川上《遵旨酌议整顿仓务章程疏》。折曰：

本月初四日，承准军机大臣交出本日面奉谕旨："给事中洪良品奏仓务积疲，请饬整顿一折。仓务积弊已深，亟应厘剔。该给事中所陈各条，着仓场侍郎悉心酌核，妥议具奏，钦此。"并将原奏抄交前来。臣等窃维仓储积弊日久且深，亟求整顿，必先究其致弊之由，未有不知弊之所在而漫言整顿者也。臣等自受任以来，随时随地无不兢兢以去弊为心。然有因时制宜、渐收实效者，有积重难返、骤难悉除者，谨即该给事中所陈各条，明辨其是否可行，并就臣等思虑所及，辞缕悉述，敬为皇太后、皇上陈之。原奏谓各仓偷漏由于封锁不严，查存米各廒，历经臣等于完漕后发给长封，严密封固，其未经放竣之零廒，例由都统御史封识。然每岁大雨时，行监督例得启封查看，俾免米石因渗漏浸湿。又新收之米不无因热回潮，该监督亦应察看，分廒挑晾，历办章程如是。夫严密关防，固为慎重仓储要事，然查从前仓亏各案，动辄盈千累万，而谓偷漏之弊系乎封锁与否，则实不尽然。若如该给事中所议，各仓钥匙或存仓场侍郎，或存查仓御史收管，查收放米石，迟早无定，臣等自春历夏经秋，远驻通州各仓，分隶都城内外，与查仓御史住址远近不同。随时请钥，不但往返稽迟，且恐诸多牵制，实有未便。拟请仍照常责成轮班值宿之监督一手收掌，由臣等严饬监督，于收放之际逐日亲自封锁，不得假手花户，其有不遵定例封锁，或挑晾、查看不行报明臣衙门者，即由臣等查参，庶事无旁贷而责有攸归矣。又原奏谓"土米存仓易启搀和之弊"，查各仓发粜土米久未查办，盖从前全漕不下四百万石，仓储之米陈陈相因，故有分年粜变土米之例。自减漕折征以后，收数仅三分之一，虽有土米而不能发粜者，一因收仓年分未久，旋即支放，例不准揭除气头廒底；一恐仓役藉便夹带好米出卖。故三十年来未经举办，然而米质已变者，按例不准揭除，各旗不肯关领，历年既久，积而愈多，损伤折耗实为各仓之大累。臣等惟有严饬监督查看各廒，于现在收存之米勤加挑晾，毋使稍有霉变，庶米色不致显有差池，而搀和情弊可期渐除矣。又原奏"验米色以核收数"一条，据称近来入仓之米闻途中有泼水搀沙等弊，及每石短少一二升等语，查各省运通米石，臣等亲临查验，必须干洁方准斛收起运，其由通至桥派委员弁节节防查，至由桥运仓亦有武弁押送，何来搀和情事？或有起运之际骤然遇雨者，亦必札饬该监督在仓风晾干燥，再行入廒，其米袋到仓，例准抽掣，如有短少，归于车户名下，应赔于仓储，实收并无所损。原奏所称搀和短少或系传闻之误。至于放米之时，御史例得在仓稽查，应由臣等通饬监督每逢收米之日先行报明御史，以便临仓查察，并如该给事中所拟，各仓支应收放人役均以已正齐集，不得稍有迟延，以免贻误。

又原奏"估修廒座"一条，查京城各仓自光绪元年择要兴修，其未经修理之廒诚如该给事中所奏，现有坍塌日甚情形。前经臣等咨明工部查勘嗣准，覆称"虽有应修各工，惟经费支绌，暂拟缓修"等语，既经该给事中指陈，臣等自应严饬各仓监督查看应修廒座，分别轻重情形，据实详明，由臣等循照办过成案筹款，奏明兴修，总期工归实用，帑不虚糜。至如何办法方臻核实,臣等另行附片奏请,候旨遵行。又原奏“严制防以驭花户,详考察以课监督”。查各仓花户,有头役,有散役,额设虽有定数,而其实多寡不同,散役人等无非着名花户所援引,非其戚党,即其友朋,总属通同一气。该给事中请令花户分廒管领,意谓各有责成,而有无弊窦,仍不能出头役之圈套,所议之法,恐未必得力。盖花户之良莠视监督为转移,苟监督得人,则全仓可以望治;如不得人,则诸务逐渐废弛。此中情事,久在圣明洞鉴之中。臣等于所属各员密为体察,遇有庸劣不职者,立即撤回;才堪造就者,勤加训勉。其办事勤慎之员,无不按照章程奏留奏保,是监督之劝惩已极详慎,计惟有随时严饬,实力防维,以期仓务日有起色。并请饬下户部转行各衙门,于保送仓差时,慎选明干廉正之员,庶有治人,乃有治法矣。总之,仓廒之隐患在于亏短,亏短之情弊在于偷漏,而偷漏之原由有出于私者,有迫于官者。前闻匪徒私行偷窃,并不由廒门出入,名曰“掉扇”,盗米数十百石,犹是暗偷。其最甚者实由不肖监督与航法之花户勾结串通,私行开放黑档,此弊花户不能自作,未有监督不知情者。臣等莅任后,刻刻严防,监督中有素行不谨声名平常者,不待显有劣迹,即登时撤任,咨回原衙门当差,计已六七员名。现各仓监督似皆有警畏之心,不敢妄为,臣等仍时时严密访查,不敢稍涉疏懈。此弊之出于私者,防之务尽也。其弊之迫于官者,按例充当花户,皆系殷实良善平民,相沿既久,则良善者绝少,而作弊又非尽无。因查定例,各旗开放甲米,先尽存仓较陈之米,书写廒名,公同阄掣。闻近年关领甲米时,往往不按阄廒仓挑拣,偶有拦阻即鞭挞立下。监督稍涉庸懦,率行畏避,直待花户向跟随人等,私用使费说合,始行竣事。而运往内务府交米,亦不免需索抑勒。花户之钱,从何而出?无非取给于米石,此弊之迫于官者也。然此等弊风,花户隐忍而不敢言,监督畏葸而不敢禀,事属暧昧,弊窦实难遽除。相应请旨,严饬各该衙门嗣后领米务遵照定例,按阄掣廒座支领,倘米质霉变不堪食用,准各旗据实纠参。如米质尚好,亦不得任意挑剔,藉端讹索,庶阄廒成法,不复视为具文。臣等如闻该仓不认真办理，有前项情弊，监督则立予撤参，花户则从重治罪，此澄治本源，切求整顿之愚虑也。[①]

有人奏通州坐粮厅信任委员吏胥增卡增征，北自杨富店村数十里至顺义县界，南自崔家楼郭新庄百余里至香河县界，几于无处不卡，无货不税，甚至肩挑负贩之粗粮一并加重征收。光绪十二年(1886)九月戊戌，游百川与兴廉领命按照所参各节确切查明，若有前项情弊，立即将添设局卡一律裁撤，不得税及粗粮，并从严惩办扰害乡民之吏胥。同月二十九日，游百川与兴廉查明厅员经管税课并无增卡重征等事，并上奏。

十一月癸丑，全漕漕运告竣，游百川与兴廉再次予以议叙。是年，游氏祠堂落成，游百川归家致祭，并撰《续修〈游氏世谱〉序》。

光绪十三年(1887)，江苏、浙江等省海运河运漕白粮米豆石先后抵通，办理无误。冬十月壬寅，全漕告竣，游百川与兴廉再次上奏《全漕告竣请奖由》，上采纳，交部议叙。十二月二十七日，游百川上《河患未弭亟宜妥筹长策疏》，奏请同力合作，务期黄水得复淮徐故道。

光绪十四年(1888)，稽查北新仓给事中洪良品奏北新仓现放正白旗甲米，六月十七日该仓内数十人似是市侩，门外停车数十辆，据花户称系兵丁领米，并未持票。游百川与兴廉受命确切查明该仓花户是否有偷售夹带情弊，并督饬各监督认真办理该仓廒座亏短情弊，以杜弊端。七月十一日，游百川因中风未能即速就痊，上《奏为假期届满病仍未痊恳恩赏准开缺调理事》折，折曰：

窃臣前因中风叠蒙赏假，感悚莫名，满望即速就痊照常供职。无如医治虽渐见效，而步履维艰，举动仍需人扶掖，右手握笔不能成字。据医云，年逾六十，气血已衰，一时实难痊愈，伏念臣仓场滥列七载于兹，本届漕船未起到通，正当请假期内，不克亲身赴坝，寝馈难安。此后按期趋公，尤恐衰病之躯至滋旷误。不得已吁恳天恩俯准，开缺调理，一俟臣气

① (清)葛士浚:《皇朝经世文续编》卷三十七《户政十四·仓储》。

体复元，即当泥首宫门求赏差使，万不敢稍耽安逸，自外生成所有，臣因病恳请开缺缘由，谨缮折具奏，伏祈皇太后、皇上圣鉴。谨奏。

是年九月，李鸿章认为兴建铁路的时机比较成熟了，于是就致信由奕譞领衔主管的海军衙门，正式提出把铁路修到京城附近的请求，即兴建津通铁路。十一月，朝廷批准了海军衙门请许造津通铁路的奏折。十二月丁酉，“御史余联沅、屠仁守、洪良品各疏请罢铁路，……旋翁同龢、奎润、游百川、文治等并言铁路不当修，亦并下议”[①]。游百川持铁路有害无利的观点，认为修铁路将严重地疲国病民，劳力伤财。在一片激烈的反对声中，清廷又犹豫退却了。最终正式决定，缓修津通铁路而改修卢汉铁路。

十一、自议革职，晚节未保

光绪十六年(1890)闰二月十三日，给事中金寿松奏禄米等仓有匪徒马春山等偷放黑档，盗窃仓米。同月二十六日，游百川与兴廉查明并无偷放黑档一事。御史德本奏兴平仓开放镶红旗甲米，放竣后，该仓书吏花户人等与流窜仓匪李二在七月十五日偷拉米数百石之多。秋七月丙申，游百川与兴廉按照原参各节，查明兴平仓并无偷拉米石情事。又有人上奏各仓所发赈米霉变不堪，各粥厂纷纷解回，并有议办折价情事。普济堂、功德林所领禄米仓粟米，搀和糠秕沙土甚多，不堪煮食。八月己酉，游百川与兴廉受命严饬各仓监督，慎选干洁好米开放，实惠及民。如有霉变搀和情弊，立即据实奏明，从严惩办。经查，游百川与兴廉等上奏仓米亏短，将监督参处，并自请议处。禄米仓(清代储存京官俸米的粮仓)米石，光绪十三年(1887)时，经仓场衙门查明亏短粳米九千余石，现今经户部盘查亏至十五万五千余石，吴庆坻《蕉廊脞录》载为“查出实在亏短米十五万五千五百三十五石七斗六升六合”。原因在

① 赵尔巽等:《清史稿》本纪二十三《德宗本纪一》，北京:中华书局，1977年。

于花户仓匪，因缘为奸，监督各员，漫不加察。清代，京、通二仓的仓监督任期是两年或三年，仓书、花户等仓吏、仓役的供职年限一般长达五年。尤其是仓役，往往是父子或兄弟相袭代。积年既深，彼此互相勾结，形成盘踞各仓的恶势力。仓役虽然可以把持收放漕米的具体事务，但他们地位低微，因此必须和仓监督家仆、仓书等人勾结才能畅通无阻地进行非法活动。京、通二仓的仓书、花户等偷盗仓米的手段，一是把好米混在霉坏的“土米”中而免验蒙混出仓外卖，一是花户等仓役串通仓书、攒典等文案人员私造“黑档”以冒领俸甲米石。禄米仓一案，该仓花户张世和勾结宗室全才开设“复兴号”米铺为虚幌，采取私造“黑档”的手段冒领八旗俸米十余次，卖钱分用。他们还买通京师各衙门差役，通风报信。本案中除花户张世和、郭启泰和宗室全才被捉获外，其他参与其事的花户、仓役张增禄、王得海、马德山和仓书陶斌、何桂林都得信逃逸。九月癸未，该仓监督户部主事容恩、都察院都事孟守被革职。游百川与兴廉未能先事觉察，一并交部议处后，降一级留任。冬十月庚申，全漕告竣，游百川与兴廉再次报部议叙。十二月辛亥，有人奏前署通州西仓监督福山家丁田喜等人向该仓甲斗讹诈银两，并有流窜匪徒盗米情事。十二月二十七日，游百川查明田喜等讹诈银两并无实据，据实具奏。

光绪十七年(1891)二月戊申，御史戴恩溥奏各仓事宜，急宜整顿。游百川与兴廉受命督饬各仓监督认真经理，并于三月丙子受命就近验收新造驳船。前据给事中洪良品上奏查办侵欺废弛，并条陈整顿仓务事宜，清廷派贵恒、许应骙会同户部查明复奏。“此案原参欺饰包庇纵弛各节，或业经奏结，或查无实据，即着毋庸置议。惟该侍郎等总司仓政，历年已久，于花户亏空搀和等弊未能觉察。修廒工程既不坚实，奏报亦涉含混，各仓呈报续塌廒座，并未查明具奏，设法收储。是该侍郎等于一切仓务，均未能实力整顿，咎无可辞。兴廉、游百川均着交部严加议处。至折单内所拟整顿仓务各事宜，均依议行。寻吏部议兴廉、游百川均革职。从之。”[①]《清史稿·游百川传》载为“以

① 《清实录·光绪朝实录》，北京：中华书局，1986年。

仓廒被火，罢归”，地方志书亦载为光绪十七年游百川以仓廒火灾罢官，与史实有悖。是年四月十四日，许应骙接任仓场侍郎。

客观地说，游百川被革职不能说没有主观原因，但应该说主要在于历史和机构管理两方面的客观原因。一、历史原因：仓场积弊始于元代，由来已久，积重难返。清代，在总督仓场侍郎以下设有仓监督，仓监督下属有攒典、仓书（又称书办）等仓吏负责收放漕粮时的各种文书工作，如掌管米档、收缴米票等等。仓场放粮时仓监督往往并不到场，而是派家仆代表他监放八旗俸甲米石。这些家仆仗势横行，和仓役串通一气，偷盗、勒索、无恶不作。仓役包括花户、小甲和雇长等。花户（又称甲斗）等专门从事该廒内的铺廒、打卷、抱筹、抬斛等体力劳动，小甲从事扛粮、倒囤，雇长从事扛米入仓、包囤等体力劳动。这些仓役直接负责漕粮的收放、储存和过量，把持收放漕米的具体事务，但他们地位低微，因此必须和仓监督家仆、仓书等人勾结才能畅通无阻地进行非法活动。他们一方面在漕粮入仓时受运丁、船夫贿赂，有意在过斛时多报，进行欺瞒；另一方面，他们又在发放八旗俸甲米石时收受钱财，有意多放，或放好米。仓书、花户等偷盗仓米的手段，一是把好米混在霉坏的“土米”中而免验蒙混出仓外卖，一是花户等仓役串通仓书、攒典等文案人员私造“黑档”以冒领俸甲米石。这样偷盗的仓米可达上千石甚至上万石之多。由此，清代仓储亏额现象十分严重。清代，仓吏、仓役“吃仓”已是公开的秘密，官府称之为“仓匪”，百姓则称之为“仓老鼠”。为此清廷曾制定法规，但收效不大。二、机构管理原因：（一）选官制度不当，由于仓监督职位卑微事繁，所以一般京官都不愿充任。各仓监督虽然自康熙朝规定满、汉各一员，但均为宗室、八旗闲散之徒和户部各科道平庸之辈，惟以贪赃为能事。仓场各案中，如果穷追不舍，大多能发现仓监督受贿甚至直接参与分赃等情节。（二）仓役盘踞，把持仓务。清代，仓监督任期是两年或三年，仓书、花户等仓吏、仓役的供职年限一般长达五年。但实际由于仓役这一工作需要扎囤、倒囤等专门技术和熟悉繁杂的仓务手续，所以往往世代相袭，很少变动，长期以来便形成了特殊利益集团。如北新仓有所谓“张家五虎”、兴平仓有所谓“王氏五虎”、太平仓有“唐家五虎”等以家族恶霸为核心的恶势力团伙。仓内外的恶势力串通一气，盘根错节，因此难除。另外，清末混乱、恶劣的社会治安环境也为仓弊的恶性膨胀提供了沃土。清代仓弊集中体现了封建国家经济机构的腐败和黑暗，成为社会一大恶疾。游百川有心整顿，怎奈一己之力难以回天，因此注定摆脱不掉被革职的厄运。

游百川在其后期仕宦经历阶段，为治理黄河竭尽心力，鞠躬尽瘁，全活了无数灾民，其功甚大，堪为一代“能臣”。但由于仓储积弊已久，游百川虽然曾经上呈《酌议整顿仓务章程疏》，志在严查严管，实际工作却不无疏漏，因故革职，未能全节而退，可不惜哉！

附:游百川仕宦履历表

职衔	品阶	任期	出处
翰林院庶吉士		同治元年—同治二年	《清史稿》卷四百二十三《游百川传》 《清实录·同治朝实录》
翰林院编修	正七品	同治二年—同治六年	《清史稿》卷四百二十三《游百川传》
福建道监察御史	从五品	同治六年—同治十二年	《清史稿》卷四百二十三《游百川传》
工科给事中、刑科给事中	正五品	光绪四年—光绪五年	《清史稿》卷四百二十三《游百川传》
湖南衡永郴桂道	正四品	光绪五年—光绪六年	《清史稿》卷四百二十三《游百川传》
四川按察使	正三品	光绪六年—光绪七年	《清史稿》卷四百二十三《游百川传》 《清实录·光绪朝实录》
顺天府府尹	正三品	光绪七年—光绪八年	《清史稿》卷四百二十三《游百川传》 《清实录·光绪朝实录》
仓场侍郎	正二品	光绪八年—光绪十七年	《清史稿》卷四百二十三《游百川传》 《清实录·光绪朝实录》

主要参考文献

1. 中国第一历史档案馆:《同治朝上谕档》,桂林:广西师范大学出版社,1998 年。

2.《清实录·同治朝实录》,北京:中华书局,1986 年。

3. 赵尔巽等:《清史稿》,北京:中华书局,1977 年。

4.《清实录·光绪朝实录》,北京:中华书局,1986 年。

5. 吴庆坻:《蕉廊脞录》(清代史料笔记丛刊),北京:中华书局,1990 年。

6.(清)李熙龄:《武定府志》,咸丰十年(1860)刻本。

7. 杨伯峻:《论语译注》,北京:中华书局,1980 年。

8.(清)陈弢:《同治中兴中外奏议约编》,上海书店,1985 年。

9.(后汉)范晔:《后汉书》,北京:中华书局,1973 年。

10.(元)脱脱:《宋史》,中华书局,1977 年。

11.(东汉)班固:《汉书》,北京:中华书局,1962 年。

12. 水利部黄河水利委员会:《黄河水利史述要》,水利出版社,1982 年。

13.(明)刘天和:《问水集》,中国水利工程学会水利珍本丛书本,1936 年。

14.(清)傅泽洪:《行水金鉴》(国学基本丛书本),商务印书馆,1968 年。

15.(清)张廷玉:《明史》,北京:中华书局,1974 年。

16.(清)饶玉成:《皇朝经世文续编》,江右双峰书屋刻本,光绪八年(1882)。

17.(清)葛士浚:《皇朝经世文续编》,上海图书集成书局排印本,光绪十四年(1888)。

18. 沈云龙:《中国水利要籍丛编》,台北:文海出版社,1969 年。

19.(清)陈潢:《河防述言》,影印文渊阁四库全书,台湾商务印书馆,1986年。

20.(清)盛康:《皇朝经世文续编》,台北:文海出版社,1961年。

21.徐世昌:《清儒学案》,天津徐氏刊本,1938年。

22.司马迁:《史记》,北京:中华书局,1959年。

23.(清)曾国藩:《书学案小识后》,《曾国藩全集·诗文》,岳麓书社,1986年。

24.(清)方宗诚:《吴竹如年谱》,见吴廷栋《拙修集续编》附录。

25.梁启超:《梁启超论清学史二种》,上海:复旦大学出版社,1985年。

26.翁同龢:《翁同龢日记》,北京:中华书局,1989年。

27.王有立:《倭文端公遗书·卷四》(中华文史丛书六安求我斋刊本影印本),华文书局股份有限公司印行,光绪元年。

28.《清实录·穆宗毅皇帝实录(一)》第45册,北京:中华书局,1987年。

29.(清)吴廷栋:《拙修集》,六安求我斋刊本,同治十年(1871)。

30.《中国近代史丛书》编写组:《洋务运动》,上海人民出版社,1973年。

31.《清代山东乡试朱卷咸丰壬子科(游百川)》。

32.利津县史志办公室:《利津县志·清光绪卷》,东营市新闻出版局,准印证(2006)第45号(《利津文征》)。

33.(清)孙叔梓:《重修蒲台县志·艺文志》,光绪版。

34.山东文献编纂委员会:《山东文献集成》,山东大学出版社,2010年。

35.《游氏世谱》同治癸亥镌。

36.《游氏世谱》光绪丙戌年五月镌。

37.《游氏世谱》民国癸亥年镌。

38.《游氏世谱》民国丁丑年冬月镌。

39.《游氏世谱》二零零一年十一月七日重修本。

40.中国第一历史档案馆:《宫中朱谕》上编。

41.中国第一历史档案馆:《光绪朝上谕档》,桂林:广西师范大学出版社,

1996 年。

42. 范文澜:《中国近代史》[M]. 北京:人们出版社出版,1955 年 9 月第 9 版。

43. 王云:《封疆大吏——山东巡抚》[M]. 北京:农村读物出版社,2004 年版,214 页。

44. 李熙龄:《武定府志》,清咸丰十一年刻本(影印本)。

45. 潘世恩:《思补斋笔记》。转引自沈建忠《〈皇清诰授一品夫人陈尚书继配许夫人墓志铭并序〉考略》.《杭州文博》第五辑. 2007-06-30。

46. 殷芳:《清代的右翼宗学》,《海内与海外》,2013 年第 09 期。

47. 翁同龢:《翁同龢日记》第二册,北京:中华书局,1989 年,第 852 页。

48. 左宗棠:《左文襄公全集 · 书牍(卷一)》[M]. 台北:文海出版社,1979:22

49. 中国水利水电科学研究院水利史研究室:《中华治水典籍备要 · 再续行水金鉴 · 黄河卷》,湖北人民出版社,2004 年版。

50. 黄河水利委员会山东河务局编;《山东黄河志 1855-1985》。山东省新闻出版局,1988 年版。

附 2：游百川奏折原文

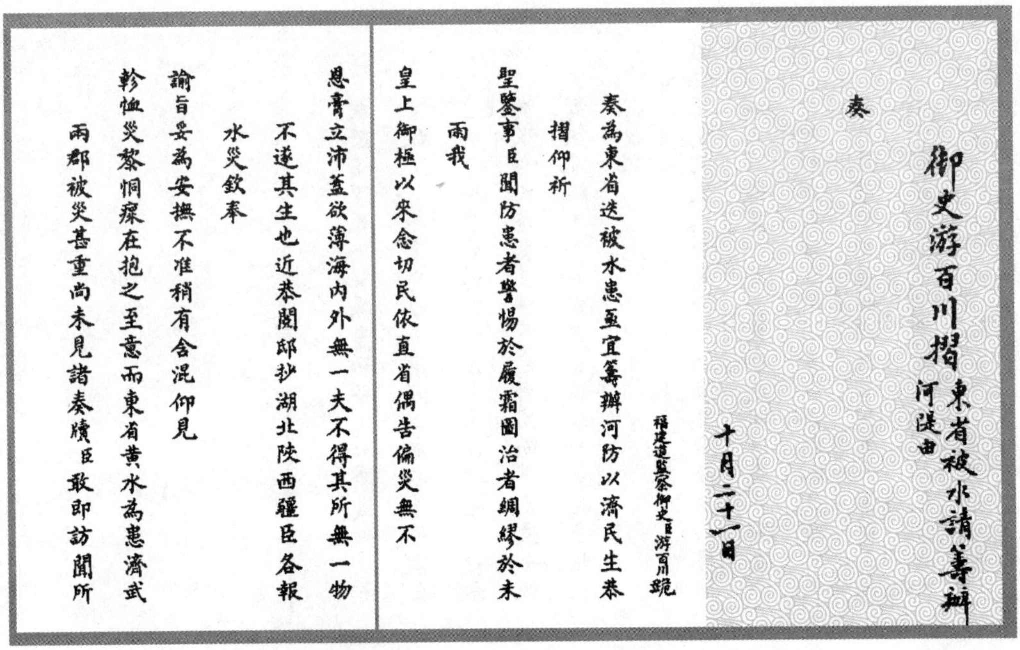

御史游百川摺　東省被水請籌辦河隄由

奏

十月二十一日

福建道監察御史臣游百川跪

奏為東省迭被水患亟宜籌辦河防以濟民生恭

摺仰祈

聖鑒事臣聞防患者警惕於履霜圖治者綢繆於未

雨我

皇上御極以來念切民依直省偶告偏災無不

恩賚立沛蓋欲薄海內外無一夫不得其所無一物

不遂其生也近恭閱邸抄湖北陝西疆臣各報

水災欽奉

諭旨妥為安撫不准稍有含混仰見

軫恤災黎恫瘝在抱之至意而東省黃水為患濟武

兩郡被災甚重尚未見諸奏牘臣敢即訪聞所

1. 东省被水请筹办河堤由　（游百川）

及覼縷陳之溯自咸豐初年河決蘭儀嗣是不
循故道折而東北灌大清河山東水患頻急矣
乙卯清河決白龍窩漂沒無算從此連年被水
癸亥濮州范縣及濟屬之齊河而下凡決十數
處洪流泛溢勘驗成災曾經前山東巡撫閻敬
銘奏請

賑恤甲子又大水今歲清河上流隄潰漫溢平原禹
城凡百餘里八月齊東等處同時決口衝沒四
十餘村落利津縣城垣半陷於水九月初旬又
決北岸濟武所屬州縣數百里悉爲澤國夫以
黃河之水入大清河萬萬不能容納也況去淤
刷沙惟混江龍之法稱便今久未施用現聞清

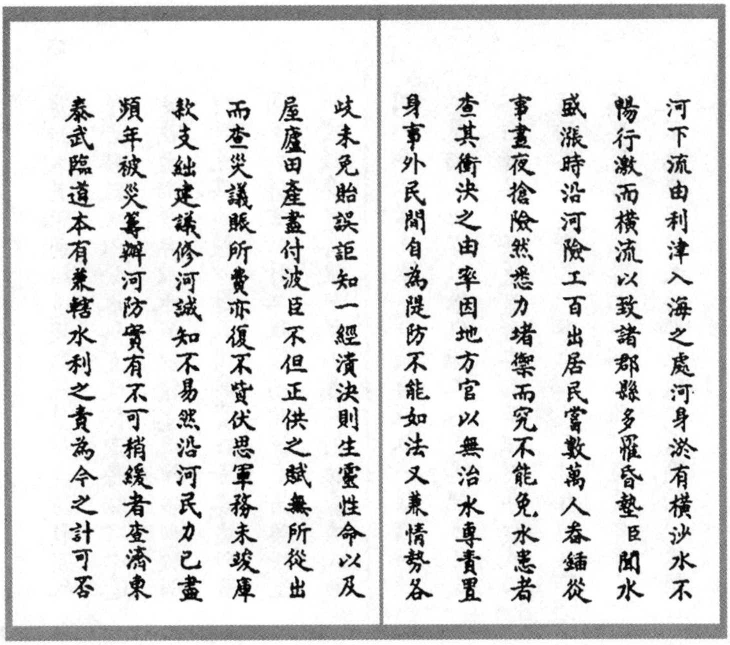
河下流由利津入海之處河身淤有橫沙水不
暢行激而橫流以致諸郡縣多罹昏墊臣聞水
盛漲時沿河險工百出居民嘗數萬人春鍤從
事晝夜搶險然悉力堵禦而究不能免水患者
查其衝決之由率因地方官以無治水專責置
身事外民間自為隄防不能如法又兼情勢各
歧未免貽誤詎知一經潰決則生靈性命以及
屋廬田產盡付波臣不但正供之賦無所從出
而查災議賑所費亦復不貲伏思軍務未竣庫
款支絀建議修河誠知不易然沿河民力已盡
頻年被災籌辦河防實有不可稍緩者查濟東
泰武臨道本有兼轄水利之責為今之計可否

簡派廉幹大員率同該道周勘徧歷相度河形宜疏
導者務疏之以分水勢宜隄防者務防之以遏
水衝並將歷年被水流沙積壓之地確切驗明
詳請免其錢糧以甦民困其實在險要處所督
同本處紳耆估計工程繪圖貼說奏請興修至
所需經費應否援照豫工籌餉例酌量減成勸
捐以期大工克舉一俟捐有成數一切購料鳩
工應飭各地方公舉穩練之人由總理河務處
察看擇其材堪董事者委之辦理以專責成仍
隨時悉心稽查蓋以本地之民庀材自顧桑梓
不患有浮冒之弊也以本地之民趨役自保身
家不患無堅實之工也款項必涓滴歸公報銷

必絲毫無隱如此則山東羣黎庶免其魚之歎
而河流順軌可致安瀾之慶矣臣籍隸海濱訪
聞既悉謹將被水情形及籌辦事宜冒昧瀆陳
是否有當伏祈
皇太后
皇上聖鑒謹
奏
同治六年十月　圭　日

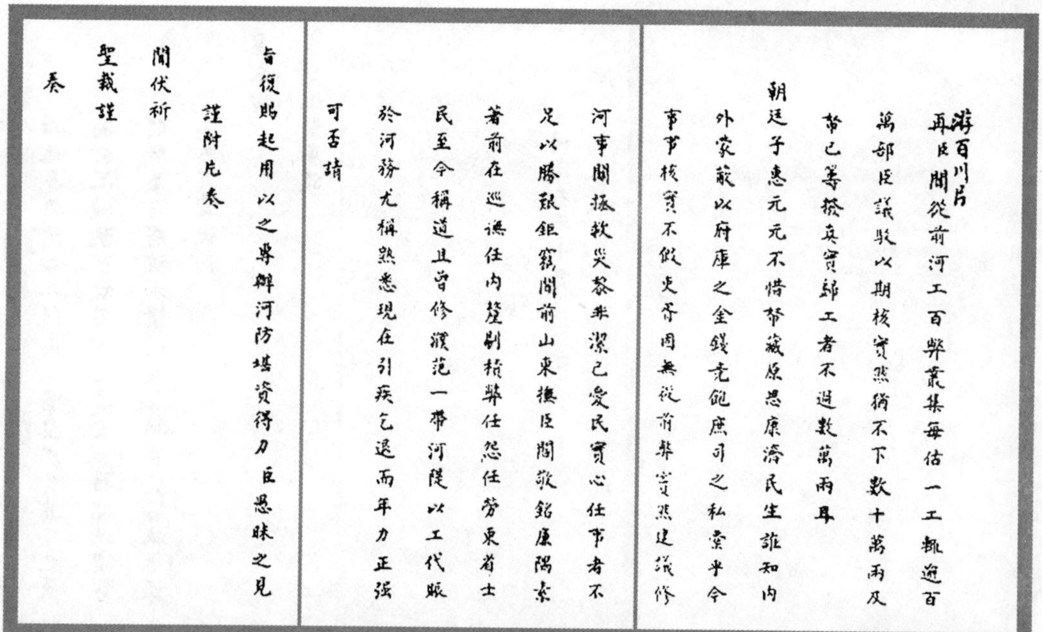
游百川片
再臣聞從前河工百弊叢集每估一工輒逾百
萬部臣議駁以期核實然猶不下數十萬兩及
節己等揆真實歸工者不過數萬兩耳
朝廷子惠元元不惜帑藏原思康濟民生誰知内
外蒙蔽以府庫之全錢竟飽庶司之私橐乎今
事事核實不假吏胥因無從前弊竇然建議修
河事關拯救災黎非潔己愛民實心任事者不
足以勝艱鉅竊聞前山東撫臣閻敬銘廉隅素
著前在巡撫任内釐剔積弊任怨任勞東省士
民至今稱道且曾修濮范一帶河隄以工代賑
於河務尤稱熟悉現在引疾乞退而年力正强
可否請
旨復賜起用以之專辦河防堪資得力臣愚昧之見
謹附片奏
聞伏祈
聖裁謹
奏

附片　请复赐起用前任山东巡抚阎敬铭专办河防事

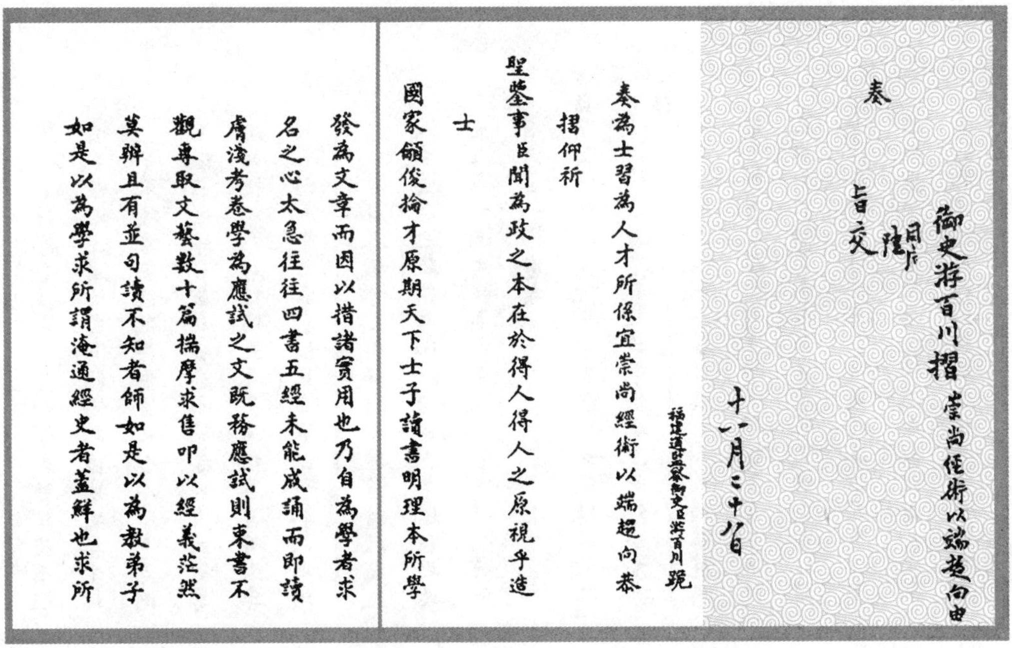

御史游百川摺 崇尚經術以端趨向由

奏

旨交

十一月二十八日

福建道監察御史臣游百川跪

奏為士習為人才所係宜崇尚經術以端趨向恭

摺仰祈

聖鑒事臣聞為政之本在於得人得人之原視乎造

士

國家頒俊掄才原期天下士子讀書明理本所學

發為文章而因以措諸實用也乃自為學者求

名之心太急往往四書五經未能成誦而即讀

膚淺考卷學為應試之文既務應試則束書不

觀專取文藝數十篇揣摩求售叩以經義茫然

莫辨且有並句讀不知者師如是以為教弟子

如是以為學求所謂淹通經史者蓋鮮也求所

2. 崇尚经术以端趋向由　（游百川）

謂砥礪行修者益寡也豈知學無根柢安有佳
文寒畯之士不讀書而臨場蹈懷挾之弊素封
之子不讀書而倩代恃槍冒之人人心日浮則
風俗愈敝雖有嚴刑峻罰不能禁也且此等弊
風始猶以為郡縣偶然耳及詢之各直省大率
類然何惑乎文風未振真才不出乎今改此錮
習莫若杜人徼幸之心而引之專意讀經竊維
人才登進之路頗有鄉會兩科人才培植之基
尤在歲科兩考按歲科考試生童正場之前例
有考古一場應請
旨飭下督學使臣徧行曉諭生童中如能默誦五經
通曉經義者準其赴該學報名注册即於考古
場中按名面試試以數條其能否成誦講解無
難立辨可取錄者即正場文字未甚優長亦拔
之以示鼓勵其未經報考止就正場文字取錄
者亦於發落時令其認習某經各注名下俟下
屆按册試之勤奮者立予獎勵玩愒者加之創
懲如此殷殷勸誘將來屆選拔舉優年分可期

得經明行修之儒以仰副我
皇上樂育人才之至意蓋經與文並重參以面試之
法則懷挾槍冒等弊舉無所施各省士子庶勉
勉焉盡務實學而士習之頹可以挽救此整飭
學校正本清源之一道也臣為勸學杜弊起見
是否有當伏祈

皇太后
皇上聖鑒謹
奏

同治六年十一月　廿六　日

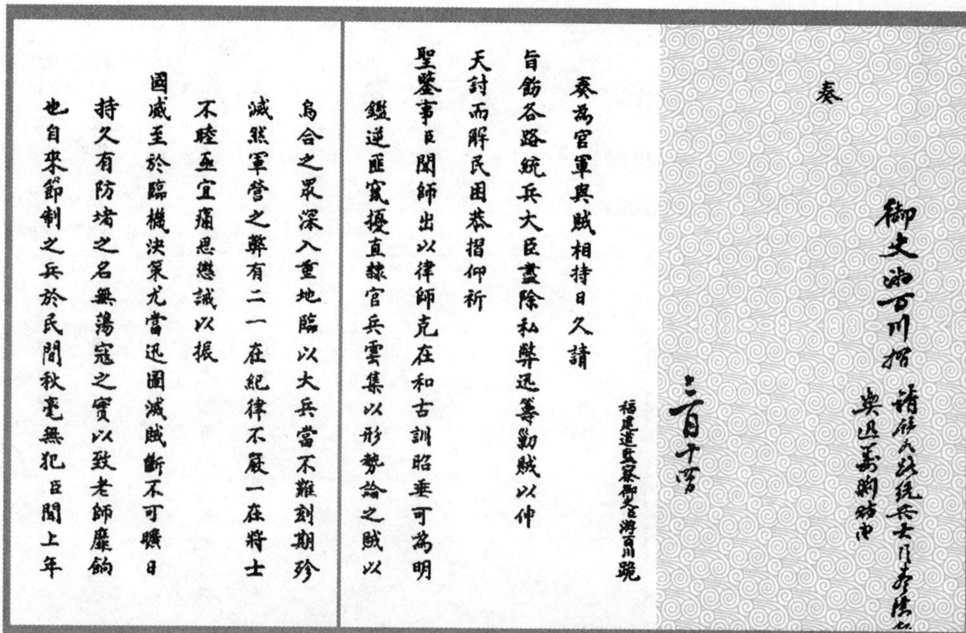

奏

御史游百川摺　請飭各路統兵大臣盡除私弊迅籌剿賊由

福建道監察御史臣游百川跪

奏為官軍與賊相持日久請
旨飭各路統兵大臣盡除私弊迅籌剿賊以伸
天討而解民困恭摺仰祈
聖鑒事臣聞師出以律師克在和古訓昭垂可為明
鑑逆匪竄擾直隸官兵雲集以形勢論之賊以
烏合之眾深入重地臨以大兵當不難剋期殄
滅然軍營之弊有二一在紀律不嚴一在將士
不睦亟宜痛懲誡以振
國威至於臨機決策尤當迅圖滅賊斷不可曠日
持久有防堵之名無蕩寇之實以致老師靡餉
也自來節制之兵於民間秋毫無犯臣聞上年

3. 请饬各路统兵大臣尽除私弊迅筹剿贼由　（游百川）

山東平賊帶兵諸將惟直隸提督劉銘傳所部
約束嚴明其餘或佔住民房或刦掠民物閭閻
苦之近聞邸抄陝西邠州有兵勇搶奪民間騾
馬殺斃六命之案是帶兵者漫無紀律所在多
有夫兵以衛民非以擾民也失律之兵未能破
賊而徒擾民使民畏兵甚於畏賊豈

朝廷除賊救民之意乎此軍營之弊一也陝甘總
督左宗棠統兵有年勞績卓著然臣聞其入陝
之後劉松山郭寶昌等均不樂為之用且聞各
督撫多存私意未能畛域不分合力破賊此營
主戰彼營主守甚或一營出隊而他營袖手旁
觀不為應援怠慢軍心要皆將帥不和所致此

軍營之弊二也現在欽奉
諭旨各路統兵大臣均歸親王等節制統馭得宜可
期奏績矣然兵貴神速勢難遙度臣猶慮帶兵
諸將私意未除既不肯協力攻賊又以尊候節
制為名借端推諉不免貽誤戎機且賊初竄直
境有謂不宜輕戰者夫不輕戰誠是也然官軍

俾集兵力數倍於賊若以大營扼其衝以游兵
掩其旁募敢戰之士更番迭進使賊不得休息
無所搶掠不過旬日賊必飢疲官兵不勞賊已
立困乘勢合兵進擊無難聚而殲旃若不圖進
戰能令賊自消自滅乎夫兵與賊相持日久不
但需餉浩繁時虞難繼即勉强支應以直隸上

年荒旱之歲收成歉薄採買亦屬萬難況春分
節近東作方殷賊一日未平畿輔百姓避難且
不暇安得盡力於畎畝現時諸物昂貴全望麥
熟有秋若再歉業廢時何以濟民食而蘇民困
乎相應請
旨飭各路統兵大臣激發天良和衷共濟申明軍法

治兵勇以嚴破除己私馭諸將以睦勿驕盈以
僨事勿剛愎而失機並密
賜諭旨詰其有無方略何時破賊使之切實自陳毋
得飾報勝仗庶諸將帥努力同心賊有可乘即
時連營進逼使無所逃竄則逆氛速蕩上紓
宵旰之憂下解倒懸之阨矣臣職司獻言不敢安於

緘默謹就見聞所及冒昧瀆陳伏祈

皇太后

皇上聖鑒謹

奏

同治七年二月　古　日

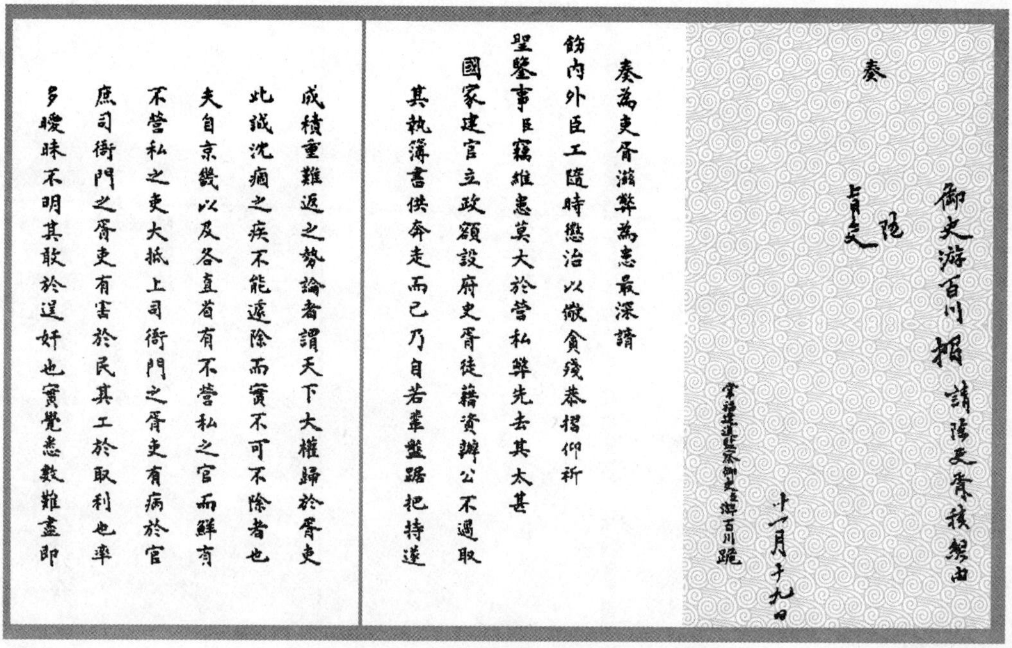

御史游百川摺　請除吏胥積弊由

奏

隨
旨交

掌福建道監察御史臣游百川跪

十一月二十九日

奏為吏胥滋弊為患最深請
飭內外臣工隨時懲治以儆貪殘恭摺仰祈
聖鑒事臣竊維患莫大於營私弊先去其太甚
國家建官立政額設府史胥徒藉資辦公不過取
其執簿書供奔走而已乃自若輩盤踞把持遂
成積重難返之勢論者謂天下大權歸於胥吏
此誠沈痼之疾不能遽除而實不可不除者也
夫自京畿以及各直省有不營私之官而鮮有
不營私之吏大抵上司衙門之胥吏有病於官
庶司衙門之胥吏有害於民其工於取利也率
多曖昧不明其敢於逞奸也實覺悉數難盡即

4. 请除吏胥积弊由　（游百川）

如吏部職司銓選仕路之所賴以清也然閒外
省每有缺出書吏即懸以餌人或多引例案以
遂其招搖或暗致信函以行其嚇詐保舉之或
準或駁處分之可重可輕既已軒輊在心無難
上下其手吏部如此其他可以類推蓋成案既
多援引各異書吏先深入其中以操縱之司員
始泛從其外而覺察之已屬不及之勢而況有
縱之者乎此在京各衙門胥吏舞弊之大概情
形也而外省胥吏之為害更有不可勝言者州
縣為親民之官所用吏胥本有定額乃或貼寫
或挂名大邑每至二三千人次者六七百人至
少亦不下三四百人夫此數千百人者政之蠹
民之蟊賊也百姓含冤呈訴其待長官申理不
啻赤子之依父母而吏胥乃從而陵侮之剝削
之逼勒之顛倒撥弄率以財之有無多寡為事
之曲直是非總之吏胥視民如魚肉民畏吏胥
如虎狼然民且甘受搏噬而不敢告發者當前
因投鼠而生忌既恐其力有不敵日後或假虎

以逞威又恐其心有不甘也臣每恭讀
朝廷恩詔必曰毋任吏胥舞弊不得假手吏胥
誥誡至嚴切矣第恐有司奉行不力以吏之給使令
也而恃為爪牙以吏之工趨承也而引為腹心
以失察吏胥有關於己之考成也而且巧為彌
縫曲為袒護不曰吏胥狡猾而曰民俗刁頑何
其不仁之甚也臣愚以為今日者甫離兵燹之
禍民幸有其身家若再遭胥吏之傷何以完其
生聚相應請
旨諭令中外大臣嚴飭所屬振刷精神破除弊竇一
應文案悉心稽查立限清釐吏之名數過多者
務加裁汰吏之情弊既露者即行痛懲閑人告
發之端毋蹈徇庇之習蓋害政者吏也而足以
治吏者官也官誠得人吏自斂迹至於家丁之
串通書役紳衿之包攬訟詞並
飭地方官概行屏除毋或寬縱庶妨政之弊漸去而
民困可稍紓矣臣愚悃所及為去弊起見是否
有當伏祈

皇太后

皇上聖鑒謹

奏

同治七年十一月　十九　日

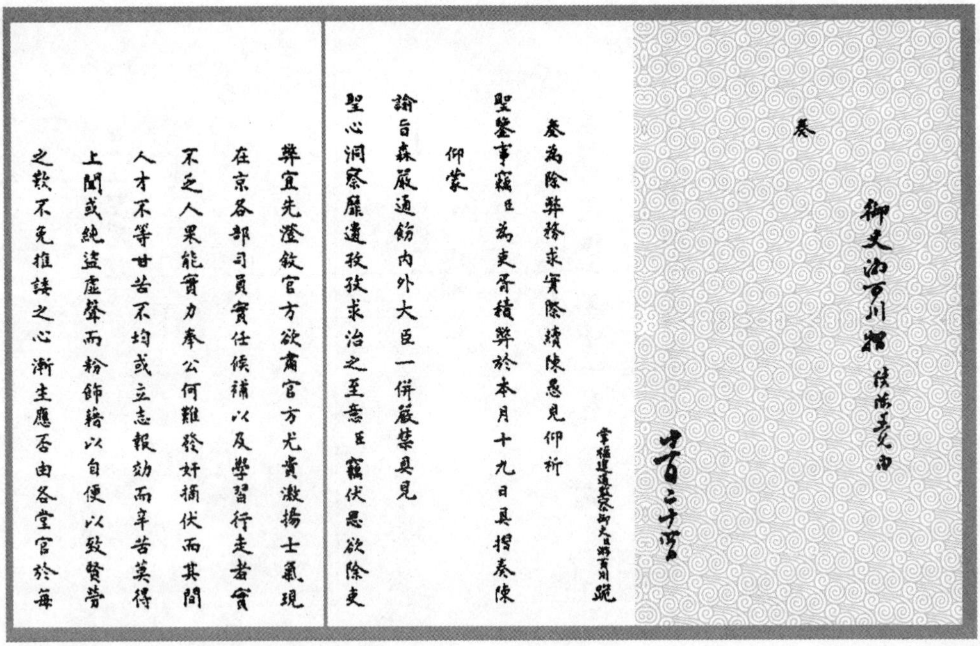
奏
御史游百川摺 續陳愚見由
掌福建道監察御史臣游百川跪
奏為除弊務求實際續陳愚見仰祈
聖鑒事竊臣為吏胥積弊於本月十九日具摺奏陳
仰蒙
諭旨森嚴通飭內外大臣一併嚴禁具見
聖心洞察靡遺孜孜求治之至意臣竊伏思欲除吏
弊宜先澄敘官方欲肅官方尤貴激揚士氣現
在京各部司員實任候補以及學習行走者實
不乏人果能實力奉公何難發奸摘伏而其間
人才不等甘苦不均或立志報効而辛苦莫得
上聞或純盜虛聲而粉飾藉以自便以致賢勞
之歎不免推諉之心漸生應否由各堂官於每

5.续陈愚见由　（游百川）

司中實力簡拔親加遴選先擇賢能數員付以
事權專其責任凡查有舞弊情事即令無所徇
隱據實稟辦各堂官再詳加稽考勤奮精慎者
隨時記功怠慢疏忽者隨時記過積功多則優
加保奬積過多則嚴行糾參其初到衙門學習
公事者亦時加激勵勉其用心講求使得漸次
上進蓋為治之道特患賢愚雜揉涇渭不分耳
果使杜請託抑徼幸不職者斥之可用者升之
賞罰既明人才自奮稽察既密弊竇自清如臣
議可行其如何明立章程以專責成之處應請
旨飭下各部堂官悉心妥議具奏恭候
聖裁至外省各地方官本有懲治吏胥之權但能實
心愛民勤求吏治則胥役雖欲舞弊當無所用
其伎倆而慎選賢員實為致治大要伏懇
嚴飭各督撫破除情面秉公考察為缺擇人毋以人
試缺廉明服官者務登薦牘闒茸不職者即列
彈章再求
簡派廉正大臣時行巡查遇有貪官蠹吏經民間告

發者列狀奏

聞以杜各該營上司瞻徇容隱之弊如此則庶司咸

知警畏將見弊端胥除官清而民自安矣臣芻

蕘之見冒昧瀆陳伏乞

皇太后

皇上聖鑒謹

奏

同治七年十一月　[illegible]　日

御史游百川摺　請嚴禁栽種罌粟由

奏　隐

旨　文

十二月十七日

掌福建道監察御史臣游百川跪

奏為栽種罌粟大妨民食請

旨重申嚴禁以濟民生而培

國本恭摺仰祈

聖鑒事臣竊維民為邦本食為民天而今有妨食病

民者莫甚於栽種罌粟之害開此弊始自甘涼

延及陝西今則晉省各屬每縣種者多至萬餘

畝夫沃土三畝計出穀可養一人以一省計之

廢田穀百餘萬畝是坐使數十萬人失養也又

聞江蘇之豐沛蕭碭等縣河南之彰衛懷山東

之兗沂曹等府種者漸多幾與五穀相埒童謠

有云遍地花開睡去醒來得過且過不管將來

6. 请严禁栽种罂粟由　（游百川）

小民貪利忘害流毒無窮若不拔本塞源盡絕根株何以裕民食而重民命乎臣聞陝甘往年初種罌粟民間纍稱富庶官其地者亦借端取利瘠缺變為美缺迨其後廢地既多積糧漸少猝遇事變飢民無所得食遂輾轉溝壑逃死流亡以致軍民兩困甚有攜帶銀兩求食不得自投於河者東南之亂未至如斯之慘也論者謂吸食鴉片之害甚於洪水猛獸而栽種罌粟其禍本也地方一種此物雖遇豐收之歲亦成歉薄之年蓋罌粟收漿正值農夫鋤禾民盡力於罌粟遂不暇顧及於田苗是已種之地固有妨禾稼未種之地亦多就荒蕪也況既已種之鮮不食之始之種也猶為取人之利繼而食也必且身受其殃食久則安於頹廢怠於耕耘而無術以自解免數年之後地利既減人力又虧民窮事起貽禍何可勝言夫罌粟布滿田野顯然共見禁之本屬甚易然易禁而卒莫之禁者特以地方官吏借端漁利既不肯實力嚴究而督

撫大員亦復姑息為心故例禁雖有明文究不
免陽奉而陰違也臣愚以為與其異日釀無窮
之患何如先時申嚴禁之條應請
旨諭令各省督撫嚴飭所屬剴切曉諭一體禁止儻
有不法匪徒故意抗違即治以應得之罪如各
州縣不肯認真辦理任令吏胥貪財飾詞蒙蔽
即由各該管上司立予參革或更
簡派廉正大臣親歷查勘以防瞻徇容隱之弊懲一
警百使天下咸知
朝廷貴農重粟之意庶務民畏法不敢妄為矣蓋
自髮捻倡亂以來民多失業戶少蓋藏乘此軍
務漸平培養元氣民食為先萬不可聽民徇利
使為苟營目前之計以釀患於將來也臣愚悃
所及冒昧瀆陳是否有當伏祈
皇太后
皇上聖鑒謹
奏
同治七年十二月　　十七　　日

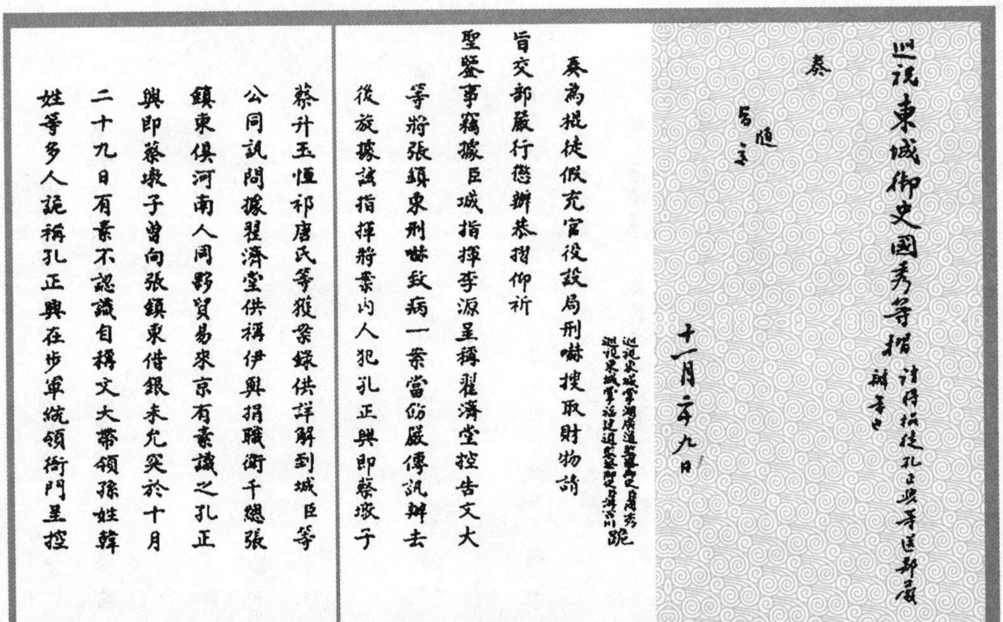

巡視東城御史國秀等摺 請將棍徒孔正興等送部嚴辦等由

奏

旨 隨 旨

十一月廿九日

奏為棍徒假充官役設局刑嚇搜取財物請

旨交部嚴行懲辦恭摺仰祈

聖鑒事竊據臣城指揮李源呈稱翟濟堂控告文大

等將張鎮東刑嚇致病一案當飭嚴傳訊辦去

後旋據該指揮將案內人犯孔正興即蔡墩子

蔡升玉恒祁唐氏等獲案錄供詳解到城臣等

公同訊問據翟濟堂供稱伊與捐職衛千總張

鎮東俱河南人同夥貿易來京有素識之孔正

興即蔡墩子曾向張鎮東借銀未允哭於十月

二十九日有素不認識自稱文大帶領孫姓韓

姓等多人詭稱孔正興在步軍統領衙門呈控

巡視東城掌湖廣道監察御史臣國秀
巡視東城掌福建道監察御史臣游百川 跪

7. 请将棍徒孔正兴等送部严办等由　（游百川）

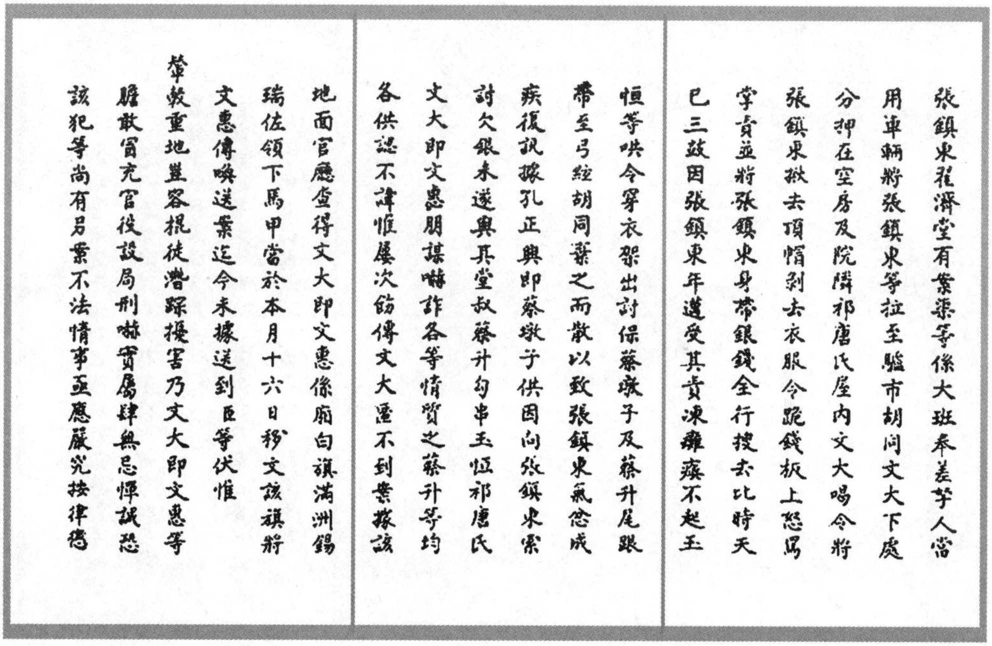
張鎮東翟濟堂有案渠等係大班奉差之人當
用車輛將張鎮東等拉至驢市胡同文大下處
分押在空房及院隣祁唐氏屋内文大喝令將
張鎮東揪去頂帽剝去衣服令跪鐵板上怒罵
掌責並將張鎮東身帶銀錢全行搜去比時天
已三鼓因張鎮東年邁受其責凍癱瘓不起王
恒等哄令穿衣架出討保蔡墩子及蔡升尾跟
帶至弓絃胡同叢之而散以致張鎮東氣忿成
疾復訊據孔正與即蔡墩子供因向張鎮東索
討欠銀未遂與其堂叔蔡升勾串王恆祁唐氏
文大即文惠朋謀嚇詐各等情質之蔡升等均
各供認不諱惟屢次飭傳文大遷不到案據該
地面官廳查得文大即文惠係廂白旗滿洲錫
瑞佐領下馬甲當於本月十六日移文該旗將
文惠傳喚送案迄今未據送到臣等伏惟
輦轂重地豈容棍徒潛蹤擾害乃文大即文惠等
膽敢冒充官役設局刑嚇實屬肆無忌憚誠恐
該犯等尚有另案不法情事亟應嚴究按律懲

治以警奸究而安商民除將孔正興即蔡敬子
蔡升玉恒祁唐氏先行解交刑部外相應請
旨飭下刑部嚴訊定擬並
飭該旗迅將文大即文恩送部訊取同往各犯姓名
一併嚴傳歸案審辦為此謹繕摺具奏請
旨伏祈
皇太后
皇上聖鑒謹
奏

同治八年十一月　二十九　日

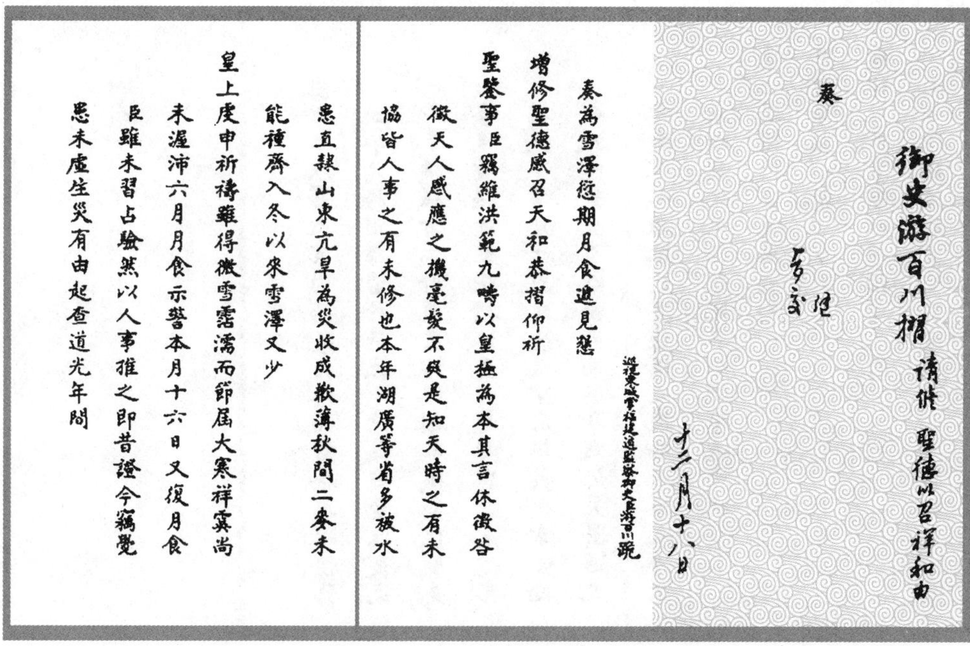

御史游百川摺　請修　聖德以召祥和由

奏

另有旨

十二月十八日

巡視東城掌福建道監察御史臣游百川跪

奏為雪澤愆期月食迭見懇

增修聖德感召天和恭摺仰祈

聖鑒事臣竊維洪範九疇以皇極為本其言休徵咎

徵天人感應之機毫髮不爽是知天時之有未

協皆人事之有未修也本年湖廣等省多被水

患直隸山東亢旱為災收成歉薄秋間二麥未

能種齊入冬以來雪澤又少

皇上虔申祈禱雖得微雪霑濡而節屆大寒祥霙尚

未渥沛六月月食示警本月十六日又復月食

臣雖未習占驗然以人事推之即昔證今竊覺

患未盡生災有由起查道光年間

8. 请修圣德以召祥和由　（游百川）

國家席庶富之業内而廷臣外而督撫率以粉飾
太平為務州縣習於奢汰以能逢迎者為良吏
以多機械者為幹員吏治既頽亂機斯伏嗣是
粤逆首禍捻匪縱横外患内憂踵興遞起流毒
徧天下蔓延十數年生民塗炭極矣今幸髮捻
殄滅時勢望有轉機然而水旱頻仍災異遞見

意者天心厭亂已有悔禍之機而人事未修不
足以應之故特示變異以昭警戒乎伏望
皇上恐懼修省惕厲憂勤
懋聖學益以新
聖德兢兢業業以同治初元之
心為心以同治初元之治為治於引對臣僚及一切

用人行政
垂意慎察務使在
廷諸臣隨時隨事得盡其匡弼之心至於
國計所關民生所係尤望
推求至當不厭審詳並
嚴飭内外大臣激發天良勤思治術用情務得其正
勿以偏私而妄為愛憎議事務持其平勿以瞻
徇而謬為軒輊勿縱詭隨開人奔競之漸勿濫
保舉啟人徼幸之心至有言責諸臣共竭忠誠
各進讜論於政治之未當者剴切直陳無稍隱
諱上下知懼思患預防庶人事克修天心可格
雨暘時若年穀順成民困得蘇天下蒙福矣臣

管窺之見冒昧直陳伏祈

皇太后

皇上聖鑒謹

奏

同治八年十二月　十八　日

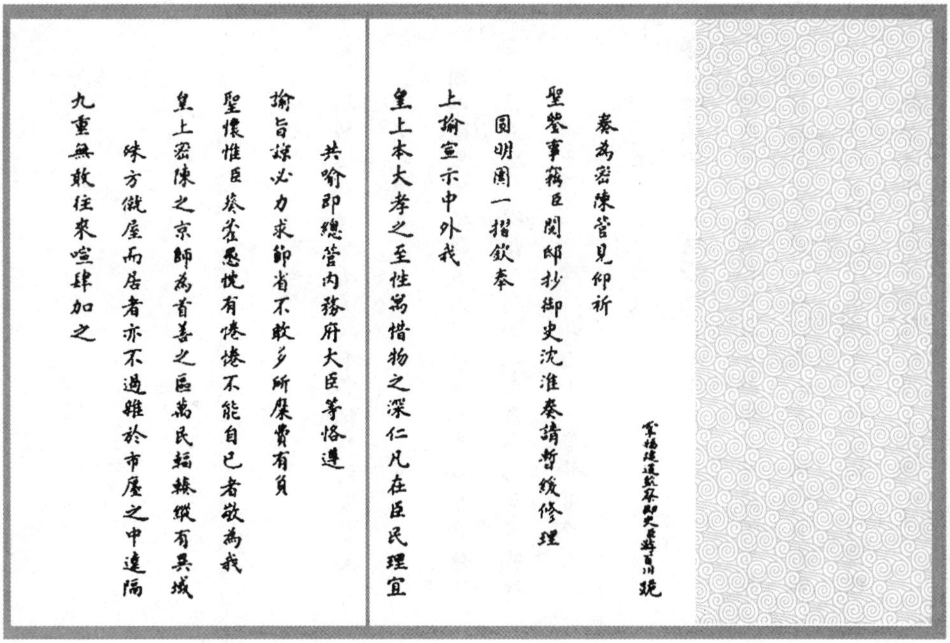

掌福建道監察御史臣游百川跪

奏為密陳管見仰祈

聖鑒事竊臣閱邸抄御史沈淮奏請暫緩修理

圓明園一摺欽奉

上諭宣示中外我

皇上本大孝之至性寓惜物之深仁凡在臣民理宜

共喻即總管內務府大臣等恪遵

諭旨諒必力求節省不敢多所糜費有負

聖懷惟臣芻蕘愚忱有惓惓不能自已者敬為我

皇上密陳之京師為首善之區萬民輻輳纔有異域

殊方僦屋而居者亦不過雜於市廛之中遠隔

九重無敢往來喧肆加之

9. 密陈管见（暂缓修圆明园）（素面奏折）　（游百川）

禁城門禁森嚴宿衛周密
皇上臨朝聽政穆穆清清此居中馭外之權實長治
久安之道也
圓明園經變之後歲久失修山水景物今昔懸殊
且並無城垣雖有宿衛之森羅而門禁不能如
內城之嚴密臣聞近年西山一帶時有外國人
游騁其間萬一因我
皇上駐蹕所在亦生瞻就之心於
圓明園附近處所修蓋廬舍聽之不可阻之不能
體制既非所宜防閑亦恐未備以臣愚悃不無
過慮又臣聞明年南北方向修造均非所宜卽
來今年諏吉開工亦殊非慎重之道伏望

皇上善體
聖慈暫緩興修一俟天時人事相度咸宜然後徐圖營
建斯大雅所詠經始勿亟庶民子來之效將復
見於
盛世矣臣區區愚見冒昧瀆陳伏祈
皇上聖鑒謹
奏

同治十二年十月　契　日

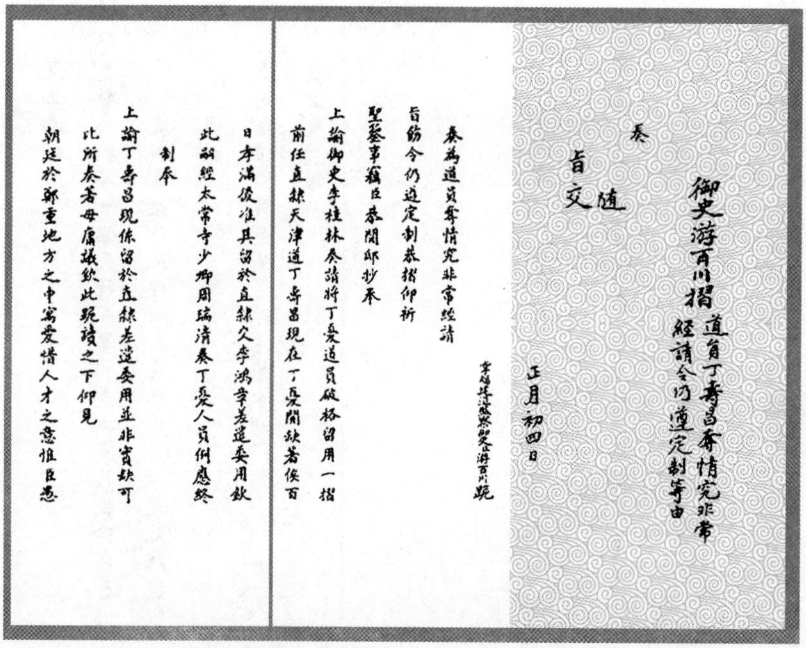

御史游百川摺 道員丁壽昌奪情究非常經請令仍遵定制等由

奏

隨

旨交

正月初四日

掌福建道監察御史臣游百川跪

奏為道員奪情究非常經請

旨飭令仍遵定制恭摺仰祈

聖鑒事竊臣恭閱邸抄本

上諭御史李桂林奏請將丁憂道員破格留用一摺

前任直隸天津道丁壽昌現在丁憂開缺著俟百

日孝滿後准其留於直隸交李鴻章差遣委用欽

此嗣經太常寺少卿周瑞清奏丁憂人員例應終

制奉

上諭丁壽昌現係留於直隸差遣委用並非實缺可

比所奏著毋庸議欽此跪讀之下仰見

朝廷於鄭重地方之中寓愛惜人才之意惟臣愚

10. 道员丁寿昌夺情究非常经请令仍遵定制等由　（游百川）

竊維持服終制禮之常經臣下尊情原屬萬不
得已之舉軍興以來援墨絰從戎之義間有
特旨留用之員現時軍務已平天津近在
畿輔本疑有何急務必不得已而請將該道員破
格留用乎即謂潔已愛民輿情感戴各直省中
此等賢員當亦不少若使本屬官紳紛紛效尤
相率藉端瀆請何以靖人心而杜攀援之弊查
定例紳民人等赴該管上司衙門具呈請留本
地方官員者概不准行從前定例豈不知輿情
愛戴之員有益地方而不便准行者杜漸防微
意至深遠我
聖朝孝治天下凡陳情終養者尚許解官況丁憂人
員尤宜令恪遵禮制遂其孝思相應請
旨諭令直隸督臣仍飭該道員回籍終喪以符定制
庶於禮教無虧如因天津係
畿南重地該員留津最為吃緊則臣伏望明降
諭旨嗣後無論何省何官均不得援以為例以為貪
榮忘親者戒似亦預防流弊之至要者也臣愚
昧之見是否有當伏祈
皇太后
皇上
聖鑒謹
奏
光緒元年正月　初

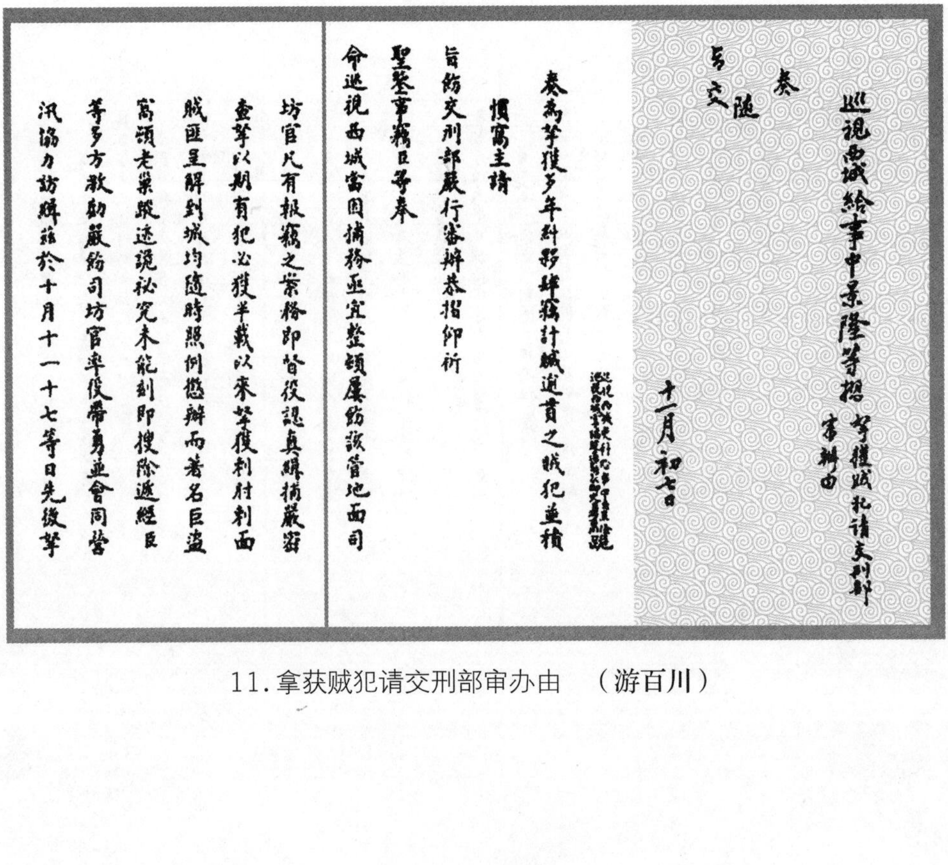

巡視西城給事中景隆等摺　拏獲賊犯請交刑部審辦由

奏

隨

旨交

十一月初七日

奏為拏獲多年糾夥肆竊計贓逾貫之賊犯並積

慣窩主請

旨飭交刑部嚴行審辦恭摺仰祈

聖鑒事竊臣等奉

命巡視西城當因捕務亟宜整頓屢飭該管地面司

坊官凡有報竊之案務即督役認真緝捕嚴密

查拏以期有犯必獲半載以來拏獲剥肘剥面

賊匪呈解到城均隨時照例懲辦而著名巨盜

窩頭老巢蹤迹詭秘究未能刻即搜除迭經臣

等多方教勸嚴飭司坊官率役帶勇並會同營

汛協力訪緝兹於十月十一十七等日先後拏

11. 拿获贼犯请交刑部审办由　（游百川）

到兩次逃軍之周三鎖兒即周三元兒兩次逃
徒賊犯祝二即祝三劉二即肉劉及賊婦張李
氏等六名口訊錄供詞據稱遞次竊拜教場三
條胡同事主童姓等十餘家起獲多贓均經認
領並指出窩主係大黃即寬和二黃即寬亮旋
即會營掩捕於二十五日拏獲到案訊據寬和
及寬亮供詞閃爍稱係宗室臣等按寬和住居
西長營寬亮住居地廠俱屬外城地面迹其招
集賊匪難保不假名冒充使賊夥恃其包庇以
致盤聚不散肆擾閭閻除將周三鎖兒即周三
元兒祝二即祝三劉二即肉劉等解交刑部收
禁外其窩主大黃即寬和二黃即寬亮既據供
係宗室應請
旨飭下刑部傳訊查明如果屬實會同宗人府審辦
至逃軍周三鎖兒即周三元兒等均係積匪猾
賊久為地方之害今膽敢遞次糾夥行竊十餘
家之多贓物甚鉅非尋常竊盜可比且據供出
之大黃即寬和二黃即寬亮歷久窩賊坐地分

賊尤屬瞀不畏法此次司坊官會同營汛弁兵
捕役維見眼線不辭勞瘁竟將該犯等陸續獲
案實屬異常出力可否俟刑部審明定案後由
臣城酌保數員奏請
恩旨以昭激勸之處出自逾格
鴻慈臣等為整飭捕務綏靖地方起見謹合詞繕摺
具陳伏祈
皇太后
皇上聖鑒謹
奏

光緒元年十一月　廿　日

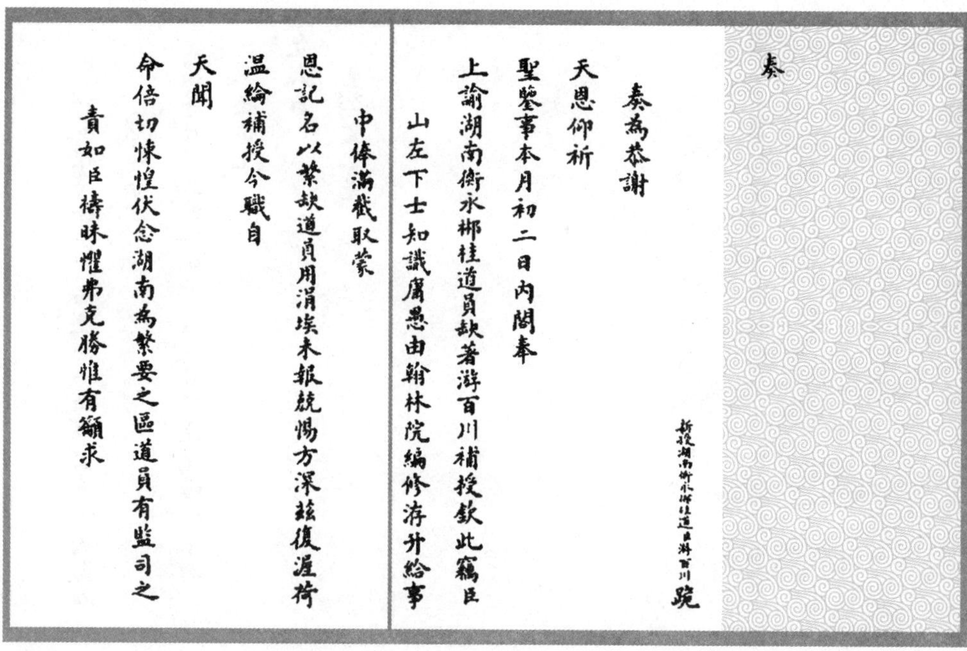

奏

新授湖南衡永郴桂道臣游百川跪

奏為恭謝

天恩仰祈

聖鑒事本月初二日内閣奉

上諭湖南衡永郴桂道員缺著游百川補授欽此竊臣

山左下士知識庸愚由翰林院編修洊升給事

中俸滿截取蒙

恩記名以繁缺道員用涓埃未報兢惕方深兹復渥荷

温綸補授今職自

天聞

命倍切悚惶伏念湖南為繁要之區道員有監司之

責如臣檮昧懼弗克勝惟有籲求

12. 新授道员谢恩由（素面奏折）　（游百川）

宸訓敬謹遵循俾到任後於一切事宜矢慎矢勤以
期仰答
高厚鴻慈於萬一所有微臣感激下忱謹繕摺叩謝
天恩伏乞
皇太后
皇上聖鑒謹
奏
光緒五年五月　初三　日

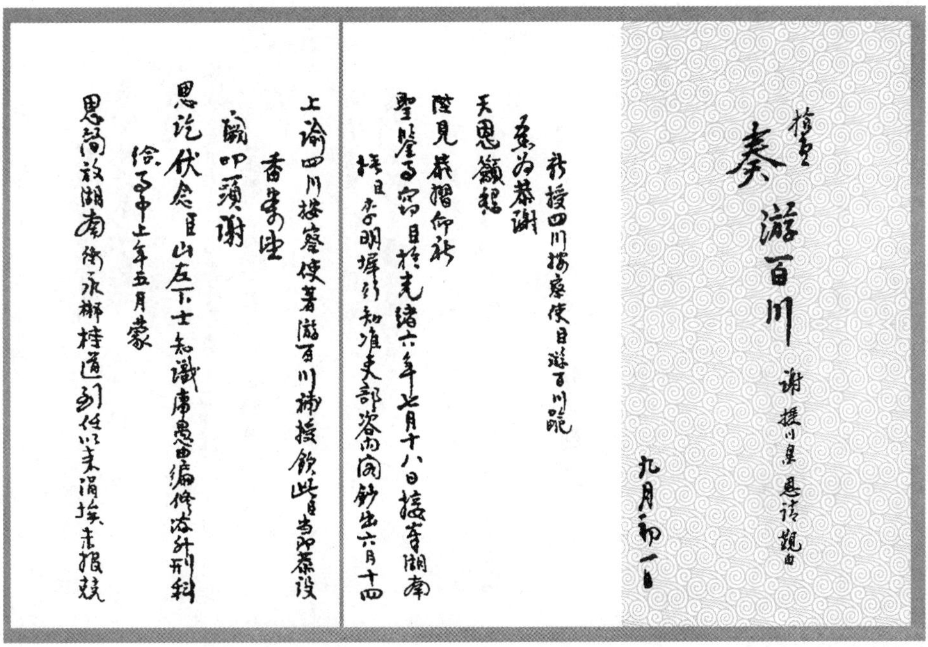

奏

游百川

谢授川臬恩请觐由

九月初一日

新授四川按察使臣游百川跪

奏为恭谢

天恩籲懇

陛见恭摺仰祈

圣鉴事窃臣于光绪六年七月十八日接准湖南

抚臣李明墀行知准吏部咨开闽钞出六月十四

上谕四川按察使著游百川补授钦此臣当即恭设

香案望

阙叩头谢

恩讫伏念臣山左下士知识庸愚由编修洊升刑科

给事中上年五月蒙

恩简放湖南衡永郴桂道到任以来涓埃未报兹

13. 谢授川臬恩请觐由　（游百川）

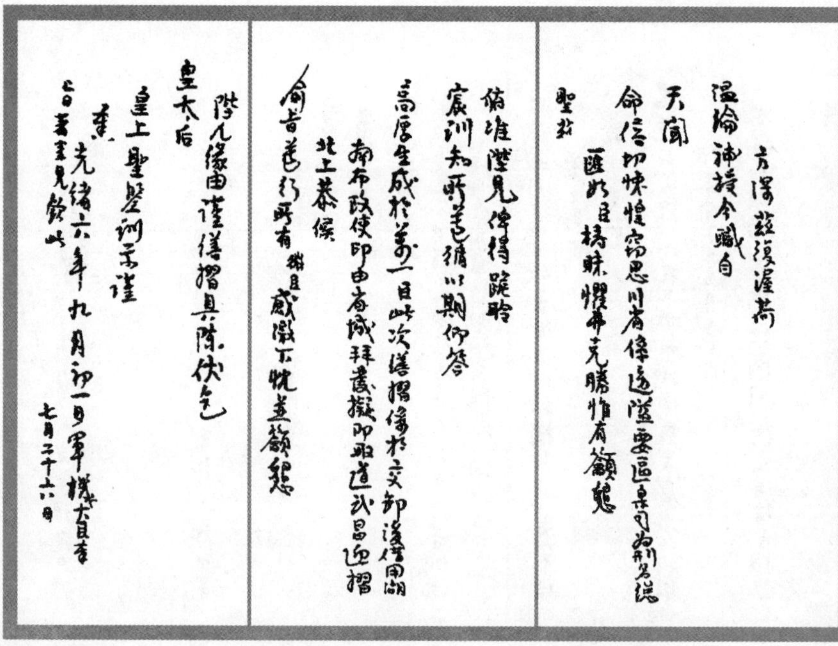

方深茲復渥荷
溫諭神授今職自
天閽
命下切悚惶竊思川省僻遠隘要區臬司為刑名總
匯如臣梼昧懼弗克勝惟有籲懇
聖恩
俯准陛見俾得跪聆
宸訓知所遵循以期仰答
高厚生成於萬一且此次繕摺係於交卸後借用湖
南布政使印由省城拜發擬即取道武昌迎摺
北上恭候
俞旨遵行所有微臣感激下忱並籲懇
陛見緣由謹繕摺具陳伏乞
皇太后
皇上聖鑒訓示謹
奏　光緒六年九月初一日軍機大臣奉
旨著來見欽此　七月二十六日

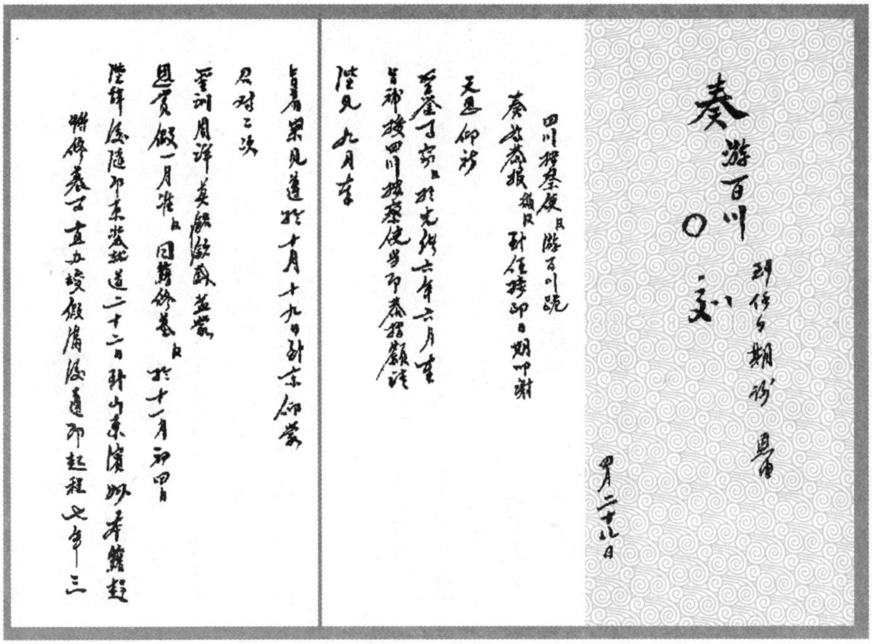

14. 到任日期谢恩由 （游百川）

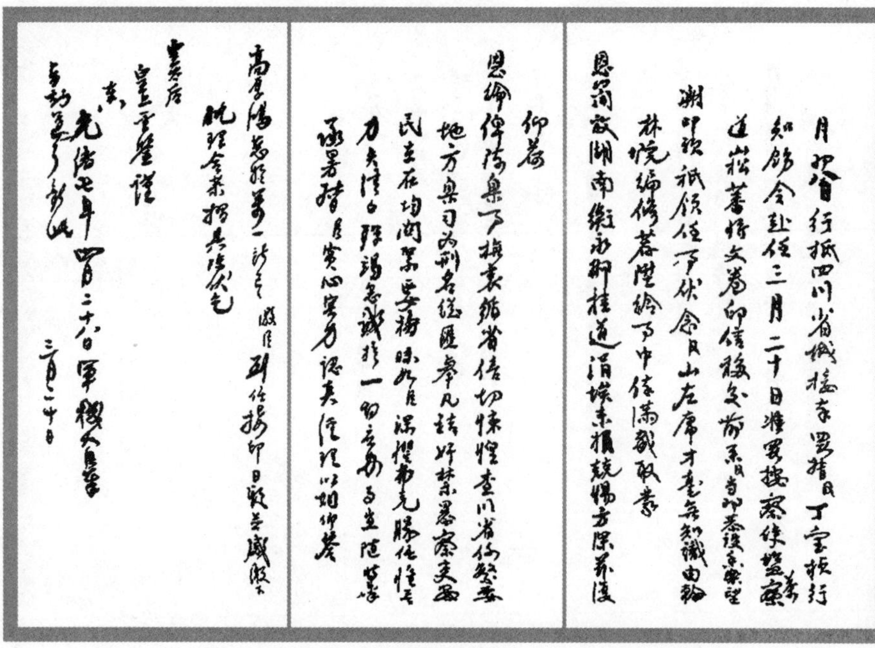

月初八日行抵四川省城接奉署督臣丁宝桢行
知饬令赴任三月二十日准署按察使盐茶
道崧蕃将文卷印信移交前来臣当即恭设香案望
阙叩头祗领任事伏念臣山左庸才毫无知识由翰
林院编修荐陞给事中任满截取蒙
恩简放湖南衡永郴桂道[illegible]
仰蒙
恩纶俾[illegible]臬[illegible]梅[illegible]省倍切悚惶查川省[illegible]
地方臬司为刑名总汇举凡诘奸禁暴察吏安
民在在均关紧要[illegible]臣深惧弗克胜任惟有
力矢清白殚竭愚诚于一切应办事宜随时禀
承督臣实心实力认真经理以期仰答
高厚鸿慈于万一所有微臣到任接印日期并感激下忱
理合恭折具陈伏乞
皇太后
皇上圣鉴谨
奏
光绪七年四月二十六日军机大臣奉
旨知道了钦此
三月二十日

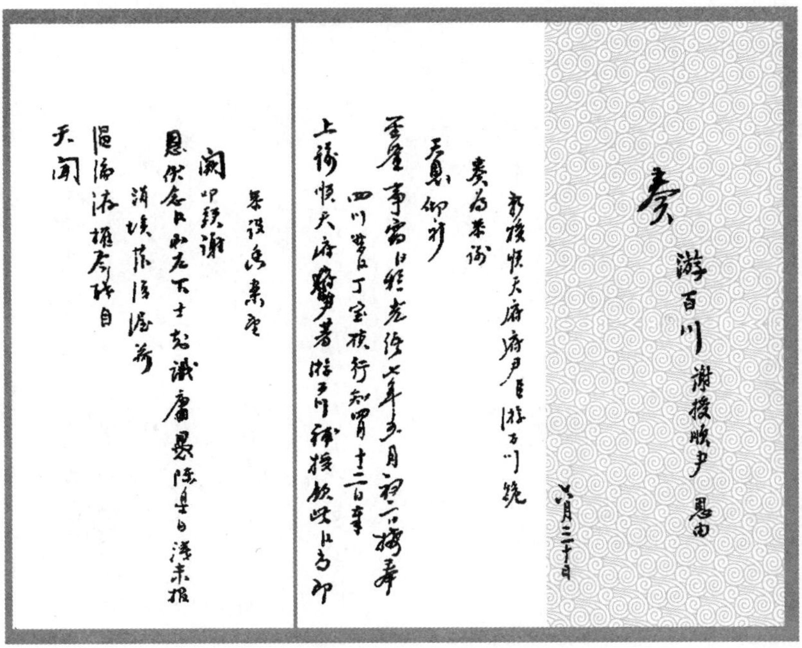

15. 谢授顺尹恩由　（游百川）

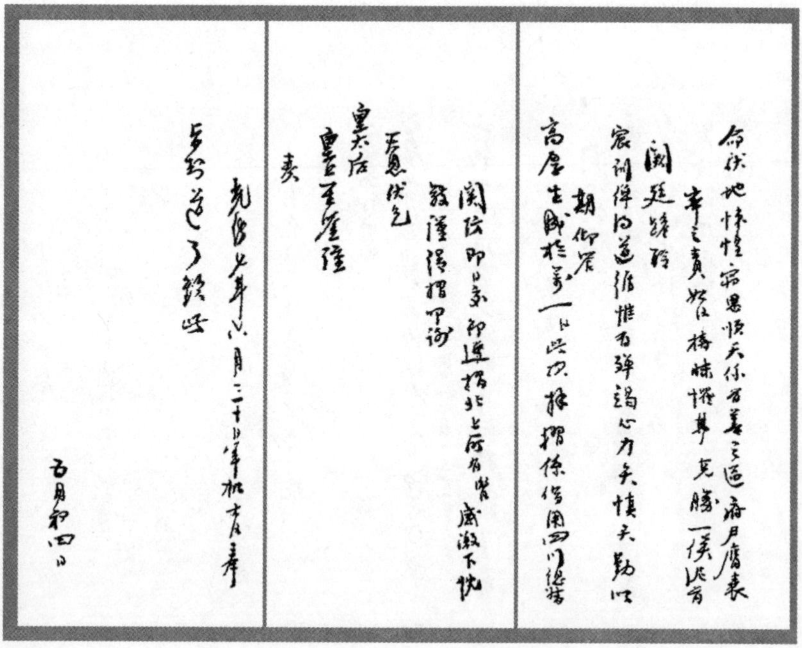

命伏地怵惶竊思順天係首善之區府尹膺表
率之責然臣檮昧譾拙莫勝一俟恐負
闕廷跪聆
宸訓俾得遵循惟有殫竭心力矢慎矢勤以
期仰答
高厚生成於萬一臣此次擬摺係借用四川總督
關防即日交卸即遵旨北上所有臣感激下忱
繕摺謹摺叩謝
天恩伏乞
皇太后
皇上聖鑒謹
奏
光緒七年六月二十日軍機大臣奉
旨知道了欽此
五月初四日

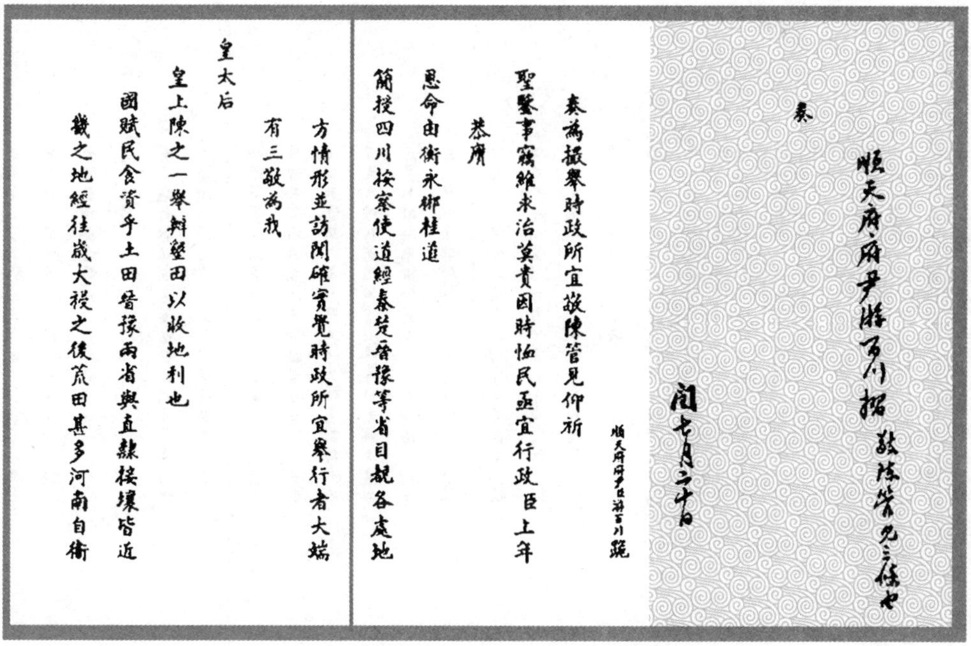

順天府府尹游百川摺 敬陳管見三條也

奏

閏七月二十日

順天府府尹臣游百川跪

奏為擬舉時政所宜敬陳管見仰祈

聖鑒事竊維求治莫貴因時恤民亟宜行政臣上年

恭膺

恩命由衛永郴桂道

簡授四川按察使道經秦楚晉豫等省目覩各處地

方情形並訪聞確實覺時政所宜舉行者大端

有三敬為我

皇太后

皇上陳之一舉辦墾田以收地利也

國賦民食資乎土田晉豫兩省與直隸接壤皆近

畿之地經往歲大祲之後荒田甚多河南自衛

16.敬陈管见三条由 （游百川）

糈以西過孟津歷洛陽直抵潼關途篙徧野十
里首條山西之平蒲解絳臵有甚焉聞各該撫
前經奏請蠲緩錢糧或三年或五年
朝廷已立沛
恩施矣至議行招墾亦嘗籌給籽種然客民至者絶
少現聞一縣之中不耕之田猶有數千頃篙餘

頃不等蓋他處百姓稍有家貲者既不肯輕去
其鄉而貧困無業之民雖欲前往認墾又苦於
餬口無資間之土人傭工一日值需制錢五六
百文人煙稀少則工價必昂有田者無力僱工
忍棄其田而弗種故荒田綦多也臣愚再四籌
思招墾既未能行曠土實堪深惜可否徼照古

昔屯田之法令各直省應行裁撤之勇丁移往
該處分路駐紮舉辦墾田而以老成穩練之提
鎮大員統率之每月有口糧不患其或乏食也
平時有節制無患其不安居也令老農導之耕
耨不患其不習也有營弁課其工作不患其不
勤也鍋帳暫充廬舍馬匹可代耕牛無鋒鏑之

憂而有禾稼之利似猶是古人寓兵於農之意
較勝於撤勇之後一經遣散仍不免游手好閒
也如蒙
採納懇
飭下廷臣集議並
命各該撫妥立章程乘時舉辦迨田既墾熟招種無

難升科自易足食之效即著於茲矣一整飭營
伍以復舊章也哉
朝綠營兵制立有定額乃自髮捻倡亂以來舉辦
團練招募勇丁其時非兵力不足也徒以承平
日久武備廢弛訓練不精徵調遠方水土不習
故兵不如勇耳然自此營勇日積曰楚勇曰淮
勇曰川勇其數比兵額漸多其餉比兵糧加重
督撫養勇或曰親兵或曰練軍旗幟鮮明鎗仗
齊備以其便於調遣足壯聲威也遂專意用勇
而兵則投閒置散一若無所用之從此營兵墜
勇奪氣亦安於閒冗無能就一省言之養勇萬
數千人歲餉百餘萬金全省營捐不敷支故須
籌別款補足之是兵額之外又重設兵且加多
也餉爲將不竭民爲將不窮臣思均是人也豈
有名曰勇則勇名曰兵則怯乎但遽議裁撤勇
丁各省督撫每曰地方不靖急須籌勇以資彈
壓夫以理勢論之州縣營汛有竊盜積案責在
兵役之緝捕懈弛非關無招募之勇也至偶有
他虞養兵之謂何非藉以衛民捍患乎縱或真
有險要地方因兵力不敷必須籌勇鎮撫然宜
裁汰者亦多矣相應請
旨飭下各省督撫報明營勇名數實在須酌留若干
宜裁撤若干以免虛糜餉項勿復養勇自衛致
貽後患似爲當今之急務矣一嚴申栽種罌粟

之禁以除民患也鴉片煙流毒中國為害已深
至栽種罌粟其禍尤不可勝言天地生殖五穀
所以養億兆之命也迺以乾淨之土沃饒之田
栽種邪穢害人之物顯背天心豈不上干天怒
前此各省惟山西栽種最多丁丑戊寅旱荒之
災亦惟山西最烈前撫臣閻敬銘請西省編栽
罌粟錢源已竭一遇饑饉無所得食仰蒙
聖慈如天之仁發帑賑濟並舉天下之全力捐助之
然猶流亡過半是明明天降之罰矣現時山西
地荒種此物者已少而各省效尤又蹈此覆轍
臣見陝西四川地種罌粟者約有十分之二三
而漢中府屬竟有十分之六七
朝廷屢飭查禁而有司久弗遵行夫愚民好利不
顧遺害固也乃至督撫大員禁令不行又從而
曲為之說謂比年豐收穀賤傷農民間正藉此
易錢以完
國課抑不思未種罌粟以前豈少歲豐穀賤之日
彼時錢糧果何由完納乎夫吸食鴉片蹤迹詭
秘猶謂陷溺已深非一時所能禁止至罌粟顯
布田間禁種豈回甚難祇因各處抽收土釐或
二三萬或十餘萬地方貪得此利遂不復關心
民瘼耳相應請
旨嚴申從前禁令
飭下各省一體懍遵如再奉行不力應如何議罰之

處斷自

宸衷庶民去大害民得足食斯亦救時之一端也以

上三條督撫各存意見或以為未便施行牧令

狃於偷安或以為又滋多事然值此年穀順成

民氣安舒不乘此時修明政令而空言求治求

安臣未見其可也愚昧之見謹繕摺具陳伏祈

皇太后

皇上聖鑒謹

奏

光緒七年閏七月　二十　日

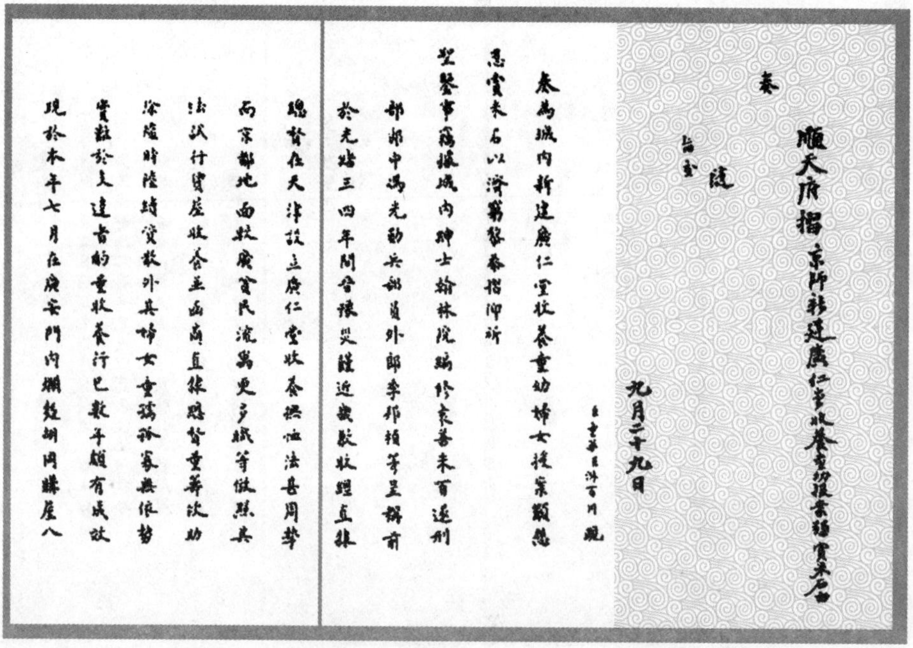
奏
順天府摺　京師新建廣仁堂收養童幼援案籲賞米石由
旨　覽
九月二十九日

臣童華臣游百川跪
奏為城內新建廣仁堂收養童幼婦女援案籲懇
恩賞米石以濟窮黎恭摺仰祈
聖鑒事竊據城內紳士翰林院編修袁善朱百遂刑
部郎中馮光勳兵部員外郎李郁楨等呈稱前
於光緒三四年間晉豫災祲近畿歉收經直隸
總督在天津設立廣仁堂收養撫恤法甚周摯
而京都地面較廣貧民流寓更多紳等仿照其
法試行籌虞收養並函商直隸總督籌款助
給除時隆時發收外其婦女童孺孤寡無依者
實難於支建昔酌量收養行已數年頗有成效
現於本年七月在廣安門內爛縵胡同購屋八

17. 京师新建广仁堂收养童幼援案恳赏米石由　（童华、游百川）

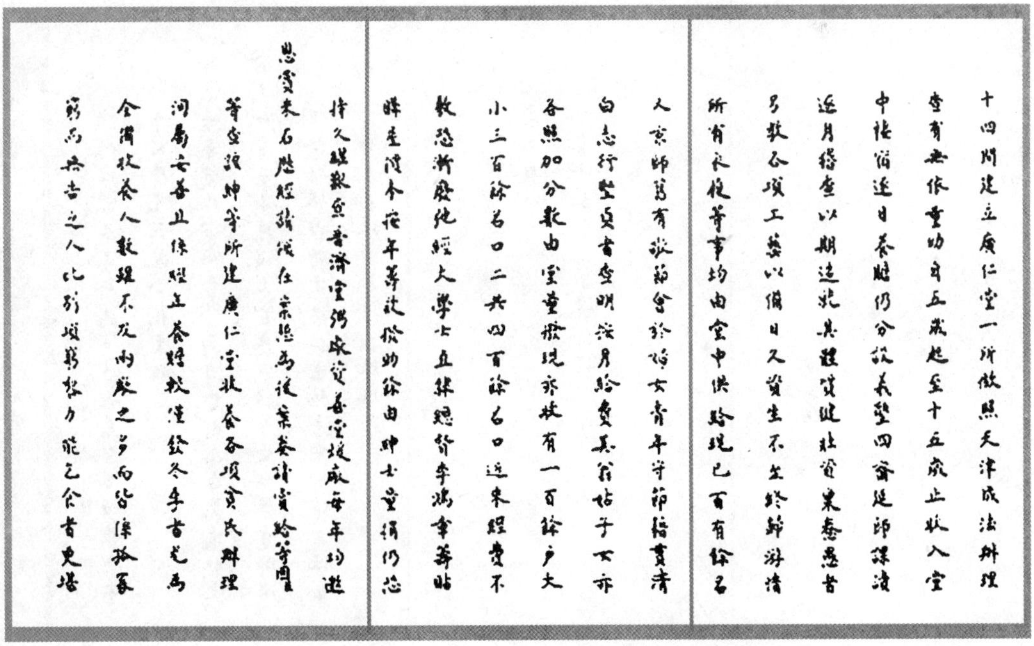

十四門建立廣仁堂一所做照天津成法辦理
查有無依童幼自五歲起至十五歲止收入堂
中派宿延日養贍仍分設義塾四齋延師課讀
逐月稽查以期造就其體質健壯資禀愚魯者
另教以各項工藝以備日久資生不至終歸游惰
所有衣服等事均由堂中供給現已有百餘名
又京師舊有救節會於婦女青年守節稽查清
白志行堅貞者查明按月給發其翁姑子女亦
各照加分數由堂董撥現亦收有一百餘户大
小三百餘名口二共四百餘名口逐來經費不
敷恐漸廢弛經大學士直隸總督李鴻章籌貼
雖重陵本荏年籌款協助餘由紳士量捐仍恐
持久維艱兹查普濟堂粥廠育嬰堂棲流廠每年均邀
恩賞米石歷經籲請在案臣愚以為設案奏請賞給等因
等查該紳等所建廣仁堂收養各項貧民辦理
周備安善且係經立養贍救濟饑冬季者尤為
全備收養人數雖不及兩廠之多而皆係孤寡
窮而無告之人比於壯賴勞力能乞食者更堪

[illegible][illegible]仁堂平糶恤而日甚衣藥育各項教學等

事所需尤鉅設法捐集維艱

天恩每年賞給小米三百石以濟貧用而垂久遠如蒙

俞允所有本年應領米石應由臣等咨部照章辦理

理合將城內新建廣仁堂收養童幼婦女核案

請給米石緣由恭摺具陳伏乞

皇太后

皇上聖鑒訓示遵行謹

奏

光緒七年九月　二十九　日

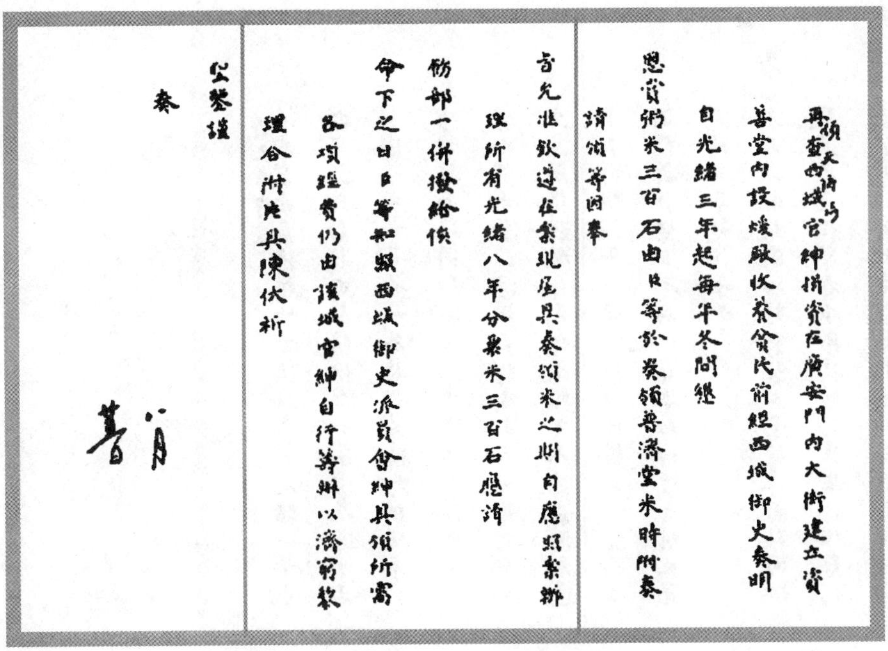
再順天府西城內外官紳捐資在廣安門內大街建立資
善堂內設煖廠收養貧民前經西城御史奏明
自光緒三年起每年冬間懇
恩賞粥米三百石由臣等於奏領普濟堂米時附奏
請領等因奉
旨允准欽遵在案現屆具奏領米之期自應照案辦
理所有光緒八年分粟米三百石應請
飭部一併撥給俟
命下之日臣等知照西城御史派員會紳具領所需
各項經費仍由該城官紳自行籌辦以濟窮黎
理合附片具陳伏祈
聖鑒謹
奏

附片 1　普济堂、资善堂请拨粟米由

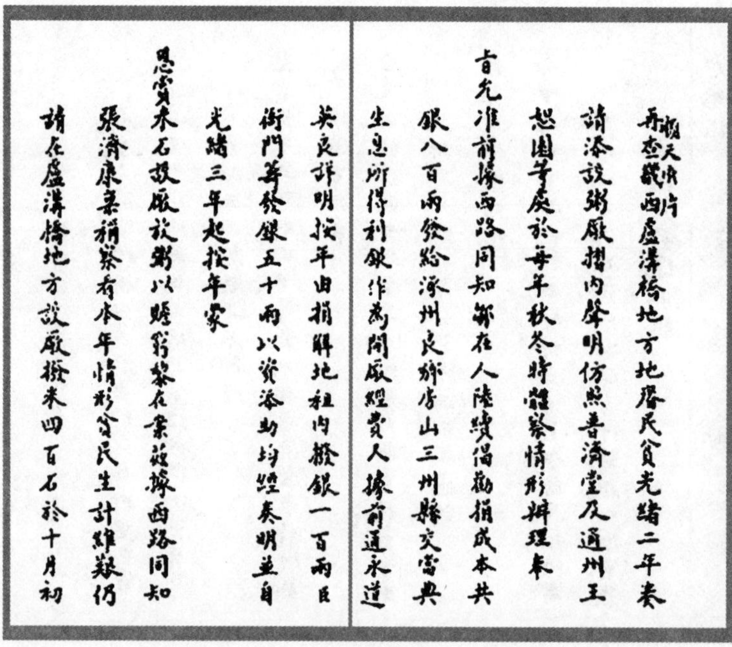

順天府片
再查西盧溝橋地方地瘠民貧光緒二年奏
請添設粥廠摺內聲明仿照普濟堂及通州王
恕園等處於每年秋冬時體察情形辦理奉
旨允准前據西路同知鄒在人陸續倡勸捐成本共
銀八百兩發給涿州良鄉房山三州縣交當典
生息所得利銀作為開廠經費又據前通永道
英良詳明按年由捐辦地租內撥銀一百兩臣
衙門籌發銀五十兩以資添助均經奏明並自
光緒三年起按年蒙
恩賞米石設廠放粥以贍窮黎在案茲據西路同知
張濟康稟稱察看本年情形貧民生計維艱仍
請在盧溝橋地方設廠撥米四百石於十月初

附片 2　卢沟桥地方贫民仍请发米由

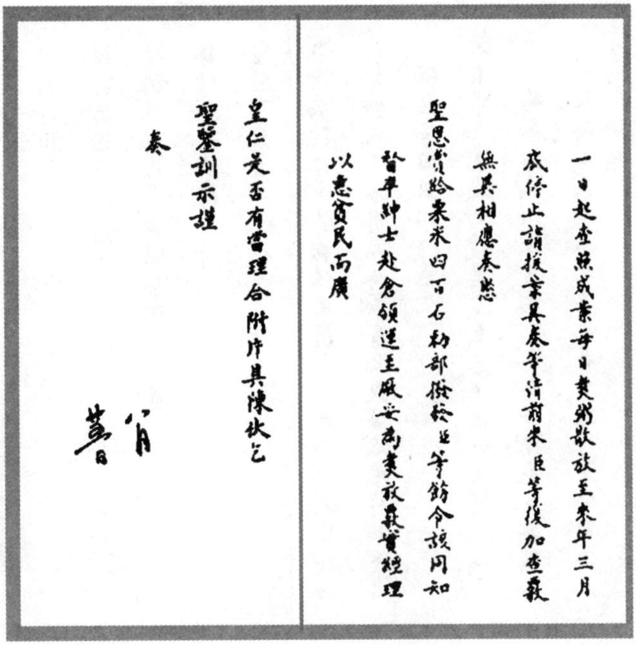
一日起查照成案每日煮粥散放至來年三月
底停止請援案具奏等情前來臣等復加查覈
無異相應奏懇
聖恩賞給粟米四百石勅部撥給臣等飭令該同知
督率紳士赴倉領運至廠妥爲煮放覈實經理
以惠貧民而廣
皇仁是否有當理合附片具陳伏乞
聖鑒訓示謹
奏

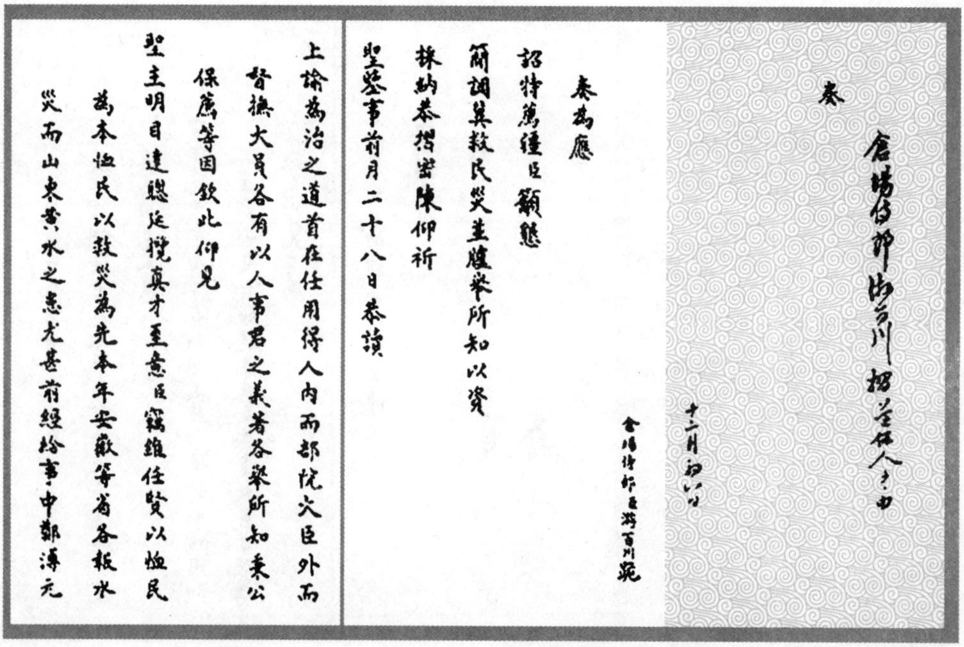
奏
倉場侍郎游百川摺　遵保人才由
十二月初八日

倉場侍郎臣游百川跪
奏為應
詔特薦賢臣籲懇
簡調冀救民災並臚舉所知以資
採納恭摺密陳仰祈
聖鑒事前月二十八日恭讀
上諭為治之道首在任用得人內而部院大臣外而
督撫大員各有以人事君之義著各舉所知秉公
保薦等因欽此仰見
聖主明目達聰延攬真才至意臣竊維任賢以恤民
為本恤民以救災為先本年安徽等省各被水
災而山東黃水之患尤甚前經給事中鄒溥元

18.遵保人才由　（游百川）

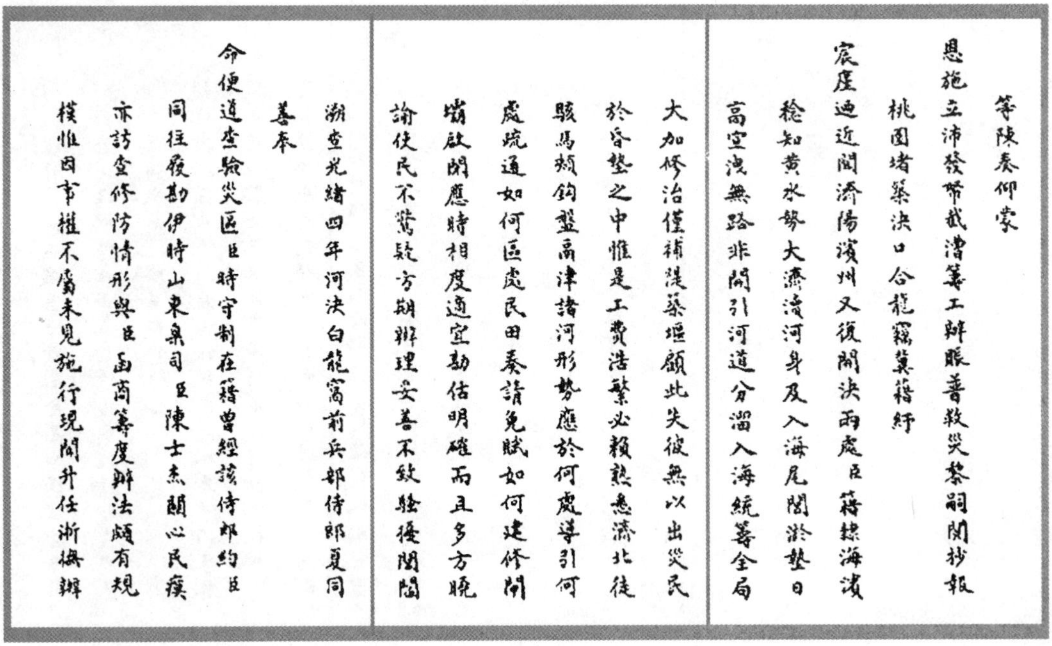

等陳奏仰蒙
恩施立沛發帑截漕籌工辦賑善救災黎嗣閱抄報
桃園堵築決口合龍竊冀藉紓
宸廑迺近聞濟陽濱州又復開決兩處臣籍隸海濱
稔知黃水勢大濟漬河身及入海尾閭淤墊日
高宣洩無路非開引河道分溜入海統籌全局
大加修治僅補堤築堰顧此失彼無以出災民
於昏墊之中惟是工費浩繁必賴熟悉濟北徒
駭馬頰鈎盤高津諸河形勢應於何處導引何
處疏通如何區處民田奏請免賦如何建修閘
壩啟閉應時相度適宜勘估明確而且多方曉
諭使民不驚疑方期辦理妥善不致騷擾閭閻
溯查光緒四年河決白龍灣前兵部侍郎夏同
善奉
命便道查驗災區臣時守制在籍曾經該侍郎約臣
同往履勘伊時山東臬司臣陳士杰關心民瘼
亦訪查修防情形與臣函商籌度辦法頗有規
模惟因事權不屬未見施行現聞升任浙撫辦

理海塘隄工歲省十餘萬金而工程彌益保固
若將該撫移任山東於修治黃河情形素悉除
患弭災庶克勝兹艱鉅伏念
朝廷用人豈臣下所敢擬議然東省水患頻仍羣黎
待拯孔亟管見所及不得不據實陳奏伏祈
聖裁至臣平時見聞有聲名素符材堪任用者文職
如知州福昌曹大任鄒振岳知縣張鴻順孫儒
卿張春熙張曾一等七員武臣如賀揚勳廖德
茂劉樹元樊國泰等四員謹另繕清單註明各
該員實蹟附摺進呈伏候
鑒納所有遵
旨保薦人才緣由理合恭摺具陳伏祈
皇太后
皇上聖鑒謹
奏

光緒八年十二月　初八　日

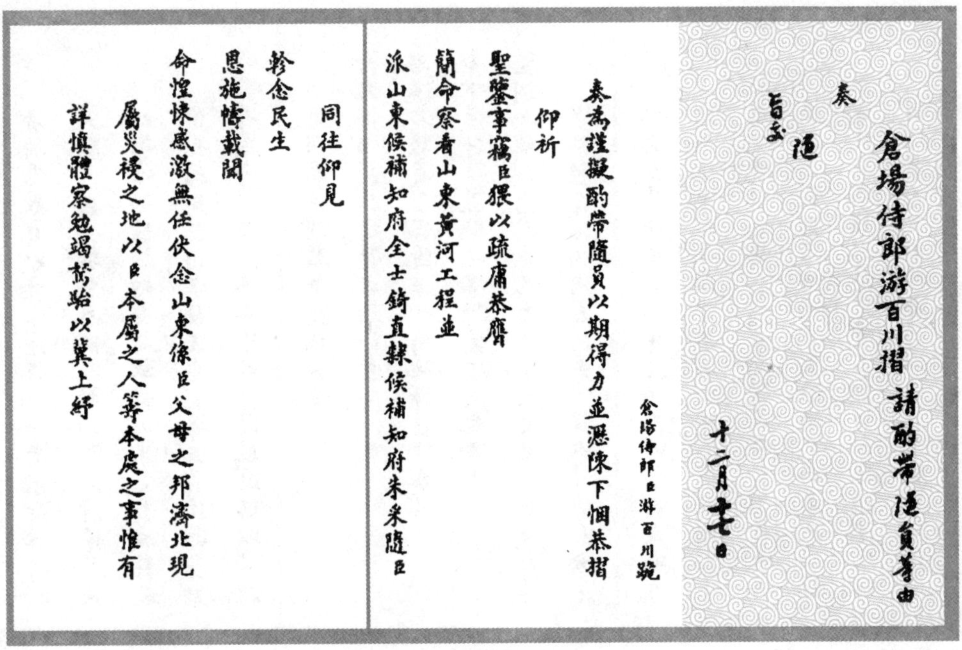

倉場侍郎游百川摺 請酌帶隨員等由

奏

隨旨意

十二月廿七日

倉場侍郎臣游百川跪

奏為謹擬酌帶隨員以期得力並瀝陳下悃恭摺

仰祈

聖鑒事竊臣猥以疏庸恭膺

簡命察看山東黃河工程並

派山東候補知府全士錡直隸候補知府朱采隨臣

同往仰見

軫念民生

恩施幬載闊

命惶悚感激無任伏念山東係臣父母之邦濟北現

屬災祲之地以臣本屬之人籌本處之事惟有

詳慎體察勉竭駑駘以冀上紓

19. 请酌带随员等由　（游百川）

宸廑下拯民患第思臣材力有限深恐智慮難周擬
請酌備數員以資襄理謹就平素所知揀得順
天順義縣知縣張春熙直隸補用知府候補同
知謝偉勛候補知縣趙欽舜山東前觀城縣教
諭孫翰卿候選教諭王慶祥等五員均籍隸東
省樸實耐勞於水患情形見聞較近堪以帶往
隨同察看謹臚舉上陳伏冀
俞允俾臣藉收指臂之助如蒙
恩准各該員可否隨臣一併馳驛前往恭候
命下遵行臣現擬趕理行裝謹俟跪聆
聖訓即馳赴德州先就近至平原樂陵等縣境內尋
求鈎盤鬲津諸河看其是否可以疏通過分水
勢再至濟南府晤撫藩臬臣悉心會商或逆溯
河而上至銅瓦廂昔年黃河開決處所細審情
形究竟能否導引河流漸使南下如淮徐故道
決不能復則沿河而下徧歷濟武兩屬地面詳
察徒駭馬頰等河道可否開引一律疏濬俾得
由海豐霑化兩縣分溜入海再下抵利津濟河

尾閭以至海門地方審度有無可以施工之處
使水宣洩有路一俟查勘稍有頭緒再行專摺奏
聞至臣馳赴東省後沿河上下查看一切凡河道所
經多非驛站處所臣既隨帶職員夫馬所需縱
不得不借資民力若居處食物等項仍由地方
官供給竊恐州縣藉此攤派用一銷二流弊滋
多擬請由東省撫臣於雜款項下按人按日籌
給薪水之費以資辦公而免擾累是否有當謹
繕摺縷陳伏乞
皇太后
皇上聖鑒訓示謹
奏

光緒八年十二月 十七 日

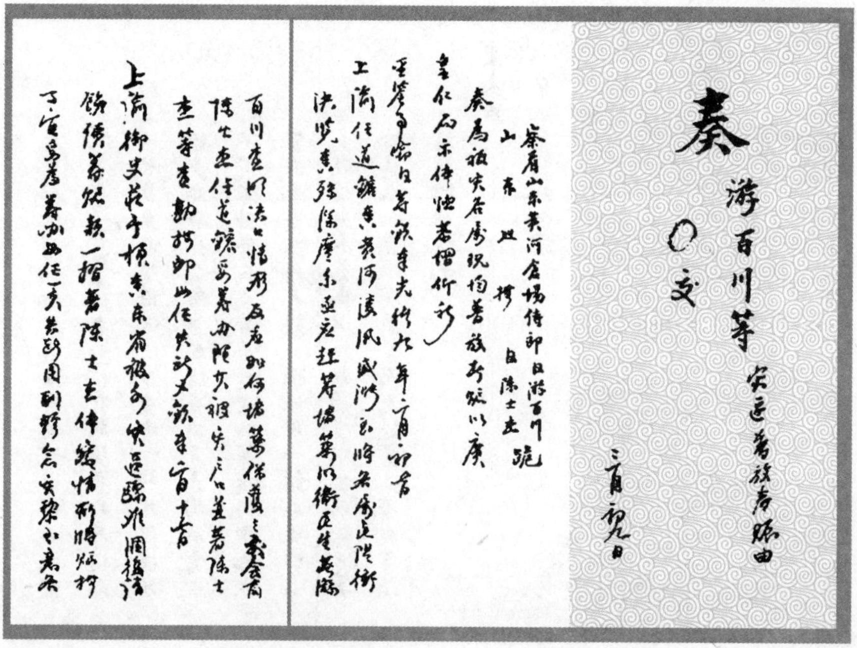

20. 灾区普放春赈由　（游百川）

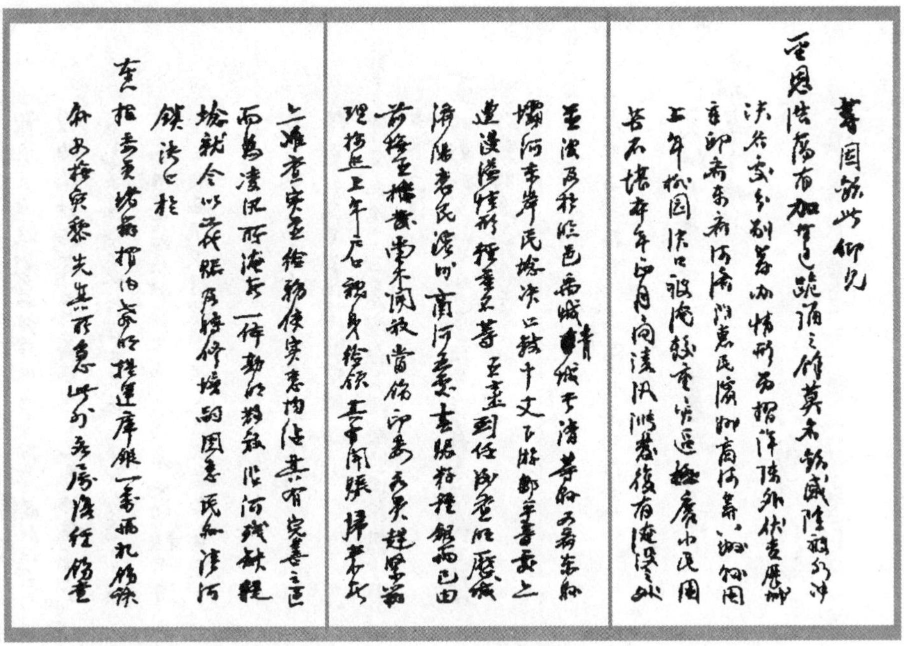

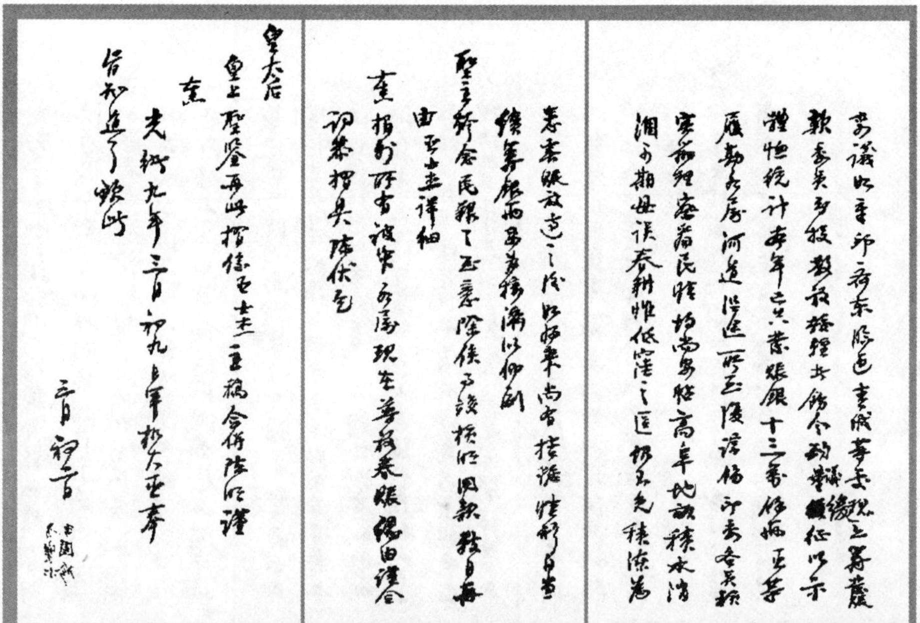

皇太后
皇上圣鉴再此摺系臣士杰一手稿合并陈明谨
奏
光绪九年三月初九日军机大臣奉
旨知道了钦此
三月初十日

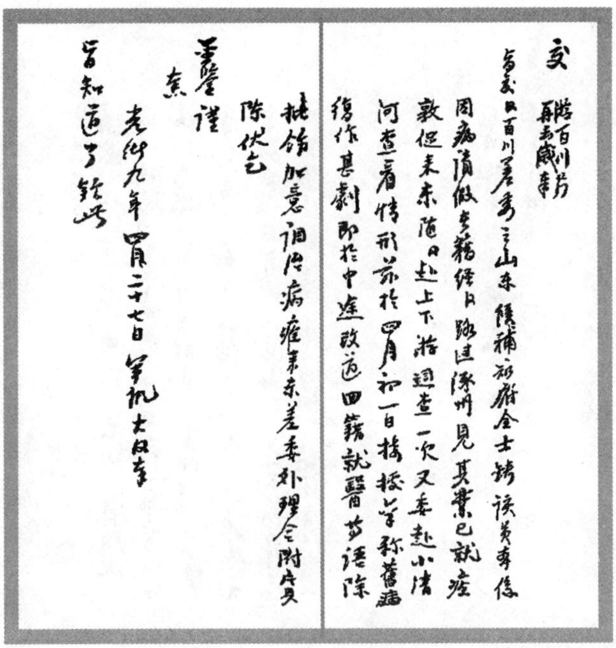

附片 1　请饬山东候补知府全士锜病痊来东差委事

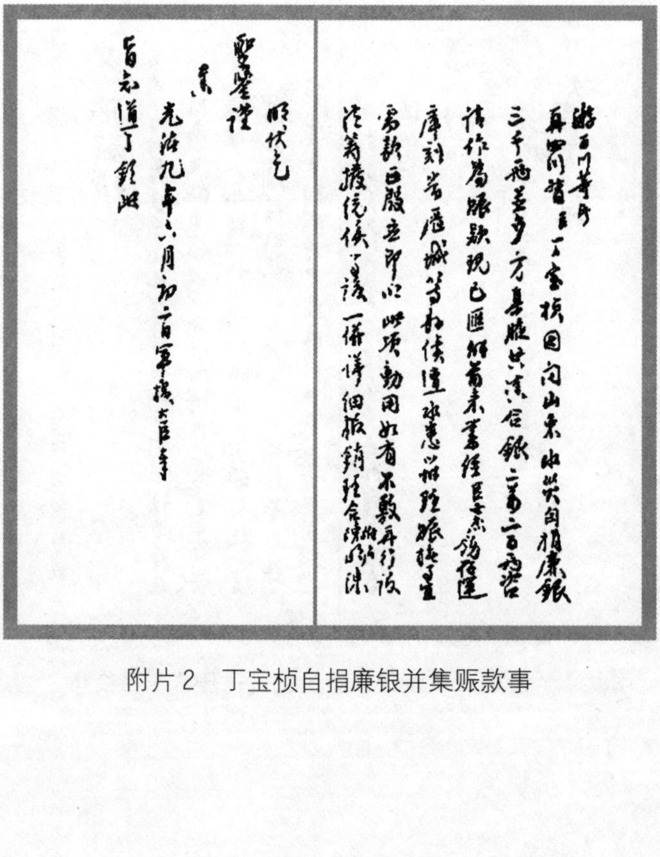

游百川等片

再，四川督臣丁宝桢因闻山东水灾，自捐廉银三千两，并多方募赈，共凑合银二万二百两，咨请作为赈款。现已汇解前来，业经臣等饬发运库。刻当历城等各县续遭水患，以拟赈抚之需款正殷，应即以此项动用，如有不敷，再行设法筹拨。俟议一併详细报销，理合附片陈明，伏乞

圣鉴。谨

奏。

光绪九年六月初二日军机大臣奉

旨：知道了。钦此。

附片 2　丁宝桢自捐廉银并集赈款事

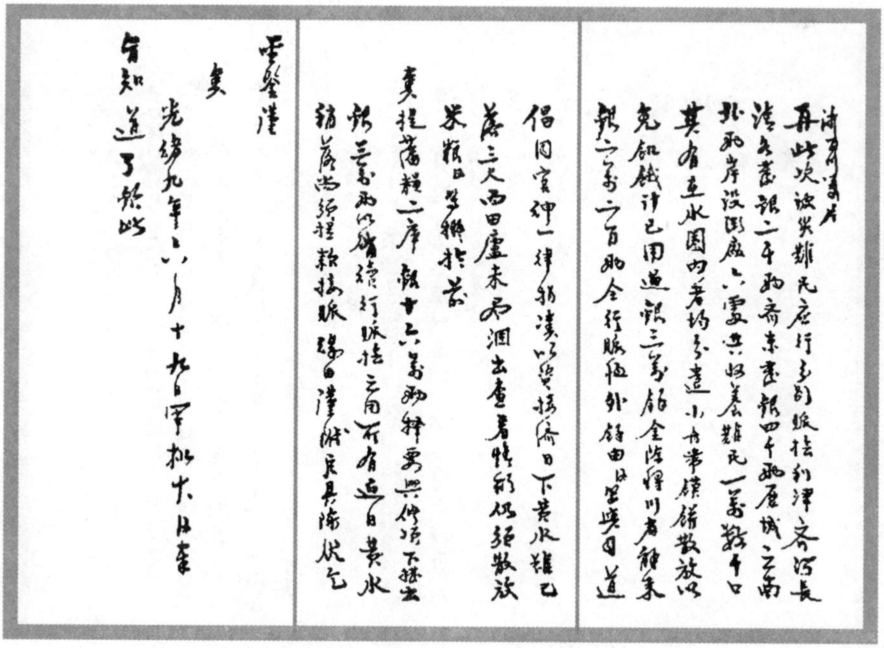

聖鑒謹
奏
光緒九年六月十九日軍機大臣奉
旨知道了欽此

附片3 被灾难民应行分别赈抚由

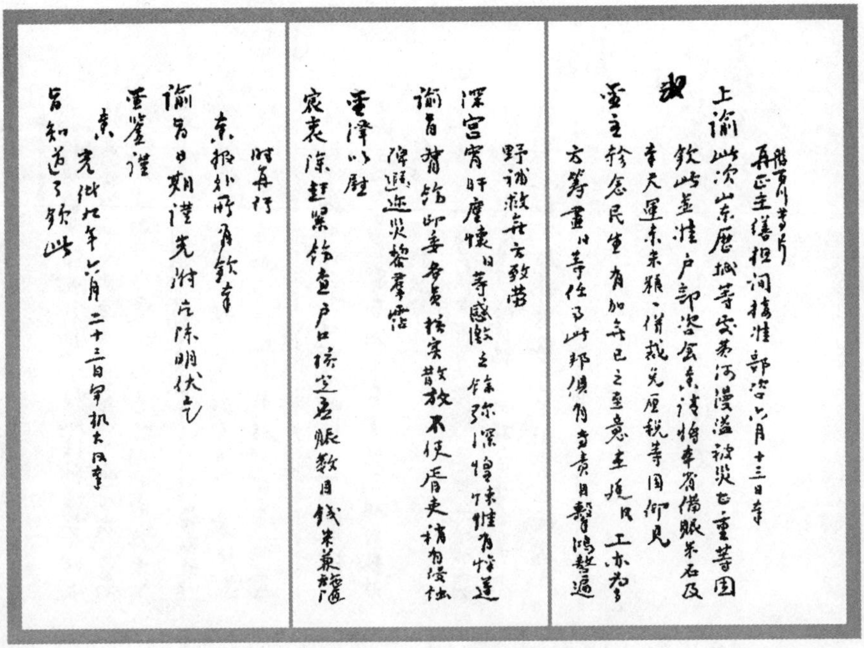

游百川等片
再[illegible]接准部咨六月十三日奉
上諭此次山東歷城等處黃河漫溢被災甚重等因
欽此並准戶部咨會東漕將奉省備賑米石及
奉天運來米糧一併截留厘稅等因仰見
聖主軫念民生有加無已之至意[illegible]民工亦[illegible]
方籌畫臣等任予此邦倘有責負聲鴻嗷遍
野誠救無方致勞
深宮宵旰廑懷臣等感激之餘彌深惶悚惟有恪遵
諭旨督飭所屬各員核實散放不使胥吏稍有侵蝕
俾該處[illegible]災黎群沾
聖澤以慰
宸衷除趕緊飭查戶口核定應賑數目錢米兼籌
[illegible]再行
奏撥外所有欽奉
諭旨日期謹先附片陳明伏乞
聖鑒謹
奏
光緒九年六月二十三日軍機大臣奉
旨知道了欽此

附片4　核实散放使灾黎群沾圣泽由

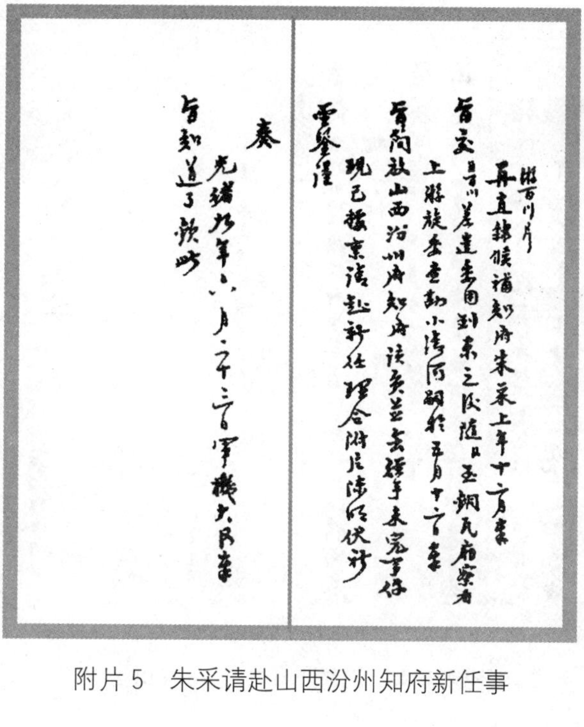
附同川片
再直隶候补知府朱采上年十二月奉
旨交吴大澂差遣委用到东之后随同查铜瓦厢案内
上游旋奉委勘小清河关于五月十二日奉
旨简放山西汾州府知府该员並无经手未完事件
现已饬赴京请训赴新任理合附片陈明伏祈
圣鉴谨
奏
光绪八年六月二十三日军机大臣奉
旨知道了钦此

附片5　朱采请赴山西汾州知府新任事

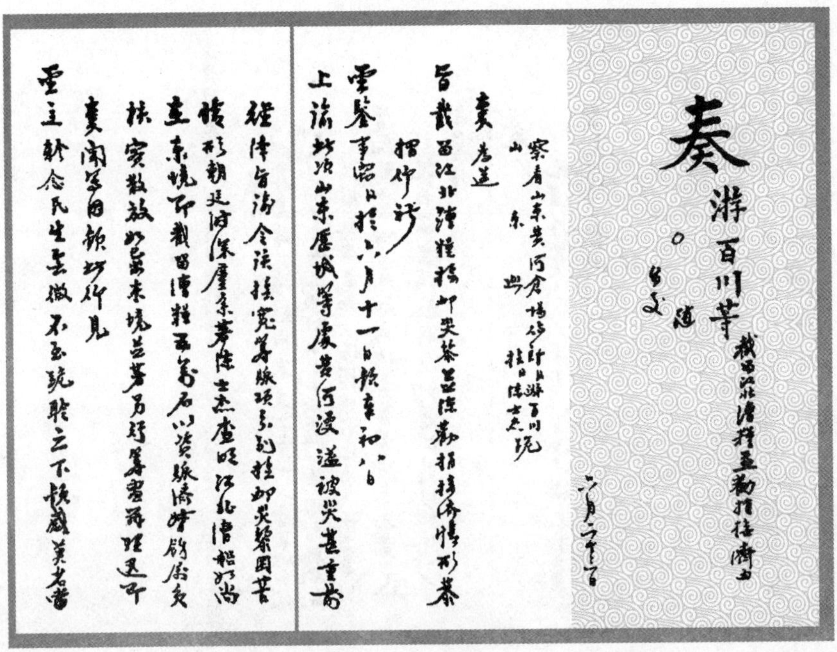

21.截留江北漕粮并劝捐接济由　（游百川）

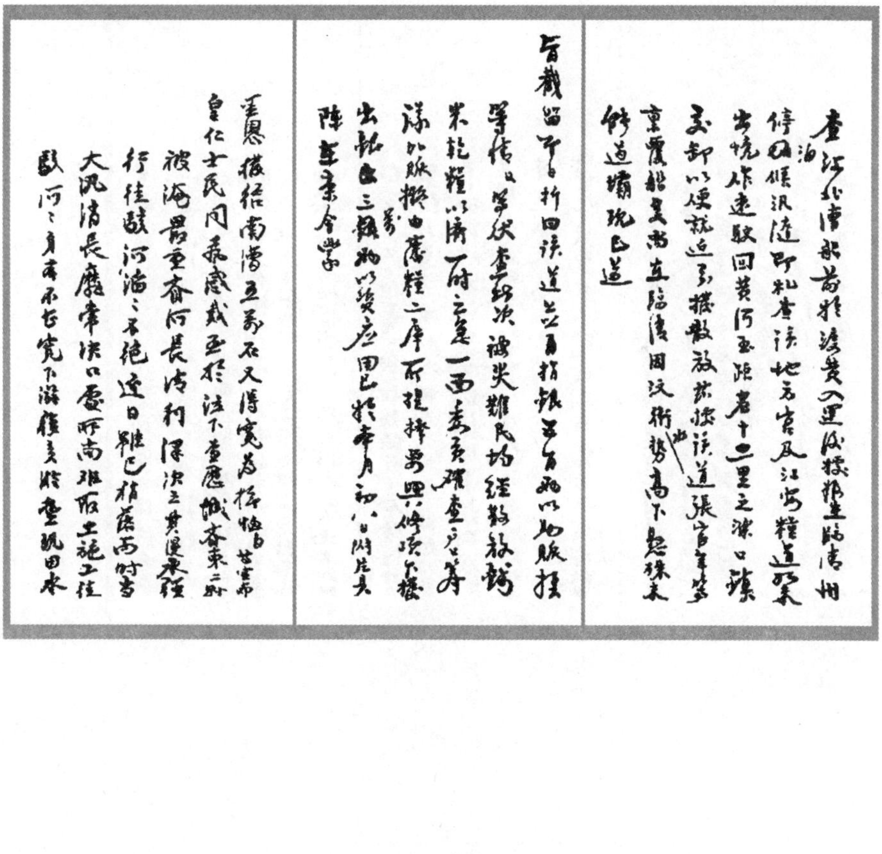

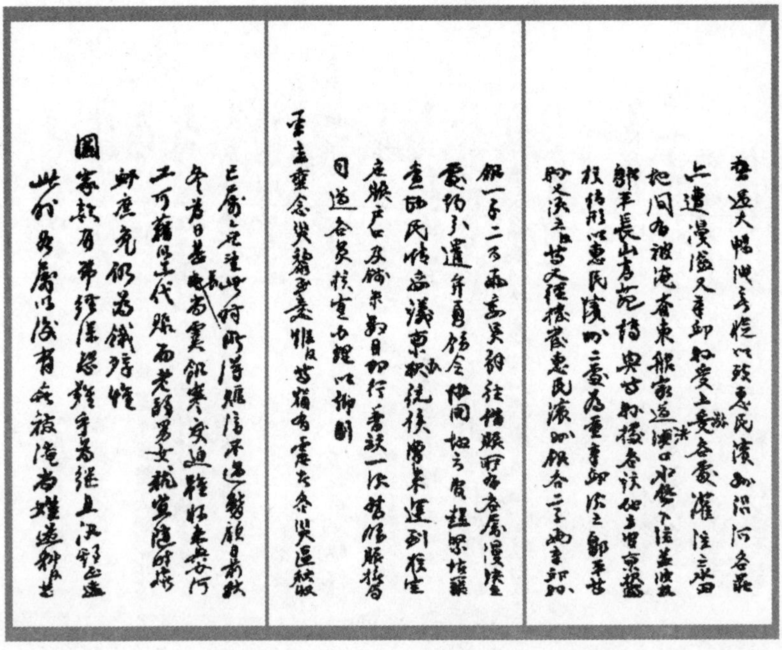

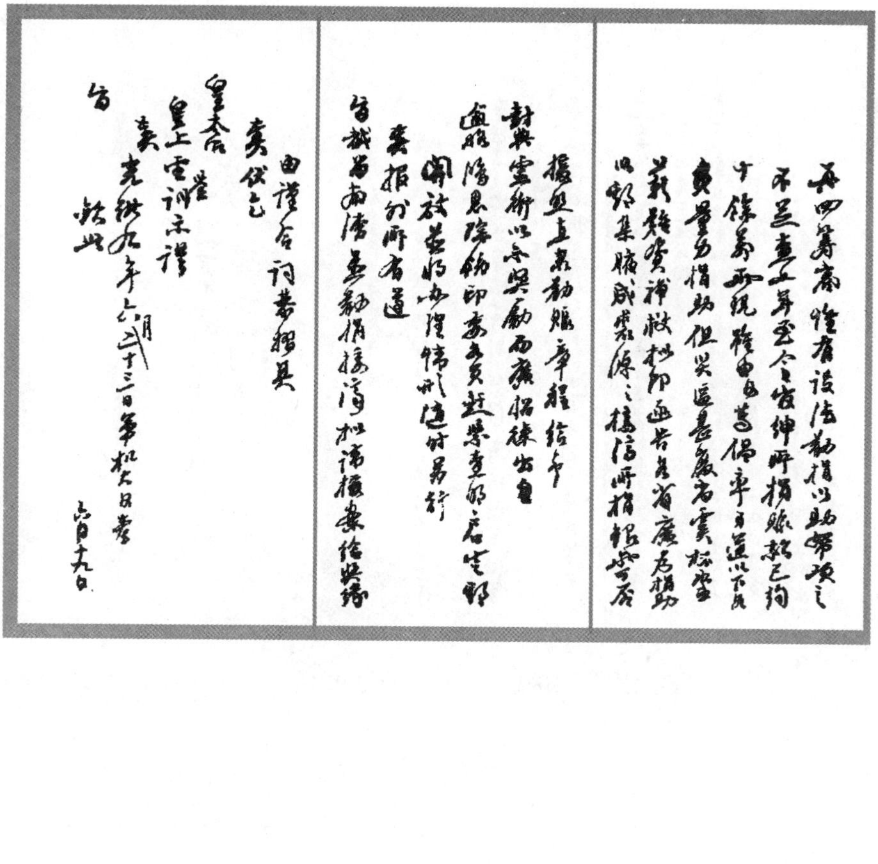

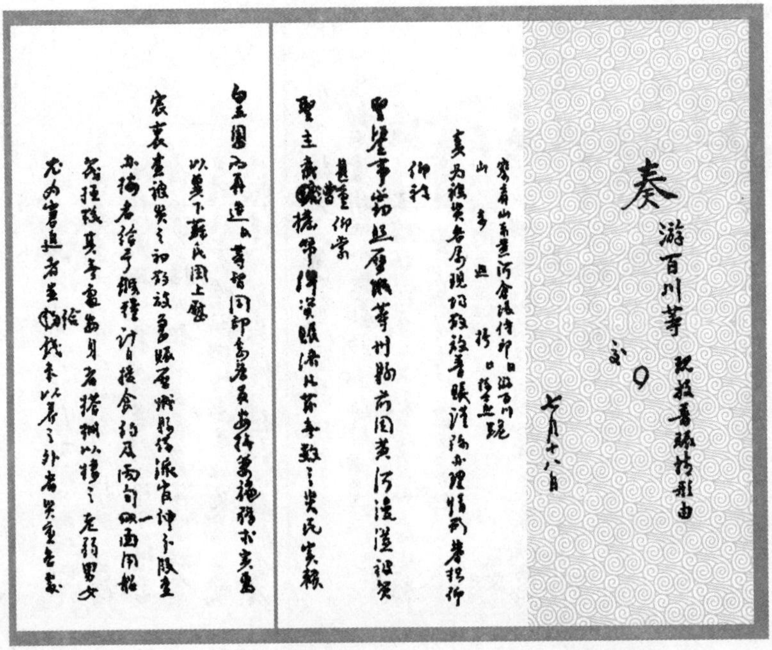

22. 现放普赈情形由　（游百川）

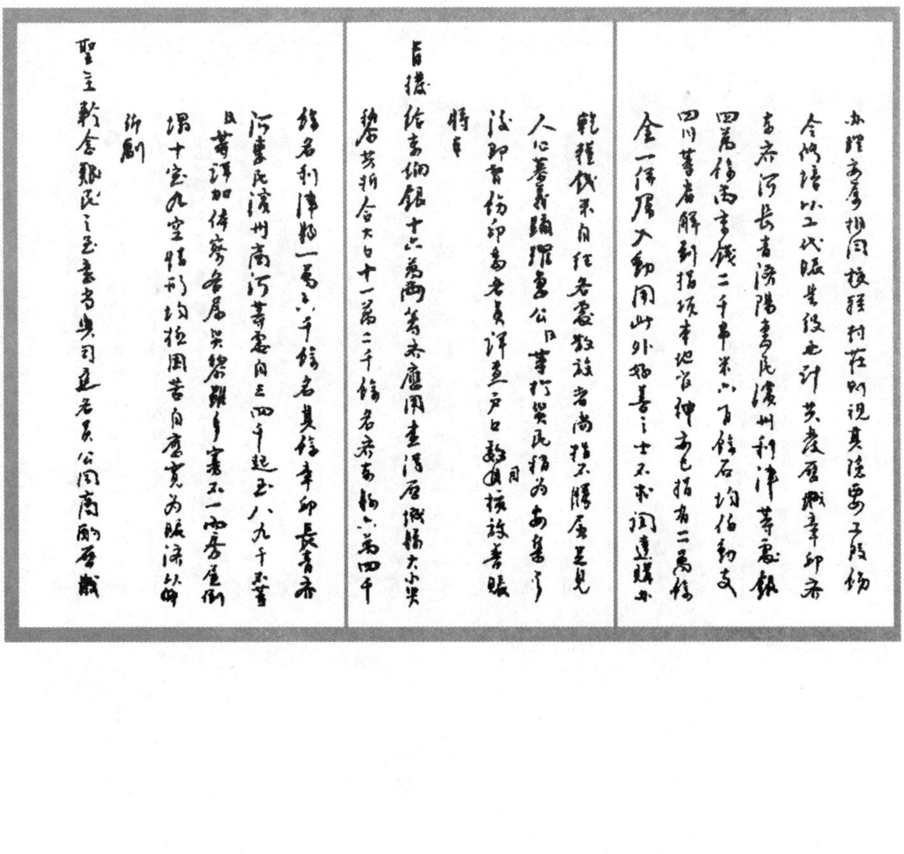

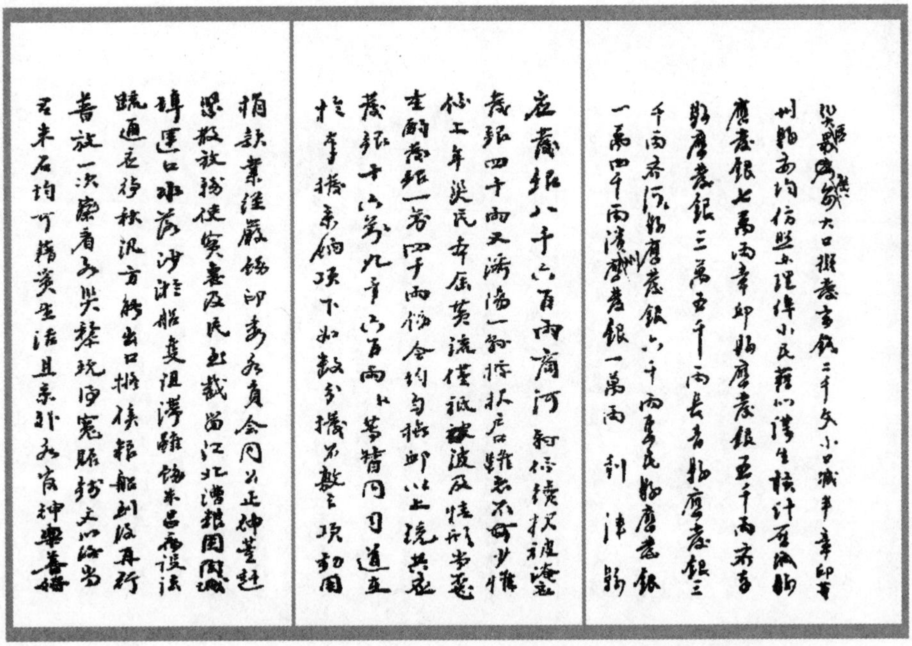

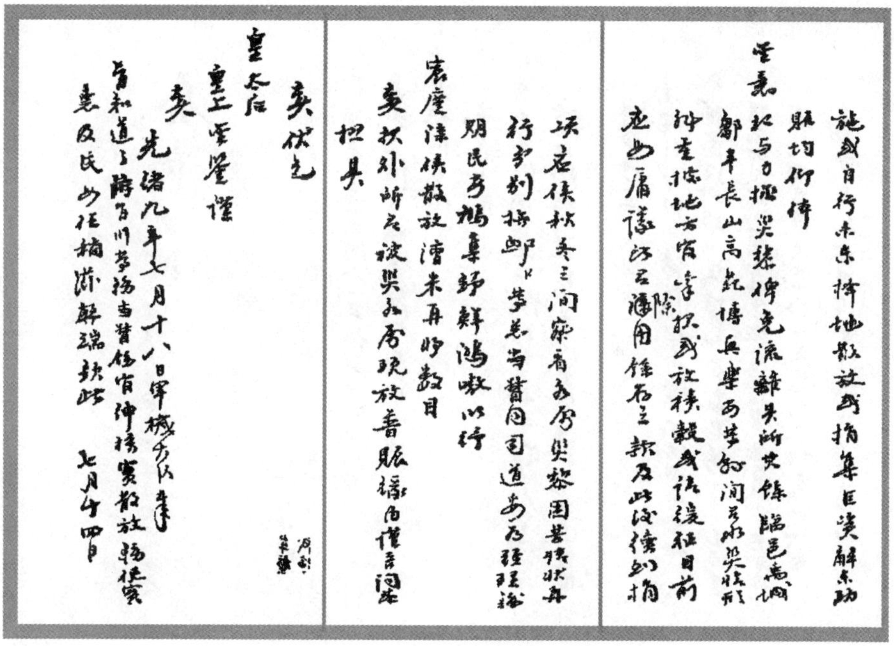
奏伏乞
皇太后
皇上圣鉴谨
奏
七月十四日

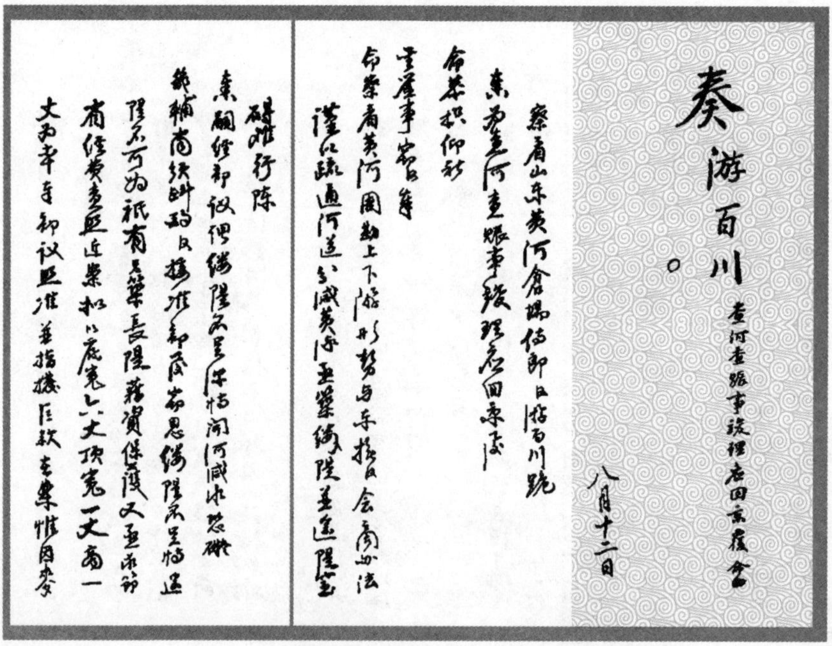

奏

游百川

查河查赈事竣理应回京复命

八月十二日

察看山东黄河仓场侍郎臣游百川跪

奏为查河查赈事竣理应回京复

命恭折仰祈

圣鉴事窃臣等

命察看黄河周勘上下游形势与东抚臣会商办法

谨以疏通河道分减黄流

23. 查河查赈事竣理应回京复命由　（游百川）

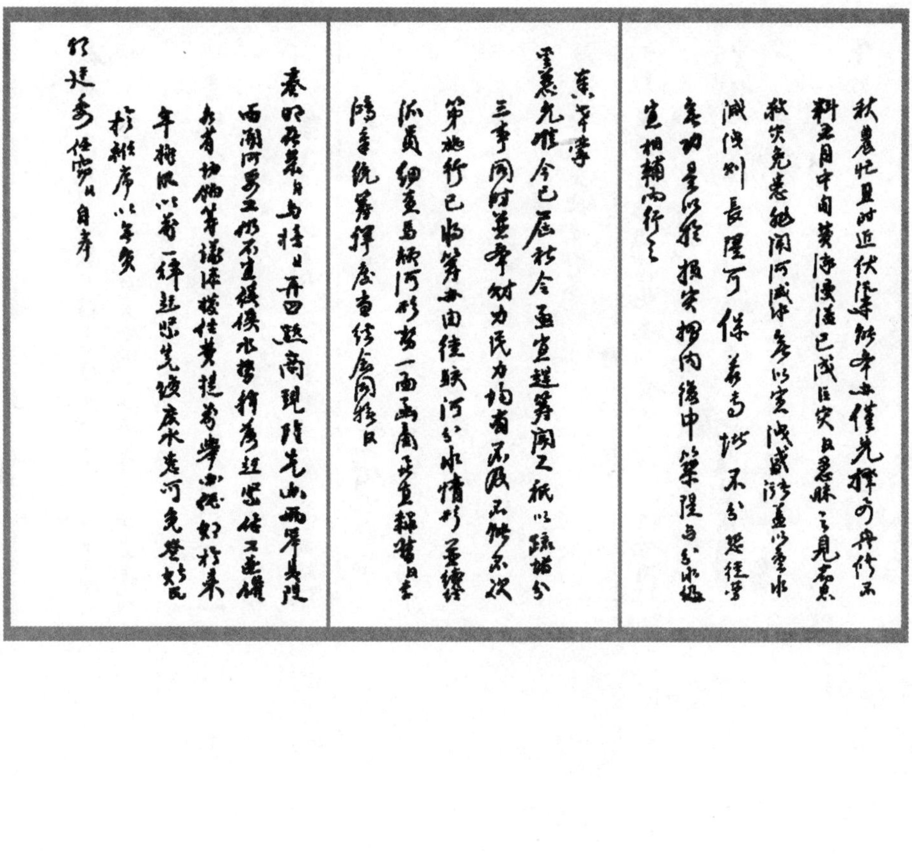

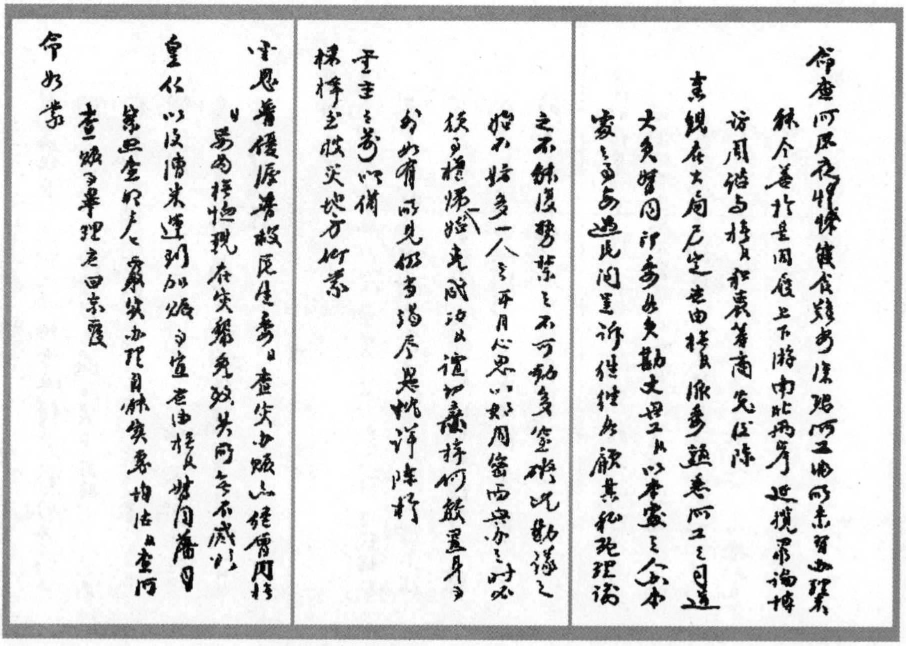

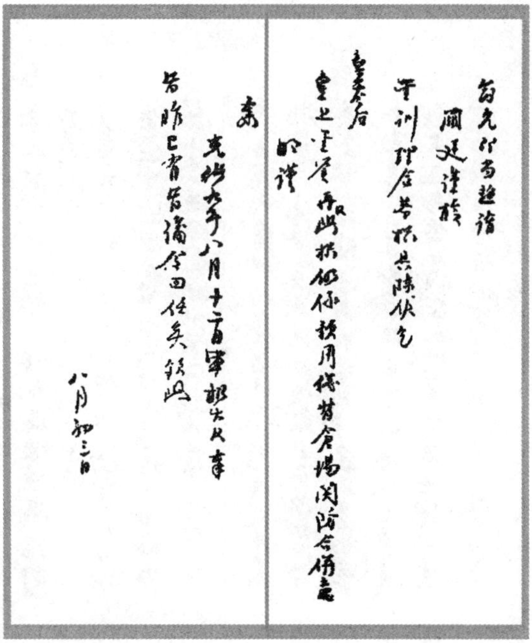
旨允行為遵循
朝廷[illegible]
聖訓理合恭摺具陳伏乞
皇太后
皇上聖鑒再此摺係[illegible]用[illegible]倉場[illegible]
[illegible]謹
奏
光緒六年八月十二日軍機大臣奉
旨將已有旨備各回任矣欽此
八月初三日

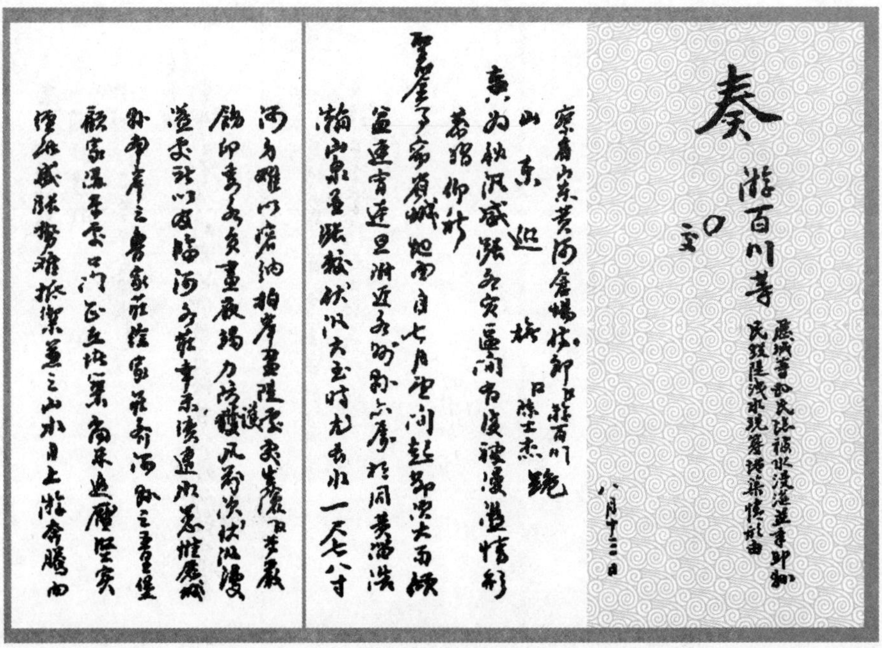

24. 历城等县民埝被水漫溢并章丘县民毁堤泄水现等堵筑情形由　（游百川）

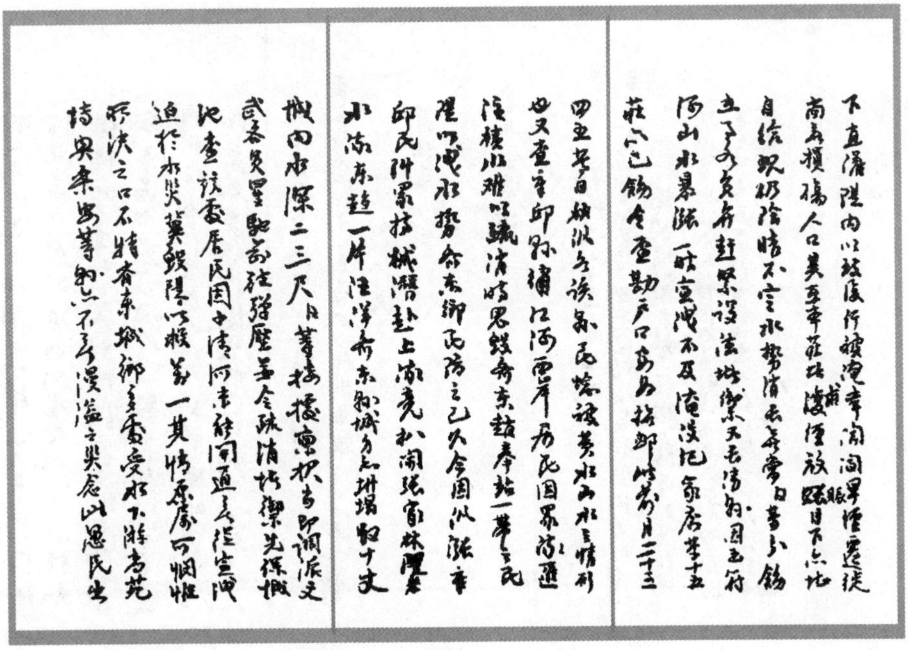

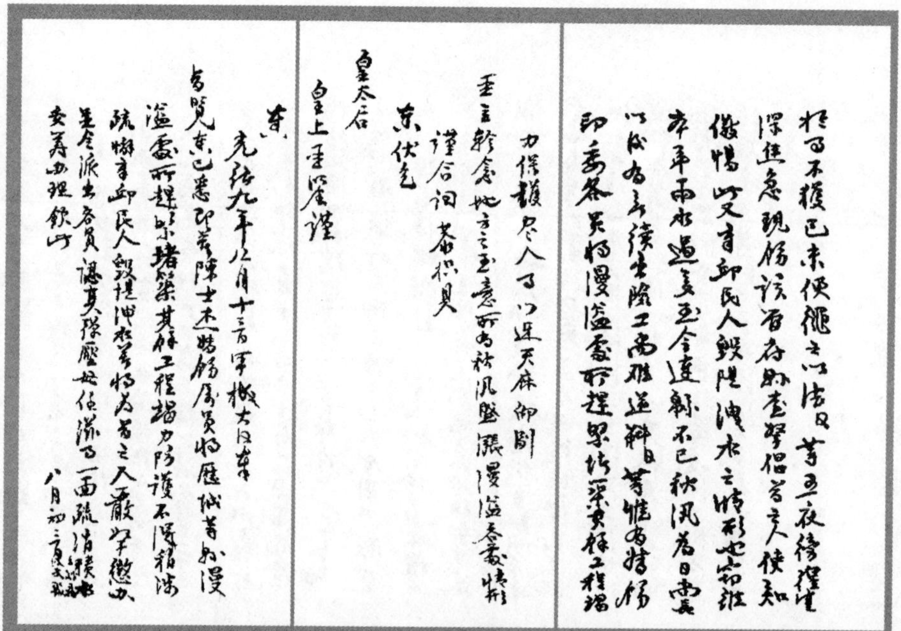
栖身不获已来依滙之江浩及　等且夜修理堤
堤堵急现饬该首存料查照绅首之人使知
儆惕　此又有印民人毁堤泄水之情形也窃维
本年雨水过多至今连绵不已秋汛为日尚长
以后为无续生险工尚难逆料　等惟有督饬
印委各员将漫溢处所赶紧堵筑其余工程竭
力保护尽人力以迓天庥　仰副
圣主轸念地方之至意　所有秋汛盛涨漫溢各处情形
谨合词恭折具
奏伏乞
皇太后
皇上圣鉴谨
奏
光绪九年八月十三日军机大臣奉
旨览奏已悉即著陈士杰督饬属员将历城等处漫
溢处所赶紧堵筑其余工程竭力防护不准稍涉
疏懈至印民人毁堤泄水为首之人严拿惩办
并令派出各员认真稽查毋任滋事一面疏消积水
妥筹办理钦此　八月初三日

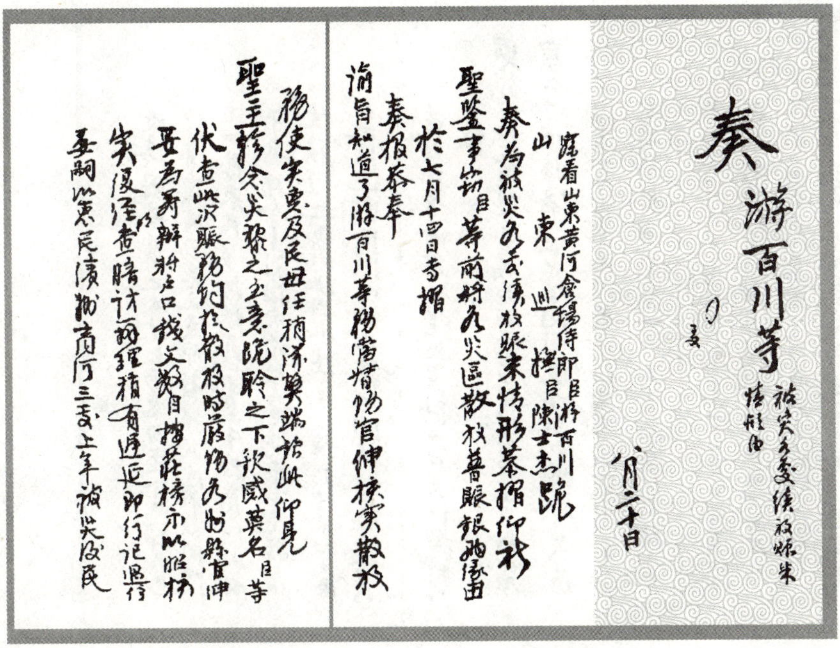

奏

游百川等

被灾各处续放赈米情形由

月二十日

察看山东黄河仓场侍郎臣游百川
山东巡抚臣陈士杰跪
奏为被灾各处续放赈米情形恭摺仰祈
圣鉴事窃臣等前将各灾区散放急赈银两缘由
於七月十四日专摺
奏报恭奉
谕旨知道了游百川等务当督饬官绅核实散放
务使实惠及民毋任稍涉弊端钦此仰见
圣主轸念灾黎之至意跪聆之下钦感莫名臣等
伏查此次赈务均於散放时严饬各州县官绅
妥为筹办将户口钱文数目按庄榜示以昭核
实復经(乃)查暗访[illegible]稍有迟延即行记过[illegible]
[illegible]以惠民[illegible]三[illegible]上年被灾[illegible]民

25. 被灾各处续放赈米由　（游百川）

民情困苦弟之今秋大雨兼旬迄今連綿不已
復有霜凍為災之處原被報明高苑數閒隨
又加被東民濱州報災一萬二千兩高苑縣銀
二千兩飭令分別撫恤均勻賑濟又霑化縣居
住駭河之下游現因水勢泛及益利津十四庄俱
已沒溢淹汜陞以致各莊六間被災現經委員

並傷該管府前往詳細查勘戶口妥議撫卹列
下蒙
恩截留之江北漕糧五萬石均已運到者俄俱無不撫各災區共存數較小廣
皇仁而資接濟日前據司道均勻分撥派每大口按
給米一斗小口減半計歷城縣應發米一萬一千三百
石章邱縣應發米一千二百石齊東縣應

發米七千石齊河縣應發米一千五百石濟陽
縣應發米八千一百石長清縣應發米四百石惠
民縣應發米一萬四百石高苑縣應發米
一千二百石濱州應發米三千九百石利津縣
應發米一千四百石霑化縣雖尚未查明戶口
所報情形計之約需米三千六百石以上共八

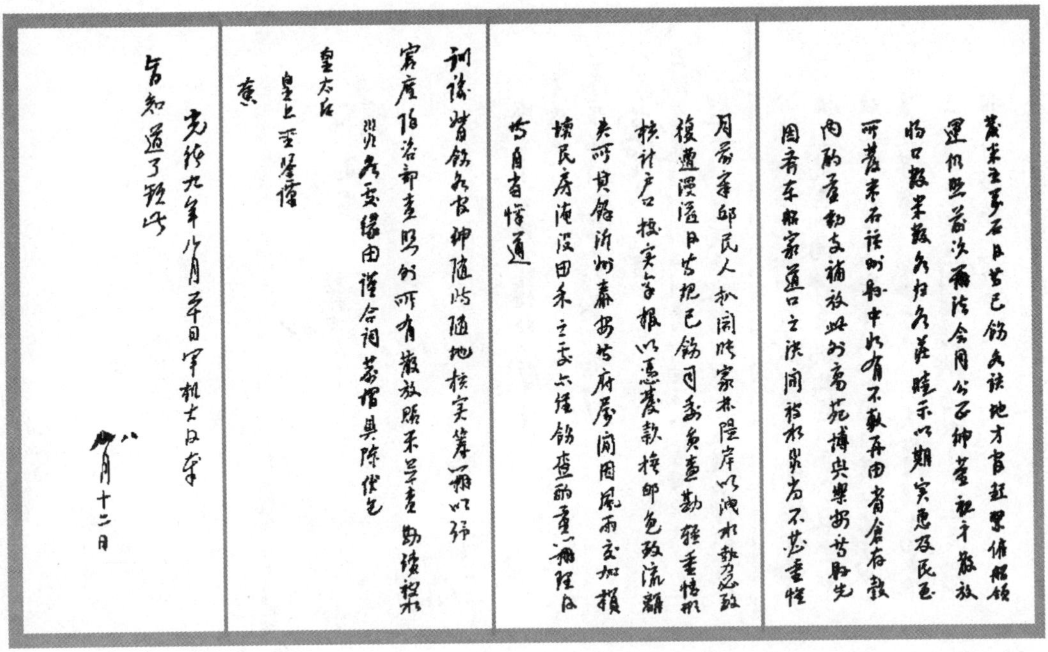

漕米五万石且皆已饬交该地方官赶紧备船领

运仍照前次办法会同公正绅董核实散放

将口数米数名目各庄晓示以期实惠及民至

所发米石该州县中如有不敷再由省仓存款

内酌量动支补放此外高苑博兴乐安等县先

因齐东船家道口之决开被水较为不甚重惟

月前章邱民人私开胡家林堤岸以泄水势忽致

复遭漫溢且皆报已饬司委员查勘酌量情形

核计户口按实分赈以恤灾款俾即免致流离

失所其余沂州泰安曹州府属间因风雨交加损

坏民房淹没田禾之处亦经饬查酌量办理以

臣自当恪遵

训谕督饬各官绅随时随地核实筹办以纾

宸廑除咨部查照外所有散放赈米各县查勘情形

各委缘由谨合词恭折具陈伏乞

皇太后

皇上圣鉴

奏

光绪九年八月十二日军机大臣奉

旨知道了钦此

八月十二日

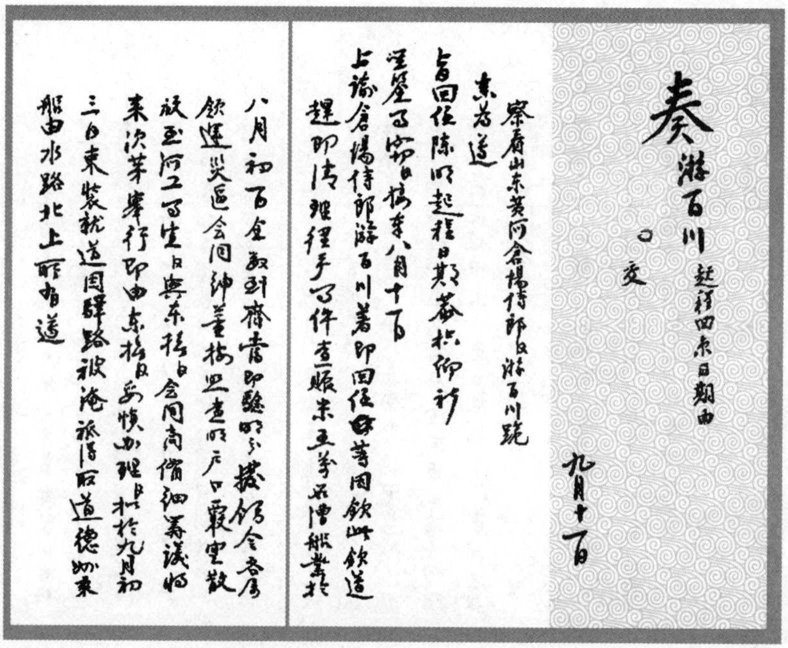

奏
游百川
起程回京日期由
交
九月十日

察看山东黄河仓场侍郎臣游百川跪
奏为遵
旨回任陈明起程日期恭折仰祈
圣鉴事。窃臣接奉八月十日
上谕：仓场侍郎游百川著即回任等因。钦此。钦遵。
遵即清理经手事件。查赈米五万石漕船业于
八月初十日全数到齐，当即验明分拨，饬令各属
钦遵，灾区会同绅董按照查明户口核实散
放。至河工日生，臣与东抚臣会同商备，细筹议将
来次第举行，即由东抚臣妥慎办理。臣拟于九月初
三日束装就道，因驿路被淹，祗得取道德州，乘
船由水路北上。所有遵

26. 起程回京日期由　（游百川）

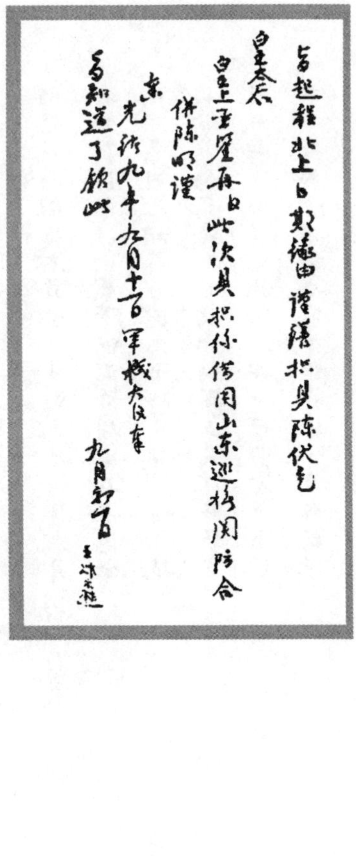
旨起程北上日期緣由謹繕摺具陳伏乞
皇太后
皇上聖鑒再此次具摺係借用山東巡撫關防合
併陳明謹
奏
光緒九年九月十四日軍機大臣奉
旨知道了欽此
九月初四日

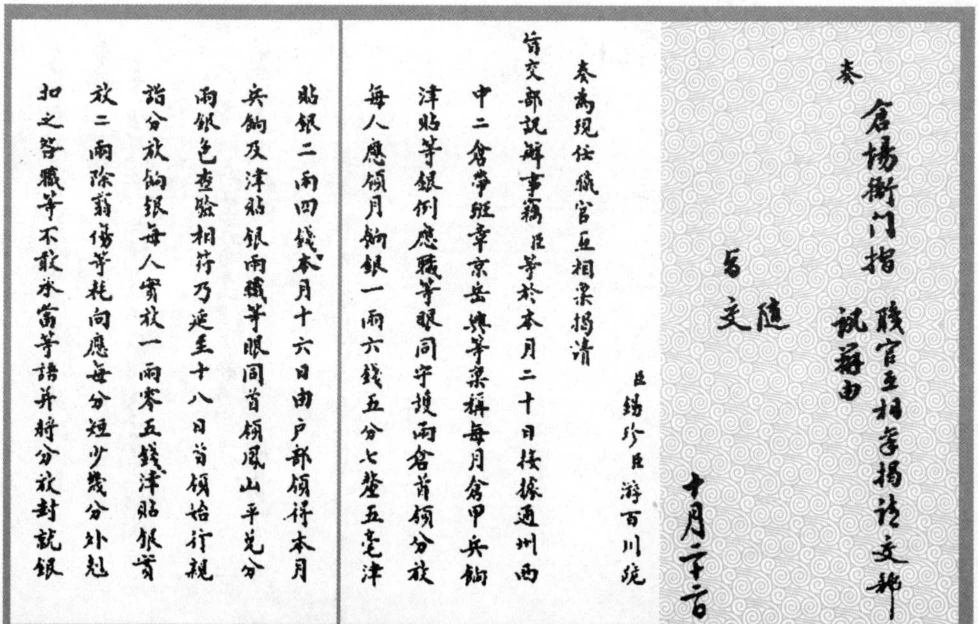
奏
倉場衙門指
職官互相稟揭請交部
訊辦由
隨
旨
交
十月二十二日

臣錫珍臣游百川跪
奏為現任職官互相稟揭請
旨交部訊辦事竊臣等於本月二十日接據通州西
中二倉常班章京岳興等稟稱每月倉甲兵餉
津貼等銀例應職等眼同守護兩倉首領分放
每人應領月餉銀一兩六錢五分七釐五毫津
貼銀二兩四錢本月十六日由戶部領得本月
兵餉及津貼銀兩職等眼同首領鳳山平兌分
兩銀色查驗相符乃延至十八日首領始行親
詣分放餉銀每人實放一兩零五錢津貼銀實
放二兩除虧傷等耗向應每分短少幾分外尅
扣之弊職等不敢承當等語并將分放封就銀

27. 职官互相禀揭请交部讯办由　（锡珍、游百川）

包四分呈出隨據該首領投遞稟單語涉支離

臣等查該員等均係職官互相稟揭事關尅扣

兵餉非尋常案件可比必須徹底根究以成信

讞相應請

旨將通倉首領鳳山暫行解任交刑部照例訊辦該

章京等一併聽候傳質以清營務而儆官邪為

此恭摺具奏伏乞

皇太后

皇上聖鑒謹

奏

光緒九年十月　二十三　日

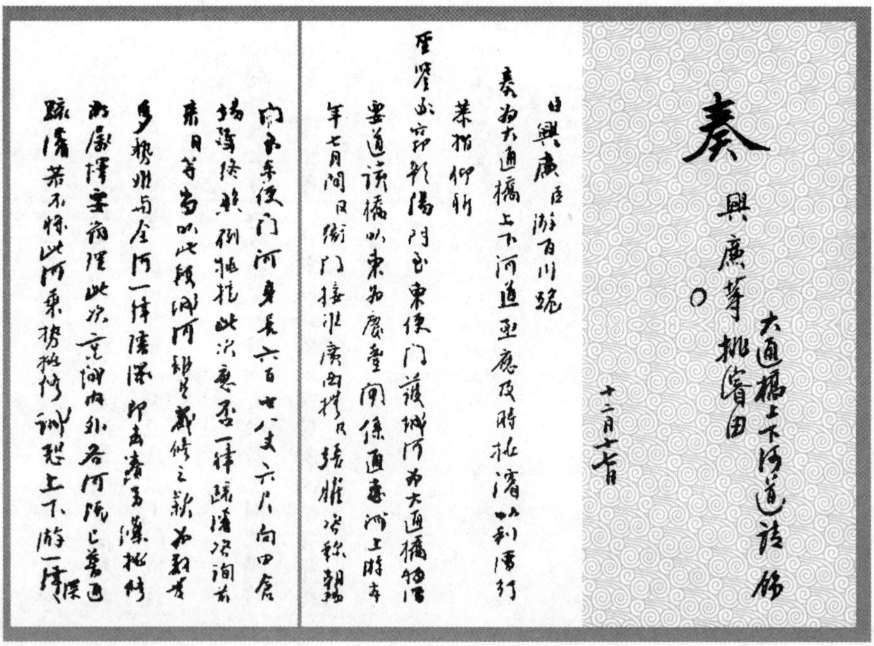
奏
興廉等 大通橋上下河道請飭挑濬由

臣興廉 臣游百川跪
奏為大通橋上下河道亟應及時挑濬以利漕行
恭摺仰祈

28. 大通桥上下河道请饬挑浚由　（兴廉、游百川）

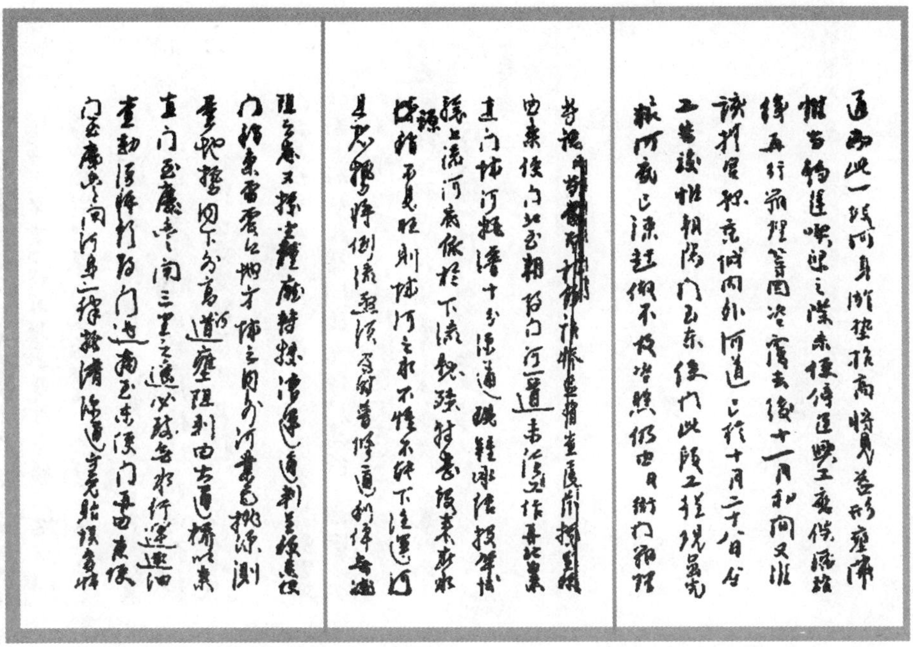

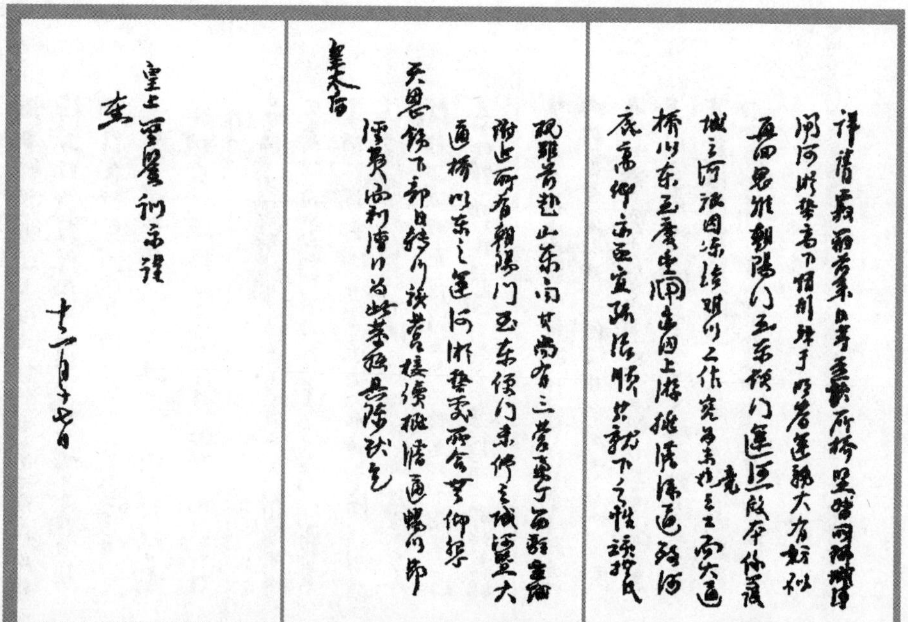

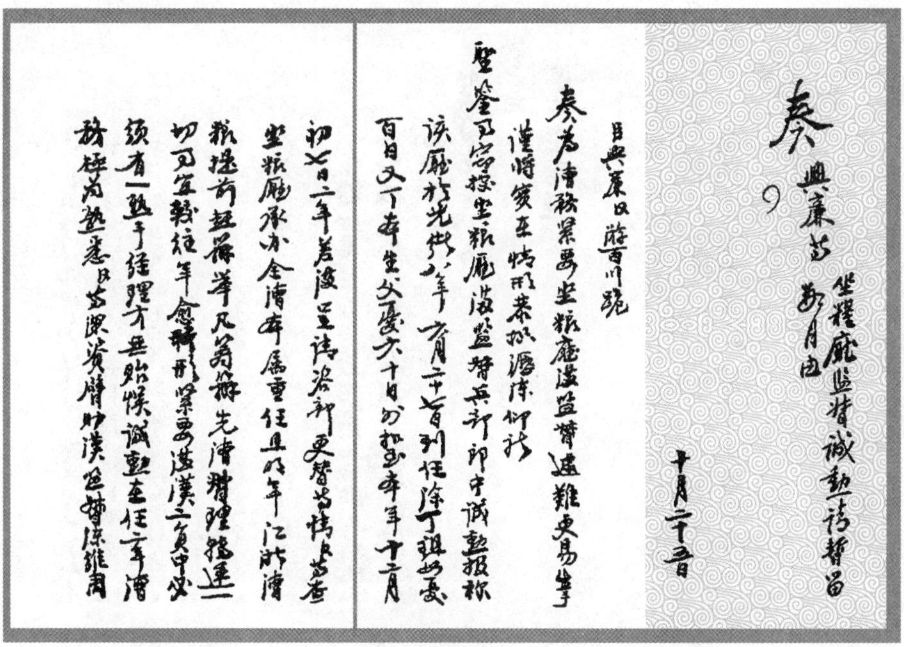

29. 坐粮厅监督诚勋请暂留数月由　（兴廉、游百川）

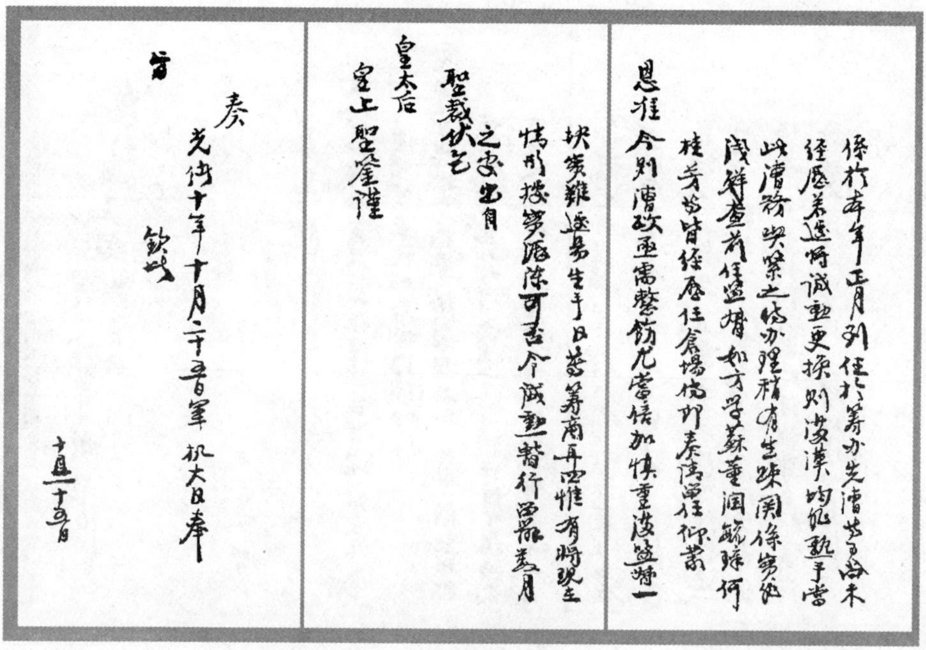

係於本年正月到任於籌辦先漕事宜尚未
經歷若遽將誠勳更換則接漕均非熟手當
此漕務吃緊之際辦理稍有生疎關係匪細
淺詳查前任道增如方學蘇董潤鍾璘何
桂芳均皆經歷倉場侍郎奏請留任仰蒙
恩准今則漕政亟需整飭尤當倍加慎重接替一
缺實難遽易生手臣等籌商再四惟有將現在
情形據實瀝陳可否令誠勳暫行留署數月
之處出自
聖裁伏乞
皇太后
皇上聖鑒謹
奏
光緒十年十月二十三日軍機大臣奉
旨
欽此
十月十五日

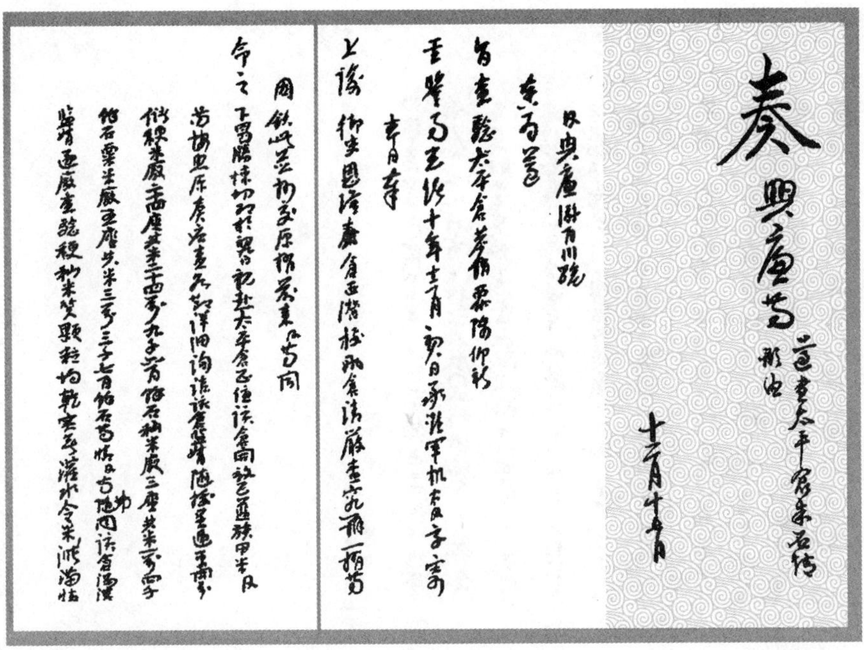

30. 遵查太平仓米石情形由　（兴廉、游百川）

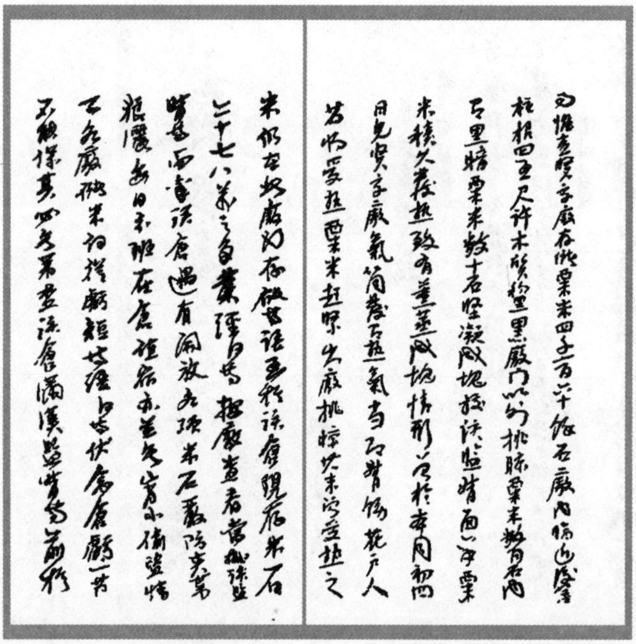
均據查驗寶字廠存倉粟米四千五百六十餘石廠內倘有滲漏
柱根四五尺許木質糟黑廠內所挑驗粟米數有石內
下黑暗粟米數十石堅凝成塊採訪監督面以節粟
米積久蒸熱致有黴變成塊情形又於本月初四
日見寶字廠氣筒蒸不熱氣甚為背傷花戶人
等將寶熱西粟米起堀出廠挑撿其未受熱之
米仍存好廠內存儲據該倉現存米石
二十七八萬之多業經臣等按廠查看當飭該監
督等將該倉遇有滲漏之破米石嚴防其弊
糧壞無日不推在倉確察亦並無窮小衛護情
弊至各廠碎米旬擇撿經臣等伏念倉廒一帶
不顧保其四五年無該倉滲漏虞[illegible]

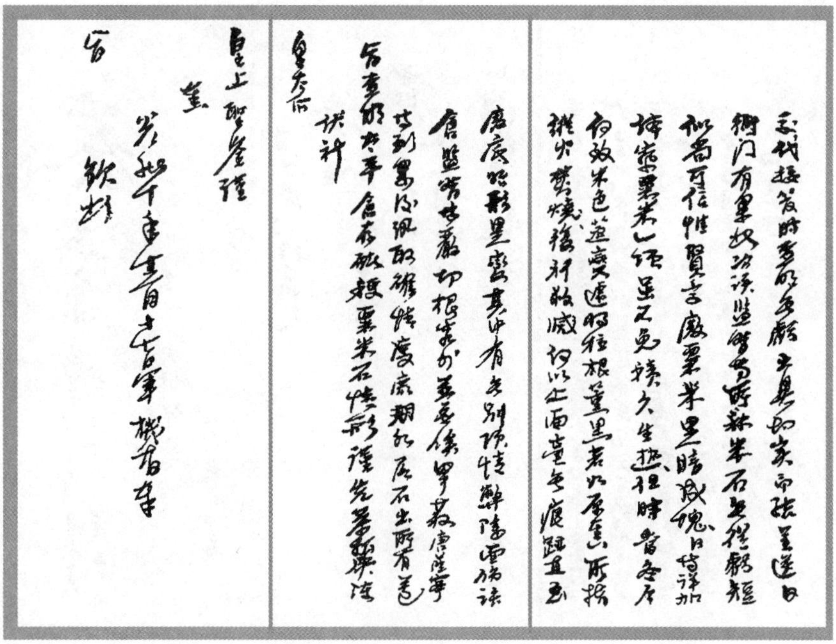

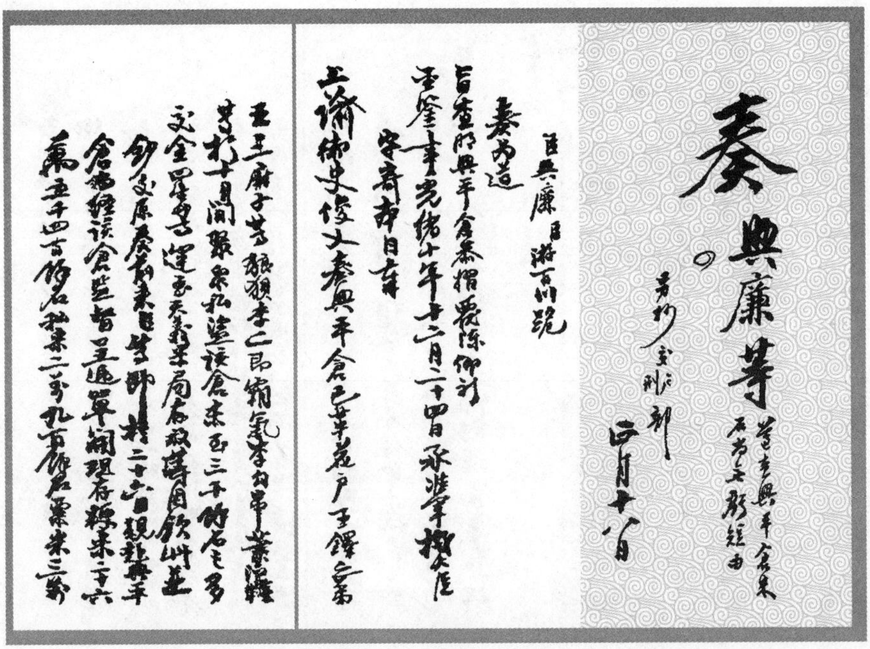

31. 遵查兴平仓米石尚无亏短由　（兴廉、游百川）

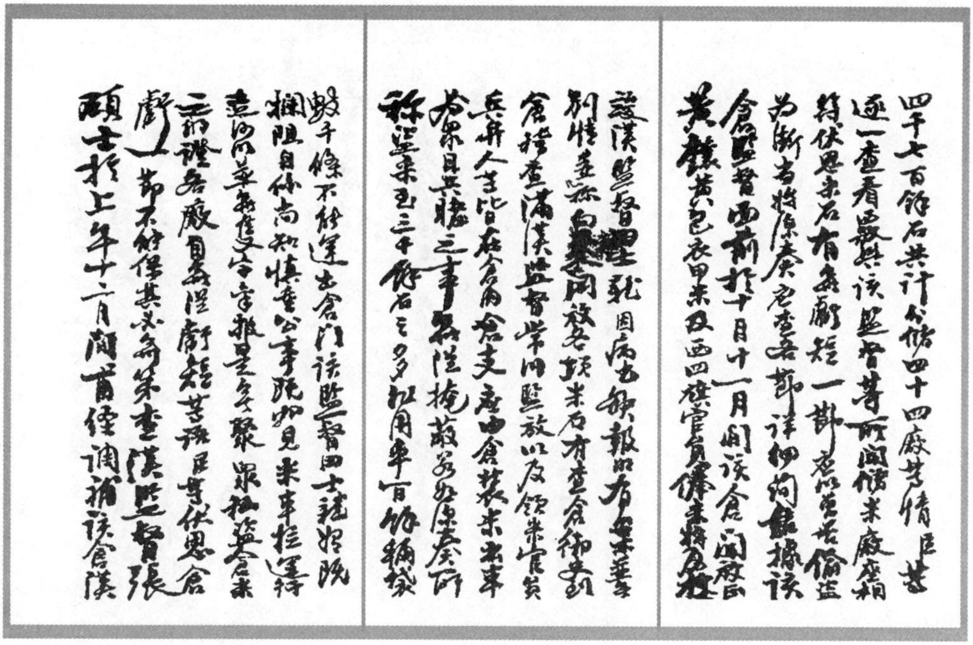

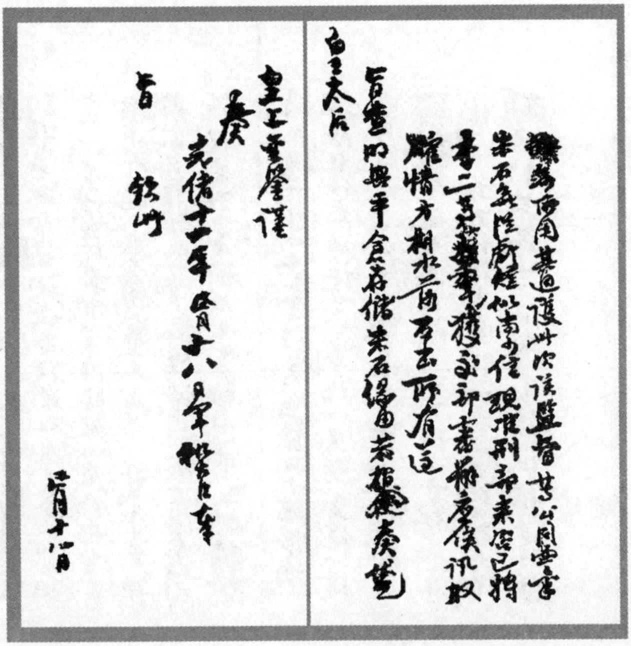
雜務而周甚適護此次該監督等公同妥實
米石無從虧短似尚可信現准刑部來咨已將
李二等[illegible]拿獲咨部審辦應俟訊取
確情方期水落石出所有遵
旨查明興平倉存儲米石緣由謹據實奏伏乞
皇太后
皇上聖鑒謹
奏
光緒十一年四月十八日軍機大臣奉
旨
欽此
四月十八日

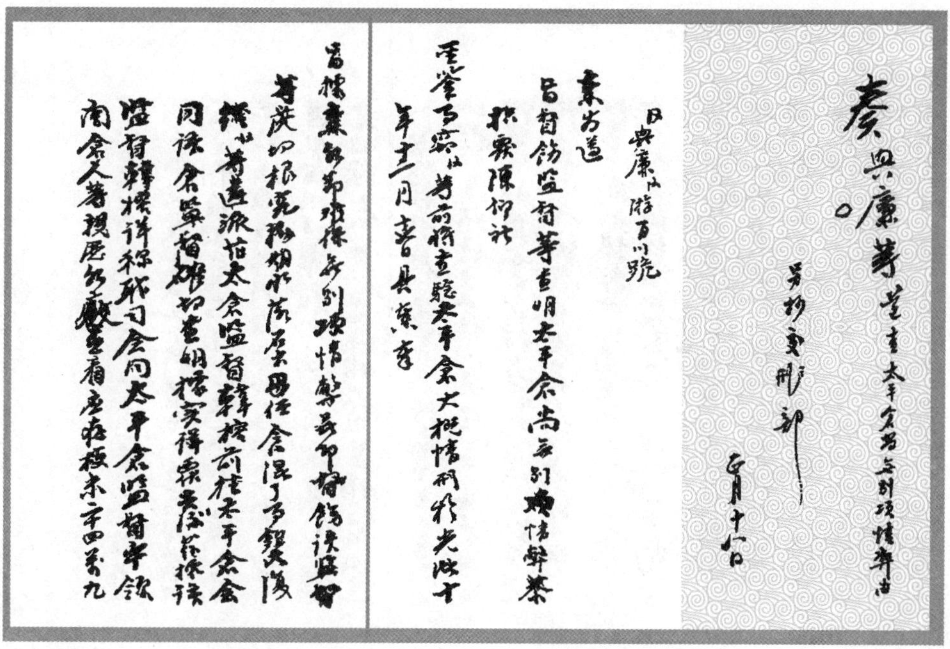

32. 遵查太平仓尚无别项情弊由　（兴廉、游百川）

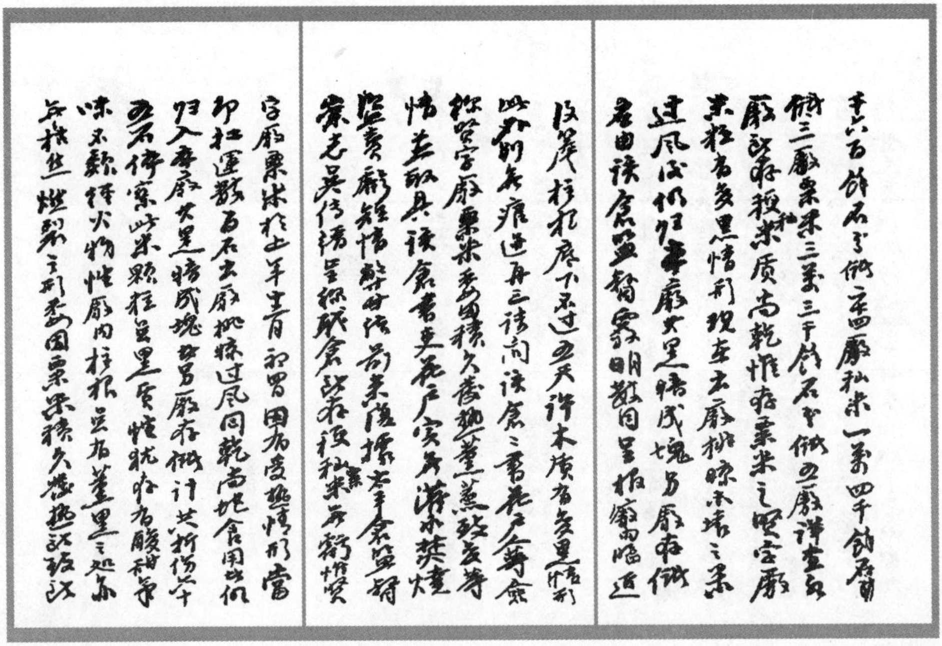

一千六百餘石零，俵米四廒私米一萬四千餘石，暨
儲三廒粟米三萬三千餘石零。儲五廒詳查各
廒所存稜米和米質尚乾，惟存粟米之四字廒
米粒有多黑之情形，現在出廒挑晾不堪之粟
過風，收仍歸本廒，其黑之結成塊另廒存儲
者，由該倉監督另數明數目呈報衙門臨道
又察粮花底下不過五尺許，米質有多黑之情形，
此外別無疵迹。再三詳詢該倉之書役花户，余
稱留字廒粟米係因積久蒸熱薰蒸致黑等
情，並取具該倉書吏花户實無滲漏夾燥
甘結。臣等詳情酌核，前來復據該年余留將
索志吳傳錫呈稱：該倉所存稜和私米并無霉情弊
字廒粟米於上年十月初間因為受熱情形，當
即扛運數石出廒挑晾過風，同乾尚堪食用，仍
歸入本廒。其黑之結成塊者，另廒存儲，計共折傷六千
五百餘石，察此米顆粒黑之質，惟就於有酸霉氣
味，不致於火物性，廒內粮根黑有黑之處，亦
無損壞燃裂之形，委因粟米積久燃熱所致，等語

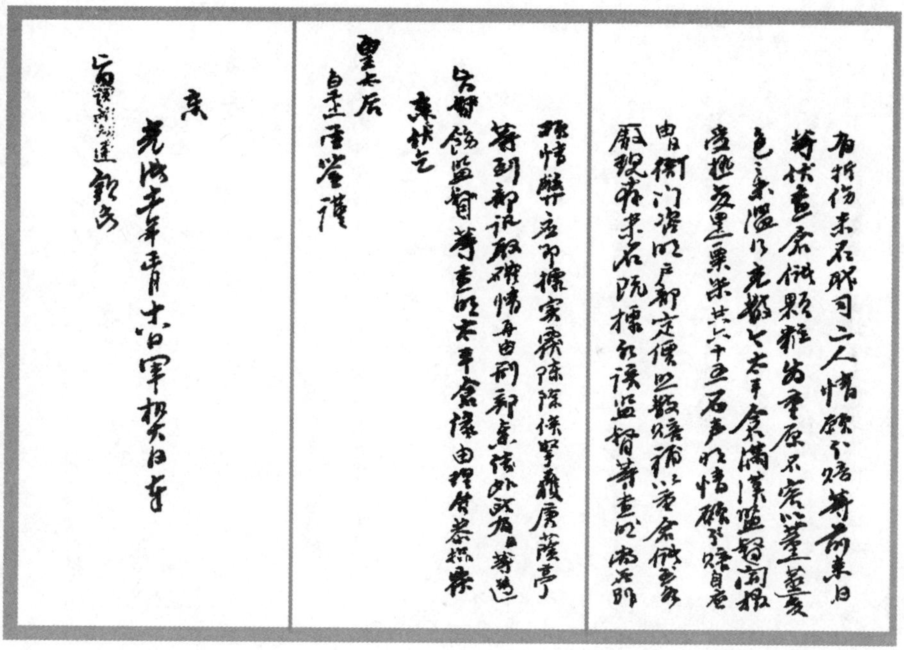

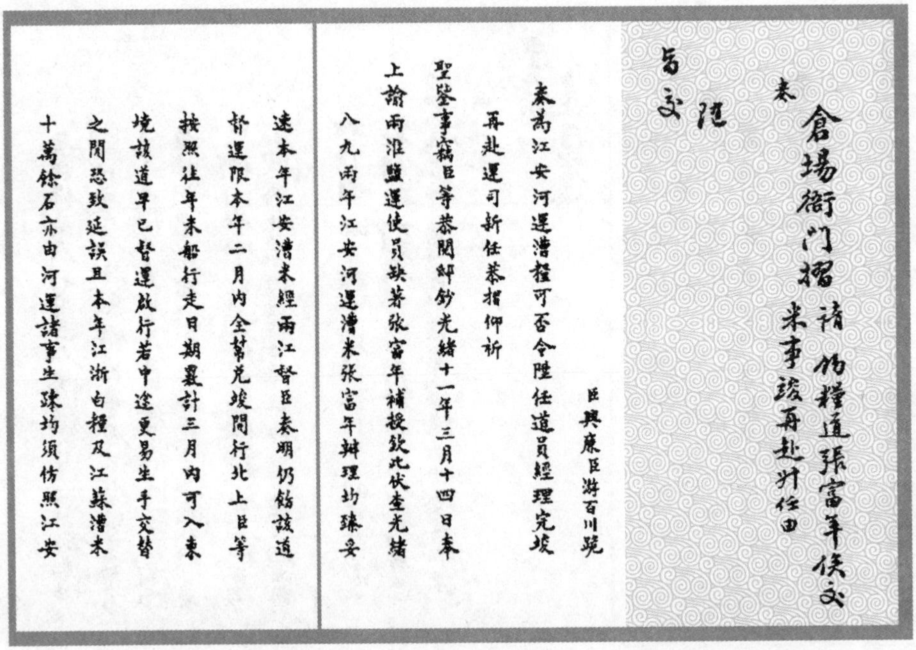
倉場衙門摺　請飭糧道張富年俟交米事竣再赴升任由

奏

隨
旨交

臣興廉臣游百川跪

奏為江安河運漕糧可否令陞任道員經理完竣

再赴運司新任恭摺仰祈

聖鑒事竊臣等恭閱邸鈔光緒十一年三月十四日奉

上諭兩淮鹽運使員缺著張富年補授欽此伏查光緒

八九兩年江安河運漕米張富年辦理均臻妥

速本年江安漕米經兩江督臣奏明仍飭該道

督運限本年二月內全幫兑竣開行北上臣等

按照往年米船行走日期覈計三月內可入東

境該道早已督運啟行若中途更易生手交替

之間恐致延誤且本年江浙白糧及江蘇漕米

十萬餘石亦由河運諸事生疎均須仿照江安

33. 请饬粮道张富年俟交米事竣再赴升任由　（兴廉、游百川）

辦法是江安漕米必須熟手道員經理方於河
運全局有裨臣等爲慎重運務起見可否令張
富年俟交卸事竣再赴運司新任之處伏候
聖裁謹恭摺具陳伏乞
皇太后
皇上聖鑒謹
奏
光緒十一年三月　十八　日

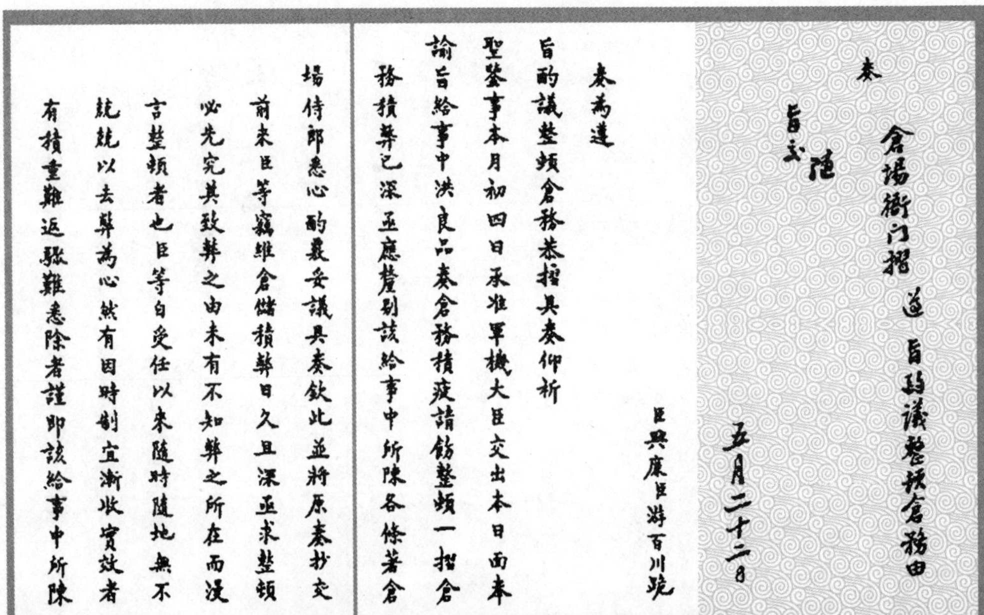

34. 遵旨酌议整顿仓务由 （兴廉、游百川）

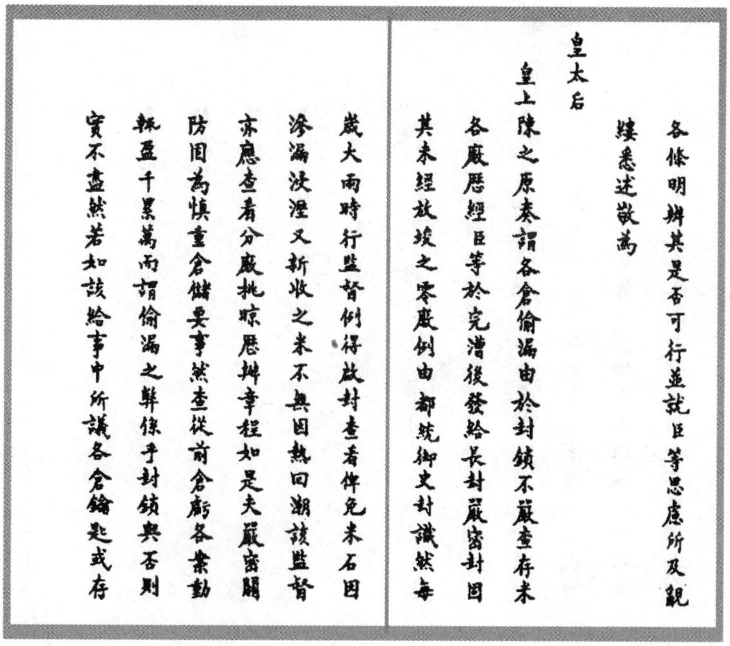

各條明辦其是否可行並就臣等思慮所及覼
縷悉述敬為
皇太后
皇上陳之原奏謂各倉偷漏由於封鎖不嚴查存米
各廒歷經臣等於完漕後發給長封嚴密封固
其米經放竣之零廒例由都統御史封識然每
歲大雨時行監督例得啟封查看俾免米石因
滲漏浹溼又新收之米不無因熱回潮該監督
亦應查看分廒挑晾歷辦章程如是夫嚴密關
防固為慎重倉儲要事然查從前倉廒各案動
輒盈千累萬而謂偷漏之弊係乎封鎖與否則
實不盡然若如該給事中所議各倉鑰匙或存

倉場侍郎或存查倉御史收管查收放米石進
早無定臣等自春歷夏經秋遠駐通州各倉分
隸都城内外與查倉御史住址遠近不同隨時
請諭不但往返稽遲且恐諸多牽掣實有未便
擬請仍照常責成輪班值宿之監督一手收掌
由臣等嚴飭監督於收放之際逐日親自封鎖
不得假手花户其有不遵定例封鎖或挑晾查
看不行報明臣衙門者即由臣等查參庶事無
旁貸而責有攸歸矣又原奏謂土米存倉易啟
攙和之弊查各倉發糶土米久未查辦蓋從前
全漕不下四百萬石倉儲之米陳陳相因故有
分年糶變土米之例自減漕折徵以後收數僅

三分之一雖有土米而不能發糶者一因收倉
年分未久旋即支放例不准揭除氣頭廒底一
恐倉役藉使夾帶好米出賣故三十年來未經
舉辦然而米質已變者按例不准揭除各旗不
肯關領歷年既久積而逾多損傷折耗實為各
倉之大累臣等惟有嚴飭監督查看各廒於現
在收存之米勤加挑晾毋使積有霉變庶米色
不致顯有差池而攙和情弊可期漸除矣又原
奏驗米色以覈收數一條據稱近來入倉之米
聞途中有發水攙沙等弊及每石短少一二升
等語查各省運通米石臣等親臨查驗必須乾
潔方准斛收起運其由通至橋派委員弁節節

防查至由橋運倉亦有武弁押送何來攙和情
事或有起運之際驟然遇雨者亦必札飭該監
督在倉風晾乾燥再行入廒其未袋到倉例准
抽掣如有短少歸於車戶名下應賠於倉儲實
收並無所損原奏所稱攙和短少或係傳聞之
誤至於收米之時御史例得在倉稽查應由臣
等通飭監督每逢收米之日先行報明御史以
便臨倉查察並如該給事中所擬各倉吏應收
放人役均以巳正齊集不得稍有遲延以免貽
誤又原奏估修廒座一條查京城各倉自光緒
元年擇要興修其未經修理之廒誠如該給事
中所奏現有坍塌日甚情形前經臣等咨明工

部查勘嗣准覆稱雖有應修各工惟經費支絀
暫擬緩修等語現經該給事中指陳臣等自應
嚴飭各倉監督查看應修廒座分别輕重情形
據實詳明由臣等循照辦過成案籌款奏明興
修總期工歸實用帑不虛糜至如何辦法方臻
覈實臣等另行附片奏請
旨遵行又原奏嚴剔防以馭花户詳考察以課監督
查各倉花户有頭役有散役額設雖有定數而
其實多寡不同散役人等無非著名花户所援
引非其戚黨即其友朋總屬通同一氣該給事
中請令花户分廒管領意謂各有責成而有無
弊竇仍不能出頭役之圈套所議之法恐未必

得力蓋花戶之良莠視監督爲轉移苟監督得
人則全倉可以望治如不得人則諸務逐漸廢
弛此中情事久在
聖明洞鑒之中臣等於所屬各員留爲體察遇有庸
劣不職者立即撤回才堪造就者勤加訓勉其
辦事勤慎之員無不按照章程奏留奏保是監
督之勸懲已極詳慎計惟有隨時嚴飭實力防
維以期倉務日有起色並請
飭下戶部轉行各衙門於保送倉差時慎選明幹廉
正之員庶有治人乃有治法矣總之倉廒之隱
患在於虧短虧短之情弊在於偷漏而偷漏之
原由有出於私者有延於官者前聞匪徒私行

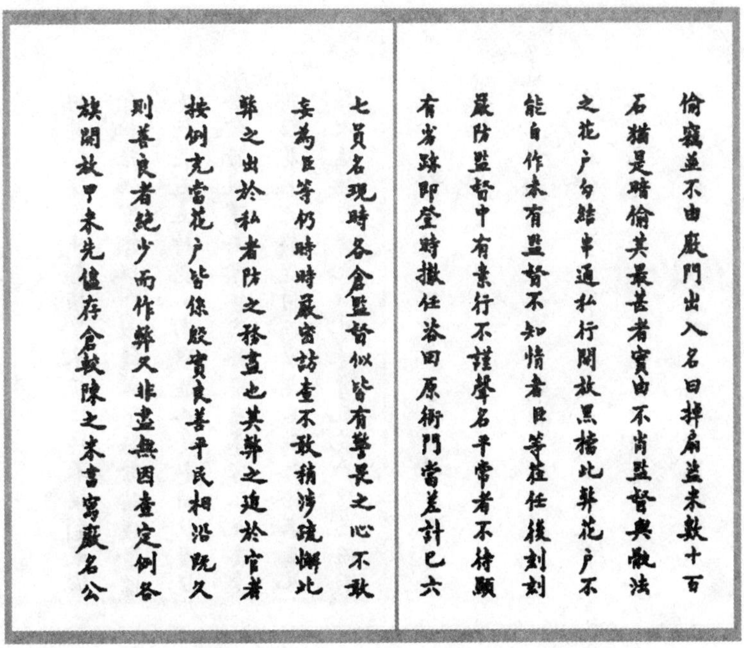

偷竊並不由廒門出入名曰拌扇並米數十百
石猶是暗偷其最甚者實由不肖監督與歇法
之花戶勾結串通私行開放黑檔此弊花戶不
能自作未有監督不知情者臣等莅任後刻刻
嚴防監督中有素行不謹聲名平常者不待顯
有劣跡即登時撤任咨回原衙門當差計已六
七員名現時各倉監督似皆有警畏之心不敢
妄為臣等仍時時嚴密訪查不敢稍涉疏懈此
弊之出於私者防之務盡也其弊之迫於官者
按例充當花戶皆係殷實良善平民相沿既久
則善良者絕少而作弊又非盡無因查定例各
旗開放甲米先儘存倉較陳之米書寫廒名公

同闔掣聞近年關領甲米時往往不按闔廒編
倉挑揀偶有攔阻即鞭撻立下監督稍涉庸懦
率行畏避直待花户向跟隨人等私用使費説
合始行竣事而運往内務府交米亦不免需索
抑勒花户之錢從何而出無非取給於米石此
弊之近於官者也然此等弊風花户隱忍而不
敢言監督畏葸而不敢稟事屬曖昧弊竇實難
遽除相應請
旨嚴飭各該衙門嗣後領米務遵照定例按闔掣廒
座支領儻米質霉變不堪食用准各旗據實糾
參如米質尚好亦不得任意挑剔藉端訛索庶
闔廒成法不復視為具文臣等如聞該倉不認

真辦理有前項情弊監督則立予撤參花户則
從重治罪此澄治本源切求整頓之愚慮也所
有臣等遵議緣由是否有當理合繕摺具陳伏乞
皇太后
皇上聖鑒訓示謹
奏

光緒十一年五月二十二日

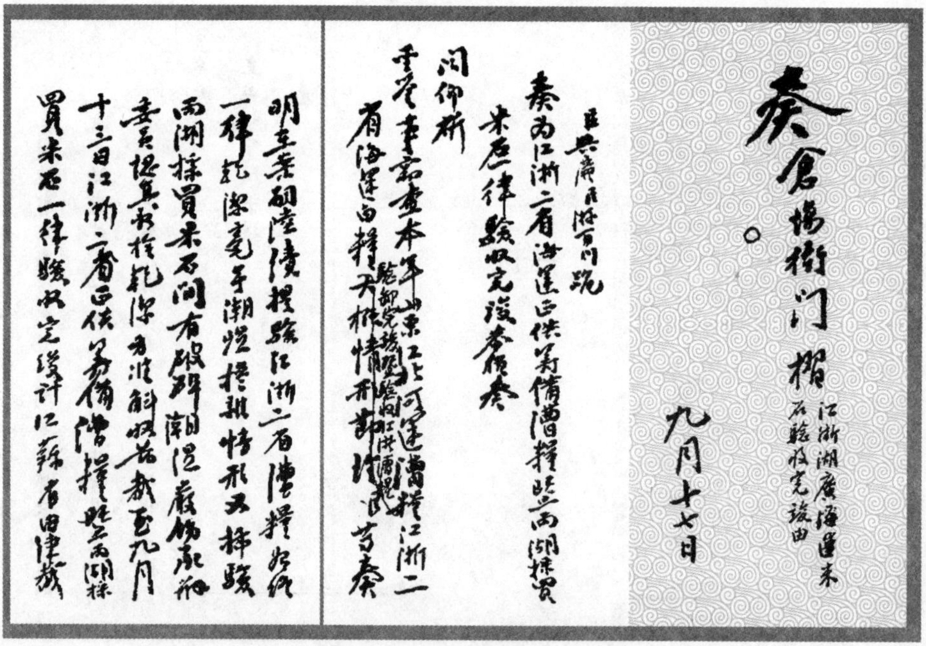

奏
倉場衙門　摺　江浙湖廣海運米石驗收完竣由
九月十七日

臣興廉　臣游百川跪
奏為江浙二省海運正供籌備漕糧暨兩湖採買
米石一律驗收完竣恭摺奏
聞仰祈
聖鑒事竊查本年山東江北河運漕糧江浙二
省海運白糧天庾情形節次恭奏
明在案嗣陸續提驗江浙二省漕糧均係
一律乾潔毫無潮濕攙雜情形又挑驗
兩湖採買米石間有破碎潮濕嚴飭承領
委員揀其較乾潔者准斛收兑截至九月
十三日江浙二省正供籌備漕糧暨兩湖採
買米石一律驗收完竣計江蘇省由津截

35. 江浙湖广海运米石验收完浚由　（兴廉、游百川）

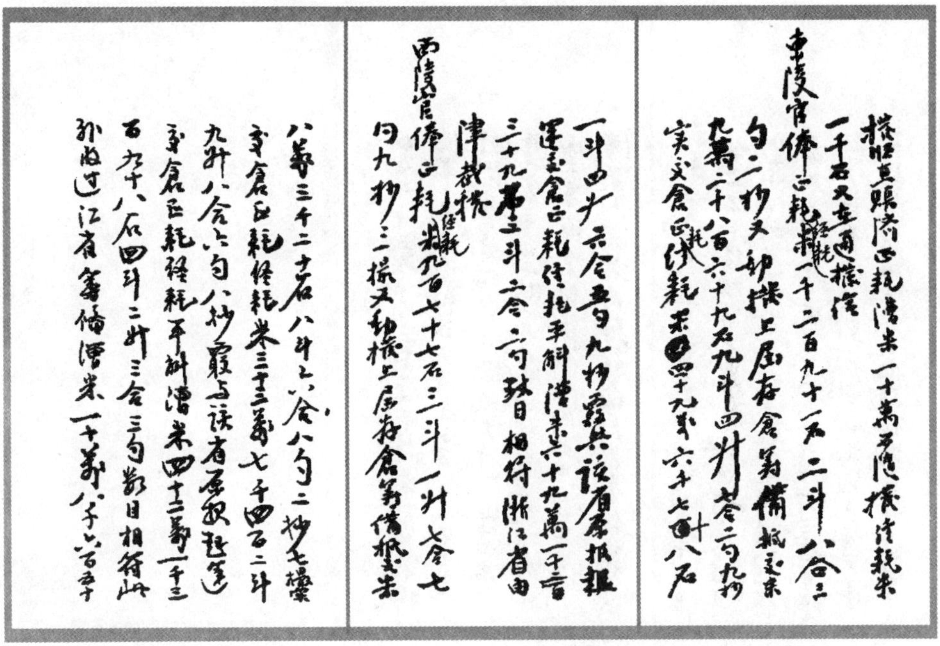

按照直隶济正耗漕米一十万石拨给耗米
一千石又在通拨给
东陵官俸正耗经耗米一千二百九十一石二斗八合二
勺二抄又动拨上届存仓筹备赈灾米
九万二千八百六十九石九斗四升七合二勺九抄
实又仓正耗经耗米四十九万六千七十八石
一斗四升六合五勺九抄核其该省原报
运至仓正耗经耗平斛漕米六十九万一千三百
三十九石三斗二合二勺数目相符浙江省由
津截拨
西陵官俸正耗经耗米九百七十七石三斗一升七合七
勺九抄三撮又动拨上届存仓筹备赈灾米
八万三千二十石八斗六合八勺二抄七撮
实存仓正耗经耗米三十三万七千四百二斗
九升八合六勺八抄核与该省原报起运
实存仓正耗经耗平斛漕米四十三万一千三
百九十八石四斗二升三合三勺数目相符此
外尚有江省筹备漕米一十万八千六百五十

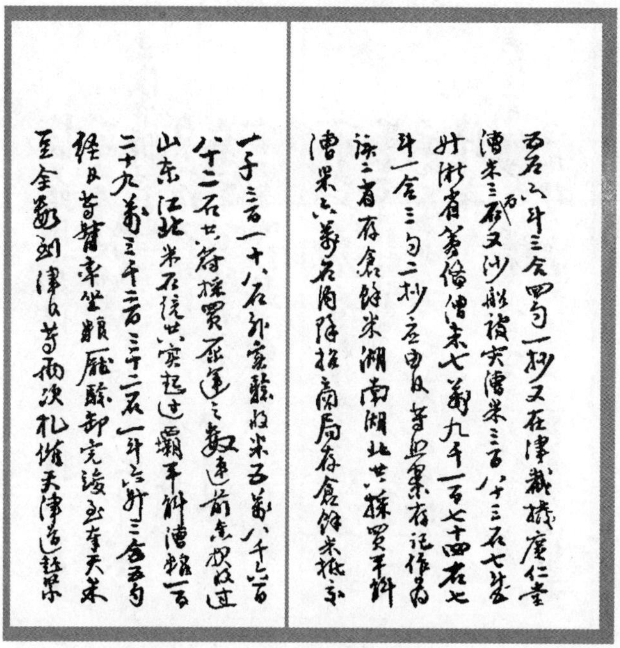
五石六斗三合四勺一抄又在津截撥廣仁堂
漕米三石又沙船被失漕米三百八十三石七斗
升浙省籌備漕米七萬九千一百七十四石七
斗一合三勺二抄應由奴才等另案存記作為
該二省存倉餘米湖南湖北共採買平糶
漕米六萬石內除採辦局存倉餘米撥充
一千三百一十八石外實蘇省米五萬八千七百
八十二石共符採買原運之數連前奏報收過
山東江北米石統共實起運撥平糶漕糧一百
二十九萬三千二百三十二石一斗六升三合五勺
經奴才等督率坐糧廳蘇郎完竣並率天米
至全數到津奴才等兩次札催天津道趙聚

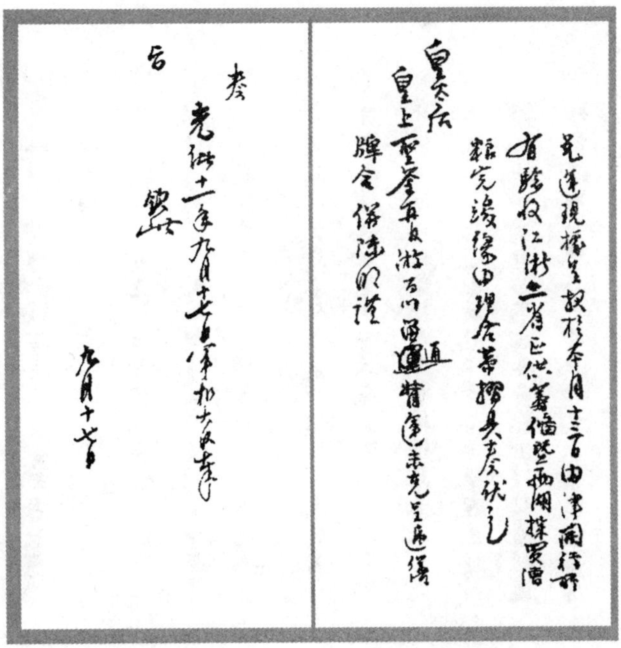

兑運現擬呈報於本月十三日由津開行赴
省赴江浙二省臣俟籌備既齊再開採買漕
糧完竣緣由理合恭摺具奏伏乞
皇太后
皇上聖鑒再[illegible]通[illegible]
牌令[illegible]陳明謹
奏
光緒十一年九月十七日軍機大臣奉
旨
欽此
九月十七日

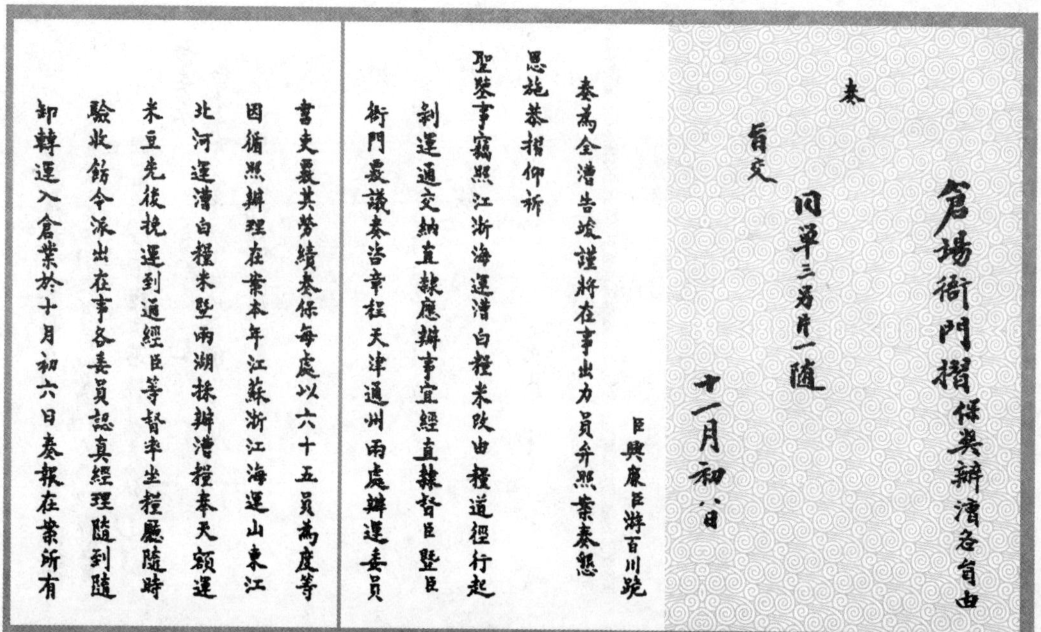

倉場衙門摺保奬辦漕各員由

十一月初八日

同單三另片一隨

旨交

奏

臣興廉臣游百川跪

奏為全漕告竣謹將在事出力員弁照案奏懇

恩施恭摺仰祈

聖鑒事竊照江浙海運漕白糧米改由糧道徑行起

剝運通交納直隸應辦事宜經直隸督臣暨臣

衙門會議奏咨章程天津通州兩處辦運委員

書吏聚其勞績奏保每處以六十五員為度等

因循照辦理在案本年江蘇浙江海運山東江

北河運漕白糧米暨兩湖採辦漕糧奉天額運

米豆先後挽運到通經臣等督率坐糧廳隨時

驗收飭令派出在事各委員認真經理隨到隨

卸轉運入倉業於十月初六日奏報在案所有

36. 保奖办漕各员由　（兴廉、游百川）

仕事各員不無微勞足錄臣等詳加酌覈除出
力較次員弁兵丁應由臣等酌給咨獎外通永
河道薛福辰坐糧廳滿監督兵部郎中誠勳均
擬請
交部從優議敘坐糧廳漢監督四品銜吏部郎中陳
維周擬請俟補四品後
賞加三品銜此外辦運出力之咨調委員六十五員
地方印官漕務專員共十七員臣衙門派出監
督筆帖式十一員大通橋所調京營巡護武弁
十七員分繕清單三件恭呈
御覽可否照擬給獎之處出自
聖主鴻施所有請獎本年辦運員弁緣由理合恭摺

具奏伏乞

皇太后

皇上聖鑒謹

奏

光緒十一年十一月　初八　日

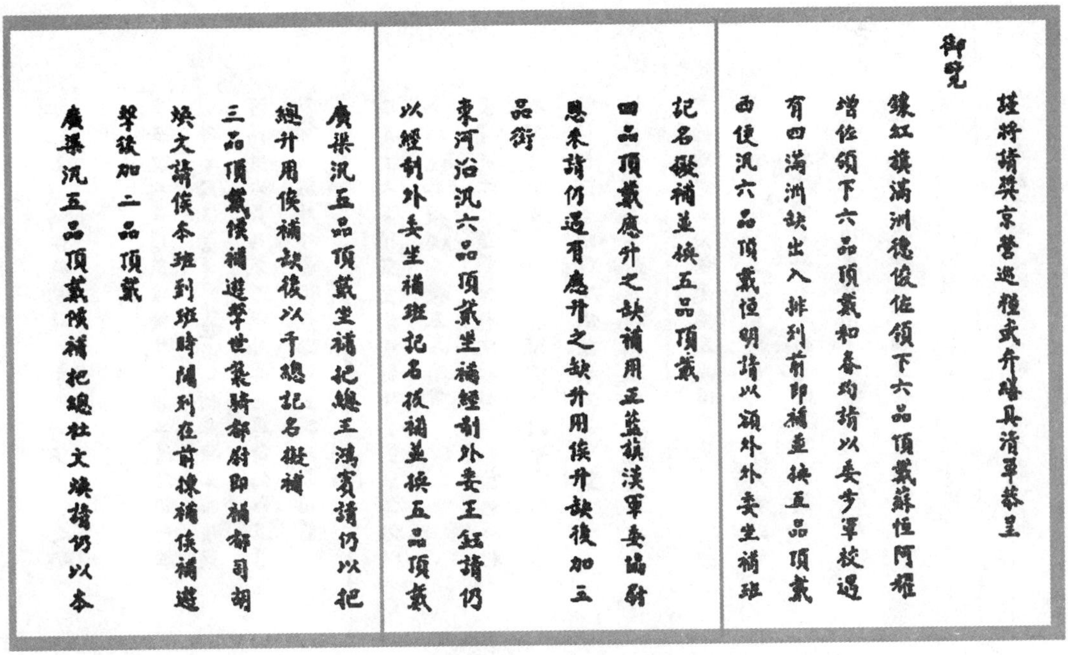

謹將請奬京營巡糧武弁職名清單恭呈

御覽

鑲紅旗滿洲德俊佐領下六品頂戴蘇恆阿擬

增佐領下六品頂戴和春均請以委步軍校遇

有四滿洲缺出入班列前即補並換五品頂戴

西便汛六品頂戴恆明請以額外外委坐補班

記名擬補並換五品頂戴

四品頂戴應升之缺補用正藍旗漢軍委協尉

恩來請仍遇有應升之缺升用俟升缺後加三

品銜

東河沿汛六品頂戴坐補經制外委王鈺請仍

以經制外委坐補班記名後補並換五品頂戴

廣渠汛五品頂戴坐補把總王鴻賓請仍以把

總升用俟補缺後以千總記名擬補

三品頂戴候補遊擊世襲騎都尉即補都司胡

煥文請俟本班到班時間列在前候補遊

擊後加二品頂戴

廣渠汛五品頂戴候補把總杜文煥請仍以本

附片　请奖京营巡粮武弁清单

班記名擬補候補缺後以千總歸五營軍巡班
升用
左安汎六品頂戴候補外委郭立清請仍以經
制外委歸五營軍巡班記名擬補並換五品頂戴
河陽汎六品頂戴候補外委馬鳳請仍以五營
不論班類外外委記名擬補並換五品頂戴
永定汎六品頂戴坐補經制外委劉鈺請仍以
本班記名擬補並換五品頂戴
廣安汎六品頂戴候補把總杜錫嘏請仍以把
總歸五營軍巡班記名擬補並換守備銜
東便門門千總范一倫請換五品頂戴
河陽汎六品頂戴候補把總外委馬陞請以五
營把總記名擬補先換五品頂戴
左安汎六品頂戴坐補經制外委李廷秀請仍
以坐補班經制外委坐補先換五品頂戴
左安汎五品頂戴候補守備千總魏永福請仍
以守備歸軍巡班次拔補並換四品頂戴
廣渠汎六品頂戴候補外委潘永桂請仍以經
制外委歸五營軍巡班拔補並換五品頂戴

（此附片不完整）

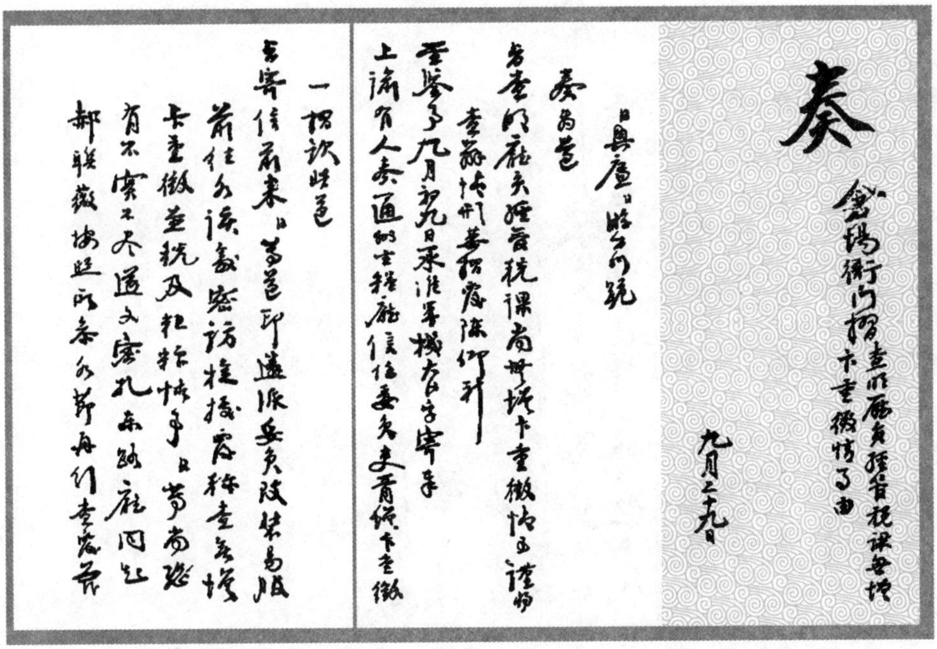

37. 查明厅员经营税课无增卡重征情事由 （兴廉、游百川）

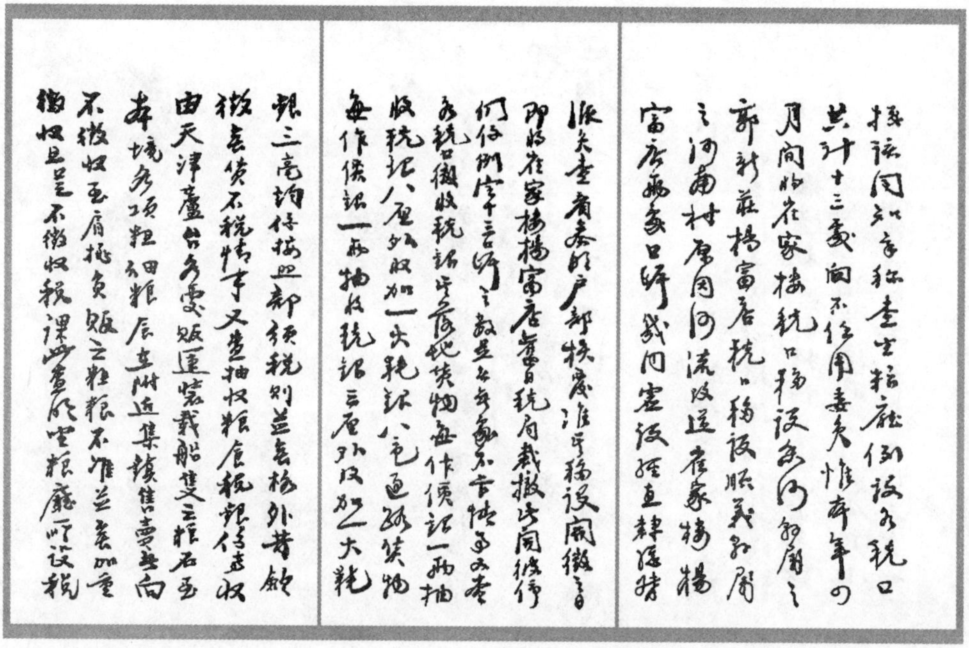

據該同知率紳查出糧廳例設各稅口
共計十三處向不經用委員惟本年四
月間將在案楊稅口移設於河郭閣之
郭新莊楊富居稅口移設勝義郭閣
之河南村原因河流改道在案楊楊
富居兩處口稱截門塞設經直隸總督

派員查看奏明戶部核覆准予移設開徵在案
即將在案楊楊富居等稅局裁撤此間徵停
們仍照常十三處之數並無不合惟查各
處稅口徵收稅銀向係將貨物每件作價銀一兩抽
收稅銀八厘外收加一火耗銀八毫遇糧貨物
每作價銀一兩抽收稅銀三厘外收加乙火耗

銀三毫均係按照部頒稅則並無格外苛斂
徵其貨不稅情事又查抽收糧食稅銀係專收
由天津蘆台各處販運裝載船隻之糧石至
本境各項粗細糧食並附近集鎮售賣並向
不徵收至肩挑負販之雜糧不准並嚴加重
徵收且是不徵收稅課此糧食所設稅

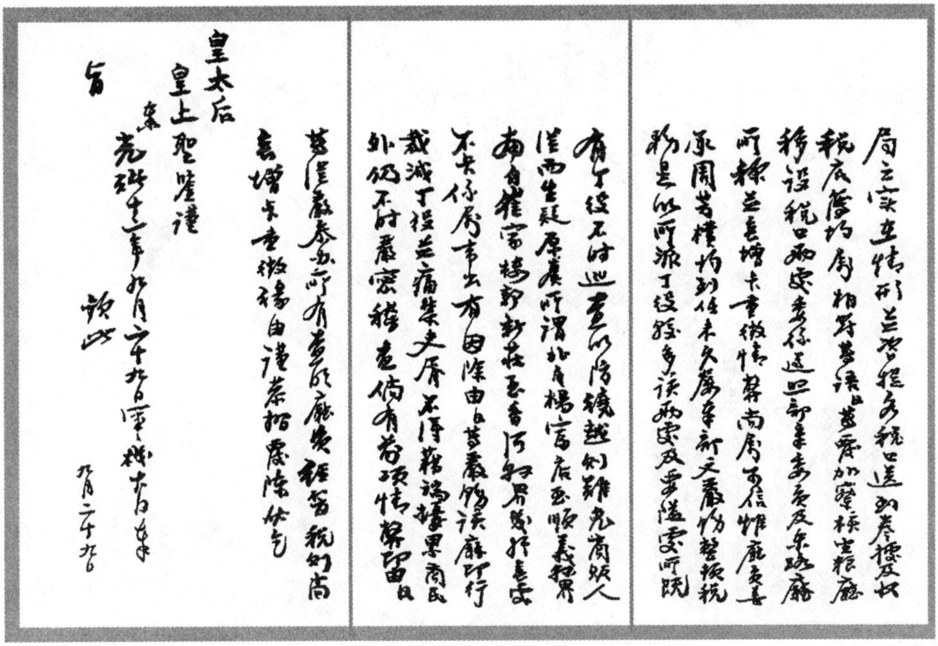
皇太后
皇上圣鉴谨
奏
光绪十一年九月二十九日军机大臣奉
旨
钦此
九月二十九日

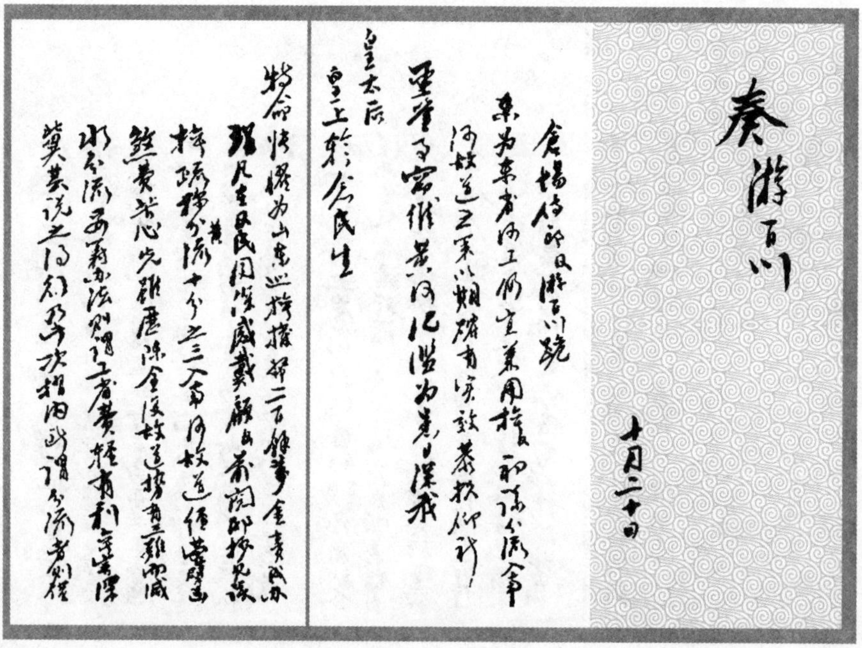

38. 东省河工仍宜分流入南河故道由　（游百川）

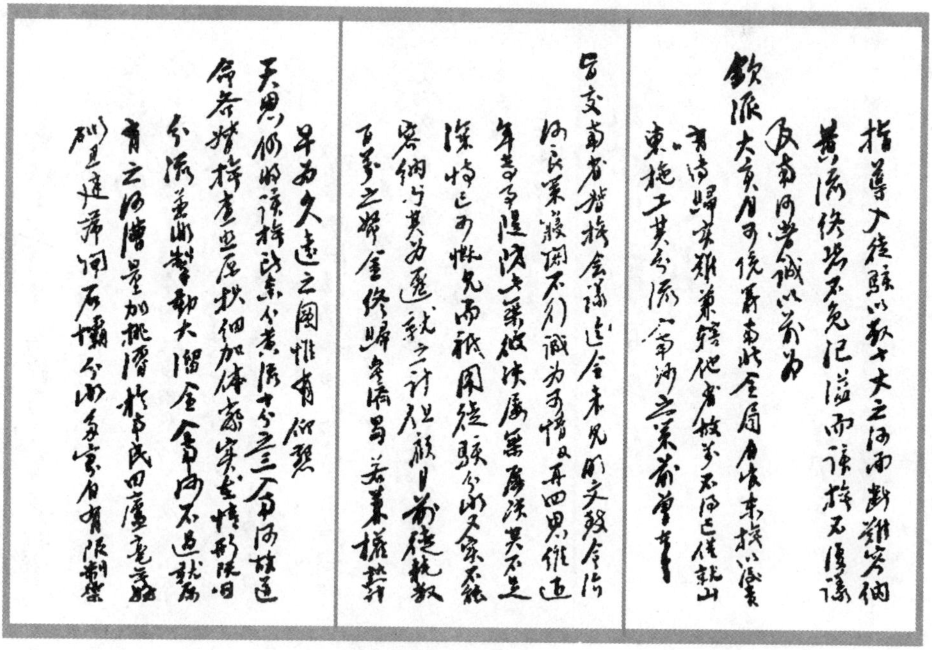

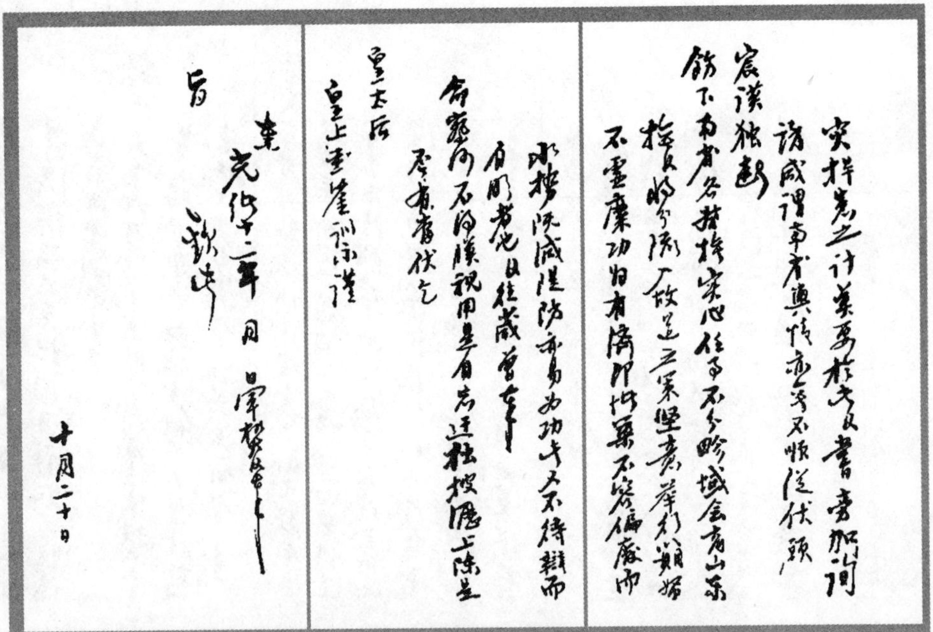

实择善之计莫要于[illegible]书专加询
访咸谓南省舆情亦多不愿从伏愿
宸谟独断
饬下南省各督抚实心任事不分畛域会商山东
择员分段修防放足工费坚筑岸[illegible]顺埽
不虚糜功归有济即此策不容偏废而
水势既减堤防亦易为功亦不待辩而
自明者也且往岁曾奉
命察河工亲视周览略有知识据愚上陈是
否有当伏乞
皇太后
皇上圣鉴训示谨
奏
旨
光绪十二年 月 日军机大臣奉
钦此
十月二十日

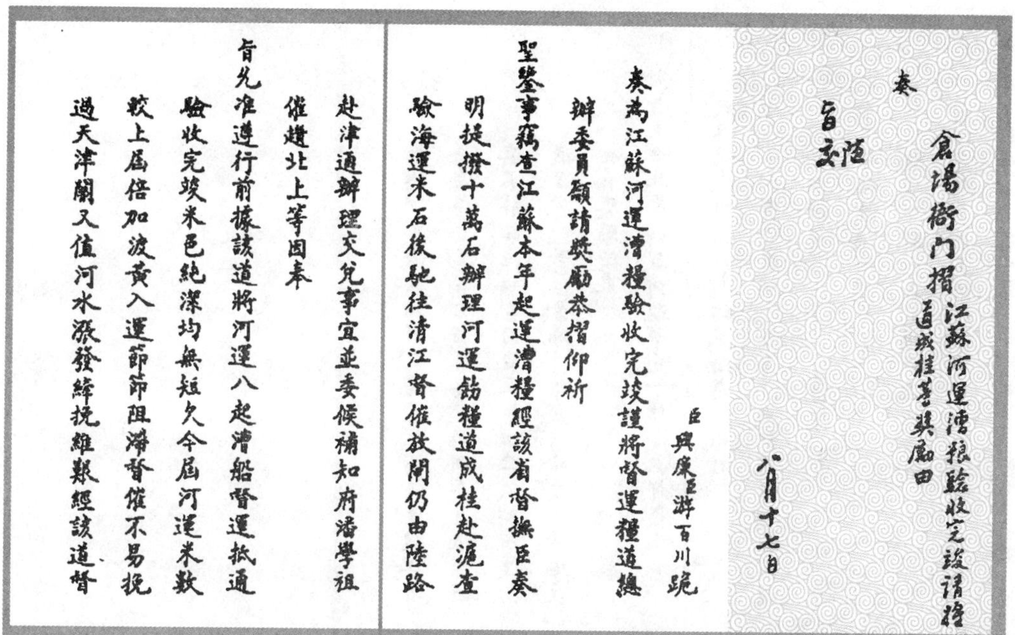

奏

倉場衙門摺 江蘇河運漕粮驗收完竣請將道成桂等奬勵由

旨 [illegible]

八月十七日

臣 興廉 臣 游百川 跪

奏為江蘇河運漕糧驗收完竣謹將督運糧道總
辦委員額請奬勵恭摺仰祈
聖鑒事竊查江蘇本年起運漕糧經該省督撫臣奏
明提撥十萬石辦理河運飭糧道成桂赴滬查
驗海運米石後馳往清江督催抵閘仍由陸路
赴津通辦理交兌事宜並委候補知府潘學祖
催趲北上等因奉
旨允准遵行前據該道將河運八起漕船督運抵通
驗收完竣米色純潔均無短欠今屆河運米數
較上屆倍加波黄入運節節阻滯督催不易挽
過天津關又值河水漲發繂挽維艱經該道督

39. 江苏河运漕粮验收完竣请将粮道成桂等奖励由　（兴廉、游百川）

飭總辦委員設法前進妥速抵壩該道總理河
海運務督率有方諸臻妥善總辦委員催趲認
真不辭勞瘁溯查同治五年江北試辦河運抵
通全完經前任倉場侍郎奏請給予糧道總運
委員獎勵欽奉
諭旨允准此次江蘇河運事同一律合無仰懇
天恩俯准將三品銜江蘇督糧道崇桂
賞加二品頂戴總辦委員道員用江蘇候補知府潘
學祖擬請
旨交部從優議敘可否
賞給隨帶加級以示鼓勵之處出自
逾格恩施至押運催趲各員並著勤勞另由臣等移

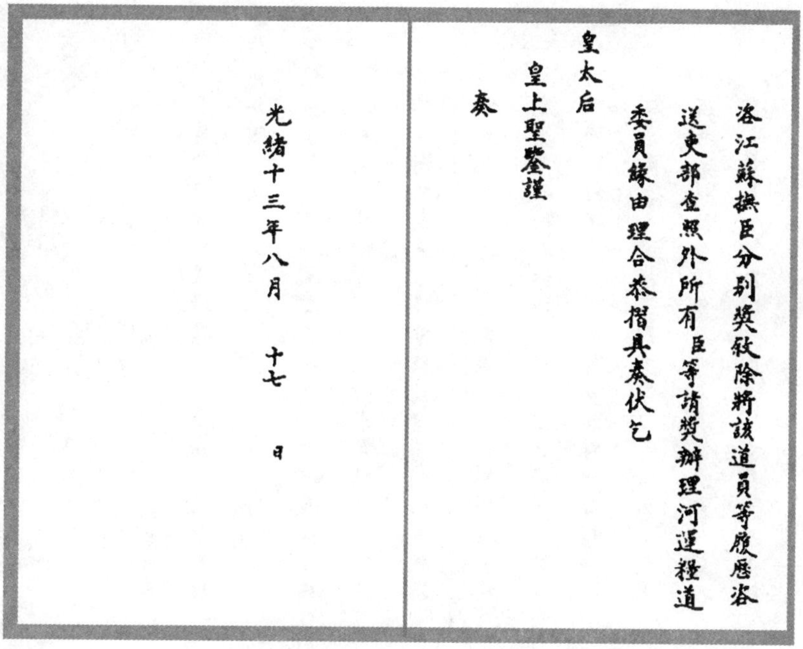

咨江蘇撫臣分别奬敘除將該道員等履歷咨
送吏部查照外所有臣等請奬辦理河運經道
委員緣由理合恭摺具奏伏乞
皇太后
皇上聖鑒謹
奏
光緒十三年八月　十七　日

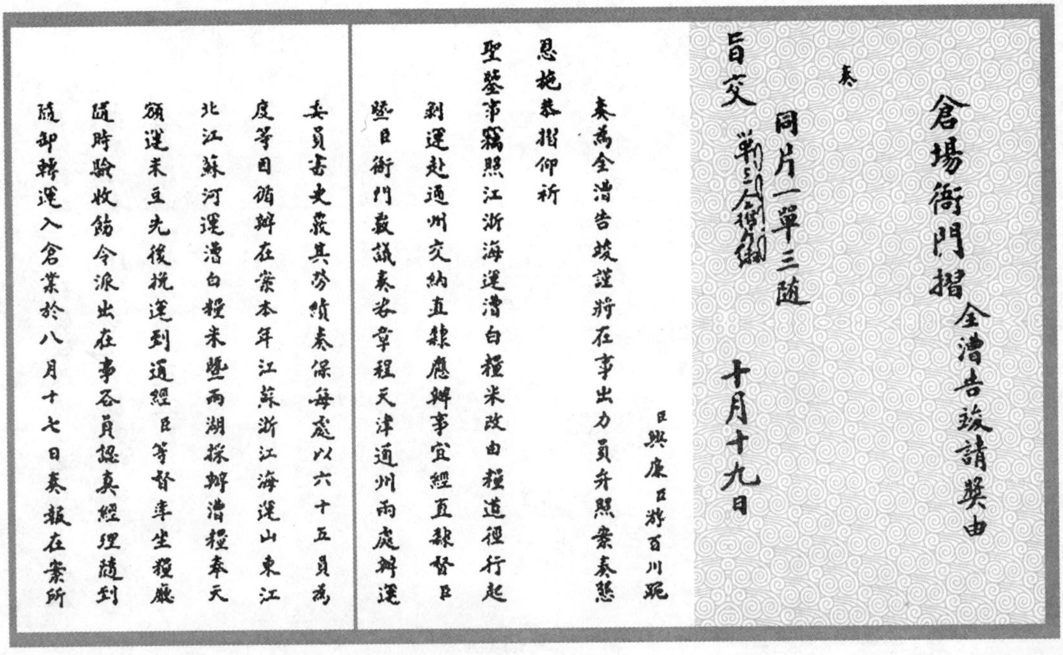

倉場衙門摺　全漕告竣請獎由

奏

同片一單三隨

十月十九日

旨交

臣興廉 臣游百川跪

奏為全漕告竣謹將在事出力員弁照案奏懇

恩施恭摺仰祈

聖鑒事竊照江浙海運漕白糧米改由糧道徑行起

剝運赴通州交納直隸應辦事宜經直隸督臣

暨臣衙門會議奏咨章程天津通州兩處辦運

委員當更叢其勞績奏保每處以六十五員為

度等因循辦在案本年江蘇浙江海運山東江

北江蘇河運漕白糧米暨兩湖採辦漕糧奉天

領運米豆先後挽運到通經臣等督率坐糧廳

隨時驗收飭令派出在事各員認真經理隨到

隨卸轉運入倉業於八月十七日奏報在案所

40. 全漕告竣请奖由　（兴廉、游百川）

有任事各員不無微勞可録臣等詳加酌覈除
出力較次員弁兵丁應由臣等覈給咨獎外通
永河道許鈐身擬請
交部從優議敘坐糧廳滿監督
記名道府吏部郎中善承漢監督
記名道府禮部郎中剛芳模均擬請俟得道員後
賞加二品銜此外辦運出力之咨調委員六十五員
地方文武印官漕務專員共十四員臣衙門派
出監督筆帖式十三員大通橋所調京營巡糧
武弁十七員分繕清單三件恭呈
御覽可否照擬給獎之處出自
聖主鴻施除飭取各委員履歷咨送吏部備查外所
有請獎辦運員弁緣由謹恭摺具奏伏乞
皇太后
皇上聖鑒謹
奏

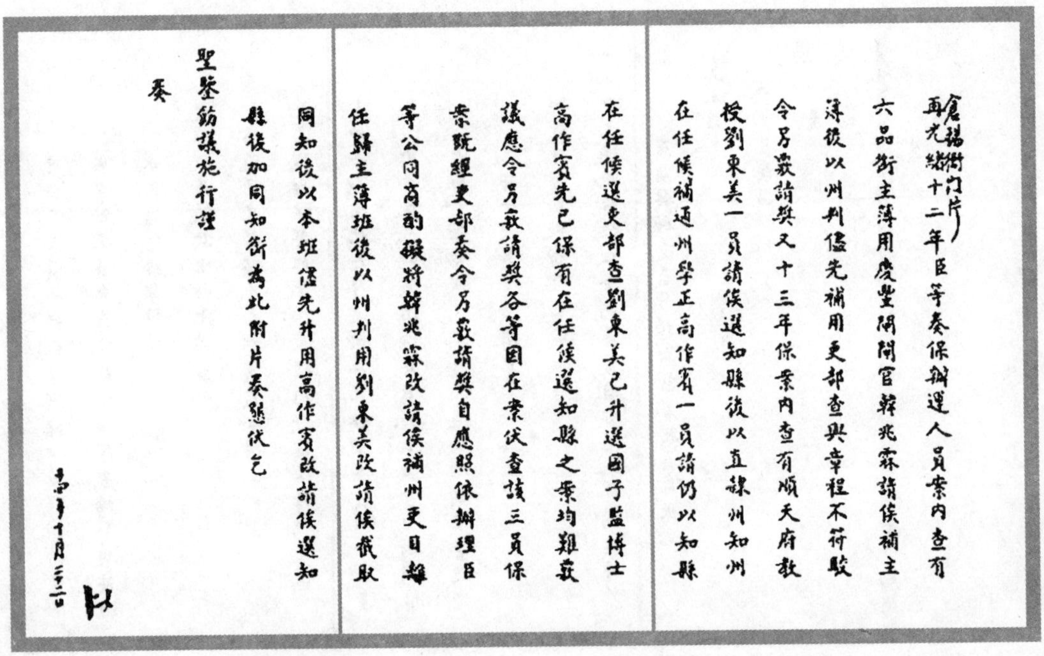

再（倉場衙門片）光緒十二年臣等奏保辦運人員案內查有
六品銜主簿用慶豐閘閘官韓兆霖請俟補主
簿後以州判儘先補用吏部查與章程不符駁
令另叙請獎又十三年保案內查有順天府教
授劉東美一員請俟選知縣後以直隸州知州
在任候補通州學正高作賓一員請仍以知縣
在任候選吏部查劉東美已升選國子監博士
高作賓先已保有在任候選知縣之案均難叙
議應令另叙請獎各等因在案伏查該三員保
案既經吏部奏令另叙請獎自應照依辦理臣
等公同商酌擬將韓兆霖改請俟補州吏目離
任歸主簿班後以州判用劉東美改請俟截取
同知後以本班儘先升用高作賓改請俟選知
縣後加同知銜為此附片奏懇伏乞
聖鑒飭議施行謹
奏
十三年十月二十二日

附片　仓场衙门片

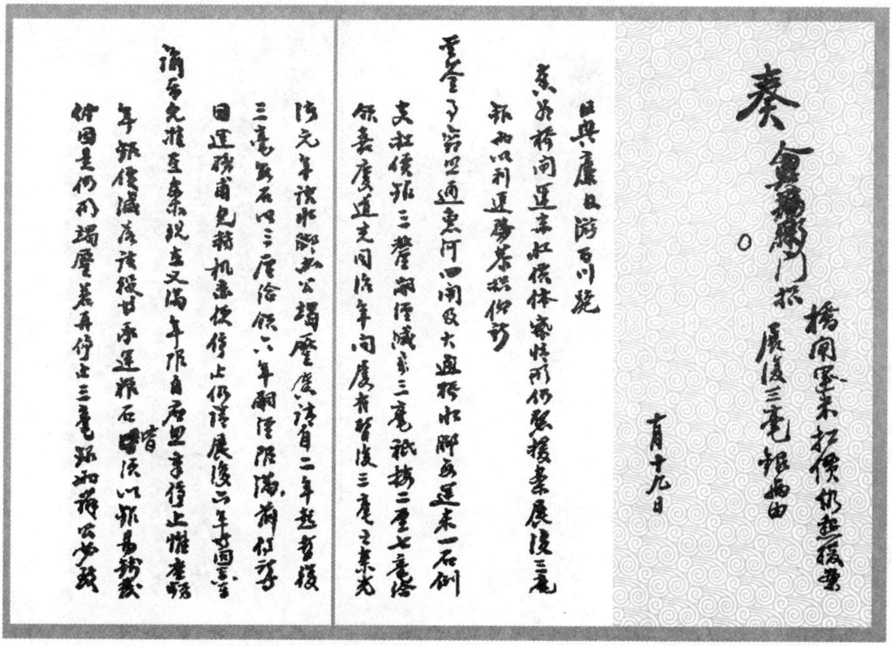

41. 桥闸运米扛价仍恳援案展复三毫银两由　（兴廉、游百川）

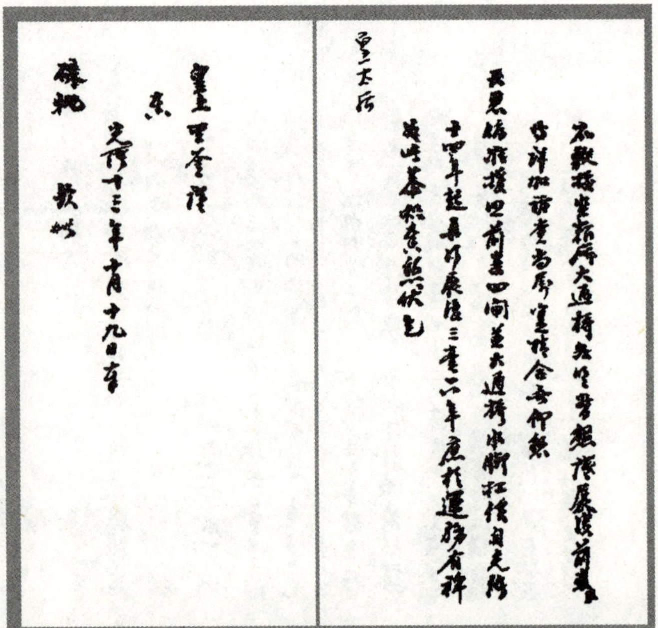

不[illegible]擬當飭[illegible]大通橋先[illegible][illegible][illegible][illegible]俟[illegible]前來

再詳加諭查，當飭遵照會奏，仰懇

天恩俯准援照前案，四閘並大通橋水衕杠銀自光緒

十四年起再行展限三屆六年，庶於運務有裨。

[illegible]此恭摺具陳，伏乞

皇太后

皇上聖鑒。謹

奏。

光緒十三年二月十九日奉

硃批：欽此。

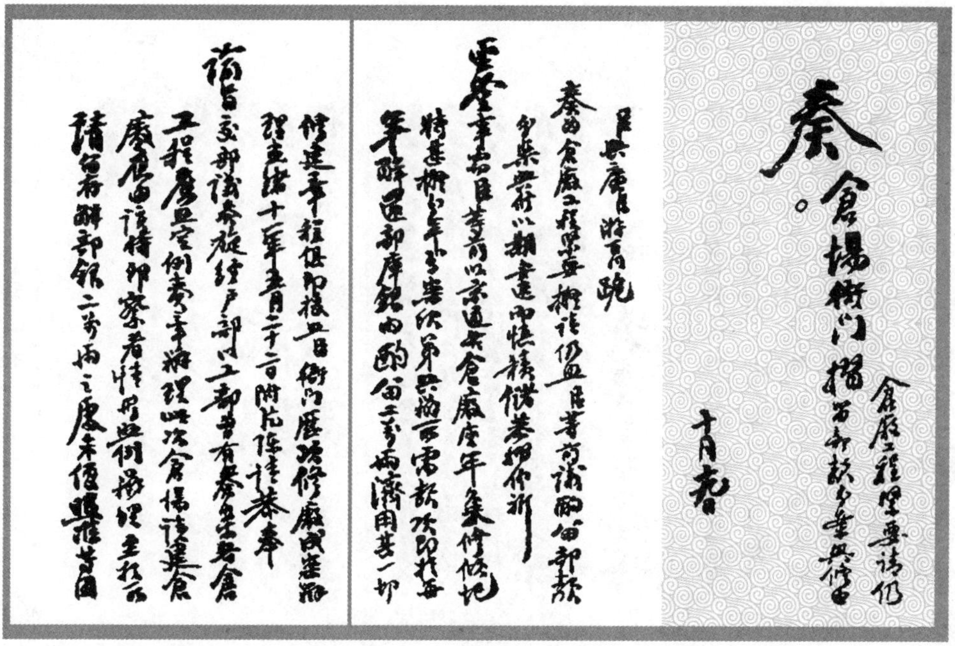

42. 仓廒工程紧要请仍留部款分案兴修由　（兴廉、游百川）

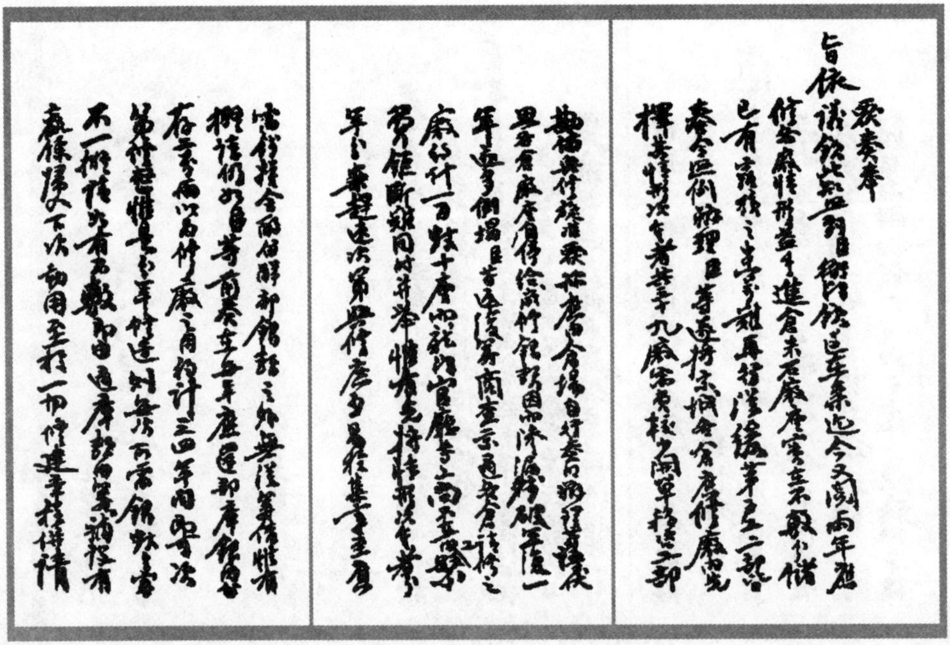

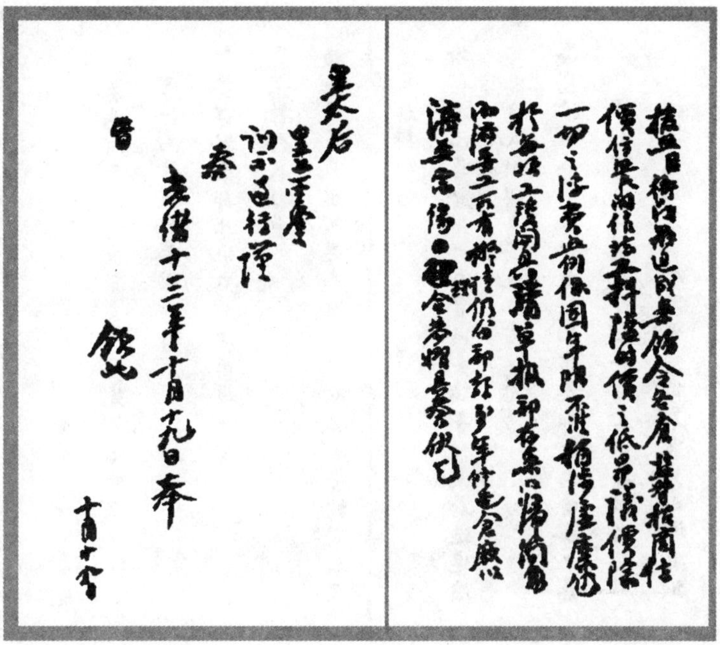

皇太后
皇上圣鉴
训示遵行谨
奏
光绪十三年十月十九日奉
旨 览

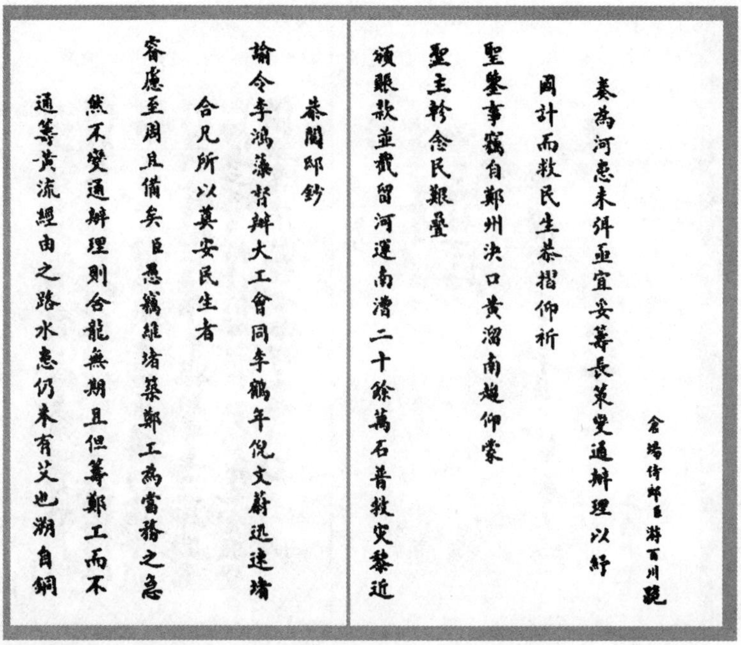
倉場侍郎臣游百川跪
奏為河患未弭亟宜妥籌長策變通辦理以紓
國計而救民生恭摺仰祈
聖鑒事竊自鄭州決口黃溜南趨仰蒙
聖主軫念民艱疊
頒賑款並截留河運南漕二十餘萬石普救災黎近
恭閱邸鈔
諭令李鴻藻暫辦大工會同李鶴年倪文蔚迅速堵
合凡所以奠安民生者
睿慮至周且備矣臣愚竊維堵築鄭工為當務之急
然不變通辦理則合龍無期且但籌鄭工而不
通籌黃流經由之路水患仍未有艾也溯自銅

43. 河患未弭亟宜长策变通而救民生由（素面奏折）　（兴廉、游百川）

瓦廂開決以来黄流下注濟河比因軍務方殷
不遑堵築濟河之寬不過里許而當其始兩岸
壁立河底深通水由地中為患尚淺自歷年沖
漫日淤日高鐵獨濟河全無水漕即旁灘之徒
致亦底高於岸直無宣洩之路矣夫水勢就下
下流不暢上流斯決論者謂將來水患必在上
游今年鄭工之決其見端也現在銅瓦廂斷溜
下游沙積更甚若不趁此時深思遠慮為黄水
統籌全局恐將来河南直隸水患更有不堪設
想者夫籌黄水經由之路臣愚以為舍規復淮
徐故道別無長策蓋南河寬於濟河不啻十倍
寬則可以容納所以

本朝歷由南河施工形勢所關此彰明較著者也說
者謂規復故道一切培隄挑淤及安插估種河
灘之民工費浩繁措辦不易然前因籌度分流
南河曾經各該省會計江南需銀七百餘萬河
南需六百餘萬山東需千五百餘萬現時銅瓦
廂乾涸施工甚易若趁此時一面辦理鄭工一
面挽復故道則山東需費不過數十萬較原估
之數所省奚止百倍似此機會失之可惜至江
蘇河南兩省需銀千餘萬雖云工款仍鉅殊不
思黄流無道氾濫成灾能免
朝廷之顧慮乎前人有曰能知費之爲省乃真能省
費者也且人第知南河之淤而不知濟河之淤

尤甚此次鄭州決口為患已鉅想由濟河窄小
不足吐納黃流臣往年奉
命視河曾有藉徙駭馬頰三分黃流之背其時河未
全淤分流猶易為力令則積墊愈高分流亦無
由奏效矣臣愚以為與其用無限之費而患不
可弭曷如規復故道為
國家久遠之圖若夫堵合鄭工需料甚多集料甚
難蓋往常地方所產稭料不足給居民炊爨之
用猶必假縣系以濟之況當被水旱之區所出
無多購辦既萬分拮据而粗笨之物搬運尤難
現聞尚未開辦此拘泥成法不思變通辦理之
故也臣聞塞河不必專用稭料如前河臣黎世

序則用碎石粟鋪美則用甎塊雖未明言致用
之方而就此設法相幾辦理尅期趨事赴工當
必有濟不遑勝於集料堆艱株守以待乎伏望
聖裁廣運
飭下直隸山東河南江蘇沿河各督撫思患豫防纂
權併計來鄭工趕辦之先會籌定議同力合作
務期黃水得復淮徐故道以為經久之計則出
億萬生靈於昏墊而河流順軌安瀾有慶矣臣
區區愚悃謹抒由衷從新之見冒昧瀆陳伏祈
皇太后
皇上聖鑒謹
奏

光緒十三年十二月 廿七 日

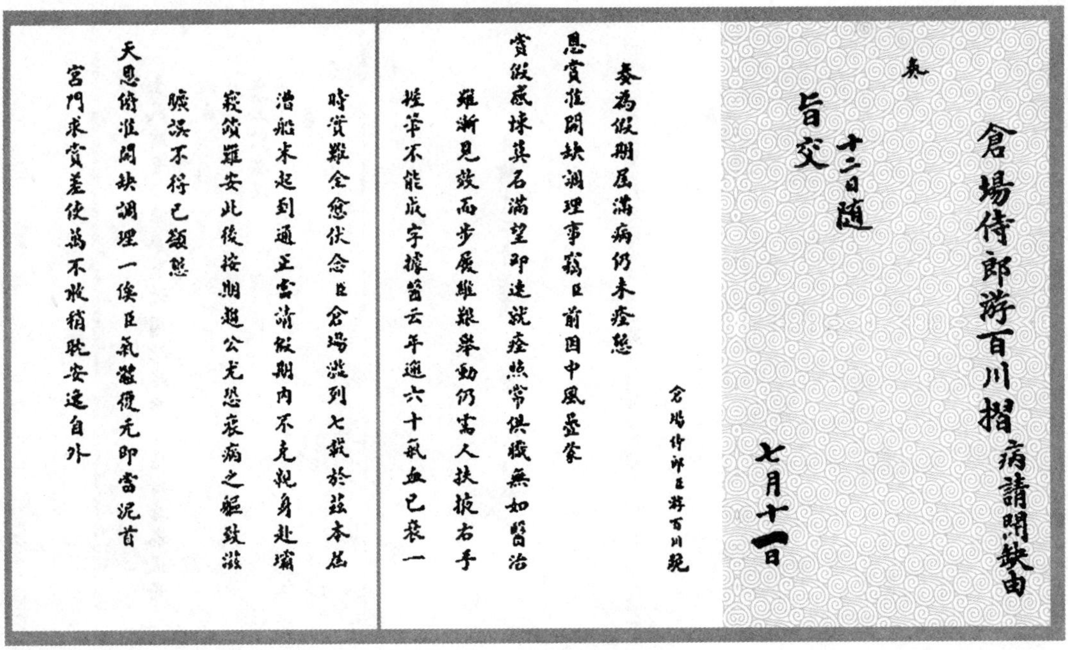

倉場侍郎游百川摺 病請開缺由

奏

十二日隨
旨交

七月十一日

倉場侍郎臣游百川跪

奏為假期屆滿病仍未痊懇
恩賞准開缺調理事竊臣前因中風疊蒙
賞假感悚莫名滿望即速就痊照常供職無如醫治
雖漸見效而步履維艱舉動仍需人扶掖右手
握筆不能成字據醫云年逾六十氣血已衰一
時實難全愈伏念臣倉場濫列七載於茲本屆
漕船未起到通正當請假期內不克親身赴壩
稽察難安此後按期趨公尤恐衰病之軀致滋
曠誤不得已籲懇
天恩俯准開缺調理一俟臣氣體復元即當泥首
宮門求賞差使萬不敢稍耽安逸自外

44. 病请开缺由　（游百川）

生成所有臣因病懇請開缺緣由謹繕摺具奏伏祈

皇太后

皇上聖鑒謹

奏

光緒十四年七月　十一　日

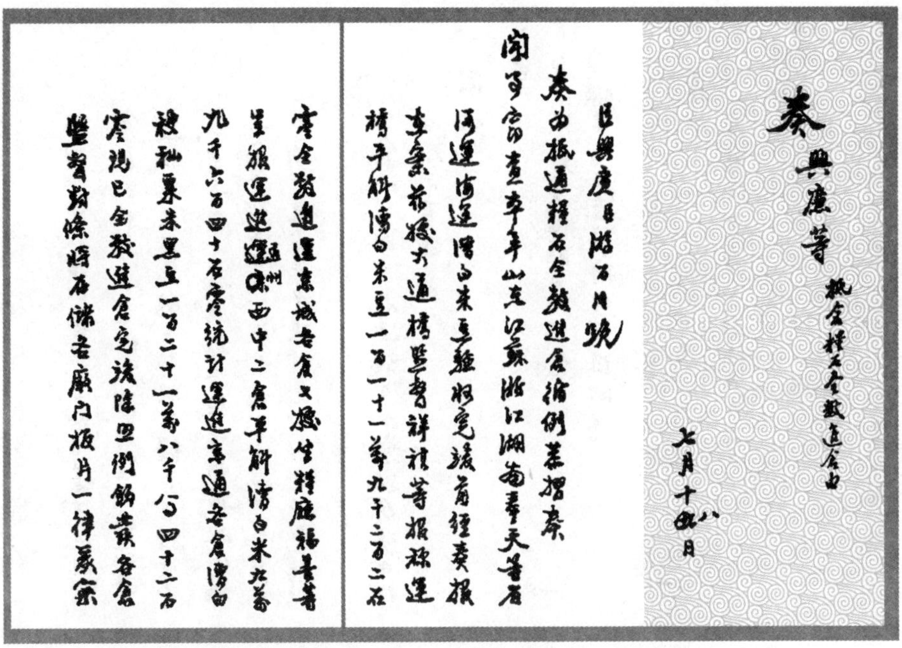

奏
興廉等
抵倉糧石全數進倉由
七月十八日

臣興廉臣游百川跪
奏為抵通糧石全數進倉循例恭摺奏
聞事竊查本年山東江蘇浙江湖南奉天等省
河運海運漕白米豆雜糧完竣前經奏報
在案茲據大通橋監督祥禎等報稱運
橋平斛漕白米豆一百一十一萬九千二百二石
零全數進運京城各倉又據坐糧廳福善等
呈報運進通州東西中二倉平斛漕白米九萬
九千六百四十石零統計運進京通各倉漕白
糧秫粟米黑豆一百二十一萬八千八百四十二石
零現已全數進倉完竣除照例飭催各倉
監督[illegible]將石儲各廒內板片一律[illegible]

45. 抵仓粮石全数进仓由　（兴廉、游百川）

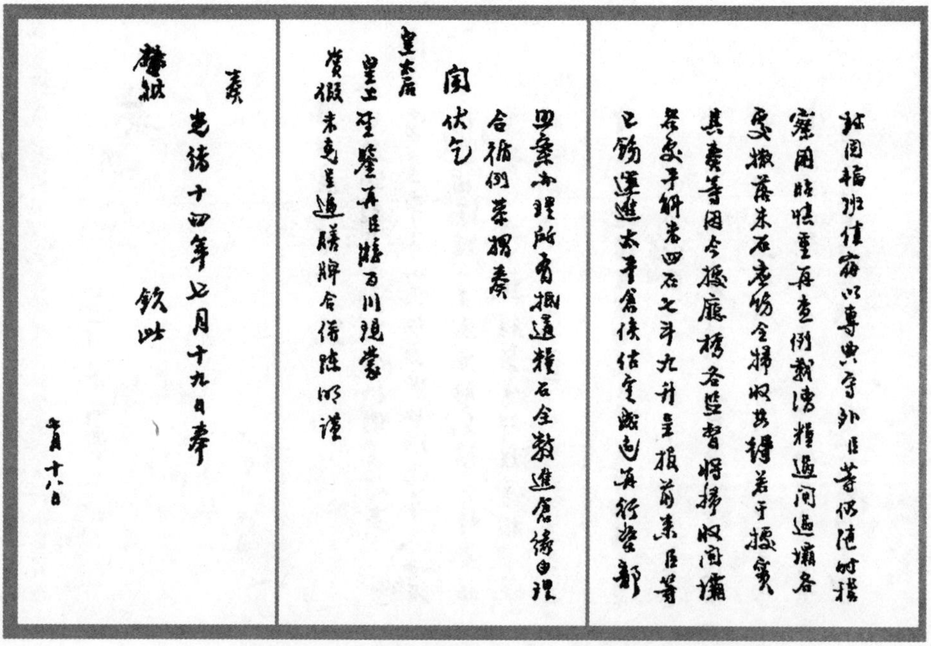

祗因福州值宿以专典守外臣等仍随时揆
察闽时情重再查例截漕粮过闽通融各
变拨旗米石应饬全归收买转若干拨实
具奏等因今据廒标各监督将归收闽漕
采买干斛米四石七斗九升呈报前来臣等
已饬运进太平仓俟估定数目再行咨部
照案办理所有拨运粮石全数进仓缘由理
合循例恭折奏
闻伏乞
皇太后
皇上圣鉴再臣游百川现蒙
赏假未克呈递膳牌合併陈明谨
奏
光绪十四年七月十九日奉
懿旨　钦此
七月十八日

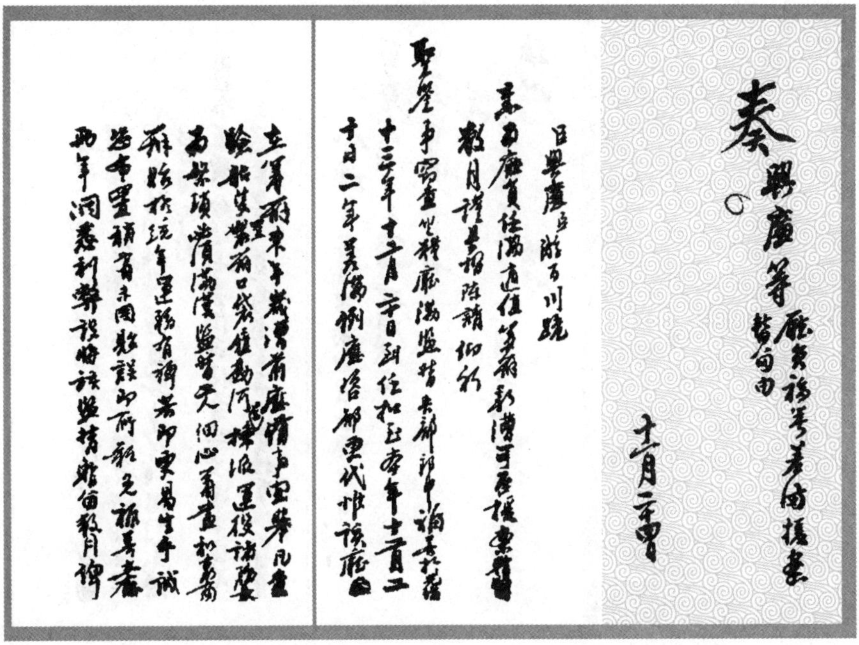

46. 厅员福善差满援案暂留由　（兴廉、游百川）

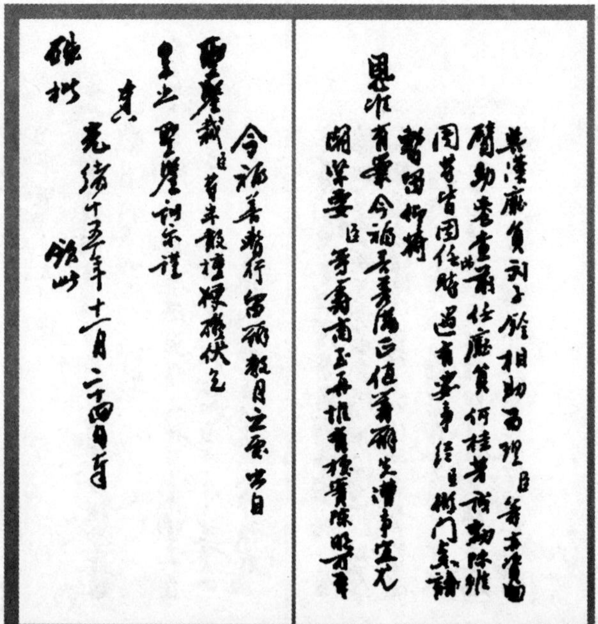

與漢廠負[illegible]餘相助而理臣等[illegible]
贊助者查前任廠員何桂芳[illegible]陳兆
周等皆因任[illegible]過有要事經臣衙門奏請
暫留何[illegible]
恩准有案今福善等係臣[illegible]尤
關緊要臣等審商再[illegible]

令福善[illegible]行留[illegible]數月之[illegible]出自
聖鑒裁臣等未敢[illegible]伏乞
皇上聖鑒訓示謹
奏
光緒十五年十一月二十四日奉
硃批[illegible]
欽此

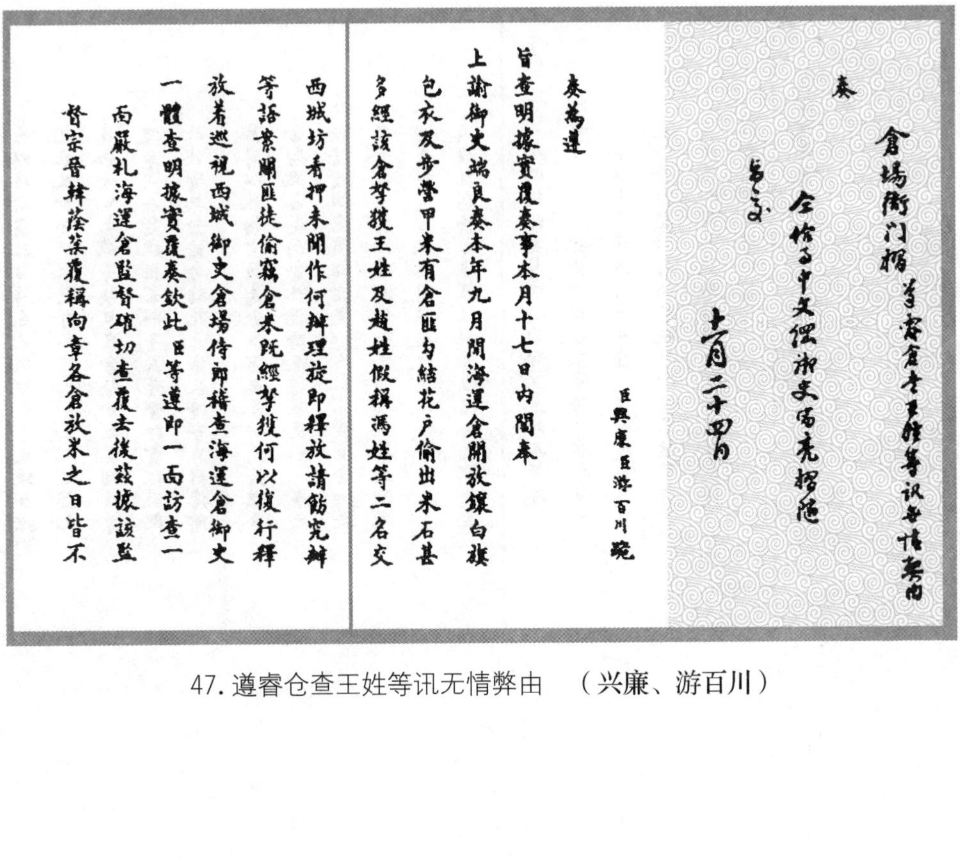

倉場衙門摺　遵審倉查王姓等訊無情弊由

奏

十月二十四日

奏為遵
旨查明據實覆奏事本月十七日内閣奉
上諭御史端良奏本年九月間海運倉開放鑲白旗
包衣及步營甲米有倉匪勾結花户偷出米石甚
多經該倉拏獲王姓及趙姓假稱馮姓等二名交
西城坊看押未聞作何辦理旋即釋放請飭究辦
等語案關匪徒偷竊倉米既經拏獲何以復行釋
放着巡視西城御史倉場侍郎稽查海運倉御史
一體查明據實覆奏欽此臣等遵即一面訪查一
面嚴札海運倉監督確切查覆去後兹據該監
督宗晋韓蔭棻覆稱向章各倉放米之日皆不

臣興廉 臣游百川跪

47. 遵睿仓查王姓等讯无情弊由　（兴廉、游百川）

許閑雜人等進倉亦不准花户各役無故出倉
原以防偷竊杜勾結也此次職倉奉放鑲白旗
包衣及步營甲米係自八月二十五日起至九
月初六日止職等挨日在倉督飭認真開放曾
獲車夫二名搜出米二斗五升當即責打示衆
此外實無倉匪勾結花户偷米情事或因傳聞
異辭以致御史指為倉匪再九月初閒署理查
倉御史富亮到倉巡視時近薄暮放米事畢夫
役等有出倉買飯者是以人數不齊查倉御史
曾於次日將貼書王姓小甲馮姓二名交西城
坊看押詢因訊無情弊旋即放回職等因該二
人雖無别情亦非趙姓假冒惟值御史臨倉並
不小心伺候究屬誤公隨即革退此又拏獲王
姓等交坊看押旋即釋放之實情也茲奉飭查
理合據實呈覆等情伏查該監督所覆各節核
與臣等訪聞情形尚屬相符除諭飭該監督實
力防維如有匪徒勾結舞弊立即嚴拏究辦外
理合恭摺覆陳伏乞
皇上聖鑒謹
奏
光緒十五年十一月　二十四　日

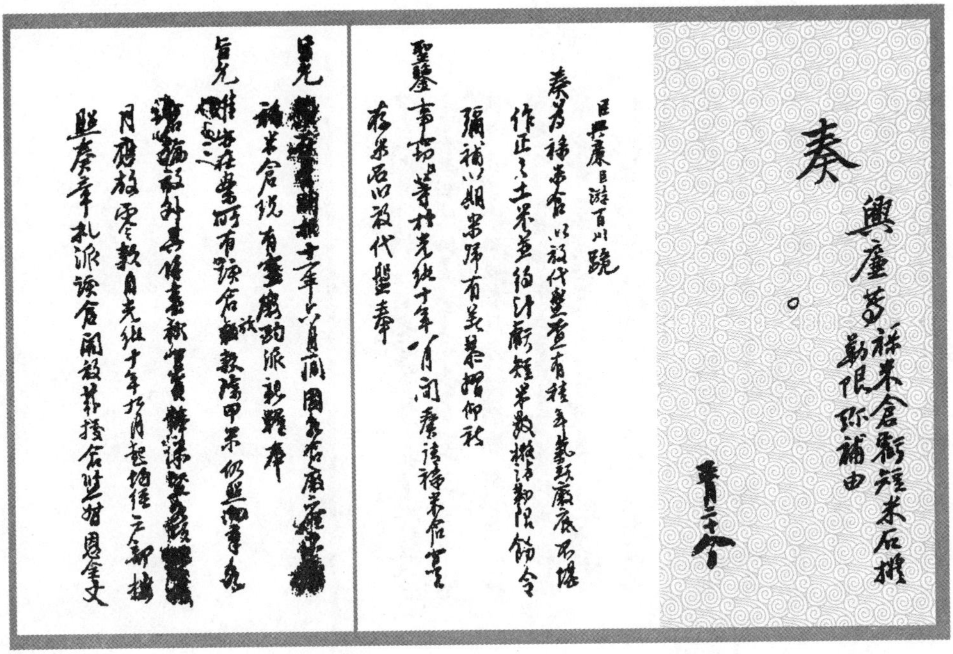

48. 禄米仓亏短米石拟勒限弥补由　（兴廉、游百川）

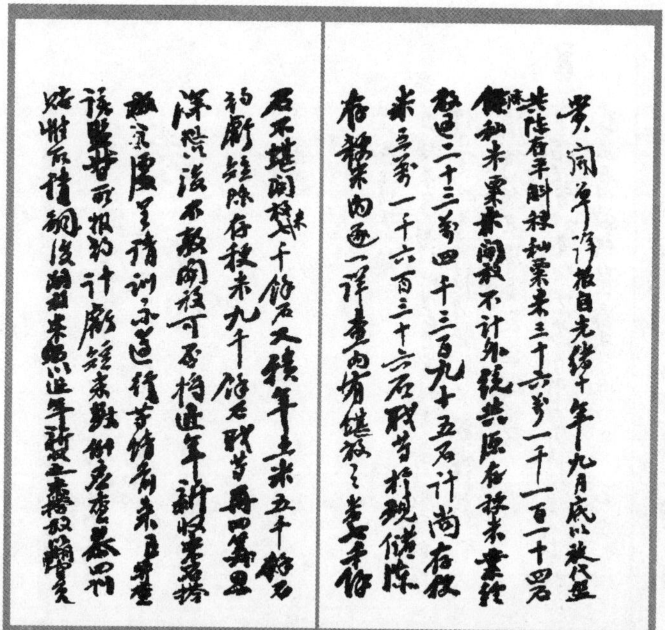

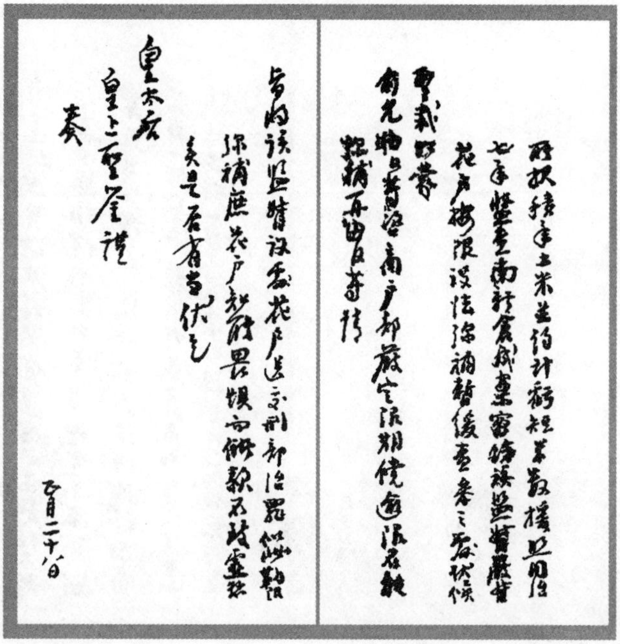
所收積年之米並[illegible]
七年盤查南新倉[illegible]
花戶擬限設法彌補[illegible]
聖裁以昔
飭元[illegible]南戶部[illegible]
[illegible]
旨將該監督[illegible]花戶送交刑部治罪[illegible]
[illegible]
奏是否有當伏乞
皇太后
皇上聖鑒謹
奏
五月二十八日

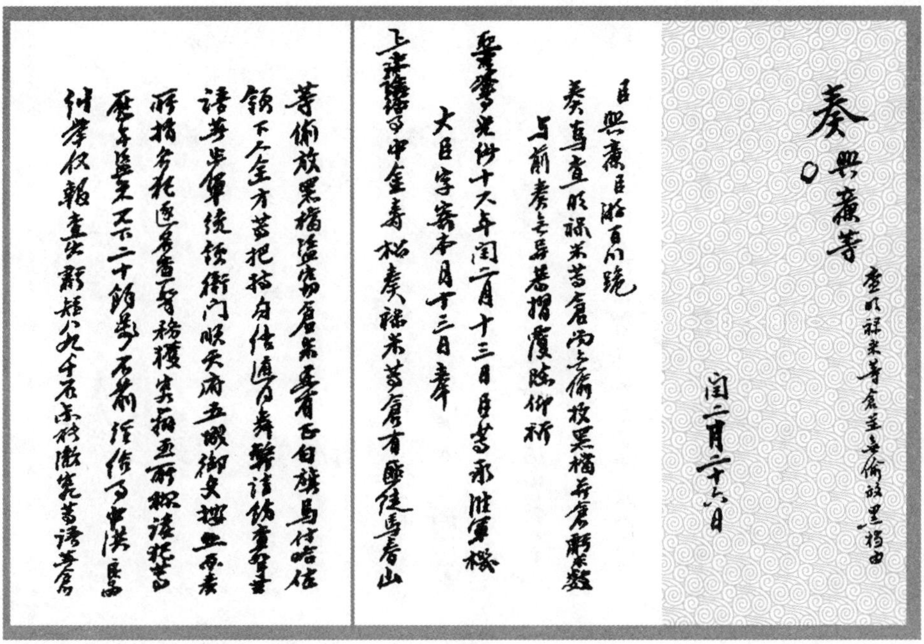
奏
興廉等
查明祿米等倉並無偷放黑檔由
閏二月二十六日

49. 查明禄米等仓并无偷放黑档由　（兴廉、游百川）

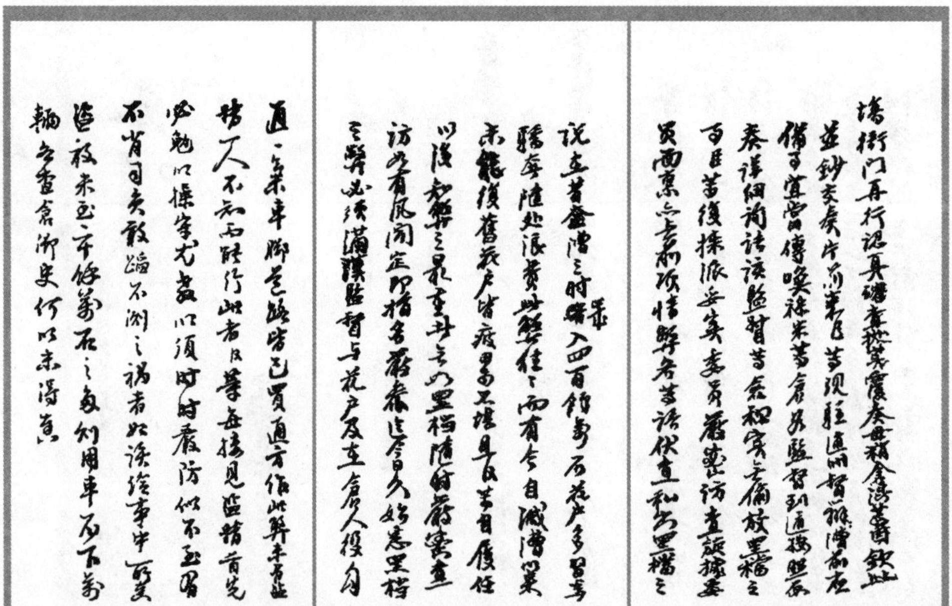

諭衙門再行認真確查，按實覆奏，毋稍含混。等因。欽此。
並鈔交奏片前來。臣等現駐通州督辦漕務，在
備可查。當傳喚祿米等倉花戶監督到通，據
奏詳細詢詰，該監督等僉稱實無備放黑檔之
百臣等復採派妥實委員嚴密訪查，旋據委
員面稟，亦云前項情弊，各該語(?)伏查私立黑檔之
說，在昔倉儲之時，每入四百餘萬石，花戶多習弊(?)
竊奪(?)，隨處張貴(?)，此弊往往而有。今自漕糧
未能復舊，花戶皆疲累不堪，其人等自應任(?)
以後知弊之最重者，無如黑檔，隨時嚴密查
訪。如有風聞，定即指名嚴參。近今日久，始悉黑檔
之弊，必須滿漢監督與花戶及在倉人役
通同一氣，車腳並路皆已買通，方能作此弊，本非監(?)
督(?)一人不知而能行此者。且花戶等每掩見監督(?)
必勉以操守尤嚴，以須時時嚴防，似不至(?)
不肖司員敢蹈不測之禍者。如該給事中所奏
造(?)被來至不(?)能萬石之多，則用車不下萬
輛，各查倉御史何以未得查？

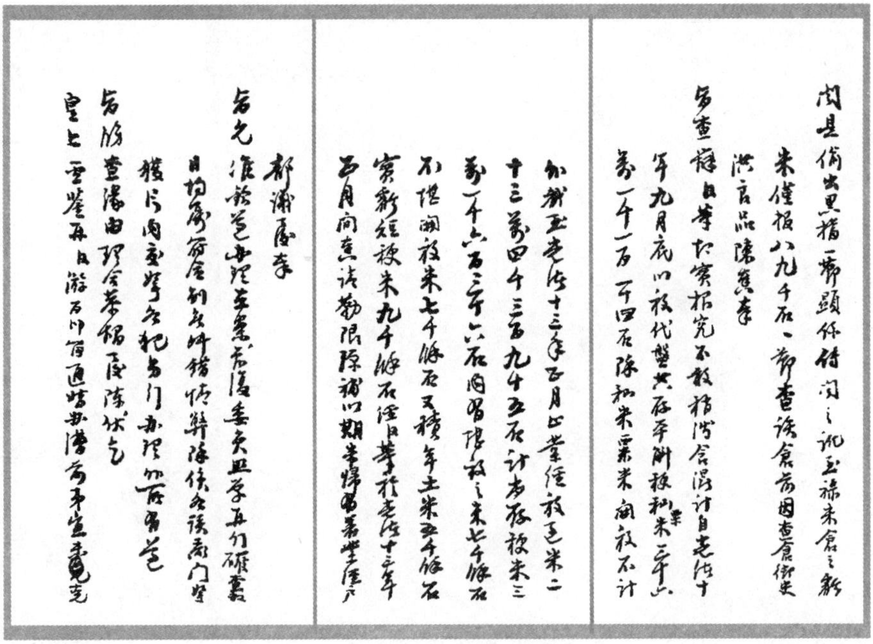

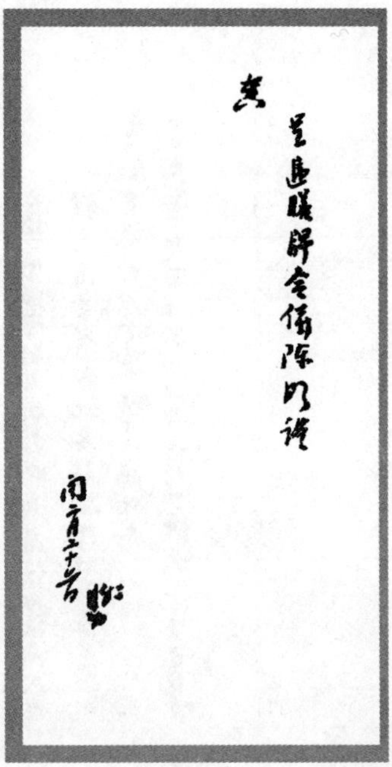

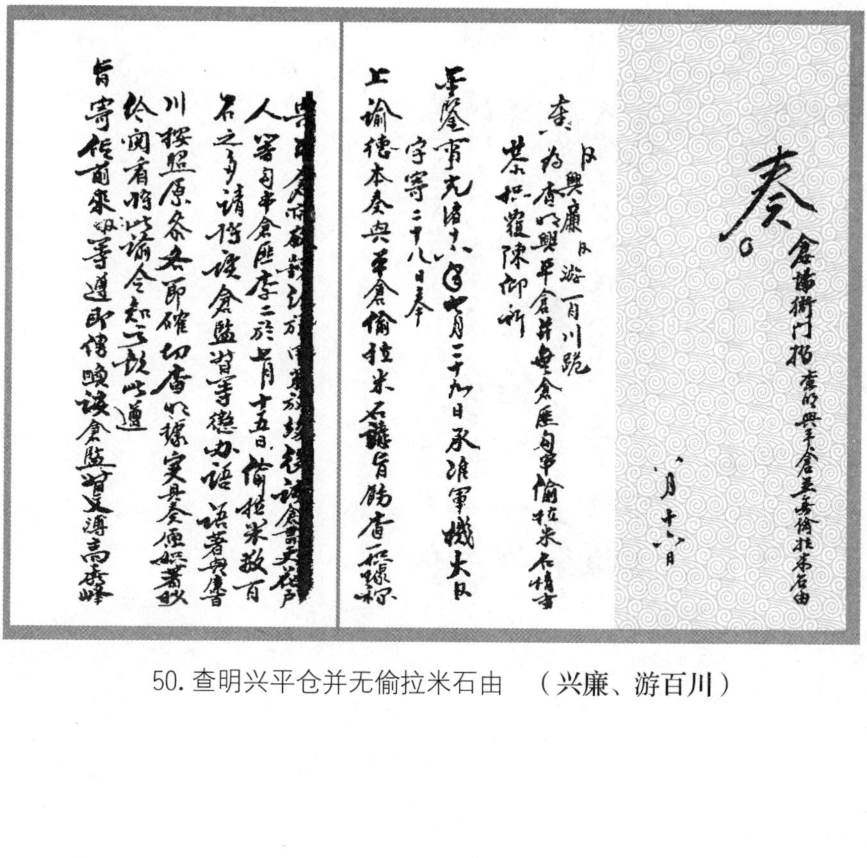

50.查明兴平仓并无偷拉米石由 （兴廉、游百川）

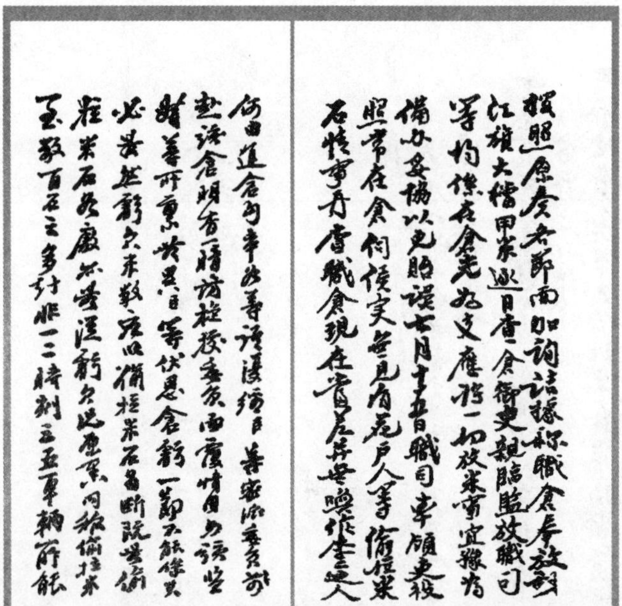

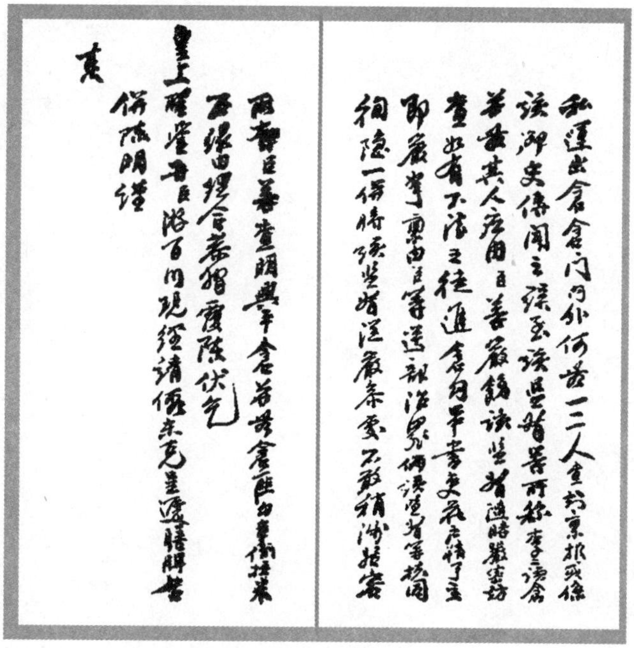

私運出倉，倉門內外何啻一二人，查於京報所係
該御史條聞之該處該監督等所稱，奉旨該倉
等處其人應由臣善嚴飭該監督隨時嚴密訪
查，如有不法之徒進倉向米書吏[illegible]之
即嚴拿東由臣等送部治罪，倘該監督等扶同
徇隱，一併將該監督從嚴參處，不敢稍涉姑容
所有臣善查明與米倉各[illegible]倉匪[illegible]米
石緣由理合恭摺覆陳，伏乞
皇上聖鑒。再臣洛百川現經請假，未克[illegible]
併陳明，謹
奏

該部察核具奏

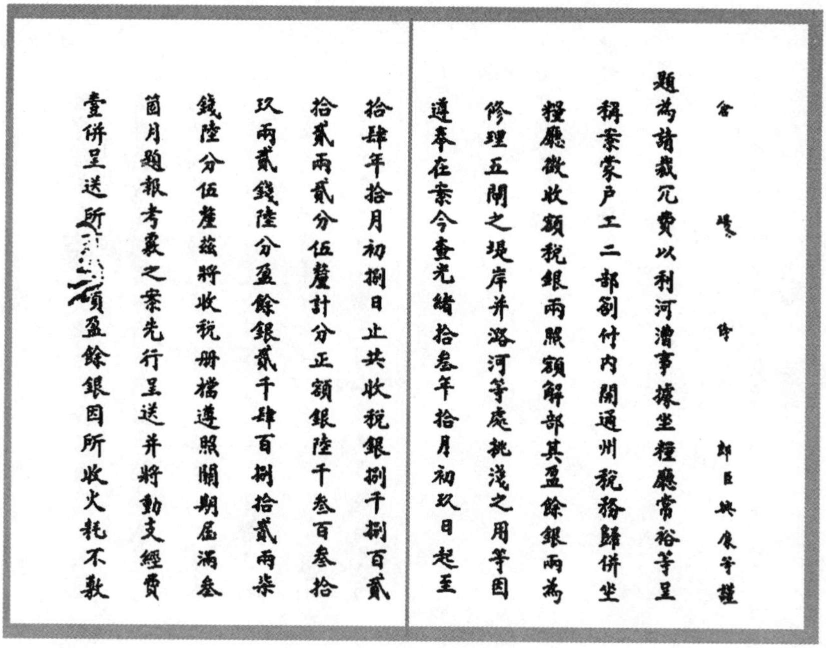
倉塲侍郎臣興廉等謹
題為請裁冗費以利河漕事據坐糧廳常裕等呈
稱案蒙戶工二部劄付內開通州稅務歸併坐
糧廳徵收額稅銀兩照額解部其盈餘銀兩為
修理五閘之堤岸并潞河等處挑淺之用等因
遵奉在案今查光緒拾叁年拾月初玖日起至
拾肆年拾月初捌日止共收稅銀捌千捌百貳
拾貳兩貳分伍釐計分正額銀陸千叁百叁拾
玖兩貳錢陸分盈餘銀貳千肆百捌拾貳兩柒
錢陸分伍釐茲將收稅冊檔遵照闗期屆滿叁
箇月題報考覈之案先行呈送并將動支經費
壹併呈送所[illegible]項盈餘銀因所收火耗不敷

51. 请裁冗费以利河漕事（一）（素面奏折）　（兴廉、游百川）

經費動支遇閏之丁陸百貳拾玖兩貳錢叁釐
實存盈餘銀捌百伍拾叁兩伍錢陸分貳釐連
同正額共計存銀柒千壹百玖拾貳兩捌錢貳
分貳釐入於新收項下分別支放造册奏銷除
呈報戶工二部并移戶科外理合呈請覈題等
情臣等覈算相符除支銷各款另疏題銷外為
此具
題伏乞
皇上聖鑒
敕部查覈施行謹
題請
旨

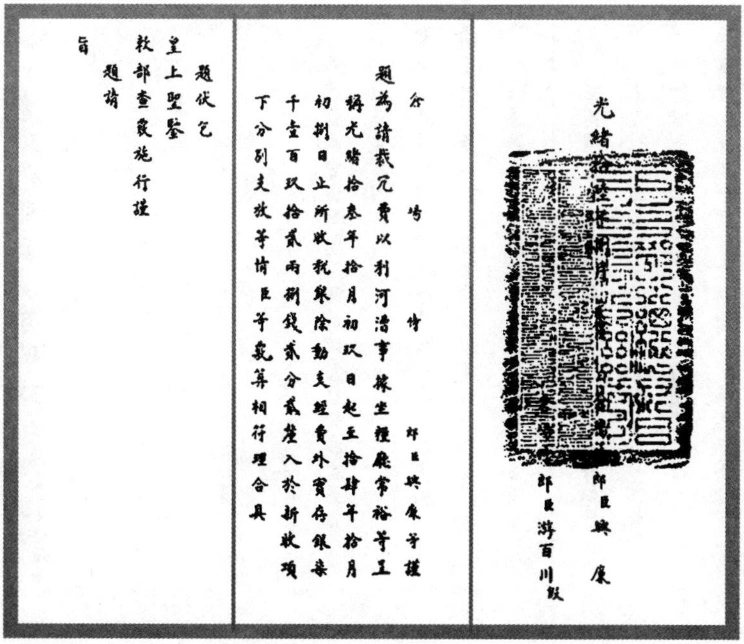

光緒拾肆年……
郎臣興　廉
郎臣游百川跪

分　　呺　　侍　　郎臣興廉等謹
題為請裁冗費以利河漕事據坐糧廳常裕等呈
稱光緒拾叁年拾月初玖日起至拾肆年拾月
初捌日止所收稅銀除動支經費外實存銀柒
千壹百玖拾貳兩捌錢貳分貳釐入於新收項
下分列支放等情臣等覈算相符理合具
題伏乞
皇上聖鑒
敕部查覈施行謹
題請
旨

52.请裁冗费以利河漕事（二）（素面奏折）　（兴廉、游百川）

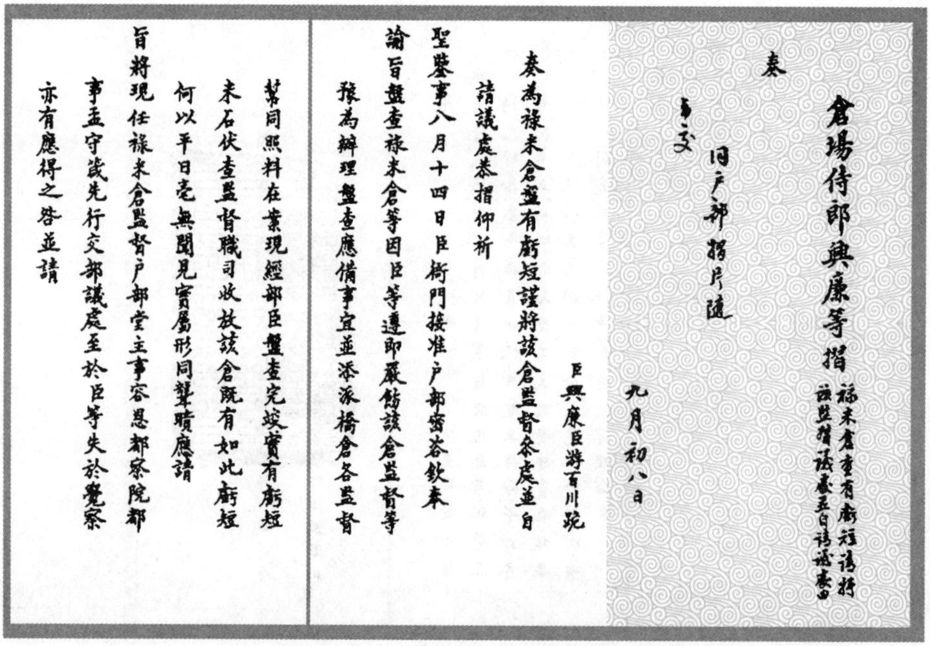

倉場侍郎興廉等摺 禄米倉查有虧短請將該監督議處並自請議處由

奏

同户部摺片隨

旨交

九月初八日

臣興廉臣游百川跪

奏為禄米倉盤有虧短謹將該倉監督參處並自

請議處恭摺仰祈

聖鑒事八月十四日臣衙門接准户部咨欽奉

諭旨盤查禄米倉等因臣等遵即嚴飭該倉監督等

豫為辦理盤查應備事宜並添派橋倉各監督

帮同照料在案現經部臣盤查完竣實有虧短

米石伏查監督職司收放該倉既有如此虧短

何以平日毫無聞見實屬形同聾聵應請

旨將現任禄米倉監督户部堂主事容恩都察院都

事孟守箴先行交部議處至於臣等失於覺察

亦有應得之咎並請

53. 禄米仓查有亏短请将该监督议处并自请议处由　（兴廉、游百川）

旨將臣興康臣游百川一併交部議處用示懲儆所

有特參監督並自請議處緣由理合繕摺具

奏伏乞

皇上聖鑒再臣游百川現請病假未克呈遞膳牌合

併陳明謹

奏

光緒十六年九月　初八　日

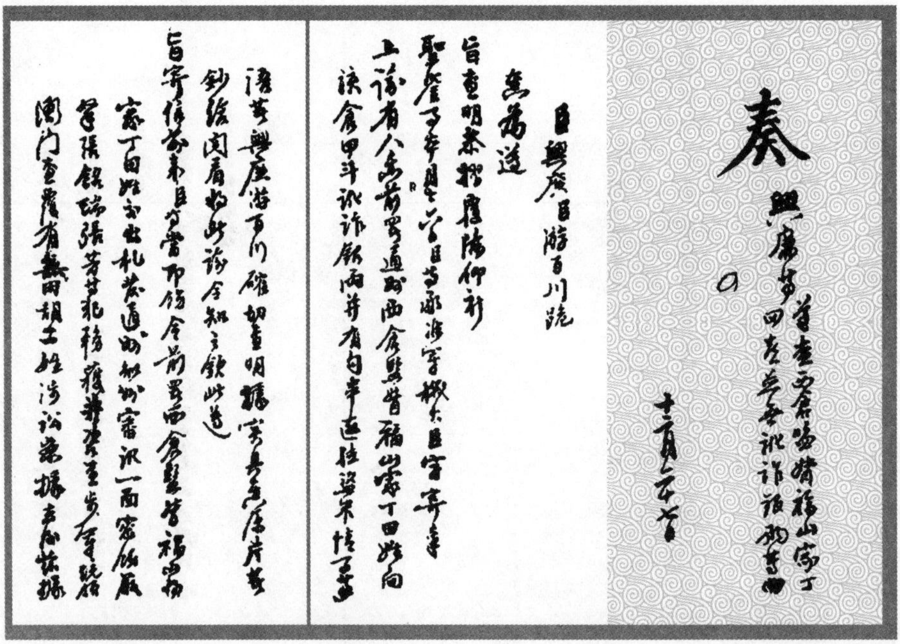

54.遵查西仓监督福山家丁田喜并无讹诈银两等由　（兴廉、游百川）

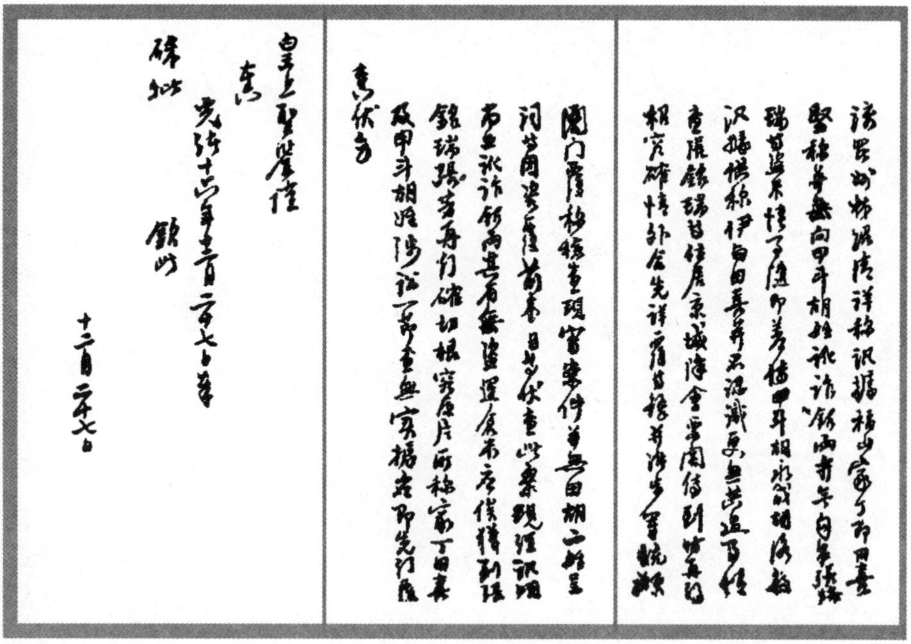
奏伏乞
皇上聖鑒謹
奏
光緒十六年十二月二十七日
硃批
欽此
十二月二十七日